图书在版编目（CIP）数据

工程建设全过程法律实务365讲 / 孙宁连著. —北
京：中国建筑工业出版社，2021.11
ISBN 978-7-112-26712-5

Ⅰ. ①工… Ⅱ. ①孙… Ⅲ. ①建筑法－中国－问题解
答. Ⅳ. ①D922.297.5

中国版本图书馆CIP数据核字(2021)第208039号

　　本书内容原发布于孙宁连律师开设的微信公众号"建设工程法律实务"的"建
工一卡通"栏目，应广大读者的要求选取365个问题编撰成书。相较于原公众号每
日发布的一卡通，本书更具系统性和逻辑性，也更便于读者进行查阅和学习。

　　本书是孙宁连律师对自己多年建工法律实务工作的经验总结与提炼，内容涵盖
了建设工程全过程法律实务常见问题。本书从工程建设全过程出发，精选了工程建
设过程中的招标投标、合同效力、工程价款、工程质量、建设工期、优先受偿权、
鉴定、诉讼程序等八大板块的365个工程法律实务问题，给出问题的答案、依据以
及实务案例。本书收录的365个问题，每一个的都是建设工程从业人员在日常工作
中经常遇到的，对于建设工程从业人员解决实务问题、规避法律风险，将会起到很
好的指导作用。

　　本书主要面向工程领域相关从业人员，包括建设单位、施工单位、全过程咨询
单位的从业人员，如律师、法官、仲裁员、法务人员等。希冀本书能帮助相关从业
人员完善其工程法律知识体系，提供工程法律实务问题的精准指导。

责任编辑：何玮珂　毕凤鸣　李　雪
责任校对：赵　菲

工程建设全过程法律实务365讲

孙宁连　著

*

中国建筑工业出版社出版、发行(北京海淀三里河路9号)
各地新华书店、建筑书店经销
北京红光制版公司制版
天津翔远印刷有限公司印刷

*

开本：787毫米×1092毫米　1/16　印张：25　字数：473千字
2021年11月第一版　2021年11月第一次印刷
定价：**88.00**元
ISBN 978-7-112-26712-5
(38046)

作者简介

孙宁连，律师/工程师。上海市建纬（南京）律师事务所副主任、高级合伙人、建设工程业务中心主任。

现任社会职务：江苏省法学会工程法学研究会副会长，南京都市圈建工法律联盟秘书长，南京市律师协会建设工程法律专业委员会主任，全国检察机关民事行政诉讼监督案件咨询专家，中国国际经济贸易仲裁委员会建设工程争议评审专家，南京、广州、石家庄等多地仲裁员，东南大学法学院硕士生导师，中国建筑工业出版社工程法律专家委员会委员，常设中国建设工程法律论坛课题委员会委员。

住房和城乡建设部《房屋建筑和市政基础设施项目工程总承包管理办法》《建设项目工程总承包合同（示范文本）》主要编写人员。

孙宁连律师具有资深的工程行业从业经验，其领导的工程律师团队，只做工程法律业务，专精于工程案件代理及项目全过程法律管控服务，为行业提供重大疑难复杂工程案件输赢预判服务，是国内知名的工程法律服务律师团队。

序　　一

建设工程法律在司法实践中存在诸多问题，由此催生了一批勤于钻研、爱思考、积极交流的律师，对司法实践中工程法律问题具有广泛且深入的研究。孙宁连律师就是其中杰出的一位。宁连是上海市建纬（南京）律师事务所副主任，并担任南京市律师协会建设工程法律专业委员会主任、江苏省法学会工程法学研究会副会长等与工程法律相关的职务。宁连长期致力于建设工程领域法律服务，具有丰富的实践经验和深厚理论功底。我们经常在建设工程法律的各种研讨会上相遇。

宁连在日常工作中笔耕不辍，开设了微信公众号"建设工程法律实务"，将自己团队日常司法实践中遇到的问题、业内从业人员实务中遇到的问题，及时记录下来，运用自己的经验与知识，进行分析。每一个问题都十分具体，针对实践中的问题，以"建工一卡通"专栏方式进行分析。长期积累下来，问题已经涉及建设工程几乎所有的领域。现在汇集出版，对相关问题进行归纳、对分析进行完善和补充，使得对这些问题的讨论更上了一个层次。

本书的内容有以下几个特点：第一，问题的归纳源自实践。所有的问题都是在建设工程实践中产生的，没有空想的问题。宁连对问题的归纳也显示了功底，问题的分类和具体问题的排序，便于读者查找。这会让业内人士感觉能够真正解决问题，值得阅读。第二，对问题的回答简练且能给出明确的答案。讨论问题有不同的方式，有的会进行复杂的理论分析。本书采用的方式，则是避免进行复杂的理论分析，直接给出答案和法律依据。这样能够节约读者的阅读时间，适合业内人士解决问题型的阅读。第三，基本每个问题都有裁判案例及具体的裁判观点的支撑。在最高人民法院越来越强调类案同判的当下，这些裁判案例及具体的裁判观点，既有助于我们理解法官在处理这些问题中的思路、可供完善工程实践法律风险防范作为参考，更有助于我们面对诉讼或者仲裁案件时的应对。这方面，本书具有很高的阅读价值。

对实践中问题的归案总结、对问题的解答，都体现了宁连的理论功底和实践经验，查找裁判案例及提炼具体的裁判观点，是十分费功夫的事儿。读本书中的问题，常常让我回忆起我在处理这些问题中的往事。我遇到这些问题更多是在仲裁案件中，有仲裁案件需要保密的客观原因，更主要的是懒惰这一主观原因，没有把这些问题记录下来。宁连把自己长期的工作成果汇集成书，是对工程实践的总结，主要是完成了方便业内人士查找问题及答案的工具书，但同时也是对工作过程的历史记录，丰富了建设工程律师成果的体现方式。

我愿意推荐阅读本书！

南开大学法学院教授、博士生导师　　何红锋

序　　二

　　工程建设项目普遍存在投资金额大、建设周期长、参建主体多的特点，这些特点反馈到工程法律实务上，就会产生众多的争议和纠纷。我国在顶层设计上对工程建设拥有一套系统、有效的监管体系，相关法律法规及标准规范众多。2021 年 1 月 1 日实行的《中华人民共和国民法典》《最高人民法院关于审理建设工程施工合同纠纷案件适用法律问题的解释（一）》，也极大地影响着工程建设各方主体的切身利益。囿于工程建设法律规范数量庞大、涉及专业多、更替迅速，无形中提高了工程实务从业人员的专业要求。一本系统、全面、便利的法律实务工具书，也成为每个工程实务从业人员的需求。孙宁连所著的本书，就填补了这一空白。

　　孙宁连是建纬南京办公室的副主任，从事律师职业之前，有过多年的施工一线技术、管理工作经验。正是这些经历，让他能思工程实务人员之所思，带着需求研究工程法律，带着研究成果服务工程行业。孙宁连是脑子里装着工程法律实务问题的人，勤于耕著，本书是他长期坚持工程法律专业研究的成果之一，是他对执业中遇到的部分工程法律实务问题的汇总，值得广大工程从业人员、工程法律人阅读、珍藏。

　　期待孙宁连继续潜心研究，多出成果，为工程建设项目法律风险防范和争议解决作出更大的贡献。

前　言

工程建设项目的复杂程度高、建设周期长，使得工程建设过程中蕴含着众多复杂的法律风险。随着社会经济的发展，新技术、新材料、新的发承包模式的推行，工程建设过程中存在的法律风险更趋多元化、复杂化。

现阶段，我国工程建设相关从业人员对于工程建设过程中的法律风险防控，存在工程法律知识储备不足、法律风险防控意识不强以及防控风险能力较低等问题，使得很多工程法律实务问题无法得到很好的解决。因此，如何防控工程建设法律风险，如何解决工程建设过程中产生的实务问题，就成为工程建设相关各方需要重点关注和探讨的一个课题。

本书从工程建设全过程出发，精选了工程建设过程中的招标投标、合同效力、工程价款、工程质量、工期、优先受偿权、司法鉴定、诉讼程序等八大板块的365个工程法律实务问题，给出问题的答案、依据以及实务案例。期望本书能够完善工程建设从业人员的工程法律知识体系，提供工程法律实务问题处理的实践指导。

本书收录的实务问题涉及工程建设的全过程，但在篇幅方面，对招标投标、工程价款这两个板块有所偏重，也说明工程实践中这两个板块的争议相对多发。

本书具有三大特点：

第一，以工程建设领域常见法律问题为核心，内容版块全面，问题务实，具有很强的工具书属性，实务指导性强。

第二，本书以确定性规则为主线，通过对实务问题的回答及相关法律依据、典型裁判案例的列举，尽可能全面地梳理、解答工程领域相关从业人员对工程法律实务问题的疑惑，揭示实务问题的解决途径。

第三，本书体例上短小精悍，避免读者产生阅读疲劳感。采取"一问一答一依据一案例"的体例，将每个问题的字数控制在400～600字左右，力争将疑难复杂的法律问题以浅显、通俗易懂的方式呈现给读者。

本书主要面向工程领域相关从业人员，包括建设单位、施工单位、全过程咨询单位的从业人员，律师、法官、仲裁员、法务等。通过阅读本书，相关从业人员可建立起建设工程法律实务的知识体系，在实践中遇到相关法律实务问题时，可通过查阅本书寻找答案，实现精准指导。

目　　录

凡例（规范性文件名称缩略对照表）

一、法律

全称	简称
《中华人民共和国民法典》	《民法典》
《中华人民共和国建筑法》	《建筑法》
《中华人民共和国城乡规划法》	《规划法》
《中华人民共和国招标投标法》	《招标投标法》
《中华人民共和国民事诉讼法》	《民事诉讼法》
《中华人民共和国土地管理法》	《土地管理法》
《中华人民共和国城市房地产管理法》	《房地产管理法》
《中华人民共和国安全生产法》	《安全生产法》
《中华人民共和国产品质量法》	《产品质量法》
《中华人民共和国标准化法》	《标准化法》
《中华人民共和国审计法》	《审计法》

二、行政法规

全称	简称
《中华人民共和国建设工程质量管理条例》	《建设工程质量管理条例》
《中华人民共和国招标投标法实施条例》	《招标投标法实施条例》
《工程建设项目招标范围和规模标准规定》	计委 3 号令
《建设工程勘察设计管理条例》	《建设工程勘察设计管理条例》
《保障农民工工资支付条例》	《保障农民工工资支付条例》
《保障中小企业款项支付条例》	《保障中小企业款项支付条例》
《房屋建筑和市政基础设施项目工程总承包管理办法》	《房建市政工程总承包管理办法》
《公路工程设计施工总承包管理办法》	《公路工程总承包管理办法》
《必须招标的基础设施和公用事业项目范围规定》	《必招基础设施和公用事业项目范围规定》
《必须招标的工程项目规定》	《必须招标的工程项目规定》
《政府投资条例》	《政府投资条例》
《建设工程质量保证金管理办法》	《工程质保金管理办法》
《建设工程价款结算暂行办法》	《工程价款结算办法》

续表

《房屋建筑工程质量保修办法》	《工程质量保修办法》
《建筑工程施工发包与承包计价管理办法》	《施工计价管理办法》
《房屋建筑和市政基础设施工程竣工验收备案管理办法》	《工程竣工验收备案管理办法》
《房屋建筑和市政基础设施工程竣工验收规定》	《工程竣工验收规定》
《房屋建筑和市政基础设施工程施工分包管理办法》	《房建市政分包办法》
《建筑工程施工发包与承包违法行为认定查处管理办法》	《施工违法行为认定查处办法》
《建筑业企业资质管理规定》	《建筑企业资质规定》
《建筑业企业资质标准》	《建筑业企业资质标准》
《工程设计资质标准》	《工程设计资质标准》
《建设工程勘察设计资质管理规定》	《建设工程勘察设计资质管理规定》
《政府投资项目审计规定》	《政府投资项目审计规定》
《财政投资评审管理规定》	《财政投资评审管理规定》
《中华人民共和国行政诉讼法》	《行政诉讼法》
《工程建设项目施工招标投标办法》	《工程建设项目施工招标投标办法》
《评标委员会和评标方法暂行规定》	《评标委员会和评标方法暂行规定》
《注册建造师管理规定》	《注册建造师管理规定》
《注册建造师执业管理办法（试行）》	《注册建造师执业管理办法（试行）》
《招标公告和公示信息发布管理办法》	《招标公告和公示信息发布管理办法》
《住宅室内装饰装修管理办法》	《住宅室内装饰装修管理办法》
《建设部关于加强农民住房建设技术服务和管理的通知》（建村〔2006〕303 号）	《加强住房建设技术通知》
《关于基坑工程单独发包问题的复函》（建市施函〔2017〕35 号）	《基坑单独发包的复函》
《中小企业划型标准规定》	《中小企业划型标准规定》
《建设工程质量检测管理办法》	《建设工程质量检测管理办法》

三、司法解释、各地法院裁判指导意见

《最高人民法院关于审理建设工程施工合同纠纷案件适用法律问题的解释（一）》（法释〔2020〕25 号） 《最高人民法院关于审理建设工程施工合同纠纷案件适用法律问题的解释》（法释〔2004〕14 号）（已废止） 《最高人民法院关于审理建设工程施工合同纠纷案件适用法律问题的解释》（法释〔2018〕20 号）（已废止）	《建设工程司法解释（一）》 《建设工程司法解释》 《建设工程司法解释（二）》

《最高人民法院关于人民法院在审理建设工程施工合同纠纷案件中如何认定财政评审中心出具的审核结论问题的答复》（〔2008〕民一他字第4号）	最高院 《关于政府审计的答复〔2008〕》
《最高人民法院关于建设工程承包合同案件中双方当事人已确认的工程决算价款与审计部门审计的工程决算价款不一致时如何适用法律问题的电话答复》（〔2001〕民一他字第2号）	最高院 《关于政府审计的答复〔2001〕》
《最高人民法院关于适用〈中华人民共和国民事诉讼法〉的解释》（法释〔2015〕5号）	《民事诉讼法解释》
《最高人民法院关于民事诉讼证据的若干规定》（法释〔2019〕19号）	《证据规定》
《全国民事审判工作会议纪要》（法办〔2011〕442号）	《2011民会议纪要》
《最高人民法院关于适用〈中华人民共和国仲裁法〉若干问题的解释》	《仲裁法解释》
《最高人民法院第八次全国法院民事商事审判工作会议（民事部分）纪要最高人民法院第八次全国法院民事商事审判工作会议（民事部分）纪要》（2016年11月30日）	《八民会议纪要》
《全国法院民商事审判工作会议纪要》（2019年11月8日）	《九民会议纪要》
《北京市高级人民法院关于审理建设工程施工合同纠纷案件若干疑难问题的解答》（京高法〔2012〕245号）	北京高院《解答》
《江苏省高级人民法院关于审理建设工程施工合同纠纷案件若干问题的意见》（苏高法审委〔2008〕26号）	江苏高院《意见》
《江苏省高级人民法院2009年审判工作座谈会纪要》（2009年）	江苏高院《纪要》
《江苏省高级人民法院建设工程施工合同案件审理指南》（2010年）	江苏高院《指南》
《江苏省高级人民法院民一庭建设工程施工合同纠纷案件司法鉴定操作规程》（2015年）	江苏高院《鉴定规程》
《江苏省高级人民法院全省民事审判工作例会会议纪要》（苏高法电〔2015〕295号）	江苏高院《2015年审判工作纪要》
《江苏省高级人民法院、江苏省住房和城乡建设厅关于建立化解建设工程合同纠纷案件联动机制的意见》（2015年）	江苏高院、住房和城乡建设厅《联动意见》
《江苏省高级人民法院关于审理建设工程施工合同纠纷案件若干问题的解答》（〔2018〕3号）	江苏高院《解答》

续表

《江苏省高级人民法院民事审判第一庭关于规范涉新冠肺炎疫情相关民事法律纠纷的指导意见》（苏高法电〔2020〕124 号）	江苏高院《疫情相关民事纠纷意见》
《浙江省高级人民法院民事审判第一庭关于审理建设工程施工合同纠纷案件若干疑难问题的解答》（2012 年）	浙江高院《解答》
《浙江省高级人民法院执行局执行中处理建设工程价款优先受偿权有关问题的解答》（浙高法执〔2012〕2 号）	浙江高院《优先权解答》
《四川省高级人民法院关于审理涉及招投标建设工程合同纠纷案件的有关问题的意见》（2010 年）	四川高院《意见》
《四川省高级人民法院关于审理建设工程施工合同纠纷案件若干疑难问题的解答》（川高法民一〔2015〕3 号）	四川高院《解答》
《重庆市高级人民法院关于对最高人民法院〈关于建设工程价款优先受偿权问题的批复〉应如何理解的意见》（渝高法〔2003〕48 号）	重庆高院《优先权意见》
《重庆市高级人民法院印发〈关于审理和执行涉及"四久工程"纠纷案件若干问题的意见〉的通知》（渝高法〔2003〕179 号）	重庆高院《"四久工程"意见》
《重庆市高级人民法院关于当前民事审判若干法律问题的指导意见》（2007 年）	重庆高院《指导意见》
《重庆市高级人民法院民一庭关于当前民事审判疑难问题的解答》（2014 年）	重庆高院《民事解答》
《重庆市高级人民法院关于建设工程造价鉴定若干问题的解答》（渝高法〔2016〕260 号）	重庆高院《鉴定解答》
《重庆市高级人民法院民一庭关于建设工程施工合同纠纷案件若干问题的解答》（2019 年 10 月 16 日）	重庆高院《建工解答》
《安徽省高级人民法院关于审理建设工程施工合同纠纷意见案件适用法律问题的指导意见》（2009 年）	安徽高院《意见》
《安徽省高级人民法院关于审理建设工程施工合同纠纷案件适用法律问题的指导意见（二）》（2014 年）	安徽高院《意见（二）》
《山东省高级人民法院关于审理建筑工程承包合同纠纷案件若干问题的意见》（1998 年）	山东高院《意见》
《山东省高级人民法院 2005 年全省民事审判工作座谈会纪要》（鲁高法〔2005〕201 号）	山东高院《2005 年审判工作纪要》
《山东省高级人民法院 2008 年全省民事审判工作会议纪要》（鲁高法〔2008〕243 号）	山东高院《2008 审判工作纪要》

《山东省高级人民法院 2011 年全省民事审判工作会议纪要》（鲁高法〔2011〕297 号）	山东高院《2011 审判工作纪要》
《山东省高级人民法院关于审理建设工程施工合同纠纷案件若干问题的解答》（2020 年 11 月 4 日）	山东高院《解答》
《江西省高级人民法院 2004 年全省法院民事审判工作座谈会纪要》（2004 年）	江西高院《2004 审判工作纪要》
《福建省高级人民法院关于审理建设工程施工合同纠纷案件疑难问题的解答》（2007 年）	福建高院《解答》
《湖北省高级人民法院 2013 年民事审判工作座谈会会议纪要》（2013 年）	湖北高院《2013 审判工作纪要》
《河北省高级人民法院建设工程施工合同案件审理指南》（冀高法〔2018〕44 号）	河北高院《指南》
《广东省高级人民法院关于在审判工作中如何适用〈合同法〉第 286 条的指导意见》（粤高法〔2004〕2 号）	广东高院《适用 286 条意见》
《广东省高级人民法院关于审理建设工程施工合同纠纷案件若干问题的意见》（粤高法发〔2006〕37 号）	广东高院《2006 意见》
《广东省高级人民法院关于审理建设工程施工合同纠纷案件若干问题的指导意见》（粤高法发〔2011〕37 号）	广东高院《2011 意见》
《广东省高级人民法院 2012 年全省民事审判工作会议纪要》（粤高法〔2012〕240 号）	广东高院《2012 审判工作纪要》
《广东省高级人民法院关于审理建设工程合同纠纷案件疑难问题的解答》（粤高法〔2017〕151 号）	广东高院《解答》
《天津市高级人民法院关于审理建设工程施工合同纠纷案件相关问题的审判委员会纪要》（2020 年 12 月 21 日）	天津高院《纪要》

四、示范文本、标准规范简称

《建设工程施工合同（示范文本）》（GF—2017—0201）	《2017 版施工合同示范文本》
《简明标准施工招标文件》（2012 年版）	《2012 版标准施工招标文件》
《中华人民共和国标准设计施工总承包招标文件》（2012 年版）	《2012 版标准设计施工总承包招标文件》
《中华人民共和国标准施工招标文件》（2007 年版）	《2007 版标准施工招标文件》
《建设工程工程量清单计价规范》GB 50500—2013	《2013 版清单计价规范》
《建筑工程施工质量验收统一标准》GB 50300—2013	《2013 版施工质量验收标准》
《建设工程造价鉴定规范》GB/T 51262—2017	《2017 版造价鉴定规范》

五、司法部门、主管单位

最高人民法院	最高院
高级人民法院	高院
中级人民法院	中院
仲裁委员会	仲裁委
住房和城乡建设部/厅/局	住建部/厅/局
住房和城乡建设管理委员会	住建委
建设行政主管部门、建设主管部门	建设主管部门

第1章 招投标系列

1.1 招标

第1讲 教育项目是否属于必须招标的项目？

答： 民营投资的教育项目不属于必须招标项目；使用国有资金或国外贷款的教育项目，仍属于必须招标项目。

《必须招标的基础设施和公用事业项目范围规定》（发改法规〔2018〕843号❶，2018年6月6日实施）之前，《工程建设项目招标范围和规模标准规定》（国家计委3号令）规定教育项目必须招标。843号文实施后，民营投资的教育项目不属于必须招标项目，但使用国有资金或国外贷款的，依据《招标投标法》第三条的规定仍属于必须招标项目。

【法律依据】《招标投标法》第三条　在中华人民共和国境内进行下列工程建设项目包括项目的勘察、设计、施工、监理以及与工程建设有关的重要设备、材料等的采购，必须进行招标：

（一）大型基础设施、公用事业等关系社会公共利益、公众安全的项目；

（二）全部或者部分使用国有资金投资或者国家融资的项目；

（三）使用国际组织或者外国政府贷款、援助资金的项目。

前款所列项目的具体范围和规模标准，由国务院发展计划部门会同国务院有关部门制订，报国务院批准。

【裁判案例】（2019）皖18民终218号

【裁判观点】 根据2018年6月1日起施行的《必须招标的工程项目规定》及2018年6月6日国家发展改革委《必须招标的基础设施和公用事业项目范围规定》，"科技、教育、文化等项目"工程不属于必须招标的基础设施和公用事业项目。因此，案涉工程不属于必须招标的工程项目。

---

❶ 以下简称843号文。

第 2 讲 必须招标项目，在施工过程中，发包人又追加与原招标工程有配套施工要求的工程，是否可以不招标直接交由原承包人施工？

答： 可以不招标直接交由原承包人施工。

【法律依据】《招标投标法实施条例》第九条 除招标投标法第六十六条规定的可以不进行招标的特殊情况外，有下列情形之一的，可以不进行招标：

（一）需要采用不可替代的专利或者专有技术；

（二）采购人依法能够自行建设、生产或者提供；

（三）已通过招标方式选定的特许经营项目投资人依法能够自行建设、生产或者提供；

（四）需要向原中标人采购工程、货物或者服务，否则将影响施工或者功能配套要求；

（五）国家规定的其他特殊情形。

【裁判案例】（2019）苏 09 民终 862 号

【裁判观点】根据《招标投标法实施条例》第九条第 1 款第 4 项之规定，案涉报告中涉及的工程为地下室、构架、屋面机房层和大法庭，不包含在招投标的范围内，是在施工过程中追加的工程，但是与原招标的工程有配套施工的要求，符合上述规定中可不进行招标的条件。

第 3 讲 棚户区改造拆迁安置补偿及合作开发项目，选择开发商时是否必须招标？

答： 拆迁安置补偿及合作开发并非建设施工合同或与工程建设有关的设备、材料等采购，不必须招标。

【法律依据】《招标投标法》第三条 在中华人民共和国境内进行下列工程建设项目包括项目的勘察、设计、施工、监理以及与工程建设有关的重要设备、材料等的采购，必须进行招标：

（一）大型基础设施、公用事业等关系社会公共利益、公众安全的项目；

（二）全部或者部分使用国有资金投资或者国家融资的项目；

（三）使用国际组织或者外国政府贷款、援助资金的项目。

【裁判案例】（2019）川 06 民终 669 号

【裁判观点】根据查明的案件事实，博洲公司与桃花巷业委会签订《改造合作合同书》的本质系拆迁安置补偿及合作开发的合作关系，而并非建设施工合同或与工程建设有关的设备、材料等采购，不属于《招标投标法》第三条规定必须招投标的项目，桃花巷业委会可根据自身的实际情况采取何种方式确定进行合作开发的合同相对人。

第 4 讲 国有企业作为建设单位，自己具有与项目相适应的施工资质，能否不招标自行建设？

答：依法能够自行建设的，可以不进行招标。

【法律依据】《招标投标法实施条例》第九条 除招标投标法第六十六条规定的可以不进行招标的特殊情况外，有下列情形之一的，可以不进行招标：

（一）需要采用不可替代的专利或者专有技术；

（二）采购人依法能够自行建设、生产或者提供；

（三）已通过招标方式选定的特许经营项目投资人依法能够自行建设、生产或者提供；

（四）需要向原中标人采购工程、货物或者服务，否则将影响施工或者功能配套要求；

（五）国家规定的其他特殊情形。

第 5 讲 国有资金占控股或者主导地位的依法必须进行招标的项目，能否采用邀请招标？

答：应当公开招标，除非属于《招标投标法》第十一条、《招标投标法实施条例》第八条规定的例外情形，才可以邀请招标。

【法律依据】《招标投标法》第十一条　国务院发展计划部门确定的国家重点项目和省、自治区、直辖市人民政府确定的地方重点项目不适宜公开招标的，经国务院发展计划部门或者省、自治区、直辖市人民政府批准，可以进行邀请招标。

《招标投标法实施条例》第八条第一款　国有资金占控股或者主导地位的依法必须进行招标的项目，应当公开招标；但有下列情形之一的，可以邀请招标：

（一）技术复杂、有特殊要求或者受自然环境限制，只有少量潜在投标人可供选择；

（二）采用公开招标方式的费用占项目合同金额的比例过大。

第 6 讲　依法应当公开招标的项目，经公开招标确定总承包人后，签订的合同要求总承包人选择分包人时应当采用招标方式，总承包人可不可以采用邀请招标方式选择分包人？

答：可以，但暂估价部分的专业分包如达到必须招标规模标准的除外。依法必须公开招标的项目，除暂估价部分外，法律未规定总承包人选择分包人时必须采用招标方式，合同要求采用招标方式选择分包人的，总承包人采用公开招标或者邀请招标均符合合同约定，不必须采用公开招标方式。

【裁判案例】（2018）最高法民终 153 号

【裁判观点】平煤神马新疆分公司认为，项目使用的资金源头系国有资金，总包人依约确定分包人时仍需要采取公开招标方式。根据一审查明，国投哈密公司的资金系国有企业自有资金，哈密一矿选煤厂项目系国投哈密公司建设的煤炭能源项目，属于依法必须进行公开招标的项目。国投哈密公司依照法律规定通过公开招标的方式将哈密一矿选煤厂项目以 EPC 总包的方式发包给大地公司。该招投标行为符合法律规定。双方签订的《合同协议书》约定，承包商应按照本合同文件对施工单位的资质规定，通过招标的方式选择，确定合格的分包人，并报业主审核同意，以合同形式委托其完成承包合同范围内的部分项目。该协议授权总包方可以通过招标方式确定分包人。作为总包人，大地公司并非项目投资建设主体，而是该项目的执行单位。除非有法律规定的必须公开招标的项目，其有权依照约定的方式确定分包人。此外，资金的源头属性，不能无限制的延伸。国投哈密公司运用国有资金建设案涉项目，相关资金支付给大地公司后，属于大地公司的资产，并非仍是国有资金。因此，大地公司对外分包，不具有法定必须公开招标的情形。其通过邀请招标的方式确定平煤神马新疆分公司为案涉项目标段 B 的中标单位，符合《合同协议书》的约定，国投哈密公司对平煤神马新疆分公司施工亦未提出异议，表明其认可大地公司的分包行为。故上述分包行为未违反法律、行政法规的强制性规定，平煤神马新疆分公司有关理由不成立。

第 7 讲　施工总承包单位将专业工程进行分包时是否必须招标？

答：一般不需要招标，但以暂估价形式包括在总承包范围内的专业工程的分包，该专业工程属于依法必须进行招标的项目范围且达到国家规定规模标准的，应当依法进行招标。

【法律依据】《招标投标法实施条例》第二十九条　招标人可以依法对工程以及与工程建设有关的货物、服务全部或者部分实行总承包招标。以暂估价形式包括在总承包范围内的工程、货物、服务属于依法必须进行招标的项目范围且达到国家规定规模标准的，应当依法进行招标。

前款所称暂估价，是指总承包招标时不能确定价格而由招标人在招标文件中暂时估定的工程、货物、服务的金额。

【裁判案例】（2020）京民再 8 号

【裁判观点】根据《招标投标法实施条例》第二十九条、《工程建设项目招标范围和规模标准规定》第七条、《房屋建筑和市政基础设施工程施工招标投标管理办法》第三条等规定，分包合同在总承包合同中有暂估价，且暂估价在 200 万元以上的工程才属于必须招标的工程。本案涉案工程是分包工程，暂估价在 194.5 万元，不属于必须招投标工程，故本案进行的招投标是自行招标行为。

第 8 讲　通过招标方式选定 PPP 项目社会资本方，如果社会投资方具备与项

目相适应的施工资质可以自行施工的，是否还需要对施工进行招标？

答： 可以直接由社会资本方自行施工，不需要另行招标。

【法律依据】《招标投标法实施条例》第九条　除招标投标法第六十六条规定的可以不进行招标的特殊情况外，有下列情形之一的，可以不进行招标：

······

（三）已通过招标方式选定的特许经营项目投资人依法能够自行建设、生产或者提供；

······

财政部《关于在公共服务领域深入推进政府和社会资本合作工作的通知》（财金〔2016〕90 号）对于涉及工程建设、设备采购或服务外包的 PPP 项目，已经依据政府采购法选定社会资本合作方的，合作方依法能够自行建设、生产或者提供服务的，按照《招标投标法实施条例》第九条规定，合作方可以不再进行招标。

◆ ◆ ◆ ◆

第 9 讲　新冠病毒肺炎疫情防控急需的应急医疗设施、隔离设施建设的施工、采购，是否必须进行招投标？

答： 疫情防控设施建设属于抢险救灾的范畴，依据《招标投标法》第六十六条规定，可以不进行招标。

【法律依据】《招标投标法》第六十六条　涉及国家安全、国家秘密、抢险救灾或者属于利用扶贫资金实行以工代赈、需要使用农民工等特殊情况，不适宜进行招标的项目，按照国家有关规定可以不进行招标。

【裁判案例】（2014）昭中民初字第 2 号

【裁判观点】 彝良"9.07"地震恢复重建大寨安置项目，系彝良 2012 年"9.07"5.7 级地震发生后确定的几个抢险救灾安置项目之一，中央和省市政府高度重视。为及时完成工程、安定灾民生活，彝良县政府特事特办，及时启动灾后重建工程，未进行招投标，符合我国《招标投标法》第六十六条当中列举的"抢险救灾"项目，可以不进行招投标的法律规定。因此，隆盛鑫投资公司关于双方签订的《施工合作协议书》无效的主张，本院不予支持。

第 10 讲　财政预算资金全额投资的工程项目，项目中的造价咨询、第三方检测等服务费的估算均超过一百万元的，是否必须招标？

答：造价咨询、第三方检测服务不在《必须招标的工程项目规定》（国家发改委第 16 号令**❶**）规定的必须招标的服务类事项的列举范围内，不属于必须招标的事项，建设单位可以自主决定是否招标。

【规范性文件】《关于进一步做好〈必须招标的工程项目规定〉和〈必须招标的基础设施和公用事业项目范围规定〉实施工作的通知》（发改办法规〔2020〕770 号）

（三）关于招标范围列举事项。依法必须招标的工程建设项目范围和规模标准，应当严格执行《招标投标法》第三条和 16 号令、843 号文规定；法律、行政法规或者国务院对必须进行招标的其他项目范围有规定的，依照其规定。没有法律、行政法规或者国务院规定依据的，对 16 号令第五条第一款第（三）项中没有明确列举规定的服务事项、843 号文第二条中没有明确列举规定的项目，不得强制要求招标。

第 11 讲　公开招标项目必须在国家指定的媒介上发布招标公告吗？

答：强制招标项目，应当在国家指定的报刊、信息网络或者其他媒介发布招标公告，否则将可能受到行政处罚；非强制招标项目，法律没有明确要求。

【法律依据】《招标投标法》第十六条第一款　招标人采用公开招标方式的，应当发布招标公告。依法必须进行招标的项目的招标公告，应当通过国家指定的报刊、信息网络或者其他媒介发布。

《招标公告和公示信息发布管理办法》第十八条　招标人或其招标代理机构有下列行为之一的，由有关行政监督部门责令改正，并视情形依照《中华人民共和国

---

❶　以下简称 16 号令。

招标投标法》第四十九条、第五十一条及有关规定处罚：

（一）依法必须公开招标的项目不按照规定在发布媒介发布招标公告和公示信息；

（二）在不同媒介发布的同一招标项目的资格预审公告或者招标公告的内容不一致，影响潜在投标人申请资格预审或者投标；

（三）资格预审公告或者招标公告中有关获取资格预审文件或者招标文件的时限不符合招标投标法律法规规定；

（四）资格预审公告或者招标公告中以不合理的条件限制或者排斥潜在投标人。

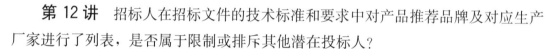

第12讲　招标人在招标文件的技术标准和要求中对产品推荐品牌及对应生产厂家进行了列表，是否属于限制或排斥其他潜在投标人？

答：如招标人限定了品牌，则属于限制或排斥其他潜在投标人；如招标人仅以推荐品牌的产品所含技术要求供潜在投标人或者投标人参考，未限定于推荐的品牌，则不属于限制或排斥其他潜在投标人。

【法律依据】《招标投标法》第二十条　招标文件不得要求或者标明特定的生产供应者以及含有倾向或者排斥潜在投标人的其他内容。

《招标投标法实施条例》第三十二条　招标人不得以不合理的条件限制、排斥潜在投标人或者投标人。

招标人有下列行为之一的，属于以不合理条件限制、排斥潜在投标人或者投标人：

（一）就同一招标项目向潜在投标人或者投标人提供有差别的项目信息；

（二）设定的资格、技术、商务条件与招标项目的具体特点和实际需要不相适应或者与合同履行无关；

（三）依法必须进行招标的项目以特定行政区域或者特定行业的业绩、奖项作为加分条件或者中标条件；

（四）对潜在投标人或者投标人采取不同的资格审查或者评标标准；

（五）限定或者指定特定的专利、商标、品牌、原产地或者供应商；

（六）依法必须进行招标的项目非法限定潜在投标人或者投标人的所有制形式或者组织形式；

（七）以其他不合理条件限制、排斥潜在投标人或者投标人。

【裁判案例】（2020）皖 11 行终 91 号

【裁判观点】涉案琅琊区滨湖印象小区项目交易文件虽就电梯推荐了六种品牌及对应生产厂家，但并未限定于此六种，仅是以此六种品牌电梯所含技术要求供潜在投标人或者投标人参考，不存在法律法规规定的"以不合理条件限制、排斥潜在投标人或者投标人"情形，故对永盛设备公司诉称交易文件排斥其作为潜在投标人资格的主张，不予支持。

第 13 讲　资质改革后，部分资质被取消，招标文件中能否将已经被取消的资质设置为投标人资格条件？

答：不可以。被取消的资质，之前未取得该资质的单位不可能再取得，设置此条件属于以不合理的条件限制或者排斥潜在投标人。

【法律依据】《招标投标法》第十八条　招标人可以根据招标项目本身的要求，在招标公告或者投标邀请书中，要求潜在投标人提供有关资质证明文件和业绩情况，并对潜在投标人进行资格审查；国家对投标人的资格条件有规定的，依照其规定。

招标人不得以不合理的条件限制或者排斥潜在投标人，不得对潜在投标人实行歧视待遇。

《招标投标法实施条例》第三十二条　招标人不得以不合理的条件限制、排斥潜在投标人或者投标人。

招标人有下列行为之一的，属于以不合理条件限制、排斥潜在投标人或者投标人：

（一）就同一招标项目向潜在投标人或者投标人提供有差别的项目信息；

（二）设定的资格、技术、商务条件与招标项目的具体特点和实际需要不相适应或者与合同履行无关；

（三）依法必须进行招标的项目以特定行政区域或者特定行业的业绩、奖项作为加分条件或者中标条件；

（四）对潜在投标人或者投标人采取不同的资格审查或者评标标准；

（五）限定或者指定特定的专利、商标、品牌、原产地或者供应商；

（六）依法必须进行招标的项目非法限定潜在投标人或者投标人的所有制形式或者组织形式；

（七）以其他不合理条件限制、排斥潜在投标人或者投标人。

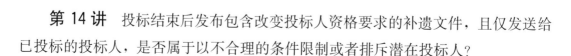

第 14 讲 投标结束后发布包含改变投标人资格要求的补遗文件，且仅发送给已投标的投标人，是否属于以不合理的条件限制或者排斥潜在投标人？

答：属于，投标已经结束，造成符合改变后的资格要求的潜在投标人已没有了投标机会。

【法律依据】《招标投标法实施条例》第三十二条　招标人不得以不合理的条件限制、排斥潜在投标人或者投标人。

招标人有下列行为之一的，属于以不合理条件限制、排斥潜在投标人或者投标人：

（一）就同一招标项目向潜在投标人或者投标人提供有差别的项目信息；

……

（七）以其他不合理条件限制、排斥潜在投标人或者投标人。

【裁判案例】（2020）云 0112 行初 33 号

【裁判观点】由于涉案工程二标段招标公告中对于所需要的入滇登记表是针对施工资质还是设计资质并未进行明确，因此，会使得未进行设计资质入滇登记的企业在看到此条件后即放弃投标，但第二次补遗公告中关于"仅要求施工资质的入滇信息登记，不要求设计资质的入滇信息登记"的内容使得不具有设计资质入滇信息登记的企业也具有了投标的资格。相比较可以看出，第二次补遗公告的内容涉及投标资格的变更，属于对实质内容的变更，已改变了招标公告中对投标人的资质要求条件。但在此时，投标已经结束，在补遗公告发布后，符合其他投标条件但未进行设计资质入滇登记的企业已丧失了投标的机会。《招标投标法》第 18 条第 2 款规定：招标人不得以不合理的条件限制或者排斥潜在投标人，不得对潜在的投标人实行歧视待遇。《招标投标法实施条例》第 32 条规定：招标人不得以不合理的条件限制、排斥潜在投标人或者投标人。招标人有下列行为之一的，属于以不合理条件限制、排斥潜在投标人或者投标人：（一）就同一招标项目向潜在投标人或者投标人提供有差别的项目信息；……（七）以其他不合理条件限制、排斥潜在投标人或者投标人。由此可见，本案中，在投标结束后又发布包含改变投标人资格要求的补遗文件的行为已排斥了潜在的投标人。更何况，补遗公告的发布并未进行公告，仅有参与投标人才能通过附件查看，有违招投标活动应当遵循的公开、公平、公正的原则。

第 15 讲 招标文件明确规定不接受联合体投标属于排斥潜在投标人吗？

答： 不属于，招标人有权不接受联合体投标。

【法律依据】《招标投标法实施条例》第三十七条　招标人应当在资格预审公告、招标公告或者投标邀请书中载明是否接受联合体投标。

《政府采购货物和服务招标投标管理办法》第十九条　采购人或者采购代理机构应当根据采购项目的实施要求，在招标公告、资格预审公告或者投标邀请书中载明是否接受联合体投标。如未载明，不得拒绝联合体投标。

【裁判案例】（2019）吉 24 行终 82 号

【裁判观点】 敦化市运管所在其对外发布的《招标公告》中，对于投标人资格要求进行了规定，已经明确载明"不接受联合体投标"，本案中敦化市运管所并非在没有进行事先公告的情况下拒绝联合体投标。顺达公司根据招标公告的具体要求，可以以该公司的名义参与投标、竞标，其并未投标属于因自身行为放弃权利。顺达公司主张本次招标不接受联合体投标侵害其合法权益的主张不能成立。

1.2　招标代理

第 16 讲　招标委托代理合同未约定招标代理机构需对投标人资格进行审查，招标代理机构是否可以不审查投标人资格？

答：不可以。招标代理机构受招标人委托办理招标事宜，应遵守《招标投标法》关于招标人的规定，招标人有义务对投标人进行资格审查，故招标代理机构也有此义务。

【法律依据】《招标投标法》第十五条　招标代理机构应当在招标人委托的范围内办理招标事宜，并遵守本法关于招标人的规定。

《招标投标法》第十八条第一款　招标人可以根据招标项目本身的要求，在招标公告或者投标邀请书中，要求潜在投标人提供有关资质证明文件和业绩情况，并对潜在投标人进行资格审查；国家对投标人的资格条件有规定的，依照其规定。

【裁判案例】（2018）粤 01 民终 12667 号

【裁判观点】《采购代理委托协议》并未明确约定新业公司或南华学院应对投标人的资格进行审查，但基于新业公司作为专业招标代理机构，理应清楚知悉招标投标法相关规定，其在《采购代理委托协议》签订及履行过程中，并未积极主动与南华学院对投标人的资格审查工作及风险进行协商，存在一定过错。

第 17 讲　强制招标项目，招标人组织招标是否必须委托招标代理机构？

答：不是必须，如招标人具备编制招标文件和组织评标能力的，可以向有关行政监督部门备案，自行办理招标事宜。任何单位和个人不得强制招标人委托招标代理机构办理招标事宜。

【法律依据】《招标投标法》第十二条　招标人有权自行选择招标代理机构，委托其办理招标事宜。任何单位和个人不得以任何方式为招标人指定招标代理机构。

招标人具有编制招标文件和组织评标能力的，可以自行办理招标事宜。任何单位和个人不得强制其委托招标代理机构办理招标事宜。

依法必须进行招标的项目，招标人自行办理招标事宜的，应当向有关行政监督部门备案。

────── ◆ ◆ ◆ ◆ ──────

第 18 讲　必须招标的工程项目，招标人不具备招标能力，选择招标代理机构时是否需要采用招标方式？

答：对于必须招标的工程项目，《招标投标法》和《招标投标法实施条例》将服务类招标限定在勘察、设计和监理等服务，法律法规并未明确要求选择招标代理机构必须通过招标方式进行，招标人有权自行选择招标代理机构。

【法律依据】《招标投标法》第三条　在中华人民共和国境内进行下列工程建设项目包括项目的勘察、设计、施工、监理以及与工程建设有关的重要设备、材料等的采购，必须进行招标……

第十二条第一款　招标人有权自行选择招标代理机构，委托其办理招标事宜。任何单位和个人不得以任何方式为招标人指定招标代理机构。

《招标投标法实施条例》第二条　招标投标法第三条所称工程建设项目，是指工程以及与工程建设有关的货物、服务。

前款所称工程，是指建设工程，包括建筑物和构筑物的新建、改建、扩建及其相关的装修、拆除、修缮等；所称与工程建设有关的货物，是指构成工程不可分割的组成部分，且为实现工程基本功能所必需的设备、材料等；所称与工程建设有关的服务，是指为完成工程所需的勘察、设计、监理等服务。

────── ◆ ◆ ◆ ◆ ──────

第 19 讲　招标人在招标结果产生后才与招标代理机构补签委托代理协议书，是否会导致中标结果无效？

答：不会，招标人事后与招标代理机构补签委托代理合同，视为对招标代理机构代理行为的追认，该代理行为有效。且此情形不属于《招标投标法》第五十条、第五十二条至第五十五条、第五十七条规定的中标无效的情形，不会导致中标无效。

【法律依据】《民法典》第一百七十一条　行为人没有代理权、超越代理权或者代理权终止后，仍然实施代理行为，未经被代理人追认的，对被代理人不发生效力。

【裁判案例】（2019）最高法民申 3553 号

【裁判观点】根据《招标投标法实施条例》第十四条的规定，招标人应当与被委托的招标代理机构签订书面委托合同。海医附院在开始委托代理机构办理招标事务时没有签订书面委托合同，属于招标程序瑕疵，但在招标结果产生后与代理机构签订书面委托合同，该瑕疵已经得到弥补，不属于《招标投标法》第五十条、第五十二条至第五十五条、第五十七条规定的中标无效的情形。

1.3　投标

第 20 讲　母子公司是否可以同时参加同一标段或者未划分标段的同一项目的投标？

答：不可以。母子公司系存在控股关系的两个公司，不得参加同一标段或者未划分标段的同一项目的投标。

【法律依据】《招标投标法实施条例》第三十四条第二款　单位负责人为同一人或者存在控股、管理关系的不同单位，不得参加同一标段投标或者未划分标段的同一招标项目投标。

【裁判案例】（2018）苏 0621 民初 1183 号

【裁判观点】本案中，根据被告和硕公司举证，陈某某既是全启公司的全资持股人，又在全向公司持股 50％，可以认定为陈某某控制或者管理全启公司和全向公司，两公司向同一招标项目投标，违反了法律、行政法规的强制性规定，其投标行为无效。《中华人民共和国民法总则》第一百五十三条规定，违反法律、行政法规的强制性规定的民事法律行为无效。第一百五十七条规定，民事法律行为无效后，行为人因该行为取得的财产，应当予以返还。原告全启公司请求被告和硕公司返还 10 万元招标保证金的诉讼请求符合法律规定，予以支持。

第 21 讲　工程建设项目招标投标活动中，个人可以参与投标吗？

答：仅在科研项目中存在允许个人参与投标的情形，其他项目中个人均不能参与投标。

【法律依据】《招标投标法》第二十五条　投标人是响应招标、参加投标竞争的法人或者其他组织。依法招标的科研项目允许个人参加投标的，投标的个人适用本法有关投标人的规定。

【裁判案例】（2016）湘 12 民终 1378 号

【裁判观点】唐某某作为自然人个人，与湖南大兴人防投资开发有限公司达成参与装修工程竞标的合意即协议，违反《招标投标法》第二十五条"投标人是响应招标、参加投标竞争的法人或者其他组织。依法招标的科研项目允许个人参加投标的，投标的个人适用本法有关投标人的规定"和第二十六条"投标人应当具备承担招标项目的能力；国家有关规定对投标人资格条件或者招标文件对投标人资格条件有规定的，投标人应当具备规定的资格条件"之规定。根据《合同法》第五十二条第五项规定，违反法律、行政法规强制性规定的合同无效，应确认该协议为无效协议。

第 22 讲 为同一项目提供设计服务的单位，能否参与该项目施工招标的投标？

答：不能。为招标项目的前期准备提供设计、咨询服务的任何法人及其任何附属机构（单位），都没有资格参加该招标项目的施工投标。

【法律依据】《工程建设项目施工招标投标办法》第三十五条　投标人是响应招标、参加投标竞争的法人或者其他组织。招标人的任何不具独立法人资格的附属机构（单位），或者为招标项目的前期准备或者监理工作提供设计、咨询服务的任何法人及其任何附属机构（单位），都无资格参加该招标项目的投标。

【裁判案例】（2018）冀 01 民终 1615 号
【裁判观点】本案中涉案工程的招标单位为河北建工集团有限责任公司，与被上诉人河北建工集团装饰工程有限公司有关联关系，另按照原审期间原审被告河北建工集团装饰工程有限公司和原审第三人深圳市三鑫科技发展有限公司的陈述，深圳市三鑫科技发展有限公司在为涉案工程提供设计的同时，又中标了涉案工程的施工，有违《工程建设项目施工招标投标办法》第三十五条的规定，故涉案工程的招、投标存在投标人与招标人串通投标、进而构成犯罪的嫌疑。

第 23 讲 建筑企业分公司能以自己的名义参与投标吗？
答：分公司是依法设立并领取营业执照的法人的分支机构，可以参与投标，但其民事责任由总公司承担。

【法律依据】《招标投标法》第二十五条第一款 投标人是响应招标、参加投标竞争的法人或者其他组织。

《民事诉讼法解释》第五十二条 民事诉讼法第四十八条规定的其他组织是指合法成立、有一定的组织机构和财产，但又不具备法人资格的组织，包括：

（一）依法登记领取营业执照的个人独资企业；

（二）依法登记领取营业执照的合伙企业；

（三）依法登记领取我国营业执照的中外合作经营企业、外资企业；

（四）依法成立的社会团体的分支机构、代表机构；

（五）依法设立并领取营业执照的法人的分支机构；

（六）依法设立并领取营业执照的商业银行、政策性银行和非银行金融机构的分支机构；

（七）经依法登记领取营业执照的乡镇企业、街道企业；

（八）其他符合本条规定条件的组织。

《公司法》第十四条第一款 公司可以设立分公司。设立分公司应当向公司登记机关申请登记，领取营业执照。分公司不具有法人资格，其民事责任由公司承担。

第 24 讲 拟派项目经理有未经竣工验收的工程，能否参与新项目的投标？

答：不能，除非符合《注册建造师执业管理办法（试行）》第九条规定的除外情形。

【法律依据】《注册建造师执业管理办法（试行）》第九条 注册建造师不得同时担任两个及以上建设工程施工项目负责人，发生下列情形之一的除外：

（一）同一工程相邻分段发包或分期施工的；

（二）合同约定的工程验收合格的；

（三）因非承包方原因致使工程项目停工超过 120 天（含），经建设单位同意的。

【裁判案例】（2015）宁行终字第 5 号

【裁判观点】本案中，张某某担任"武夷山市吴屯乡农村饮水安全工程"的项目经理，于 2013 年 9 月 27 日开始工程施工，2014 年 1 月 22 日完工离场，但该工程未经竣工验收。2014 年 3 月 24 日张某某又作为项目经理参与了本案涉讼的"屏南县棠口溪防洪工程岭下段施工项目"投标。因此，张某某的情形不符合《注册建造师执业管理办法（试行）》第九条规定的除外情形。班固建筑公司认为张某某在参与涉讼工程投标时无其他在建工程的理由，缺乏依据，不予支持。

第 25 讲 某单位以联合体成员参与某项目投标，该单位还能以自己的名义参加该项目的投标吗？

答： 不能，如存在此情形，相关投标均无效。

【法律依据】《招标投标法实施条例》第三十七条第三款 联合体各方在同一招标项目中以自己名义单独投标或者参加其他联合体投标的，相关投标均无效。

《工程建设项目施工招标投标办法》第四十二条 两个以上法人或者其他组织可以组成一个联合体，以一个投标人的身份共同投标。联合体各方签订共同投标协议后，不得再以自己名义单独投标，也不得组成新的联合体或参加其他联合体在同一项目中投标。

第 26 讲 某联合体已通过资格预审，提交投标文件时更换了联合体成员，招标人能否接受该投标？

答： 不能。资格预审后，联合体增减、更换成员的，其投标无效。

【法律依据】《招标投标法实施条例》第三十七条第二款 招标人接受联合体投标并进行资格预审的，联合体应当在提交资格预审申请文件前组成。资格预审后联合体增减、更换成员的，其投标无效。

《工程建设项目施工招标投标办法》第四十三条 招标人接受联合体投标并进行资格预审的，联合体应当在提交资格预审申请文件前组成。资格预审后联合体增减、更换成员的，其投标无效。

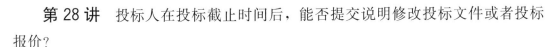

第 27 讲　投标人以自己的名义投标，投标时使用另一家公司技术作为支持，能否认定投标人与提供技术支持的公司为联合体投标？

答：不能。未签订共同投标协议、未共同参与投标的，不能认定为联合体投标。

【法律依据】《招标投标法》第三十一条第三款　联合体各方应当签订共同投标协议，明确约定各方拟承担的工作和责任，并将共同投标协议连同投标文件一并提交招标人。联合体中标的，联合体各方应当共同与招标人签订合同，就中标项目向招标人承担连带责任。

【裁判案例】（2019）京 02 行终 1742 号

【裁判观点】易联众公司在涉案采购项目投标过程中，单独作为供应商递交投标材料，法国影思公司虽授权易联众公司在本次招标活动中使用 Myrian 医学图像处理软件，也只是对局部软件予以支持，实际并未参与招投标活动，且易联众公司中标后单独与采购人第一医院签订合同，故易联众公司与法国影思公司不属于联合体投标。

第 28 讲　投标人在投标截止时间后，能否提交说明修改投标文件或者投标报价？

答：投标截止时间前，投标人可以修改已提交的投标文件，修改的内容为投标文件的组成部分。投标截止时间后，评标委员会不得接受投标人主动提出的澄清、说明，投标人提出修改投标报价的，不予接受。

【法律依据】《招标投标法》第二十九条　投标人在招标文件要求提交投标文件的截止时间前，可以补充、修改或者撤回已提交的投标文件，并书面通知招标人。补充、修改的内容为投标文件的组成部分。

《招标投标法实施条例》第五十二条　投标文件中有含义不明确的内容、明显文字或者计算错误，评标委员会认为需要投标人作出必要澄清、说明的，应当书面通知该投标人。投标人的澄清、说明应当采用书面形式，并不得超出投标文件的范围或者改变投标文件的实质性内容。

评标委员会不得暗示或者诱导投标人作出澄清、说明，不得接受投标人主动提出的澄清、说明。

第 29 讲 招标人接收了没有密封的投标文件，会有什么后果？

答： 不按照招标文件要求密封的投标文件，招标人应当拒收。如接收了应当拒收的投标文件，由有关行政监督部门责令改正，可以处 10 万元以下的罚款，单位直接负责的主管人员和其他直接责任人员给予处分。

【法律依据】《招标投标法实施条例》第三十六条第一款　未通过资格预审的申请人提交的投标文件，以及逾期送达或者不按照招标文件要求密封的投标文件，招标人应当拒收。

第六十四条　招标人有下列情形之一的，由有关行政监督部门责令改正，可以处 10 万元以下的罚款：

（一）依法应当公开招标而采用邀请招标；

（二）招标文件、资格预审文件的发售、澄清、修改的时限，或者确定的提交资格预审申请文件、投标文件的时限不符合招标投标法和本条例规定；

（三）接受未通过资格预审的单位或者个人参加投标；

（四）接受应当拒收的投标文件。

招标人有前款第一项、第三项、第四项所列行为之一的，对单位直接负责的主管人员和其他直接责任人员依法给予处分。

第 30 讲 招标人可以接收没有通过资格预审的申请人的投标文件吗？

答： 不可以，未通过资格预审的申请人不具有投标资格。

【法律依据】《招标投标法实施条例》第十九条第一款　资格预审结束后，招标人应当及时向资格预审申请人发出资格预审结果通知书。未通过资格预审的申请人不具有投标资格。

《招标投标法实施条例》第三十六条第一款　未通过资格预审的申请人提交的投标文件，以及逾期送达或者不按照招标文件要求密封的投标文件，招标人应当拒收。

【裁判案例】（2020）黑 04 行终 51 号

【裁判观点】 鹤岗市环境卫生管理处委托第三人通过公开招标方式中介购买服务项目招投标活动中，上诉人国东中介公司虽报名参加投标，但在投标人资格审查和符合性审查阶段，已被认定不符合项目招标文件投标人资格要求，对其作废标处理，并于 2019 年 9 月 2 日向其送达了废标说明，其中明确载明"贵单位在鹤岗市环境卫生管理处中介购买服务项目的评审过程中，缺少法定代表人身份证明或法定代表人授权委托书，经评定，未通过资格性审查，作废标处理"，即上诉人国东中介公司作为《招标投标法实施条例》第三十六条规定的未通过资格预审的申请人，至始未取得投标人资格，与本案所涉招标投标活动及评标结果均无利害关系，法律上的利害关系必须是对特定人所产生的特别的利害关系。公平竞争权人必须是符合准入条件的竞争者，在招投标等竞争性活动中，应当是符合招标资格、交纳拍卖保证金、参与竞价等活动的竞争者，故上诉人国东中介公司与本案所涉招标投标活动及评标结果不具有法律上的利害关系。综上，上诉人国东中介公司不具有提起行政诉讼的原告资格。

◆ ◆ ◆ ◆

第 31 讲　招标项目分两阶段招标，未在第一阶段提交技术建议的投标人是否可以直接参加第二阶段的投标？

答： 第二阶段招标人只能向在第一阶段提交技术建议的投标人提供招标文件，未在第一阶段提交技术建议的投标人将无法获得招标文件，不能参与第二阶段的投标。

【法律依据】《招标投标法实施条例》第三十条　对技术复杂或者无法精确拟定技术规格的项目，招标人可以分两阶段进行招标。

第一阶段，投标人按照招标公告或者投标邀请书的要求提交不带报价的技术建议，招标人根据投标人提交的技术建议确定技术标准和要求，编制招标文件。

第二阶段，招标人向在第一阶段提交技术建议的投标人提供招标文件，投标人按照招标文件的要求提交包括最终技术方案和投标报价的投标文件。

招标人要求投标人提交投标保证金的，应当在第二阶段提出。

第 32 讲 施工单位出借资质供他人承揽工程，但未中标、未签订合同、未进场施工，是否会承担法律责任？

答： 经查证出借资质属实的，该施工单位将可能被处以工程合同价款百分之二以上百分之四以下罚款的。在行政处罚决定作出时，该工程项目有中标单位或已重新招标投标确定中标单位的，以项目中标合同金额作为工程合同价款；没有中标单位，也未重新招标投标确定中标单位的，可以招标投标中最高投标限价或招标控制价作为参照。

【法律依据】《招标投标法实施条例》第六十九条　出让或者出租资格、资质证书供他人投标的，依照法律、行政法规的规定给予行政处罚；构成犯罪的，依法追究刑事责任。

《建设工程质量管理条例》第六十一条　违反本条例规定，勘察、设计、施工、工程监理单位允许其他单位或者个人以本单位名义承揽工程的，责令改正，没收违法所得，对勘察、设计单位和工程监理单位处合同约定的勘察费、设计费和监理酬金 1 倍以上 2 倍以下的罚款；对施工单位处工程合同价款 2% 以上 4% 以下的罚款；可以责令停业整顿，降低资质等级；情节严重的，吊销资质证书。

《住房和城乡建设部办公厅关于出借资质违法行为有关查处问题的意见》（建办法函〔2021〕86 号）

一、在建设工程招标投标活动中，出借资质供他人承揽工程，但未中标、未签订合同、未进场施工的施工企业或施工单位，属于《建设工程质量管理条例》第六十一条规定中的"施工单位"。

二、依照《建设工程质量管理条例》第六十一条规定，对前述施工单位处以工程合同价款百分之二以上百分之四以下罚款的，在行政处罚决定作出时，该工程项目有中标单位或已重新招标投标确定中标单位的，以项目中标合同金额作为工程合同价款；没有中标单位，也未重新招标投标确定中标单位的，可以招标投标中最高投标限价或招标控制价作为参照。

1.4　投标保证金

第 33 讲　招标人逾期退还投标保证金，是否应支付利息？

答：逾期退还投标保证金的，应当支付利息。

【法律依据】《招标投标法实施条例》第五十七条第二款　招标人最迟应当在书面合同签订后 5 日内向中标人和未中标的投标人退还投标保证金及银行同期存款利息。

【裁判案例】（2019）最高法民终 1799 号

【裁判观点】本案的争议焦点为四被告应否返还投标保证金 500 万元及利息。中铁十五局五公司已于 2012 年 9 月 7 日向华铁工程公司支付投标保证金 500 万元，《施工合同书》签订时间为 2012 年 11 月 27 日。《标投标法实施条例》第五十七条第二款规定，招标人最迟应当在书面合同签订后 5 日内向中标人和未中标的投标人退还投标保证金及银行同期存款利息。据此，乌江铁路公司、华铁工程公司应于 2012 年 12 月 2 日前向中铁十五局五公司退还投标保证金 500 万元，逾期未退还，应从 2012 年 12 月 2 日起按中国人民银行同期存款利率支付利息。

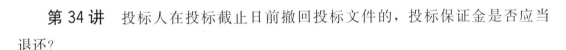

第 34 讲　投标人在投标截止日前撤回投标文件的，投标保证金是否应当退还？

答：应当退还，自收到投标人书面撤回通知之日起 5 日内退还。

【法律依据】《招标投标法实施条例》第三十五条第一款　投标人撤回已提交的投标文件，应当在投标截止时间前书面通知招标人。招标人已收取投标保证金的，应当自收到投标人书面撤回通知之日起 5 日内退还。

【裁判案例】（2020）粤 01 民终 5533 号

【裁判观点】石基村委会确认雄图竹杉店在提交标书的阶段，已经向其要求撤回标书。由此可知，雄图竹杉店在石基村委会宣布开标前就要求撤回标书，符合《招标投标法》第二十九条"投标人在招标文件要求提交投标文件的截止时间前，可以补充、修改或者撤回已提交的投标文件……"的规定。因此，一审法院综合本案事实，判定石基村委会应向雄图竹杉店退还保证金 50000 元并无不当，本院予以维持。

第 35 讲　投标人在投标有效期内撤回投标文件的，投标保证金是否应退还？

答：可以不退还投标保证金。投标有效期起算点为提交投标文件的截止日，投标截止后投标人撤销投标文件的，招标人可以不退还投标保证金。

【法律依据】《招标投标法实施条例》第二十五条　招标人应当在招标文件中载明投标有效期。投标有效期从提交投标文件的截止之日起算。

第三十五条第二款　投标截止后投标人撤销投标文件的，招标人可以不退还投标保证金。

【裁判案例】（2017）吉 01 民终 1103 号

【裁判观点】本案中，招投标文件规定，投标有效期内撤销投标文件的，已缴纳的保证金不予返还。投标截止日为 2010 年 4 月 26 日，投标有效期 120 天，自投标截止日起算投标有效期，上诉人 2010 年 8 月 17 日向招标人表示撤回投标时，该期限尚未届满，且被上诉人的招标文件中关于投标有效期内撤回投标文件不予返还保证金的内容符合《招标投标法实施条例》第三十五条规定，故投标保证金不予返还。

第 36 讲　招标人在中标候选人公示期满后，无异议投诉的情况下，逾期不确定中标人，中标候选人放弃中标资格的，投标保证金是否应退还？

答：无异议投诉的情况下，招标人逾期不确定中标人，超过投标有效期的，中标候选人可以放弃中标资格，投标保证金应予退还。

【法律依据】《招标投标法实施条例》第二十六条　招标人在招标文件中要求投标人提交投标保证金的，投标保证金不得超过招标项目估算价的 2%。投标保证金有效期应当与投标有效期一致。

【裁判案例】（2017）渝 01 民终 6048 号

【裁判观点】渝高公司在具备条件后不确定洪城公司为中标人、不发出中标通知书，且在无利害关系人异议的情况下自行向公安机关提出控告，公安机关认定其串通投标指控不能成立，渝高公司对拟中标人未予解释，对后续事宜未予说明，渝高公司的行为表明其并不愿意接受洪城公司为中标人。洪城公司书面函告渝高公司"放弃中标资格"，因彼时已开标且评标结果已公示但并未确定中标人及发出中标通知，该放弃行为既不属于在评标前撤回投标文件的行为，也不属于中标通知发出后放弃中标的行为，不符合招标文件关于不退还投标保证金的规定情形。

◆◆◆◆

第 37 讲　投标人拟派项目经理的注册建造师职业资格证书或者业绩证明材料作假，可否不予退还投标保证金？

答：招标文件明确了此种情形不予退还投标保证金的，投标保证金可不予退还。

【裁判案例】（2018）皖 08 行终 101 号

【裁判观点】招标文件中明确约定投标人以他人名义投标或者以其他方式弄虚作假的，投标保证金不予退还。南通四建公司在竞标时所提供的拟派项目经理一级注册建造师职业资格证书及业绩证明材料已被南京市建筑安装工程质量监督站、南京市城市建设档案馆、住房和城乡建设部官网提供的材料、记载证实不属实。安庆公管局认定南通四建公司投标过程中存在弄虚作假行为，并作出投标保证金 600 万元由招标人太湖交投公司不予返还的投诉处理决定，认定事实清楚，适用法律、法规正确。

◆◆◆◆

第 38 讲　投标文件中使用了未经公安机关登记备案的公司印章，但该行为经过法定代表人同意，是否可以认定弄虚作假不予退还投标保证金？

答：不应认定弄虚作假，投标保证金应予退还。

【法律依据】《民法典》第六十一条　依照法律或者法人章程的规定，代表法人从事民事活动的负责人，为法人的法定代表人。

法定代表人以法人名义从事的民事活动，其法律后果由法人承受。

法人章程或者法人权力机构对法定代表人代表权的限制，不得对抗善意相对人。

【裁判案例】（2018）渝 03 民终 824 号

【裁判观点】招标文件明确约定"投标人如提供虚假材料，招标人有权取消其投标资格或中标资格，并不退还投标保证金"。虽然川浦公司在投标文件中使用了未经公安机关登记备案的公司印章，但该行为经过了公司法定代表人的同意，且保证金 60 万元是从公司基本存款账户中转出缴纳，川浦公司亦认可该枚印章的效力，故参与投标确系川浦公司的真实意思表示，不存在虚假行为。广驰公司主张不退还投标保证金的理由不成立，广驰公司应退还川浦公司投标保证金 60 万元。

第 39 讲　中标人收到中标通知书后，不按招标文件规定支付履约保证金，也不请求缓交，招标人可否取消其中标资格并不予退还投标保证金？

答：可取消其中标资格，不予退还投标保证金。

【法律依据】《招标投标法实施条例》第七十四条　中标人……不按照招标文件要求提交履约保证金的，取消其中标资格，投标保证金不予退还。

【裁判案例】（2019）渝 01 民终 267 号

【裁判观点】中标后至合同签订前，建安公司主要义务是支付履约保证金，不能因等待旅投公司回复失信问题反而获得另一项主要义务即支付履约保证金的自动顺延权利，且其亦未提出缓交申请，违约行为客观存在。旅投公司具有协助配合义务，包括提供银行账户或接收款项等内容。但旅投公司的该协助义务属于合同附随义务，建安公司未举证证明其为履行付款义务而要求了旅投公司协助提供账号，其仅以旅投公司未提前告知银行账户为未付理由，与其义务性质不符。根据招标文件规定"中标人在收到中标通知书后……未按招标文件规定提交履约担保的，投标保证金不予退还"，旅投公司主张不应退还投标保证金，上诉意见成立。

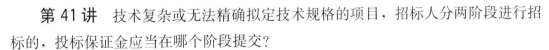

第 40 讲　招标文件约定由招标代理机构负责收取、退还投标保证金，招标代理机构未按时退还，投标人可否要求招标人退还？

答：招标文件已经明确招标代理机构负责收取、退还投标保证金的，应由招标代理机构负责退还。

【法律依据】《招标投标法实施条例》第十三条第二款　招标代理机构代理招标业务，应当遵守招标投标法和本条例关于招标人的规定……

《民法典》第九百二十五条　受托人以自己的名义，在委托人的授权范围内与第三人订立的合同，第三人在订立合同时知道受托人与委托人之间的代理关系的，该合同直接约束委托人和第三人；但是，有确切证据证明该合同只约束受托人和第三人的除外。

【裁判案例】（2019）黑 01 民终 8059 号

【裁判观点】投标保证金由中海招标代理公司直接收取并开具收据，没有证据证明已交给平房教育局。招标文件同时约定由招标代理机构负责退还投标保证金。明锐市政工程公司应当明知上述约定内容的情况下，招标文件中关于投标保证金的收取、保管及退还的条款属于《合同法》第四百零二条规定的例外情形，只约束中海招标代理公司与明锐市政工程公司。一审法院认定平房教育局为返还责任主体与事实不符，适用法律错误，本院予以纠正。

第 41 讲　技术复杂或无法精确拟定技术规格的项目，招标人分两阶段进行招标的，投标保证金应当在哪个阶段提交？

答：投标保证金应当在第二阶段提交，即提交最终技术方案和投标报价阶段提交。

【法律依据】《招标投标法实施条例》第三十条　对技术复杂或者无法精确拟定技术规格的项目，招标人可以分两阶段进行招标。

第一阶段，投标人按照招标公告或者投标邀请书的要求提交不带报价的技术建议，招标人根据投标人提交的技术建议确定技术标准和要求，编制招标文件。

第二阶段，招标人向在第一阶段提交技术建议的投标人提供招标文件，投标人按照招标文件的要求提交包括最终技术方案和投标报价的投标文件。

招标人要求投标人提交投标保证金的，应当在第二阶段提出。

【裁判案例】（2019）宁 0104 民初 4553 号

【裁判观点】宝丰养老公司分为两个阶段进行招标，第一阶段是技术标，第二阶段是商务标。中移全通公司只投了第一阶段的技术标，商务标的招标其并未参与投标，宝丰养老公司在招标的第一阶段便要求中移全通公司交纳投标保证金，违反了《中华人民共和国招标投标法实施条例》的规定。综上，宝丰养老公司应将中移全通公司交纳的保证金 20 万元退还并支付利息。

第 42 讲 招标项目因投诉事项被行政监督部门责令暂停招标的，投标人能否要求退还投标保证金？

答：暂停招标未超过投标有效期的，不应退还投标保证金；暂停招标超过投标有效期，招标人未要求投标人延长投标有效期或者投标人不同意延长投标有效期的，投标有效期期满后，投标保证金应当退还。

【法律依据】《招标投标法实施条例》第二十六条第一款　招标人在招标文件中要求投标人提交投标保证金的，投标保证金不得超过招标项目估算价的 2％。投标保证金有效期应当与投标有效期一致。

第三十一条　招标人终止招标的，应当及时发布公告，或者以书面形式通知被邀请的或者已经获取资格预审文件、招标文件的潜在投标人。已经发售资格预审文件、招标文件或者已经收取投标保证金的，招标人应当及时退还所收取的资格预审文件、招标文件的费用，以及所收取的投标保证金及银行同期存款利息。

第 43 讲 招标文件规定"围标串标的投标保证金不予退还"的，查实围标串标后，可否不退还投标保证金？

答：招标文件规定"围标串标的投标保证金不予退还"，不违反法律规定，查实存在围标串标情形的，可以不退还投标保证金。但因法律没有明确规定围标串标可以不退还投标保证金，如果招标文件对此没有规定，招标人应当退还投标保证金。

【裁判案例】（2019）渝 04 民终 579 号

【裁判观点】根据九部委《关于印发简明标准施工招标文件和标准设计施工总承包招标文件的通知》第四条的规定，编制招标文件时使用有关部门制定的标准文本，并不排斥招标人结合招标项目具体特点和实际需要对相关内容进行补充、细化和修改，但不得与"投标人须知"正文内容相抵触，否则抵触内容无效。本案中，舟白中学发布的招标文件规定，经查实围标串标的，投标保证金不予退还，这一规定与标准文本的内容并不抵触，亦未违反法律、行政法规的强制性规定，属于有效条款。

◆ ◆ ◆ ◆

第 44 讲　联合体投标的，能否以联合体一方名义提交投标保证金？

答：联合体一方提交的，应当以联合体牵头人的名义提交投标保证金。

【法律依据】《招标投标法》第三十一条　两个以上法人或者其他组织可以组成一个联合体，以一个投标人的身份共同投标。

联合体各方均应当具备承担招标项目的相应能力；国家有关规定或者招标文件对投标人资格条件有规定的，联合体各方均应当具备规定的相应资格条件。由同一专业的单位组成的联合体，按照资质等级较低的单位确定资质等级。

联合体各方应当签订共同投标协议，明确约定各方拟承担的工作和责任，并将共同投标协议连同投标文件一并提交招标人。联合体中标的，联合体各方应当共同与招标人签订合同，就中标项目向招标人承担连带责任。

《工程建设项目施工招标投标办法》第四十五条　联合体投标的，应当以联合体各方或者联合体中牵头人的名义提交投标保证金。以联合体中牵头人名义提交的投标保证金，对联合体各成员具有约束力。

◆ ◆ ◆ ◆

第 45 讲　投标人未缴纳投标保证金，而是提交了投标保证保险保单，在出现不予退还投标保证金情形时，应当如何处理？

答：保险人是收取保费，承担给付保险金责任的公司，在出现不予退还投标保证金情形时，保险人应当按照保险合同约定承担与投标保证金数额相当的给付义务。

【裁判案例】（2019）闽 03 民终 2529 号

【裁判观点】莆田自来水公司未收取福建凯盛建工有限公司保证金，其信赖基础与期待利益在于亚太财保莆田公司出具的保单。对莆田自来水公司而言，在约定事由出现后，其理应直接没收保证金，现因投标保证保险的存在，其无法没收福建凯盛建工有限公司的 20 万元保证金，即为其损失，亚太财保莆田公司作为保险人，根据保险合同享有并实现收取保费的权利，同样，亦在出理赔事由时负有代福建凯盛建工有限公司支付保证金的义务，其支付 20 万元保证金，即是赔偿损失。故莆田自来水公司求偿的赔偿款，与亚太财保莆田公司应支付的保证金，虽因行为主体不同，而表述名称不同，但为理赔行为的同一款项，一审法院判决亚太财保莆田公司承担责任并无不当。

1.5　开标

第 46 讲　投标截止时间可以和开标时间不一致吗？

答：不可以。开标应当在招标文件确定的提交投标文件截止时间的同一时间公开进行。

【法律依据】《招标投标法》第三十四条　开标应当在招标文件确定的提交投标文件截止时间的同一时间公开进行；开标地点应当为招标文件中预先确定的地点。

《政府采购货物和服务招标投标管理办法》第三十九条第一款　开标应当在招标文件确定的提交投标文件截止时间的同一时间进行。开标地点应当为招标文件中预先确定的地点。

第 47 讲　强制招标项目，投标人少于 3 个可以直接开标吗？

答：不可以，投标人少于 3 个的，不得开标；招标人应当分析招标失败原因后采取相应措施重新招标。

【法律依据】《招标投标法》第二十八条第一款　投标人应当在招标文件要求提交投标文件的截止时间前，将投标文件送达投标地点。招标人收到投标文件后，应当签收保存，不得开启。投标人少于三个的，招标人应当依照本法重新招标。

《招标投标法实施条例》第四十四条第二款　投标人少于 3 个的，不得开标；招标人应当重新招标。

《工程建设项目施工招标投标办法》第三十八条第三款　依法必须进行施工招标的项目提交投标文件的投标人少于三个的，招标人在分析招标失败的原因并采取相应措施后，应当依法重新招标。重新招标后投标人仍少于三个的，属于必须审批、核准的工程建设项目，报经原审批、核准部门审批、核准后可以不再进行招标；其他工程建设项目，招标人可自行决定不再进行招标。

第 48 讲　开标后，投标人发现未交投标保证金，能否补交？

答：未提交投标保证金是重大偏差，属于未能对招标文件作出实质性响应，评标委员会应当否决其投标。除非招标文件对重大偏差另有规定。

【法律依据】《招标投标法实施条例》第五十一条　有下列情形之一的，评标委员会应当否决其投标：

……

（六）投标文件没有对招标文件的实质性要求和条件作出响应；

……

《评标委员会和评标方法暂行规定》第二十五条　下列情况属于重大偏差：

（一）没有按照招标文件要求提供投标担保或者所提供的投标担保有瑕疵；

……

投标文件有上述情形之一的，为未能对招标文件作出实质性响应，并按本规定第二十三条规定作否决投标处理。招标文件对重大偏差另有规定的，从其规定。

1.6 评标

第49讲 投标单位的工作人员能否借调参与评标活动？

答：不能。如果该投标单位中标，属于招标人与投标人串通，中标无效。

【法律依据】《招标投标法》第三十七条第四款 与投标人有利害关系的人不得进入相关项目的评标委员会；已经进入的应当更换。

【裁判案例】（2019）最高法民申5242号

【裁判观点】谌某作为核建公司的工作人员，却以宝迪公司代表的身份成为评标委员会成员参与评标，依据《招标投标法》第三十七条关于"与投标人有利害关系的人不得进入相关项目的评标委员会；已经进入的应当更换"的规定，谌某进入评标委员会确属不当。宝迪公司作为招标人在招投标程序开始前与投标人核建公司就工程范围、建设工期、工程价款等实质性内容达成一致意见，而谌某进入评标委员会、核建公司中标，上述行为符合《招标投标法实施条例》第四十一条第二款第六项规定的"招标人与投标人为谋求特定投标人中标而采取的其他串通行为"情形，属于招标人与投标人串通投标。

第50讲 评标委员会对评标标准扩大解释或细分，会有怎样的后果？

答：评标委员会应按招标文件规定的评标标准进行评分，不得对评标标准做扩大解释或细化，更不能更改评标标准，否则评标无效。

【法律依据】《招标投标法实施条例》第四十九条第一款 ……招标文件没有规定的评标标准和方法不得作为评标的依据。

【裁判案例】（2014）浙杭行终字第392号

【裁判观点】根据该招标文件第四章"评标办法及标准"的规定，"投标产品的市场成熟度"评分标准中并未规定只有笼盒材料为聚砜的"旋转式小鼠笼具"的采购合同才能得分，故省财政厅认为评标委员会对于猴皇公司提供的PEI材质的合同一律不予认可，是对招标文件作了更为严苛的细化解释，违反了《财政部关于进一步规范政府采购评审工作有关问题的通知》关于"评审委员会成员不得修改或细化采购文件确定的评审因素和评审标准"之规定，并无不当。

第 51 讲　项目招标过程中，由于特殊原因，评标工作无法在投标有效期内完成的，该如何处理？

答：招标人可以书面形式要求所有投标人延长投标有效期。投标人同意延长的，不得要求或被允许修改其投标文件的实质性内容；投标人拒绝延长的，其投标失效，投标人有权收回投标保证金。同意延长投标有效期的投标人少于三个的，招标人应当重新招标。

【法律依据】《工程建设项目施工招标投标办法》第二十九条第二款　在原投标有效期结束前，出现特殊情况的，招标人可以书面形式要求所有投标人延长投标有效期。投标人同意延长的，不得要求或被允许修改其投标文件的实质性内容，但应当相应延长其投标保证金的有效期；投标人拒绝延长的，其投标失效，但投标人有权收回其投标保证金。因延长投标有效期造成投标人损失的，招标人应当给予补偿，但因不可抗力需要延长投标有效期的除外。

第 52 讲　开标后中标通知书发出前，投标人被纳入失信被执行人，其投标会被否决吗？

答：应当否决其投标。

【法律依据】《关于在招标投标活动中对失信被执行人实施联合惩戒的通知》（法〔2016〕285 号）评标阶段，招标人或者招标代理机构、评标专家委员会应当查询投标人是否为失信被执行人，对属于失信被执行人的投标活动依法予以限制。

《招标投标法实施条例》第五十一条　有下列情形之一的，评标委员会应当否决其投标：

……

（三）投标人不符合国家或者招标文件规定的资格条件；

……

【裁判案例】（2018）鲁 14 民终 3304 号

【裁判观点】对评标阶段属于失信被执行人的投标人参加投标活动，依法应予限制。本案中，涉案工程开标评标期间，第六工程局被信用中国网站列为失信被执行人，阳光公司作为招标代理机构未尽到审查义务，让在涉案工程开标评标期间被信用中国网站列为失信被执行人的第六工程局中标，违反招标公告及《招标投标法》的相关规定，存有过错。

第 53 讲　不同投标人上传电子投标文件的 Mac 地址（局域网地址）相同，是否应当否决投标？

答：招标文件对此有规定的，应否决其投标；招标文件没有规定的，应结合其他证据判断是否属于"不同投标人委托同一单位或者个人办理投标事宜"，如符合，应否决其投标。

【法律依据】《招标投标法实施条例》第四十条　有下列情形之一的，视为投标人相互串通投标：

（一）不同投标人的投标文件由同一单位或者个人编制；

（二）不同投标人委托同一单位或者个人办理投标事宜；

……

【裁判案例】（2019）闽 04 行终 60 号

【裁判观点】卓辉公司与天固公司递交的投标文件体现的 Mac 地址雷同，评标委员会依据招标文件规定的"反映投标文件个性特征的内容（含编制文件机器码、上传投标文件的 Mac 地址）出现明显雷同，作否决投标处理"，否决卓辉公司的投标，符合招标文件规定，也符合《招标投标法实施条例》第五十一条规定。

第 54 讲　投标文件中拟任的项目负责人资格证书已超期，是否会被否决投标？

答：招标文件对此有明确要求的，投标人不具备招标文件要求的资格，评标委员会应当否决其投标。

【法律依据】《招标投标法实施条例》第五十一条 有下列情形之一的，评标委员会应当否决其投标：

……

（六）投标文件没有对招标文件的实质性要求和条件作出响应；

……

【裁判案例】（2017）鄂 28 行终 131 号

【裁判观点】本案招标文件要求投标人拟任的项目负责人必须具备合格有效的安全生产"三类人员"B 类证书，依据《招标投标法》第十九条、第二十七条和《招标投标法实施条例》第五十一条第（六）项规定，对投标人资格审查的标准属于招标文件的实质性要求和条件，投标人不满足条件的，评标委员会依法应当否决其投标。故评标委员会认定陈功善的安全生产考核合格证书超期无效，继而认定德顺建筑公司不具备招标文件要求的资格，未将其认定为合格的中标候选人并无不当。

◆ ◆ ◆ ◆

第 55 讲 投标人业绩造假，能否仅不加分而不否决其投标？

答：不能，业绩造假属于弄虚作假行为，评标委员会应当否决其投标。

【法律依据】《招标投标法实施条例》第四十二条第二款 投标人有下列情形之一的，属于招标投标法第三十三条规定的以其他方式弄虚作假的行为：

（一）使用伪造、变造的许可证件；

（二）提供虚假的财务状况或者业绩；

（三）提供虚假的项目负责人或者主要技术人员简历、劳动关系证明；

（四）提供虚假的信用状况；

（五）其他弄虚作假的行为。

第五十一条 有下列情形之一的，评标委员会应当否决其投标：

……

（七）投标人有串通投标、弄虚作假、行贿等违法行为。

第 56 讲 某投标人拟派项目经理是其他企业的法定代表人的，评标委员会是否应当否决其投标？

答：拟派项目经理在其他企业担任法定代表人的，属于同时在两个或两个以上单位受聘或执业，评标委员会应当否决其投标。

【法律依据】《注册建造师管理规定》第二十六条 注册建造师不得有下列行为：

……

（六）同时在两个或者两个以上单位受聘或者执业；

……

《住房城乡建设部办公厅关于〈注册建造师管理规定〉有关条款适用问题的复函》（建办法函〔2019〕507 号）注册建造师作为施工单位在项目建设现场的负责人，其执业活动事关建设工程质量安全，不准其在从事注册建造师业务的同时兼职从事其他执业，是出于保障工程质量安全的考虑，也符合行业管理实际情况。《注册建造师管理规定》中的"受聘"并非特指与受聘单位形成劳动关系。

第 57 讲 多家公司上传电子投标文件的 IP 地址相同，算串标吗？

答：多家单位在同一时间段，用同一个 IP 地址上传投标文件，且投标报价异常一致或呈规律性变化，可以认定为由同一单位或个人办理投标事宜，应视为投标人相互串通投标。

【法律依据】《招标投标法实施条例》第四十条 有下列情形之一的，视为投标人相互串通投标：

……

（二）不同投标人委托同一单位或者个人办理投标事宜；

……

【裁判案例】（2019）赣 07 行终 17 号

【裁判观点】长盛公司的投标报价文件由亿嘉公司的罗某由串标团伙组织者谢长勇提供，上传投标文件 IP 地址与罗某等串标围标团伙联系的四家公司在同一时段使用的 IP 地址相同，项目投标人长盛公司和亿嘉公司委托同一个人办理投标事宜，被上诉人赣州市交通运输管理局依据《招标投标实施条例》第四十条第二款规定，认定长盛公司的行为视为投标人相互串通投标情形，并作出行政处罚，认定事实清楚，证据确凿。

第 58 讲 不同投标人的电子商务标加密锁信息一致，可否认定为串通投标？

答：此种情形属于"不同投标人的投标文件由同一单位或个人编制"，应视为串通投标。

【法律依据】《招标投标法实施条例》第四十条 有下列情形之一的，视为投标人相互串通投标：

（一）不同投标人的投标文件由同一单位或者个人编制；

……

【裁判案例】（2019）皖 12 行终 110 号

【裁判观点】本案中评标委员会作出的评委询标函及附表、阜南县住建局对深圳市建筑公司委托代理人王某的询问笔录、江苏国泰新点软件有限公司作出的说明等证据相互印证，足以证明深圳市建筑公司与深圳市华晟建筑集团股份有限公司的电子商务标书密码锁异常一致的行为符合《招投标法实施条例》第四十条第（一）项及招标文件规定的视为投标人相互串通投标的情形，存在串标行为。

第 59 讲 一家投标单位的投标文件中出现另一家投标单位的信息文件，可否认定两家投标单位串通投标？

答：不同投标人投标文件相互混装，可以认定为串通投标。

【法律依据】《招标投标法实施条例》第四十条 有下列情形之一的，视为投标人相互串通投标：

　　……

　　（五）不同投标人的投标文件相互混装；

　　……

　　【裁判案例】（2019）鲁 01 行终 1009 号

　　【裁判观点】在案涉工程项目招投标过程中，一审第三人盛华公司标段三电子评标光盘中唱票单投标人名称为上诉人普利公司，且两家企业商务标完全一致，投标文件电子文档的摘要信息中文件夹路径均显示为"J：\盛华普利评标文件\……"，投标文件电子文档的创建日期、所有者和计算机名异常一致。故被上诉人济南市住房和城乡建设局认定上诉人普利公司与一审第三人盛华公司投标文件相互混装，相互串通投标，事实清楚，证据确实充分。

　　第 60 讲　江苏省内项目，采用"评定分离"方式招标，评标委员会推荐定标候选人时，是否需要排序？

　　答：不需要。招标人组建的评标委员会对投标文件进行定性评审，向招标人推荐一定数量不排序的定标候选人。定标委员会根据评标报告，在定标候选人中择优确定中标人。

　　【法律依据】《江苏省房屋建筑和市政基础设施工程招标投标改革试点措施（试行）》

　　（十六）部分项目试行"评定分离"。

　　"评定分离"是指招标人依法组建的评标委员会对投标文件进行定性评审，并向招标人推荐一定数量不排序的定标候选人，由招标人组建的定标委员会根据评标报告，在定标候选人中择优确定中标人。

　　……

　　实施"评定分离"的招标项目，评标应采用定性评审法，由依法建立的评标委员会按照招标文件要求对投标人的技术、经济和商务标进行定性评价。定标工作应根据项目规模、技术难度及其他项目关键考虑因素，采用票决法、抽签法、集体议事法或招标文件规定的其他定标方法，由招标人组建的定标委员会完成。

第 61 讲　江苏省内项目，采用"评定分离"方式招标，评标委员会推荐的定标候选人需要公示吗？

答：需要公示。招标人应当在评标工作完成后的 3 日内，公示定标候选人，公示期 3 日。

【法律依据】《评定分离操作导则》（苏建招办〔2017〕3 号）

二、评标程序

......

（六）评标结果公示

招标人应当在评标工作完成后的 3 日内，对定标候选人公示，公示期 3 日。公示中，应附评标报告（评标专家姓名除外）。

1.7　定标

第 62 讲　国有资金占控股或主导地位的项目，是否可以在评标委员会给出的三个中标候选人中选择确定中标人？

答：国有资金占控股或主导地位的项目，不可自行选择中标人，应当以排名第一的中标候选人为中标人。出现排名第一的中标候选人放弃中标、因不可抗力不能履行合同等情形时，招标人可以按照评标委员会提出的中标候选人名单排序依次确定其他中标候选人为中标人，也可以重新招标。

【法律依据】《招标投标法实施条例》第五十五条　国有资金占控股或者主导地位的依法必须进行招标的项目，招标人应当确定排名第一的中标候选人为中标人。排名第一的中标候选人放弃中标、因不可抗力不能履行合同、不按照招标文件要求提交履约保证金，或者被查实存在影响中标结果的违法行为等情形，不符合中标条件的，招标人可以按照评标委员会提出的中标候选人名单排序依次确定其他中标候选人为中标人，也可以重新招标。

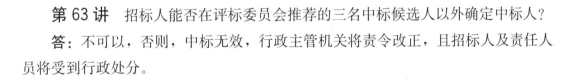

第 63 讲　招标人能否在评标委员会推荐的三名中标候选人以外确定中标人？

答：不可以，否则，中标无效，行政主管机关将责令改正，且招标人及责任人员将受到行政处分。

【法律依据】《招标投标法》第五十七条　招标人在评标委员会依法推荐的中标候选人以外确定中标人的，依法必须进行招标的项目在所有投标被评标委员会否决后自行确定中标人的，中标无效，责令改正，可以处中标项目金额千分之五以上千分之十以下的罚款；对单位直接负责的主管人员和其他直接责任人员依法给予处分。

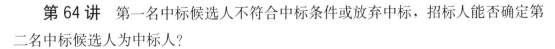

第 64 讲　第一名中标候选人不符合中标条件或放弃中标，招标人能否确定第二名中标候选人为中标人？

答：可以确定第二名中标候选人为中标人，也可以重新招标。

【法律依据】《招标投标法实施条例》第五十五条　排名第一的中标候选人放弃中标、因不可抗力不能履行合同、不按照招标文件要求提交履约保证金，或者被查实存在影响中标结果的违法行为等情形，不符合中标条件的，招标人可以按照评标委员会提出的中标候选人名单排序依次确定其他中标候选人为中标人，也可以重新招标。

【裁判案例】（2014）渝一中法行终字第 00464 号

【裁判观点】第一中标候选人天明公司放弃中标资格，松藻公司决定重新招标并告知了紫光吉地达公司，重庆市发改委作出的回复认为松藻公司的决定符合《招标投标法实施条例》第五十五条的相关规定，适用法律正确。上诉人紫光吉地达公司称被上诉人重庆市发改委作出的回复无法律依据的上诉理由不能成立，本院不予支持。

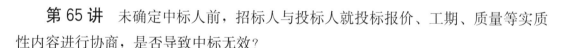

第 65 讲　未确定中标人前，招标人与投标人就投标报价、工期、质量等实质性内容进行协商，是否导致中标无效？

答：确定中标人前，招标人与投标人不得就投标价格、投标方案等实质性内容进行谈判，如果有上述行为，影响中标结果的，中标无效。

【法律依据】《招标投标法》第五十五条　依法必须进行招标的项目，招标人违反本法规定，与投标人就投标价格、投标方案等实质性内容进行谈判的，给予警告，对单位直接负责的主管人员和其他直接责任人员依法给予处分。

前款所列行为影响中标结果的，中标无效。

【裁判案例】（2017）辽 02 民终 9272 号

【裁判观点】案涉工程在 2012 年 1 月 18 日中标之前，上诉人与被上诉人已于 2011 年 7 月 8 日就案涉工程签署《建设工程施工合同补充协议》，对案涉工程价款、工程款支付、工程质量等实质性内容进行协商且达成协议，违反了《招标投标法》第五十五条的规定，案涉工程中标无效，备案的中标合同亦应认定无效。

第66讲 投标人与招标人串通投标而中标的，会导致签订的施工合同无效吗？

答： 投标人与招标人串通投标而中标的，经查实后将导致中标无效，已经签订施工合同的，施工合同也无效。

【法律依据】《招标投标法》第五十三条 投标人相互串通投标或者与招标人串通投标的，投标人以向招标人或者评标委员会成员行贿的手段谋取中标的，中标无效……

《建设工程司法解释（一）》第一条第一款 建设工程施工合同具有下列情形之一的，应当依据民法典第一百五十三条第一款的规定，认定无效：

……

（三）建设工程必须进行招标而未招标或者中标无效的。

【裁判案例】（2017）闽05行终91号

【裁判观点】 根据《招标投标法》第五十三条的规定，被上诉人德化县住建局作出的《行政处罚决定书》，认定中扶公司与金龙公司构成招标人与投标人串通投标，宣布中扶公司在德化县金龙·中心城项目第二标段的中标无效，并作出罚款的行政处罚适用法律正确，量罚适当。

第67讲 中标人提交的项目现场主要管理人员社保关系证明造假，是否会导致中标无效？

答： 提供虚假劳动关系证明，属于弄虚作假骗取中标的行为，应取消中标资格，已经中标的，中标无效。

【法律依据】《招标投标法》第五十四条 投标人以他人名义投标或者以其他方式弄虚作假，骗取中标的，中标无效……

《招标投标法实施条例》第四十二条第二款 投标人有下列情形之一的，属于招标投标法第三十三条规定的以其他方式弄虚作假的行为：

……

（三）提供虚假的项目负责人或者主要技术人员简历、劳动关系证明；

……

【裁判案例】（2018）渝 02 行终 182 号

【裁判观点】区建委认定伟联建司伪造安全员向林菊参保证明材料编制投标文件，骗取中标的事实清楚，证据充分，对伟联建司作出宣告中标无效的行政处理决定，并按规定对其作出处中标金额千分之五的罚款，罚款金额为 492485.29 元的行政处罚适用法律正确。

第 68 讲 招标代理机构帮助投标人中标的，是否导致中标无效？

答： 招标代理机构与招标人、投标人串通，影响中标结果的，中标无效。

【法律依据】《招标投标法》第五十条　招标代理机构违反本法规定，泄露应当保密的与招标投标活动有关的情况和资料的，或者与招标人、投标人串通损害国家利益、社会公共利益或者他人合法权益的……

前款所列行为影响中标结果的，中标无效。

【裁判案例】（2019）云民终 898 号

【裁判观点】涉案建设工程属于必须进行招投标的工程项目，虽然客观上涉案合同签订前已经过招标投标手续，但云南省监察委员会的调查询问笔录能够证明，省农信社相关工作人员在前述招投标过程中先后八次向招标代理机构周某打招呼，帮助云南建设公司在办公楼装修项目中标，存在着指向招投标代理机构的违法行为，该行为属于《招投标法》第五十条规定的"中标无效"情形，双方当事人签订的涉案合同因违反法律的禁止性规定，属于无效合同。

第 69 讲 招标人向投标人泄露标底，如该投标人中标，中标是否有效？

答： 此情形属于招标人与投标人串通投标行为，如果投标人因此中标的，中标无效。

【法律依据】《招标投标法实施条例》第四十一条　禁止招标人与投标人串通投标。有下列情形之一的，属于招标人与投标人串通投标：

（一）招标人在开标前开启投标文件并将有关信息泄露给其他投标人；

（二）招标人直接或者间接向投标人泄露标底、评标委员会成员等信息；

（三）招标人明示或者暗示投标人压低或者抬高投标报价；

（四）招标人授意投标人撤换、修改投标文件；

（五）招标人明示或者暗示投标人为特定投标人中标提供方便；

（六）招标人与投标人为谋求特定投标人中标而采取的其他串通行为。

《招标投标法》第五十三条　投标人相互串通投标或者与招标人串通投标的，投标人以向招标人或者评标委员会成员行贿的手段谋取中标的，中标无效……

第 70 讲　强制招标的工程项目流标后，能否直接采用竞争性谈判、单一来源采购、询价等方式确定施工单位？

答：不可以直接采用议标、竞争性谈判等方式，应当分析原因并采取相应措施后重新招标。但，二次招标后投标人仍少于三个的，属于报批项目的，报原审批、核准部门审批、核准后可采用其他方式选择施工单位；其他项目，可自行决定不再招标，采用其他方式选择施工单位。

【法律依据】《招标投标法》第二十八条　……投标人少于三个的，招标人应当依法重新招标……

《工程建设项目施工招标投标办法》第三十八条第三款　依法必须进行施工招标的项目提交投标文件的投标人少于三个的，招标人在分析招标失败的原因并采取相应措施后，应当依法重新招标。重新招标后投标人仍少于三个的，属于必须审批、核准的工程建设项目，报经原审批、核准部门审批、核准后可以不再进行招标；其他工程建设项目，招标人可自行决定不再进行招标。

第 71 讲　确定中标人之前，招标人可以对中标候选人的合同履行能力和风险

进行审查吗?

答: 发出中标通知书前,招标人如果认为中标候选人的履约能力可能发生变化,应当由原评标委员会按照招标文件规定的标准和方法审查确认,不能由招标人自行审查。

【法律依据】《招标投标法实施条例》第五十六条 中标候选人的经营、财务状况发生较大变化或者存在违法行为,招标人认为可能影响其履约能力的,应当在发出中标通知书前由原评标委员会按照招标文件规定的标准和方法审查确认。

【裁判案例】(2019)闽 02 民终 2429 号

【裁判观点】讼争房屋于 2018 年进行招标时,虽然未明确投标人应披露其是否是失信被执行人等,但招标文件中有明确要求投标人须具备稳定经济来源,遵纪守法,信誉良好的资质,因此,二轻公司有权依据相关规定对其是否符合该资质进行审查。其次,多荣公司认为其一直按时如数缴交租金,作为失信被执行人并不影响其履约能力。但多荣公司作为失信被执行人,其商业信誉值得商榷,且多荣公司在经营过程中还多次受到行政处罚,二轻公司有理由对其今后的履约能力产生合理怀疑。

1.8 签约

第72讲 中标人在签订合同时要求增加合同价款或者改变计价方式的，招标人可否取消其中标资格？

答：可以取消其中标资格，且投标保证金不予退还。

【法律依据】《招标投标法实施条例》第七十四条 中标人无正当理由不与招标人订立合同，在签订合同时向招标人提出附加条件，或者不按照招标文件要求提交履约保证金的，取消其中标资格，投标保证金不予退还。……

【裁判案例】（2014）自民三终字第68号

【裁判观点】天目建设公司在收到东方锅炉公司的中标通知后，向东方锅炉公司要求增加中标报价，天目建设公司的行为是对招标文件实质内容的重大修改。在东方锅炉公司明确拒绝其调价要求，并再次限期其书面回复未果的情况下，东方锅炉公司决定取消天目建设公司的中标资格，并不予退还投标保证金50万元，符合法律规定，本院予以支持。

第73讲 招标人与中标人订立书面合同时能否在价款金额不变的情况下改变计价方法？

答：不能。即使合同金额不变，但计价方式的改变会实质上改变最终的合同结算价，因此，计价方式变更亦是对合同实质性条款的变更，如果招标人和中标人改变计价方法签订施工合同的，应按照招投标文件、中标通知书确定的计价方法结算工程价款。

【法律依据】《招标投标法实施条例》第五十七条第一款 招标人和中标人应当依照招标投标法和本条例的规定签订书面合同，合同的标的、价款、质量、履行期限等主要条款应当与招标文件和中标人的投标文件的内容一致。招标人和中标人不得再行订立背离合同实质性内容的其他协议。

《建设工程司法解释（一）》第二十二条 当事人签订的建设工程施工合同与招标文件、投标文件、中标通知书载明的工程范围、建设工期、工程质量、工程价款不一致，一方当事人请求将招标文件、投标文件、中标通知书作为结算工程价款的依据的，人民法院应予支持。

第 74 讲 约定履约保证金超过中标合同金额 10％的，是否有效？

答：有效，履约保证金的规定属于管理性强制性规定，违反了不会导致该条款无效，双方仍应按约定履行；但超过中标合同金额 10％收取履约保证金的行为可能会受到责令改正、罚款的行政处罚。

【法律依据】《招标投标法实施条例》第五十八条　招标文件要求中标人提交履约保证金的，中标人应当按照招标文件的要求提交。履约保证金不得超过中标合同金额的 10％。

第六十六条　招标人超过本条例规定的比例收取投标保证金、履约保证金或者不按照规定退还投标保证金及银行同期存款利息的，由有关行政监督部门责令改正，可以处 5 万元以下的罚款；给他人造成损失的，依法承担赔偿责任。

1.9　异议、投诉

第 75 讲　对资格预审文件、招标文件、开标、评标结果有异议的，什么时间可以提出？对异议处理结果不服的，如何处理？

答：对资格预审文件有异议的，应当在提交资格预审申请文件截止时间 2 日前提出；对招标文件有异议的，应当在投标截止时间 10 日前提出；对开标有异议的，应当在开标现场提出；对评标结果有异议的，应当在中标候选人公示期间提出。对异议处理结果不服的，可以自知道或者应当知道之日起 10 日内向有关行政监督部门投诉。

需要注意的是，对资格预审文件、招标文件、开标、评标结果有异议进行投诉的，均属于异议前置的投诉，必须先向招标人提出异议，对异议不服才可向有关行政监督部门投诉。

第 76 讲　投标人对招投标结果有异议，可否直接向法院提起诉讼？

答：不可以，投标人应先向招标人提出异议或向行政监督部门提出投诉（法律规定异议前置的，应先向招标人提出异议，对异议不服的，再向行政监督部门投诉），对行政监督部门作出的投诉处理决定不服的，可以申请行政复议或者提起行政诉讼。

【法律依据】《招标投标法》第六十五条　投标人和其他利害关系人认为招标投标活动不符合本法有关规定的，有权向招标人提出异议或者依法向有关行政监督部门投诉。

【裁判案例】（2019）苏 10 民终 3351 号

【裁判观点】根据《招标投标法》第六十五条的规定，禾顺公司对中标结果有异议时应向招标人提出异议或依法向有关行政监督部门投诉，法院无权直接处理本案。一审法院的判决超越职权，二审应予改判。

第 77 讲　行政监督部门在受理投诉后，作出的处理决定违反法定程序的，法

院应当如何处理?

答:应当予以撤销。

【**法律依据**】《行政诉讼法》第七十条 行政行为有下列情形之一的,人民法院判决撤销或者部分撤销,并可以判决被告重新作出行政行为:

......

(三)违反法定程序的;

......

【**裁判案例**】(2018)闽 0702 行初 3 号

【**裁判观点**】建瓯交通局未在法定期限内作出行政处理决定、并将行政处理决定文书送达给相关的当事人,其作出的行政文书不符合《工程建设项目招标投标活动投诉处理办法》规定的文书内容要求、也未告知当事人不服行政处理决定的救济途径。因此,建瓯交通局对于本案建设工程招标投标活动投诉作出的处理意见,不符合《处理办法》规定的作出投诉处理行政行为的形式要求和程序要求,违反了法定程序,应当予以撤销。行政机关在实施行政行为时,不仅要力求行为的正确性,还应当确保行为的完整性。

◆ ◆ ◆ ◆

第 78 讲 投标人对评标结果提出异议的,招标投标活动是否应当暂停?

答:招标人收到异议后,应当在 3 日内答复,答复前,应当暂停招标投标活动。

【**法律依据**】《招标投标法实施条例》第五十四条 依法必须进行招标的项目,招标人应当自收到评标报告之日起 3 日内公示中标候选人,公示期不得少于 3 日。

投标人或者其他利害关系人对依法必须进行招标的项目的评标结果有异议的,应当在中标候选人公示期间提出。招标人应当自收到异议之日起 3 日内作出答复;作出答复前,应当暂停招标投标活动。

【**裁判案例**】(2016)粤 04 民初 77 号

【**裁判观点**】珠海市公共资源交易中心于 2015 年 12 月 15 日 18 时 57 分 15 秒在网站公示中标候选人,于中标候选人公示后的第四秒,即当日的 18 时 57 分 19

秒即公示原告为"中标人"，违反了中标候选人公示期须三日的规定。况且投标人广西四建公司在 2015 年 12 月 15 日当日已经提出异议，虽然被告称广西四建公司于 12 月 18 日撤回了异议，但依据上述行政法规第五十四条第二款"招标人应当自收到异议之日起 3 日内作出答复；作出答复前，应当暂停招标投标活动"的规定，在广西四建公司撤回异议前，被告作为招标人当在对异议答复前"暂停招标投标活动"，故珠海市公共资源交易中心在 12 月 15 日 18 时 57 分 19 秒公示原告为"中标人"，不单违反上述中标候选人公示期应当三日的规定，还违反了应当暂停招标投标活动的规定。

第 79 讲　评标委员会成员对评标结论持有异议，应当如何处理？

答：持异议的评标委员会成员可以书面方式阐述其不同意见和理由，如果拒绝在评标报告上签字又不书面说明其不同意见和理由的，视为同意评标结论。

【法律依据】《评标委员会和评标方法暂行规定》第四十三条　评标报告由评标委员会全体成员签字。对评标结论持有异议的评标委员会成员可以书面方式阐述其不同意见和理由。评标委员会成员拒绝在评标报告上签字且不陈述其不同意见和理由的，视为同意评标结论。评标委员会应当对此作出书面说明并记录在案。

第 80 讲　行政监督部门处理投诉时，招标人是否必须暂停招投标活动？

答：不一定。行政监督部门认为有必要时可以责令招标人暂停招标投标活动，否则，招标人可以继续招标投标活动。

【法律依据】《招标投标法实施条例》第六十二条第一款　行政监督部门处理投诉，有权查阅、复制有关文件、资料，调查有关情况，相关单位和人员应当予以配合。必要时，行政监督部门可以责令暂停招标投标活动。

【裁判案例】（2020）苏 0791 行初 97 号
【裁判观点】《招标投标法实施条例》第六十二条规定：行政监督部门处理投诉，有权查阅、复制有关文件、资料，调查有关情况，相关单位和人员应当予以配合。必要时，行政监督部门可以责令暂停招标投标活动。根据该条规定，责令暂停招标投标活动系行政监督部门在查处涉及招投标投诉的过程中根据需要所采取的过程性行为。2019 年 11 月 11 日，海州住建局收到万某物业公司投诉，当时决定受理，并于当日分别向原告及双达公司下发《关于万某物业反映润城东方小区物业管理相关问题的函》。2019 年 11 月 12 日，原告和双达公司都作出了《回函》。原告称双达公司回复视为原告回复；双达公司则回复"业委会取消万某投标资格"。两者均未提供充分证明取消万某物业公司招投标资格及决议的相关材料。2019 年 11 月 12 日，海州住建局向双达公司下发《关于暂停润城东方小区开标评标活动的通知》，2019 年 11 月 18 日，海州住建局作出《告知函》。2019 年 11 月 19 日，原告收到《告知函》，以上程序合法。

第 81 讲　行政监督部门能否将投标人弄虚作假骗取中标的行为记入不良行为记录并公示处理？

答：可以按规定记入不良行为记录并公示。

【法律依据】《招标投标法实施条例》第四条第二款　……县级以上地方人民政府有关部门按照规定的职责分工，对招标投标活动实施监督，依法查处招标投标活动中的违法行为。县级以上地方人民政府对其所属部门有关招标投标活动的监督职责分工另有规定的，从其规定。

【裁判案例】（2019）皖行再 12 号

【裁判观点】《招标投标法实施条例》第四条规定，"县级以上地方人民政府对其所属部门有关招标投标活动的监督职责分工另有规定的，从其规定"。《安庆市公共资源交易监督管理办法》第三十三条规定，"公共资源交易监督管理机构应当建立公共资源交易项目单位和竞争主体以及从业人员信用管理机制，对违反本办法规定的，记入不良信用档案"。南通四建竞标时提供的拟派项目经理邵某业绩证明材料不属实，属于弄虚作假的行为，安庆公管局作出对南通四建弄虚作假骗取中标的行为记不良行为记录并向社会公示的处理，符合上述行政法规和行政规章的规定，南通四建关于安庆公管局该项处理内容适用法律错误的理由不能成立。

第2章 合同效力及解除系列

2.1 规划审批手续对合同效力的影响

第82讲 未取得建设工程规划许可证是否影响施工合同效力？

答：发包人未取得建设工程规划许可证，所签订的施工合同无效，但合同效力可以补正，发包人在起诉前取得建设工程规划许可证等规划审批手续的，合同可认定为有效。

【法律依据】《建设工程司法解释（一）》第三条 当事人以发包人未取得建设工程规划许可证等规划审批手续为由，请求确认建设工程施工合同无效的，人民法院应予支持，但发包人在起诉前取得建设工程规划许可证等规划审批手续的除外。

发包人能够办理审批手续而未办理，并以未办理审批手续为由请求确认建设工程施工合同无效的，人民法院不予支持。

【裁判案例】（2019）渝民终492号

【裁判观点】根据《建设工程司法解释（二）》第二条规定，荣新环保公司取得建设工程规划许可证的时间虽晚于其发出招标公告以及双方签订《建设工程施工合同》的时间，但早于重庆建工公司提起本案诉讼的时间，故重庆建工公司以此为由主张合同无效，理由不能成立。

第83讲 工程建设时已经取得建设工程规划许可证，但在案件审理过程中该证被撤销的，是否影响施工合同的效力？

答：应区分情况：①如果发包人以伪造资料等手段骗取建设工程规划许可证，导致规划许可证被撤销的，由于发包人自始不具备申领建设工程规划许可证的条件，故施工合同无效；②如果因发包人在签订施工合同后，履行过程中的违法违规行为导致规划许可证被撤销的，由于发包人在取得工程规划许可证时符合申领条件，规划许可证的撤销不影响施工合同的效力。

【裁判案例】（2018）最高法民申 394 号

【裁判观点】本院认为，2011 年 3 月 10 日，沈阳市建设主管部门为讼争工程建设项目颁发的《施工许可证》备注栏记载，"建筑工程：因未取得施工许可证擅自建设受到行政处罚，2010 年 7 月 5 日已结案。"2015 年 5 月 5 日，《市建委关于杨冲申请政府信息公开的答复》明确，撤销讼争开发项目《建设工程规划许可证》。"因《建设工程规划许可证》是办理《建筑工程施工许可证》的法定要件之一，据此我委按照法定程序将《建筑工程施工许可证》（编号 210100201103101001）收回。"上述信息表明，一是，开工后才取得施工审批手续；二是，政府对擅自开工行为予以行政处罚；三是，因故规划审批手续被撤销；四是，依照《中华人民共和国建筑法》第八条规定，因规划审批手续被撤销，而导致施工许可证被政府主管部门收回。本院认为，自开工至完工的施工全流程中，本案讼争工程建设项目存在着诸多违约违规行为，工程项目经多家施工人或实际施工人同时或接续施工，建设项目施工管理混乱，承发包双方守法守约的规则意识不强。对此，发包人永来公司故意为之，存在过错，总承包人永和圣地建设公司知道上述行为违规违约而配合为之，亦存在过错。现永和圣地建设公司以存在上述部分违规行为为由，向本院申请再审主张施工合同无效，很大程度上是意图规避其应承担的民事责任。本院认为，上述违规行为及政府有权部门作出的撤销规划许可、进而收回开工许可证的行政处罚决定，尚不足以因此认定讼争建设项目为违法建筑，或者施工行为违法；如行政管理相对人永来公司接受行政处罚后，有权部门可能恢复行政许可证照的既有效力。故，处罚决定尚不足以导致施工合同无效，双方当事人应当依约依规承担民事责任。

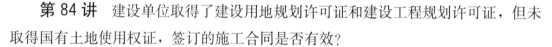

第 84 讲 建设单位取得了建设用地规划许可证和建设工程规划许可证，但未取得国有土地使用权证，签订的施工合同是否有效？

答：施工合同有效。

【法律依据】《建设工程司法解释（一）》第三条 当事人以发包人未取得建设工程规划许可证等规划审批手续为由，请求确认建设工程施工合同无效的，人民法院应予支持，但发包人在起诉前取得建设工程规划许可证等规划审批手续的除外。

发包人能够办理审批手续而未办理，并以未办理审批手续为由请求确认建设工程施工合同无效的，人民法院不予支持。

【裁判案例】（2020）苏 09 民终 510 号

【裁判观点】本案中，科美瑞公司发包的工程，已经取得了建设用地规划许可证和建设工程规划许可证，科美瑞公司与晟发公司于 2018 年 4 月签订的《钢结构承包合同》，内容不违反法律法规的强制性规定，应为合法有效。科美瑞公司虽尚未取得土地使用权证，但并不影响合同的效力，故一审法院认定双方的《钢结构承包合同》无效，系适用法律错误，本院二审予以纠正。

第 85 讲　未取得建设用地规划许可证，但取得了建设工程规划许可证的项目，签订的施工合同是否有效？

答：有效。建设单位取得建设工程规划许可证，即取得了合法建设许可。行政机关在建设项目没有取得建设用地规划许可证的情形下核发建设工程规划许可证，属于行政行为的瑕疵，民事业务庭无权认定具体行政行为是否违法，也不能以此为由判定民事合同无效。除非建设工程规划许可证经行政复议，行政诉讼被撤销或者被行政机关自行撤销。

【裁判案例】（2016）苏 03 民终 4024 号

【裁判观点】一审法院认为，华龙公司辩称协鑫公司发包的工程无建设用地规划许可证、建设工程施工许可证，双方当事人签订的建设工程施工合同无效，而根据查明的事实涉案工程以出让方式取得了国有建设用地使用权并办理了建设工程规划许可证，原告无建设用地规划许可证和建设工程施工许可证不影响合同效力，故对被告的抗辩本院不予采信。因此，双方当事人之间签订的施工合同系双方当事人的真实意思表示，内容不违反法律、法规的禁止性规定，应确认合同合法有效。二审认为，涉案工程依法取得了土地使用权证书，用地性质为工业用地，被上诉人建设工业厂房，没有改变土地规划性质，并且被上诉人依法取得了建设工程规划许可证，故双方当事人 2015 年 6 月 15 日、2015 年 8 月 27 日签订的《建设工程施工合同》合法有效。

第 86 讲 乡村建设是否需要规划审批？未取得规划许可是否影响施工合同效力？

答：在乡村规划区内进行乡镇企业、乡村公共设施和公益事业建设的，应当取得乡村建设规划许可证，否则签订的施工合同无效。

【法律依据】《规划法》第四十一条 在乡、村庄规划区内进行乡镇企业、乡村公共设施和公益事业建设的，建设单位或者个人应当向乡、镇人民政府提出申请，由乡、镇人民政府报城市、县人民政府城乡规划主管部门核发乡村建设规划许可证。

......

建设单位或者个人在取得乡村建设规划许可证后，方可办理用地审批手续。

《建设工程司法解释（一）》第三条 当事人以发包人未取得建设工程规划许可证等规划审批手续为由，请求确认建设工程施工合同无效的，人民法院应予支持，但发包人在起诉前取得建设工程规划许可证等规划审批手续的除外。

发包人能够办理审批手续而未办理，并以未办理审批手续为由请求确认建设工程施工合同无效的，人民法院不予支持。

【裁判案例】（2018）苏 11 民终 3771 号

【裁判观点】丰年果品公司的钢结构工程未依法取得乡村建设规划许可证，丰年果品公司与巫某某签订的钢结构施工合同无效。巫某某建造的钢结构大棚被句容市郭庄镇人民政府拆除，对于巫某某的损失，一审根据丰年果品公司、巫某某的过错程度及巫某某的实际投入，酌定由丰年果品公司再给付巫某某 3 万元并无不当。

第 87 讲 未取得施工许可证是否影响施工合同效力？

答：未取得施工许可证不影响施工合同效力。《建筑法》第七条规定建设单位开工前应申领施工许可证，但这属于管理性强制性规定，不是效力性强制性规定，不影响合同效力。且领取施工许可证的前提是已经确定施工单位，即已经与施工单位签订施工合同，不能用一个在后的条件来否定在前合同的效力。

【法律依据】《建筑法》第七条　建筑工程开工前，建设单位应当按照国家有关规定向工程所在地县级以上人民政府建设行政主管部门申请领取施工许可证；但是，国务院建设行政主管部门确定的限额以下的小型工程除外。

第八条　申请领取施工许可证，应当具备下列条件：

……（四）已经确定建筑施工企业；……

【裁判案例】（2019）浙 06 民终 4970 号

【裁判观点】关于施工合同是否存在无效事由的问题。首先，《建筑法》第七条规定属管理性规定，并非效力性强制性规定，嘉达公司未取得施工许可证不影响施工合同效力，本案也不存在《建设工程司法解释》第一条规定的无效事由，故嘉达公司关于讼争施工合同违反法律的强制性规定而无效的主张本院不予采纳。

2.2 招投标秩序对合同效力的影响

第 88 讲 国有投资项目，未经过招投标程序签订的施工合同是否有效？

答：使用预算资金 200 万元人民币以上，且该资金占投资额 10% 以上的项目，或者使用国有企业事业单位资金，并且该资金占控股或者主导地位的项目，且施工单项合同估算价在 400 万元人民币以上的，为必须招标项目，未经过招投标程序签订的施工合同无效。未达到上述标准的，未经过招投标程序，不影响施工合同效力。

【法律依据】《招标投标法》第三条 在中华人民共和国境内进行下列工程建设项目包括项目的勘察、设计、施工、监理以及与工程建设有关的重要设备、材料等的采购，必须进行招标：……（二）全部或者部分使用国有资金投资或者国家融资的项目……

《必须招标的工程项目规定》第二条 全部或者部分使用国有资金投资或者国家融资的项目包括：（1）使用预算资金 200 万元人民币以上，并且该资金占投资额 10% 以上的项目；（2）使用国有企业事业单位资金，并且该资金占控股或者主导地位的项目。

《必须招标的工程项目规定》第五条 本规定第二条至第四条规定范围内的项目，其勘察、设计、施工、监理以及与工程建设有关的重要设备、材料等的采购达到下列标准之一的，必须招标：（1）施工单项合同估算价在 400 万元人民币以上……

同一项目中可以合并进行的勘察、设计、施工、监理以及与工程建设有关的重要设备、材料等的采购，合同估算价合计达到前款规定标准的，必须招标。

《建设工程司法解释（一）》第一条 建设工程施工合同具有下列情形之一的，应当依据民法典第一百五十三条第一款的规定，认定无效：……（三）建设工程必须进行招标而未招标或者中标无效的。

【裁判案例】（2018）黔民终 404 号

【裁判观点】本案工程是由国家出资建设项目，根据《招标投标法》第三条及《必须招标的工程项目规定》第二条规定，涉案工程是必须招标项目，双方当事人未进行招标违反《建设工程司法解释》第一条规定，因此，双方当事人签订的《建设工程施工合同》为无效合同。

◆ ◆ ◆ ◆

第 89 讲　非必须招标项目，签订施工合同后，又进行招标投标程序签订中标合同的，招投标前签订的施工合同是否有效？

答：有效。非必须招标的项目，没有招标签订施工合同的行为未违反法律规定，应为有效。

【裁判案例】（2020）最高法民终 534 号

【裁判观点】本案中，鸿宇公司主张，岳建公司与鸿宇公司在正式招标之前已经签订标前合同，违反了《中华人民共和国招投标法》的相关规定，因此备案的中标合同应认定为无效，案涉系列《总承包施工合同》《总承包补充协议》《补充协议》《补充协议二》均无效。对此，本院认为，本案工程项目资金来源为自筹，建设内容为住宅区。该项目工程不属于法定必须招标工程。基于上述协议是双方真实意思表示，未违反相关法律规定，一审法院认定其效力为有效，并无不当。

【延伸思考】必须招标项目，招标前承包人已经进场施工，之后通过招投标程序签订中标合同的，中标合同是否有效？

答：无效。

【法律依据】《招标投标法》第五十五条　依法必须进行招标的项目，招标人违反本法规定，与投标人就投标价格、投标方案等实质性内容进行谈判的，给予警告，对单位直接负责的主管人员和其他直接责任人员依法给予处分。前款所列行为影响中标结果的，中标无效。

《建设工程司法解释（一）》第一条　建设工程施工合同具有下列情形之一的，应当依据民法典第一百五十三条第一款的规定，认定无效：……（三）建设工程必须进行招标而未招标或者中标无效的。

【裁判案例】（2018）最高法民终 605 号

【裁判观点】虽当事人未向法院提交招投标相关证据，但因施工合同形成于双方所称招投标之前，故应属于建设、施工双方当事人在招投标之前就已经对案涉工程进行了实质性接触的情形，违反了《招标投标法》第四十三条及第五十五条的规定。万通公司与丹峰公司签订的《施工总承包合同》及相关补充协议均无效。

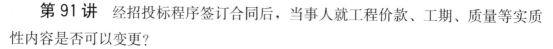

第90讲 工程项目招标确定中标人后，中标人发现招标人拟定的合同中的工期与招投标确定的工期不一致，中标人可否拒绝签订？

答：工期属于实质性内容，不应当签订与之相背离的合同，中标人可拒绝签订合同，并向行政监督部门投诉。如实际按招标人拟定的合同签订，因该合同背离实质性内容，承包人（中标人）有权要求按招投标确定的工期履行。

【法律依据】《招标投标法》第四十六条 招标人和中标人应当自中标通知书发出之日起三十日内，按照招标文件和中标人的投标文件订立书面合同。招标人和中标人不得再行订立背离合同实质性内容的其他协议。……

《招标投标法》第五十九条 招标人与中标人不按照招标文件和中标人的投标文件订立合同的，或者招标人、中标人订立背离合同实质性内容的协议的，责令改正；可以处中标项目金额千分之五以上千分之十以下的罚款。

《招标投标法实施条例》第五十七条 招标人和中标人应当依照招标投标法和本条例的规定签订书面合同，合同的标的、价款、质量、履行期限等主要条款应当与招标文件和中标人的投标文件的内容一致。招标人和中标人不得再行订立背离合同实质性内容的其他协议。

《建设工程司法解释（一）》第二条第一款 招标人和中标人另行签订的建设工程施工合同约定的工程范围、建设工期、工程质量、工程价款等实质性内容，与中标合同不一致，一方当事人请求按照中标合同确定权利义务的，人民法院应予支持。

第91讲 经招投标程序签订合同后，当事人就工程价款、工期、质量等实质性内容是否可以变更？

答：施工合同履行过程中出现工程变更，或者规划指标调整等客观原因，需要对工程价款、工期、质量进行相应调整的，不认定为变更实质性内容。

【法律依据】《2011民会议纪要》四、关于建设工程合同纠纷案件协议变更合同是法律赋予合同当事人的一项基本权利。建设工程开工后，因涉及变更、建设工程规划指标调整等客观原因，发包人与承包人通过补充协议、会议纪要、来往函件、签证等洽商记录形式变更工期、工程价款、工程项目性质的，不应认定为变更中标合同的实质性内容。

【裁判案例】（2018）苏民终 873 号

【裁判观点】本案中，中艺公司与苏海公司通过招投标程序签订了《建设工程施工合同》并进行了备案，该合同为当事人真实意思表示，不违反法律、行政法规的强制性规定，依法应认定为有效。涉案工程在施工过程中施工内容发生变化并形成签证单、会议纪要，此种变更与当事人为了获取不正当利益，在签订中标合同前后、工程内容没有变化的情况下，另行签订变更中标合同实质性内容的"黑合同"有本质区别。因此，涉案工程在施工过程中增加工程量为当事人真实意思表示，不具有违法目的，涉案《建设工程施工合同》及合同外增加工程约定依法应认定为有效。

2.3 资质对合同效力的影响

第 92 讲 承包人超越资质承揽工程，所签订的建设工程施工合同是否一律无效，有无例外情形？

答： 承包人超越资质所订立的建设工程施工合同为无效合同，但工程竣工前承包人取得相应资质的，施工合同效力补正为有效；竣工后取得相应资质的，不可以补正效力，施工合同仍然无效。

【法律依据】《建设工程司法解释（一）》第四条 承包人超越资质等级许可的业务范围签订建设工程施工合同，在建设工程竣工前取得相应资质等级，当事人请求按照无效合同处理的，人民法院不予支持。

【裁判案例】（2017）黔民终 170 号

【裁判观点】 本案中，案涉工程竣工时间为 2013 年 10 月 31 日，汇源公司于 2013 年 7 月 5 日取得房屋建筑工程施工总承包贰级资质。根据《建设工程司法解释》第五条的规定，本案贵新煤业以汇源公司不具备资质为由主张施工合同无效，本院不予支持。

第 93 讲 家庭室内装修中，施工人没有资质，双方签订的施工合同是否有效？

答： 有效。一般的家庭室内装修不涉及结构改造的不属于建设工程范畴，双方签订的合同，名为施工合同、实为承揽合同，施工人不需要施工资质。

【裁判案例】（2020）豫 03 民终 2717 号

【裁判观点】 承揽合同是承揽人按照定作人的要求完成工作，交付工作成果，定作人给付报酬的合同。本案臧某某为魏某某的房屋进行室内装饰装修，符合承揽合同的特征，一审法院认定臧某某与魏某某双方之间成立承揽合同关系并无不当。建筑装饰装修是指为使建筑物、构筑物内、外空间达到一定的环境质量要求，使用装饰装修材料，对建筑物、构筑物外表和内部进行修饰处理的工程建筑活动。而本案中是臧某某为被告魏某某的房产进行装修，系家庭室内装修合同，应属于承揽合同。对于装修的事实原、被告均没有异议，予以认定。对于双方之间的承揽合同关系，法律没有明确是否需要资质，故双方合同依法成立并有效。

第 94 讲　建造农村住宅，施工人是否需要资质？

答：两层（含两层）以下的农村自建低层住宅，施工人不需要施工资质，但三层以上或者成片开发的农村住宅，施工人需要具有相应的施工资质。

【法律依据】《建筑法》第八十三条第三款　抢险救灾及其他临时性房屋建筑和农民自建低层住宅的建筑活动，不适用本法。

《加强住房建设技术通知》六、三层（含三层）以上的农民住房建设管理要严格执行《建筑法》、《建筑工程质量管理条例》等法律法规的有关规定。

【裁判案例】（2019）渝民再 64 号

【裁判观点】涉案房屋系在集体土地上修建的农村房屋，根据《联合建房协议书》的约定，樊某出大部分资金修建房屋并由其负责房屋设计和施工，由于樊某承建的涉案房屋工程共计四幢，层高分别为四层、五层、六层，不属于国务院建设行政主管部门确定的限额以下的小型工程，也不属于抢险救灾及其他临时性房屋建筑和农民自建底层住宅。故，樊某的修建行为应受《建筑法》的约束。但樊某作为个人并无相应的建筑施工资质，其从事的涉案建筑活动违反了建筑法的禁止性规定。《联合建房协议书》违反了《合同法》第五十二条第（五）项之规定，原审判决认定《联合建房协议书》无效并无不当，本院予以确认。

第 95 讲　不具有房地产开发相应资质的房地产开发企业，与施工单位签订的施工合同是否有效？

答：有效。

【法律依据】《民法典》第一百五十三条　违反法律、行政法规的强制性规定的民事法律行为无效。但是，该强制性规定不导致该民事法律行为无效的除外。

【裁判案例】（2013）苏民终字第 0320 号

【裁判观点】关于明发集团、福建七建的开发资质、施工资质的问题，本院认为，《合同法解释（一）》第四条规定，合同法实施后，人民法院确认合同无效，应当以全国人大及其常委会制定的法律和国务院制定的行政法规为依据，不得以地方性法规、行政规章为依据。福建七建主张明发集团超资质开发房地产、福建七建超资质承接工程导致合同无效所依据的《房地产开发企业资质管理规定》及《〈房地产开发企业资质管理规定〉细则》均属于行政主管部门颁布的管理性规定，不属于法律、行政法规的效力性强制性规定，不应据此认定合同无效，故对于福建七建的该上诉主张，本院亦不予采信。

2.4　发、承包秩序对合同效力影响

第 96 讲　发包人是否可以将基坑工程单独发包？所签施工合同是否有效？

答：除非基坑工程单独立项，否则不可以单独发包，如基坑工程单独发包，属于肢解发包，签订的施工合同无效。

【法律依据】《建筑法》第二十四条　提倡对建筑工程实行总承包，禁止将建筑工程肢解发包……不得将应当由一个承包单位完成的建筑工程肢解成若干部分发包给几个承包单位。

《基坑单独发包的复函》……按照现行国家标准《建筑工程施工质量验收统一标准》GB 50300—2013，建筑工程包括地基与基础工程、主体结构工程、建筑屋面工程建筑装饰装修工程等共 10 个分部工程。按照《建筑工程分类标准》GB/T 50841—2013 分类，基坑工程（桩基、土方等）属于地基与基础分部工程的分项工程。鉴于基坑工程属于建筑工程单位工程的分项工程，建设单位将非单独立项的基坑工程单独发包属于肢解发包行为……

第 97 讲　什么是转包？转包合同效力如何？

答：转包是指承包单位承包工程后，不履行合同约定的责任和义务，将其承包的全部工程或者将其承包的全部工程肢解后以分包的名义分别转给其他单位或个人施工的行为。转包是法律明令禁止的行为，承包人将工程转包的，转包行为无效，所签订的转包合同为无效合同。

【法律依据】《建筑法》第二十八条　禁止承包单位将其承包的全部建筑工程转包给他人，禁止承包单位将其承包的全部建筑工程肢解以后以分包的名义分别转包给他人。

《建设工程司法解释（一）》第一条第二款：承包人因转包、违法分包建设工程与他人签订的建设工程施工合同，应当依据民法典第一百五十三条第一款及第七百九十一条第二款、第三款的规定，认定无效。

【裁判案例】（2018）最高法民终 611 号

【裁判观点】北京建工承揽工程后，即通过分包方式将其承包的全部工程转给

由黄进涛实际控制的企业施工。因此，北京建工与黄进涛之间，已就涉案工程构成事实上的违法转包关系，相关转包协议属于无效合同。

第 98 讲 工程项目中，没有资质的单位或个人借用有资质的单位名义承揽工程，双方为借用资质签订的协议是否有效？

答： 无效。

【法律依据】《民法典》第一百五十三条 违反法律、行政法规的强制性规定的民事法律行为无效。但是，该强制性规定不导致该民事法律行为无效的除外。违背公序良俗的民事法律行为无效。

《建筑法》第二十六条 承包建筑工程的单位应当持有依法取得的资质证书，并在其资质等级许可的业务范围内承揽工程。

禁止建筑施工企业超越本企业资质等级许可的业务范围或者以任何形式用其他建筑施工企业的名义承揽工程。禁止建筑施工企业以任何形式允许其他单位或者个人使用本企业的资质证书、营业执照，以本企业的名义承揽工程。

【裁判案例】（2016）最高法民终 144 号

【裁判观点】 九鼎置业公司与中建六局于 2006 年 2 月签订的《合作协议书》，该协议因其实质为不具备相应建筑资质的实际施工企业即九鼎置业公司借用有资质的建筑施工企业即中建六局的名义承揽工程，并向中建六局缴纳管理费，即名为联营实为挂靠，违反了《建筑法》第二十六条的强制性规定，根据《建设工程司法解释》第一条之规定，原审法院认定为无效合同，并无不当。

第 99 讲 施工单位将劳务分包的，劳务分包合同的效力如何认定？

答： 施工总承包单位或专业承包单位可以将其承包工程中的劳务作业发包给劳务分包单位完成。劳务作业需要具备劳务资质，施工企业与有劳务资质的单位签订的劳务分包合同有效，但与个人或者不具备劳务资质的单位签订的劳务分包合同无效。2020 年 11 月 30 日，住建部印发了《建设工程企业资质管理制度改革方案》，将施工劳务企业资质改为专业作业资质，由审批制改为备案制。

【法律依据】《建设工程司法解释（一）》第五条　具有劳务作业法定资质的承包人与总承包人、分包人签订的劳务分包合同，当事人请求确认无效的，人民法院依法不予支持。

《住房和城乡建设部关于印发〈建设工程企业资质管理制度改革方案〉的通知》（建市〔2020〕94 号）

3. 施工资质。将 10 类施工总承包企业特级资质调整为施工综合资质，可承担各行业、各等级施工总承包业务；保留 12 类施工总承包资质，将民航工程的专业承包资质整合为施工总承包资质；将 36 类专业承包资质整合为 18 类；将施工劳务企业资质改为专业作业资质，由审批制改为备案制。综合资质和专业作业资质不分等级；施工总承包资质、专业承包资质等级原则上压减为甲、乙两级（部分专业承包资质不分等级），其中，施工总承包甲级资质在本行业内承揽业务规模不受限制。

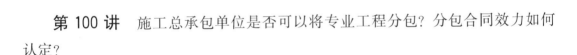

第 100 讲　施工总承包单位是否可以将专业工程分包？分包合同效力如何认定？

答：经发包人同意，施工总承包单位可以将专业工程分包，但分包单位必须具有相应资质，否则分包合同无效。

【法律依据】《建设工程质量管理条例》第七十八条第二款　本条例所称违法分包，是指下列行为：（一）总承包单位将建设工程分包给不具备相应资质条件的单位的；（二）建设工程总承包合同中未有约定，又未经建设单位认可，承包单位将其承包的部分建设工程交由其他单位完成的；……

《建设工程司法解释（一）》第一条第二款　承包人因转包、违法分包建设工程与他人签订的建设工程施工合同，应当依据民法典第一百五十三条第一款及第七百九十一条第二款、第三款的规定，认定无效。

【裁判案例】（2019）青民终 123 号

【裁判观点】中成公司将烟囱、冷却塔工程分包给宋某，而宋某为无施工资质的自然人，故双方之间为违法分包关系。根据《建设工程司法解释》第四条规定，宋某与中成公司签订的违法分包合同无效。

◆ ◆ ◆ ◆

第 101 讲 施工总承包单位将专业工程分包后，专业分包单位将工程再分包的，再分包合同是否有效？

答：专业分包单位不得将分包工程再分包，再分包合同因违法而无效。

【法律依据】《建设工程质量管理条例》第七十八条 ……本条例所称违法分包，是指下列行为：……（四）分包单位将其承包的建设工程再分包的。

《建设工程司法解释（一）》第一条第二款 承包人因转包、违法分包建设工程与他人签订的建设工程施工合同，应当依据民法典第一百五十三条第一款及第七百九十一条第二款、第三款的规定，认定无效。

【裁判案例】（2019）新民终 128 号

【裁判观点】海子公司与水电集团签订分包合同后，水电集团将其分包工程中的大部分工程再分包给北新公司。依照《合同法》第五十二条第（五）项的规定，水电集团与北新公司订立的《施工承包协议书》因违反法律强制性规定而无效。

◆ ◆ ◆ ◆

第 102 讲 施工总承包单位将工程的主体结构分包出去，分包合同效力如何认定？

答：施工总承包单位不得将工程的主体结构分包，否则签订的分包合同无效。

【法律依据】《建筑法》第二十九条 ……施工总承包的，建筑工程主体结构的施工必须由总承包单位自行完成。

《建设工程司法解释（一）》第一条第二款 承包人因转包、违法分包建设工程与他人签订的建设工程施工合同，应当依据民法典第一百五十三条第一款及第七百九十一条第二款、第三款的规定，认定无效。

【裁判案例】（2019）鄂 01 民终 4199 号

【裁判观点】华源公司将其承包的某路灯线路工程的主体结构分包给中进公司进行施工，根据《建筑法》第二十九条第一款规定："……施工总承包的，建筑工程主体结构的施工必须由总承包单位自行完成。"华源公司与中进公司签订的分包合同违反上述法律规定，应认定为无效。

◆◆◆◆

第 103 讲　施工总承包单位将地基基础工程分包的，分包合同是否有效？

答： 经发包人同意，施工总承包单位将地基基础工程分包给具有相应资质的单位的，分包合同有效。

【**法律依据**】《建筑法》第二十九条　建筑工程总承包单位可以将承包工程中的部分工程发包给具有相应资质条件的分包单位；但是，除总承包合同中约定的分包外，必须经建设单位认可。施工总承包的，建筑工程主体结构的施工必须由总承包单位自行完成。

【**裁判案例**】（2016）云 01 民终 4601 号

【**裁判观点**】《建筑法》第二十九、六十条、《建设工程司法解释》第十三条及《建筑工程施工质量验收统一标准》《建筑业企业资质标准》均未规定地基基础工程包含于主体结构当中，故一审认定地基基础工程属于主体结构的一部分，认定错误。国泰公司将地基基础的工程桩部分工程分包给具有专业资质的易安公司进行施工，已经过建设单位的认可，故双方签订的《桩基工程施工合同》并未违反法律强制性规定，合法有效。

◆◆◆◆

第 104 讲　总承包人将钢结构工程分包出去，是否属于违法分包？

答： 经发包人同意，总承包人可以将钢结构工程进行专业分包，不属于违法分包。

【**法律依据**】《建筑法》第二十九条　建筑工程总承包单位可以将承包工程中的部分工程发包给具有相应资质条件的分包单位；但是，除总承包合同中约定的分包外，必须经建设单位认可。施工总承包的，建筑工程主体结构的施工必须由总承包单位自行完成。

《施工违法行为认定查处办法》第十二条　存在下列情形之一的，属于违法分包：……（三）施工总承包单位将施工总承包合同范围内工程主体结构的施工分给其他单位的，钢结构工程除外；……

【裁判案例】（2015）苏民终字第 00544 号

【裁判观点】涉案工程由中远公司总承包，经业主必康公司指定分包人，中远公司将涉案项目中的部分钢结构厂房工程分包给中冶公司，中远公司、中冶公司均具有相应的施工资质，一审判决认定总承包合同及钢结构分包合同有效正确。中冶公司分包钢结构工程后又将屋面板工程再分包给吉瑞公司施工，违反了法律禁止性规定，一审判决认定中冶公司与吉瑞公司签订的施工合同无效，亦无不当。

第 105 讲 发包人可以指定分包人吗？

答：不可以。但法律、行政法规对此未有效力性强制性规定，故发包人指定分包人，并不会导致分包合同无效。

【法律依据】《工程建设项目施工招标投标办法》第六十六条 招标人不得直接指定分包人。

《房建市政分包办法》第七条 建设单位不得直接指定分包工程承包人。任何单位和个人不得对依法实施的分包活动进行干预。

《建设工程司法解释（一）》第十三条 发包人具有下列情形之一，造成建设工程质量缺陷，应当承担过错责任：

（一）提供的设计有缺陷；

（二）提供或者指定购买的建筑材料、建筑构配件、设备不符合强制性标准；

（三）直接指定分包人分包专业工程。

承包人有过错的，也应当承担相应的过错责任。

第 106 讲 专业分包单位是否可以将其承包的专业工程中的劳务作业部分再分包？

答：可以，但应分包给具有劳务作业资质的单位。

【法律依据】《房建市政分包办法》第五条 本办法所称劳务作业分包，是指施工总承包企业或者专业承包企业（以下简称劳务作业发包人）将其承包工程中的劳务作业发包给劳务分包企业（以下简称劳务作业承包人）完成的活动。

《施工违法行为认定查处办法》第十二条　存在下列情形之一的，属于违法分包：……（四）专业分包单位将其承包的专业工程中非劳务作业部分再分包的……

【裁判案例】（2019）鄂 01 民终 10226 号

【裁判观点】依据《建筑工程施工转包违法分包等违法行为认定查处管理办法（试行)》第九条，《房屋建筑和市政基础设施工程施工分包管理办法》第五条之规定，专业分包单位将其承包的专业工程中劳务作业部分再分包的，不是违法分包，不是《建筑法》第二十九条禁止的再分包行为。

2.5 项目经理从事民事行为的效力

第 107 讲 项目经理以施工单位名义签订的借款合同，出借人能否要求施工单位承担还款责任？

答： 一般不能。但如果项目经理获得施工单位的授权、事后追认，或者出借款项实际进入施工单位账户、实际用于工程的，使出借人有理由相信项目经理有代理权的，施工单位应承担还款责任。

【法律依据】江苏高院《解答》第二十五条 建设工程领域，项目部或者项目经理不具有对外借款的职权，其以施工企业名义对外借款的，出借人要求施工企业承担还款责任的，原则上不予支持。出借人举证证明项目经理系获得施工企业授权，或具有款项进入施工企业账户，实际用于工程等情形，导致其有理由相信项目部或项目经理有代理权的，出借人要求施工企业承担还款责任的，可予支持。

【裁判案例】（2021）苏 09 民终 2589 号

【裁判观点】关于徐某、朱某在还款协议书上加盖三箭公司金色城邦项目部印章的行为对被上诉人三箭公司是否产生效力。本院认为，一、项目部或者项目经理不具有对外借款的职权，徐某、朱某在还款协议上加盖项目部章并不当然代表三箭公司。二、李某未能提交证据证明三箭公司已出具授权委托书，授权徐某、朱某及三箭公司金色城邦项目部可以代表其公司签订还款协议，以及案涉还款协议事后得到三箭公司的追认。案涉借款并没有进入三箭公司账户，且李某未能提交证据证明，案涉款项实际用于案涉工程。故签订案涉还款协议时，不具有足以使李某相信三箭公司金色城邦项目部或徐某、朱某有有权代理三箭公司的事实和理由。综上，三箭公司金色城邦项目部无权对外签订案涉还款协议，徐某、朱某在还款协议上加盖项目部章印的行为亦不构成表见代理，其还款承诺对被上诉人三箭公司不产生法律效力，李某关于应当由三箭公司承担还款责任的上诉理由，依据不足，本院不予采信。

◆ ◆ ◆ ◆

第 108 讲 项目经理以施工单位名义签订分包合同，对施工单位是否有约束力？

答： 除非施工单位明确项目经理无此权限，且有证据证明分包合同的承包人知道该情况，否则分包合同对施工单位具有约束力。

【法律依据】《民法典》第一百七十条　执行法人或者非法人组织工作任务的人员，就其职权范围内的事项，以法人或者非法人组织的名义实施民事法律行为，对法人或者非法人组织发生效力。法人或者非法人组织对执行其工作任务的人员职权范围的限制，不得对抗善意相对人。

【裁判案例】（2019）云民终 410 号

【裁判观点】 王某与邓某签订《桩基工程施工合同》，王某实际施工了涉案工程的桩基工程。环城公司于 2015 年 7 月 8 日向邓某开具《法定代表人授权书》，授权邓某担任涉案工程的项目经理，以汇东公司的名义履行签订施工合同、拨付工程款和处理一切事宜，至涉案工程结束，故邓某的行为应视为代理环城公司作出。

第 109 讲　项目经理伪造印章，以施工单位名义对外签订分包合同、办理结算等，后果是否由施工单位承担？

答： 印章虽系伪造，但如项目经理多次以施工单位名义对外签订合同、办理结算，使相对人有理由相信其有代理权的，后果由施工单位承担。

【法律依据】《九民会议纪要》第四十一条　……代理人以被代理人名义签订合同，要取得合法授权。代理人取得合法授权后，以被代理人名义签订的合同，应当由被代理人承担责任。被代理人以代理人事后已无代理权、加盖的是假章、所盖之章与备案公章不一致等为由否定合同效力的，人民法院不予支持。

【裁判案例】（2018）赣民终 192 号

【裁判观点】 刘某是中盛公司任命的诉争工程的项目负责人。即使刘某所使用的项目部印章是伪造的，该印章已广泛使用于诉争工程中，且刘某作为项目部负责人，对外以中盛公司项目部的名义签订转包合同、办理结算，善意第三人有理由相信刘某有权代理中盛公司处理与诉争工程相关的事务，即刘某的行为构成了表见代理，其从事代理活动的相应后果应由中盛公司承担。

第 110 讲 项目经理签署的签证文件，施工单位能否否认？

答：项目经理在签证文件上签字确认系履行职务行为，其后果由施工单位承担。但施工单位明确向发包人表明项目经理没有相关权限或双方就有权签署签证变更文件的人员另有约定的除外。

【法律依据】《民法典》第一百七十条 执行法人或者非法人组织工作任务的人员，就其职权范围内的事项，以法人或者非法人组织的名义实施民事法律行为，对法人或者非法人组织发生效力。法人或者非法人组织对执行其工作任务的人员职权范围的限制，不得对抗善意相对人。

【裁判案例】（2014）苏民终字第 0210 号

【裁判观点】小市项目、线材厂项目《建设工程施工合同》中，虽然约定甲方项目经理为周某，但从环强公司提供的《建设单位项目管理人员及机构一览表》《项目负责人任命、变更通知》等相关证据，能够证明格林公司对项目经理进行了变更。李某作为新的项目经理所从事的签证行为，系职务行为，合法有效。

第 111 讲 项目经理以施工单位名义收取工程款，可否认定为施工单位收款？

答：施工合同中明确约定或者施工单位特别授权项目经理收取工程款的，项目经理收款即为施工单位收款；项目经理曾多次收取工程款，或双方有类似商业惯例，使发包人有理由相信项目经理有权收取工程款的，项目经理收款视为施工单位收款。

【裁判案例】（2016）最高法民终 574 号

【裁判观点】八达公司认可并据以起诉的《土建施工总承包合同》中对于工程价款结算以及工程款的支付方式等进行了明确约定，故应当认为黄军作为具体执行该合同的项目经理有权负责涉案工程的结算和收款工作。且八达公司明确认可的产值表中，黄军作为施工方代表予以签字，该行为表明黄军被实际赋予了处理涉案工程款事宜等权利。此外，10 个另案生效判决进一步表明，黄军是涉案工程项目全面负责的管理者，其在涉案工程中的行为是履行八达公司的职务行为，相应的法律后果应归属于八达公司。

2.6　与价款相关的特殊约定的效力

第 112 讲　招标项目中，中标合同之外约定让利，或以无偿建设配套设施等方式变相让利，约定是否有效？

答： 背离中标合同实质性内容，约定无效。

【法律依据】《建设工程司法解释（一）》第二条第二款　招标人和中标人在中标合同之外就明显高于市场价格购买承建房产、无偿建设住房配套设施、让利、向建设单位捐赠财物等另行签订合同，变相降低工程价款，一方当事人以该合同背离中标合同实质性内容为由请求确认无效的，人民法院应予支持。

【裁判案例】（2019）桂 03 民终 2915 号

【裁判观点】 2013 年 9 月 1 日，双方签订《建设工程施工合同》，确认了合同价为 10825494.03 元。同年 9 月 18 日，双方签订《补充协议》，约定按照结算总价让利百分之二十作为被上诉人支付给上诉人的工程结算价。因此，上诉人与被上诉人签订的《补充协议》，属于招标人和中标人在中标合同之外就让利等另行签订合同，变相降低工程价款的情形，上诉人以该合同背离中标合同实质性内容为由请求确认无效，符合法律的规定，本院予以采纳。

第 113 讲　工程款已届清偿期，发包人与承包人约定以房屋折抵工程价款的，该抵债协议是否有效？

答： 若抵债协议不存在恶意损害第三人利益或其他合同无效情形的，该抵债协议有效。

【法律依据】《九民会议纪要》第四十四条　当事人在债务履行期限届满后达成以物抵债协议，抵债物尚未交付债权人，债权人请求债务人交付的，人民法院要着重审查以物抵债协议是否存在恶意损害第三人合法权益等情形，避免虚假诉讼的发生。经审查，不存在以上情况，且无其他无效事由的，人民法院依法予以支持。

【裁判案例】（2016）最高法民申 2800 号

【裁判观点】 以房抵债协议主要特征是双方当事人达成以债务人转移房屋所有

权替代原合同所约定的金钱给付义务的协议。因此关于以房抵债协议的效力问题，应适用合同法关于买卖合同和合同法总则的规定。案涉以房抵债协议系双方自愿达成且无证据证明该协议具有合同法第五十二条规定的无效情形，因此，案涉以房抵债协议应认定为有效。

第 114 讲　工程款未届清偿期，发包人与承包人约定如发包人逾期支付工程款则以房抵债的，该抵债协议是否有效？

答：协议无效。

【法律依据】《九民会议纪要》第七十一条　债务人或者第三人与债权人订立合同，约定将财产形式上转让至债权人名下，债务人到期清偿债务，债权人将该财产返还给债务人或第三人，债务人到期没有清偿债务，债权人可以对财产拍卖、变卖、折价偿还债权的，人民法院应当认定合同有效。合同如果约定债务人到期没有清偿债务，财产归债权人所有的，人民法院应当认定该部分约定无效，但不影响合同其他部分的效力。

【裁判案例】（2019）云民终 741 号

【裁判观点】《和解协议书》中以白象花园白象宫商住楼 1～4 楼折抵工程欠款的约定，属于双方当事人在债务未届清偿期之前达成的以物抵债协议，其本质是为了担保工程价款的实现，根据《物权法》第一百八十六条的规定，该《和解协议书》具有流押性质，不产生以物抵债的法律效力，应为无效协议。

第 115 讲　施工合同无效，发承包双方达成的结算协议是否有效？

答：结算协议具有独立性，施工合同无效不影响结算协议的效力，双方应当按结算协议履行，除非结算协议本身存在无效情形或者存在可撤销情形并已被撤销。

【裁判案例】（2020）新民终 45 号

【裁判观点】一审法院依照《最高人民法院〈关于审理建设工程施工合同纠纷案件适用法律问题〉的解释》第四条"承包人非法转包、违法分包建设工程或者没有资质的实际施工人借用有资质的建筑企业名义与他人签订建设工程施工合同的行为无效"之规定，认定湖北宏源电力工程股份有限公司与十一冶公司签订《新疆嘉润资源控股有限公司一期二系列 45 万吨/年电解铝项目（钢结构工程）施工合同》《新疆嘉润资源控股有限公司一期二系列 45 万吨/年电解铝项目（土建工程）分包合同》无效。2018 年 7 月 6 日电建湖北电力分公司与十一冶公司签订《新疆嘉润资源控股有限公司一期二系列 45 万吨/年电解铝项目土建工程/钢结构工程施工合同结算协议》是双方真实意思表示，且不违反法律、行政法规的强制性规定，属于有效协议。一审法院对上述合同协议的效力认定正确，本院予以确认。

2.7 其他效力问题

第 116 讲 施工合同部分条款无效，是否影响合同其他条款的效力？

答： 视无效条款是否影响其他条款效力而定，如不影响合同其他条款效力的，合同其他条款仍然有效。

【法律依据】《民法典》第一百五十六条 民事法律行为部分无效，不影响其他部分效力的，其他部分仍然有效。

【裁判案例】（2019）最高法民再 128 号

【裁判观点】本案中，内黄二建向一审法院的起诉时间为 2009 年 2 月 12 日，应当适用自 2005 年 1 月 1 日起施行的《建设工程司法解释》第十七条关于"当事人对欠付工程价款利息计付标准有约定的，按照约定处理；没有约定的，按照中国人民银行发布的同期同类贷款利率计息"的规定。据此，双方当事人《汇总》中关于欠付工程款利息约定部分高于中国人民银行发布的同期同类贷款利率的部分无效。原审判决依据《合同法》第五十六条"无效的合同或者被撤销的合同自始没有法律约束力。合同部分无效，不影响其他部分效力的，其他部分仍然有效"的规定，认定《汇总》有效而利息数额部分违反上述规定无效，本院不持异议。

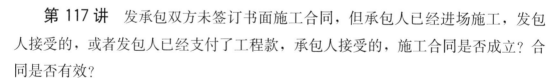

第 117 讲 发承包双方未签订书面施工合同，但承包人已经进场施工，发包人接受的，或者发包人已经支付了工程款，承包人接受的，施工合同是否成立？合同是否有效？

答： 施工合同成立，若不存在导致施工合同无效的情形，则合同有效。

【法律依据】《民法典》第四百九十条第二款 法律、行政法规规定或者当事人约定合同应当采用书面形式订立，当事人未采用书面形式但是一方已经履行主要义务，对方接受时，该合同成立。

《民法典》第七百八十九条 建设工程合同应当采用书面形式。

《民法典》第五百零二条 依法成立的合同，自成立时生效，但是法律另有规定或者当事人另有约定的除外。

【裁判案例】（2019）琼民终 219 号

【裁判观点】本案中，虽然荣晟公司与吴川建筑公司以及邝某之间未签订书面施工合同，但邝某以吴川建筑公司的名义对案涉工程进行了施工，荣晟公司亦向吴川建筑公司支付工程款，双方均已履行主要义务，根据我国《合同法》第三十六条的规定，荣晟公司与吴川建筑公司之间的工程施工合同成立，但因吴川建筑公司出借资质违反我国法律效力性强制性规定，故合同无效。

第 118 讲　施工合同无效，是否影响合同中约定的仲裁条款的效力？

答：不影响，仲裁条款独立有效。

【法律依据】《仲裁法》第十九条　仲裁协议独立存在，合同的变更、解除、终止或者无效，不影响仲裁协议的效力。

《民法典》第五百零七条　合同不生效、无效、被撤销或者终止的，不影响合同中有关解决争议方法的条款的效力。

【裁判案例】（2020）赣 05 民终 31 号

【裁判观点】新纪元公司、艾某、曾某、龚某与黎某签订的《建筑工程承包合同》明确约定：本合同未尽事宜，双方协商解决。协商不成，由新余市仲裁委仲裁解决。该合同系双方的真实意思表示，虽然该合同因黎某没有建筑施工企业资质而无效，但依照《合同法》第五十七条规定：合同无效、被撤销或者终止的，不影响合同中独立存在的有关解决争议方法的条款的效力。且双方约定的仲裁条款没有违反《仲裁法》的规定。新纪元公司、艾某、曾某、龚某提出，本案属建设工程施工合同纠纷，依法应由建设工程所在地新余市渝水区人民法院管辖。本院认为，本案中约定了仲裁条款，即排除了诉讼解决争议方式，故本案不适用前述诉讼专属管辖的相关规定。

第 119 讲　施工合同无效，为担保施工合同履行的抵押合同或者保证合同是否有效？

答：施工合同为主合同，抵押合同、保证合同为从合同，主合同无效，从合同亦无效。

【法律依据】《民法典》第三百八十八条 ……担保合同是主债权债务合同的从合同。主债权债务合同无效的，担保合同无效，但是法律另有规定的除外。

《民法典》第六百八十二条 保证合同是主债权债务合同的从合同。主债权债务合同无效的，保证合同无效，但是法律另有规定的除外。

【裁判案例】（2013）民一终字第 12 号

【裁判观点】融港侨公司上诉主张的房屋抵押优先权，是双方当事人当初为担保融港侨公司收回工程款而在天山实业公司名下房产上设定的抵押权。该抵押合同是案涉《施工合同》的从合同，具有从属性，其合同效力是由主合同效力决定的。《施工合同》已被认定系无效合同，主合同无效，作为从合同的抵押合同亦无效。融港侨公司基于无效合同的约定内容主张房屋抵押权，依法不能获得支持。

第 120 讲 施工合同中约定的"罚款"条款是否有效？

答：罚款应视为当事人约定的违约责任，如不违反法律、行政法规效力性强制性规定和公序良俗的，该条款有效。如处罚过重，被处罚一方可申请法院予以适当减少。

【裁判案例】（2019）豫 03 民终 2042 号

【裁判观点】合同中的"高估冒算罚款"条款的约定是双方的私法行为，并非行政处罚性质，应定性为约定惩罚性违约金。双方所签订的包括该条款在内的所有建设工程施工合同意思表示真实，不违反国家法律法规强制性规定和公序良俗，均为有效合同。从双方签字认可的工程结算审定表看，河南七建确有高估冒算行为，应承担一定的惩罚性违约责任。但鉴于我国合同法规定的违约金性质是以补偿性为主，以惩罚性为辅，对约定类惩罚性违约金尚无具体的法律规定。加之，高估冒算会有认识分歧成分，涉案双方约定的惩罚性违约金的比例过高，应予调减。

2.8　施工合同的解除及其后果

第 121 讲　施工合同签订后，因发包人原因未办理施工许可证导致合同未能履行的，承包人能否解除合同？

答： 经承包人催告后，发包人在合理期限内仍未办理的，承包人可以解除合同。

【法律依据】《民法典》第八百零六条第二款　发包人提供的主要建筑材料、建筑构配件和设备不符合强制性标准或者不履行协助义务，致使承包人无法施工，经催告后在合理期限内仍未履行相应义务的，承包人可以解除合同。

【裁判案例】（2019）粤 08 民终 338 号

【裁判观点】施工合同签订后，广东海大至今未办理"广东海洋大学霞山校区学生宿舍楼一期建设工程"施工所需的证件、批件，原广东海大委托的监理工程师至今亦未向港城公司发出开工令或以书面形式通知港城公司，推迟开工日期，已构成根本违约。港城公司反诉请求解除双方于 2008 年 1 月 17 日签订的施工合同，理由充分，予以支持。

第 122 讲　发包人不支付工程款，承包人可以解除合同吗？

答： 发包人不支付工程款，经承包人催告后在合理期限内仍不支付的，承包人有权解除合同。

【法律依据】《民法典》第五百六十三条　有下列情形之一的，当事人可以解除合同：……（三）当事人一方迟延履行主要债务，经催告后在合理期限内仍未履行……

【裁判案例】（2020）最高法民终 132 号

【裁判观点】原审法院认为因发包人栩宽公司未按《施工总承包合同》及《补充协议书》约定履行付款义务，在应当支付 2 亿余元工程进度款的情况下，仅仅支付了 100 万元进度款，且在承包人华建公司停工近一年半的时间里仍无支付工程进度款的意思表示，故华建公司有理由相信其合同目的已经无法实现，其行使合同解除权符合法律规定。本院认为，案涉合同由于栩宽公司违约逾期不支付工程款而解除，华建公司有权依法主张损害赔偿，包括主张可得利益损失。

第 123 讲 承包人施工质量不合格，发包人是否可以解除施工合同？

答：承包人施工质量不合格，并且拒绝修复的，发包人可以解除施工合同。

【法律依据】《民法典》第五百六十三条 有下列情形之一的，当事人可以解除合同：

（一）因不可抗力致使不能实现合同目的；

（二）在履行期限届满前，当事人一方明确表示或者以自己的行为表明不履行主要债务；

（三）当事人一方迟延履行主要债务，经催告后在合理期限内仍未履行；

（四）当事人一方迟延履行债务或者有其他违约行为致使不能实现合同目的；

（五）法律规定的其他情形。

【裁判案例】（2018）最高法民终 1164 号

【裁判观点】针对长城公司施工范围内出现的裂纹，监理单位向长城公司发出通知单，要求其按照质量监督检验站提出的方案对裂缝进行整改，但长城公司未提交证据证实其已对裂缝进行整改。根据《建设工程司法解释》第八条第三项的规定，晟华公司解除合同于法有据，应予支持。

第 124 讲 承包人在约定工期内没有完工，发包人是否可以解除施工合同？

答：因承包人原因导致合同约定工期内没有完工，经发包人催告后，合理期限内仍未完工的，发包人有权解除施工合同。

【法律依据】《民法典》第五百六十三条 有下列情形之一的，当事人可以解除合同：……（三）当事人一方迟延履行主要债务，经催告后在合理期限内仍未履行……

【裁判案例】（2015）民提字第 193 号

【裁判观点】泰丰铝业未在双方约定的日期 6 月 20 日完工，7 月 18 日，清华同方发函要求泰丰铝业于 7 月 25 日前将质量问题全部整改合格并完成合同约定的全部工程内容，否则终止双方的合作，此事实应视为清华同方向泰丰铝业进行了催告。但直至 8 月 28 日清华同方发出解除合同通知时，泰丰铝业仍未最终完工。依据《建设工程司法解释》第八条第二项的规定，清华同方有权解除合同。

第 125 讲　总承包人将工程转包、违法分包的，发包人是否可以解除合同？

答：可以解除合同。

【法律依据】《民法典》第八百零六条第一款　承包人将建设工程转包、违法分包的，发包人可以解除合同。

【裁判案例】（2019）渝民终 493 号

【裁判观点】本院认为，民生公司解除合同的理由成立。本案中，耐德公司将案涉工程主体结构分包给理想公司、众恒工程公司及众恒科技公司，构成总承包单位将建设工程主体结构的施工分包给其他单位的违法分包情形，依据《建设工程司法解释》第八条第三项的规定"承包人具有下列情形之一，发包人请求解除建设工程施工合同的，应予支持：（四）将承包的建设工程非法转包、违法分包的"。因此，民生公司对案涉工程合同享有法定的解除权，且该解除权的行使亦无需以发包人对非法转包、违法分包的事实是否知情为限制条件，故民生公司解除合同的理由符合法律规定。

第 126 讲　发包人提供的主要建筑材料、建筑构配件和设备不符合强制性标准，承包人是否可以直接解除合同？

答：发包人提供的主要建筑材料、建筑构配件和设备不符合强制性标准的，承包人应当催告发包人在合理期间内提供，发包人在合理期限内仍不提供的，承包人才可以解除合同。

【法律依据】《民法典》第八百零六条　承包人将建设工程转包、违法分包的，发包人可以解除合同。

发包人提供的主要建筑材料、建筑构配件和设备不符合强制性标准或者不履行协助义务，致使承包人无法施工，经催告后在合理期限内仍未履行相应义务的，承包人可以解除合同。

合同解除后，已经完成的建设工程质量合格的，发包人应当按照约定支付相应的工程价款；已经完成的建设工程质量不合格的，参照本法第七百九十三条的规定处理。

第 127 讲　发包人未按约定期限提供施工图纸，承包人可否解除合同？

答：发包人未按约定期限提供施工图纸导致承包人无法施工的，承包人可催告其在合理期限提供，发包人逾期仍不提供的，承包人可解除合同。

【法律依据】《民法典》第八百零六条第二款　发包人提供的主要建筑材料、建筑构配件和设备不符合强制性标准或者不履行协助义务，致使承包人无法施工，经催告后在合理期限内仍未履行相应义务的，承包人可以解除合同。

【裁判案例】（2019）湘 07 民终 2360 号

【裁判观点】本案金桑公司未按施工合同约定提供施工图纸及施工所需的水电，构成违约。经恒泰公司 2017 年 12 月 24 日催告后，金桑公司仍未在承诺的期限内履行前述义务，以致该工程自 2018 年 1 月起长期处于停工状态至今。恒泰公司要求解除案涉施工合同符合法定情形，一审判决解除施工合同，并无不当。

第 128 讲　因不可抗力致使施工合同无法继续履行的，当事人是否可以解除施工合同？

答：因不可抗力致使无法继续履行合同的，发承包双方均可以解除施工合同。

【法律依据】《民法典》第五百六十三条　有下列情形之一的，当事人可以解除合同：（一）因不可抗力致使不能实现合同目的……

【裁判案例】（2021）湘 11 民终 302 号

【裁判观点】一审法院认为，合同履行期间，国家发布了重大行业政策《国家发展改革委　财政部　国家能源局关于 2018 年光伏发电有关事项的通知》（发改能源〔2018〕823 号），属于重大政策调整，对项目构成重大情势变更的影响，属不可抗力事件。由于涉案合同无法继续履行，原告主张解除涉案合同，且被告表示同意，故法院对原告要求解除合同的诉讼请求予以支持；本院二审对一审查明的事实予以确认。

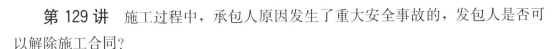

第 129 讲　施工过程中，承包人原因发生了重大安全事故的，发包人是否可以解除施工合同？

答：合同有明确约定的，发包人可以解除合同；合同未约定的，发生重大安全事故导致合同无法继续履行，发包人可以解除合同。

【法律依据】《民法典》第五百六十二条　当事人协商一致，可以解除合同。当事人可以约定一方解除合同的事由。解除合同的事由发生时，解除权人可以解除合同。

第五百六十三条　有下列情形之一的，当事人可以解除合同：……（四）当事人一方迟延履行债务或者有其他违约行为致使不能实现合同目的；……

【裁判案例】（2015）豫法民一终字第 126 号

【裁判观点】至于中信重工公司要求解除合同并要求江苏沪武建设公司返还已支付的设备安装费用 130 万元的请求，因江苏沪武公司安装过程中发生重大事故，导致双方合同无法履行，原审判决双方合同解除并判决江苏沪武公司返还已支付的设备安装费用 130 万元亦无不当。

第 130 讲　施工合同解除的，相应的担保合同是否随施工合同解除？

答：施工合同解除后，除担保合同另有约定外，担保人仍应按照担保合同约定承担担保责任。

【法律依据】《民法典》第五百六十六条 ……主合同解除后，担保人对债务人应当承担的民事责任仍应当承担担保责任，但是担保合同另有约定的除外。

【裁判案例】（2016）川民初 6 号

【裁判观点】本案中，经过多次催告，莱克置业、莱克投资在合理期限内仍未按约定履行付款义务，中机公司起诉请求解除双方签订的《建设工程施工合同》符合法律规定，本院予以支持。根据《担保法》第十八条第二款、《担保法解释》第十条规定，合同解除后，莱克投资仍应承担担保责任。根据专用条款第二十条约定的担保范围及担保方式，莱克投资的保证方式为连带责任保证，故莱克投资应按约对莱克置业涉案的全部债务承担连带保证责任。

第 3 章　工程价款及结算

3.1　无效合同的结算

第 131 讲　施工合同被确认无效，工程价款应当如何结算？

答：施工合同被确认无效，若工程经竣工验收合格或者经修复后验收合格的，承包人可请求发包人参照合同约定支付工程价款；经修复后验收仍不合格的，承包人无权请求支付工程款。

【法律依据】《民法典》第七百九十三条　建设工程施工合同无效，但是建设工程经验收合格的，可以参照合同关于工程价款的约定折价补偿承包人。

建设工程施工合同无效，且建设工程经验收不合格的，按照以下情形处理：

（一）修复后的建设工程经验收合格的，发包人可以请求承包人承担修复费用；

（二）修复后的建设工程经验收不合格的，承包人无权请求参照合同关于工程价款的约定折价补偿。

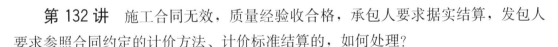

第 132 讲　施工合同无效，质量经验收合格，承包人要求据实结算，发包人要求参照合同约定的计价方法、计价标准结算的，如何处理？

答：应参照合同约定的计价方法、计价标准结算工程价款。

【法律依据】《民法典》第七百九十三条第一款　建设工程施工合同无效，但是建设工程经验收合格的，可以参照合同关于工程价款的约定折价补偿承包人。

【裁判案例】（2018）陕 09 民初 14 号

【裁判观点】因原告陈某没有施工资质，故原告陈某与承包人新兴公司签订的合同因违反了法律法规的强制性规定，应为无效。根据《建设工程司法解释》第二条，建设工程施工合同无效，但建设工程经竣工验收合格，承包人有权请求参照合同约定支付工程价款。根据权利义务一致原则，建设工程经竣工验收合格，发包人也有权请求参照合同约定支付工程价款。

第 133 讲 数份施工合同均无效时，工程价款应当如何结算？

答：当事人就同一建设工程订立的数份建设工程施工合同均无效，但是建设工程质量合格的，应当参照实际履行的合同结算工程价款。实际履行的合同难以确定的，应当参照最后签订的合同结算工程价款，除非双方明确约定最后签订的合同不作为履行的依据。

【法律依据】《建设工程司法解释（一）》第二十四条　当事人就同一建设工程订立的数份建设工程施工合同均无效，但建设工程质量合格，一方当事人请求参照实际履行的合同关于工程价款的约定折价补偿承包人的，人民法院应予支持。

实际履行的合同难以确定，当事人请求参照最后签订的合同关于工程价款的约定折价补偿承包人的，人民法院应予支持。

【裁判案例】（2018）豫民终 56 号

【裁判观点】本案中，标前合同与备案合同均无效，但工程已经竣工验收合格，根据《建设工程司法解释（二）》第十一条，应参照双方当事人实际履行的合同确定工程价款。从本院二审查明的事实分析，双方实际履行的为标前合同，故本案应参照标前合同确定工程价款。五建公司关于双方实际履行的为备案合同的上诉主张与事实不符，本院不予支持。

3.2　变更、签证及索赔

第 134 讲　因设计变更导致工程量或者质量标准变化，变更部分如何结算工程价款？

答：有约定按约定；没有约定，双方协商不能协商一致的，可以参照签订合同时当地建设行政主管部门发布的计价方法或者计价标准结算工程价款。

【法律依据】《建设工程司法解释（一）》第十九条第二款　因设计变更导致建设工程的工程量或者质量标准发生变化，当事人对该部分工程价款不能协商一致的，可以参照签订建设工程施工合同时当地建设行政主管部门发布的计价方法或者计价标准结算工程价款。

【裁判案例】（2019）最高法民申 4361 号

【裁判观点】关于《鉴定意见》中采用的价格标准是否错误的问题。案涉《工程承包合同》双方约定在涌水量超过 5 立方米/小时、岩石硬度系数超过 $F＝4\sim6$ 时工程费用应作出调整，但并未明确调整的幅度及具体的数额。因此，根据《建设工程司法解释》第十六条第二款规定，《鉴定意见》参照市场价格对人工费等费用进行调整并无不当。且二审时，二审法院对岩石硬度及涌水量超过合同约定情况下的人工费进行调整，而对未超过合同约定情况的相关费用则按合同约定的费用标准计算。二审法院采信《鉴定意见》及复函，对案涉工程造价作出认定，并无不当。

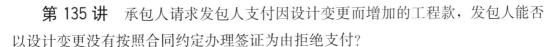

第 135 讲　承包人请求发包人支付因设计变更而增加的工程款，发包人能否以设计变更没有按照合同约定办理签证为由拒绝支付？

答：承包人按设计变更施工的，发包人应当支付因变更而增加的工程款。

【法律依据】《建设工程司法解释（一）》第二十条　当事人对工程量有争议的，按照施工过程中形成的签证等书面文件确认。承包人能够证明发包人同意其施工，但未能提供签证文件证明工程量发生的，可以按照当事人提供的其他证据确认实际发生的工程量。

【裁判案例】（2014）闽民终字第 1043 号

【裁判观点】本院认为，本案《施工合同》第三十一条约定"所有的设计变更，双方均应办理变更洽商签证"，但双方在实际履约过程中，设计变更均未办理签证手续。但发包人已经认可讼争工程竣工验收合格，并同意申报消防验收，可以认定双方在履约过程中，对工程量的变更手续并未严格按照合同约定履行，双方已经以实际行为对合同的约定进行了变更，且发包人对变更的工程量予以认可。根据《建设工程司法解释》第十九条的规定，原审法院认定发包人应支付承包人"建设方不承认变更部分"和"建设方不承认新增部分"的工程款，并无不当。

第 136 讲 工程签证单上缺少发包人盖章或发包人现场代表签字的，签证工作量能否被确认？

答： 工程签证单上只有监理人员签字的，一般可以确认工作量的发生；如施工合同或者其他文件明确约定工程签证单必须经发包人现场代表签字或发包人盖章方为有效的，则仅有监理人员签字的签证工作量不能确认。但承包人有证据证明发包人同意施工，且签证单上的工作已经实际施工了的除外。

【法律依据】《民法典》第一百六十二条　代理人在代理权限内，以被代理人名义实施的民事法律行为，对被代理人发生效力。

《建设工程司法解释（一）》第二十条　当事人对工程量有争议的，按照施工过程中形成的签证等书面文件确认。承包人能够证明发包人同意其施工，但未能提供签证文件证明工程量发生的，可以按照当事人提供的其他证据确认实际发生的工程量。

【裁判案例】（2018）苏民终 1038 号

【裁判观点】中建一局公司提供的工程签证中有 1789829.44 元签证经监理公司签字确认，但台湾映像公司并未签字确认，不符合施工总承包合同有关工程签证的约定。由于该部分签证不符合合同约定的工程签证要求，且中建一局公司也无充分证据证明已实际发生，故对仅有监理签字的签证费用 1789829.44 元，本院不予认定。

第 137 讲 程序性瑕疵是否会影响工程签证的效力？

答：程序性瑕疵一般不会对签证的效力产生影响。如果合同明确约定逾期签证视为放弃权利的，则按约定执行，但发包人在承包人逾期后又作出签认的除外。

【裁判案例】（2017）最高法民终五百七十七号

【裁判观点】虽然双方在合同中约定任何设计变更或现场签证必须由三一公司项目经理审核，基建部负责人批准并加盖基建部公章后生效，并且设计变更或现场签证完成后按设计变更的结算方法进入结算，中兴公司必须在 7 天内提交变更预算，31 份经济签证单也没有完全按照上述程序签字、提交和审批。但是，31 份经济签证单对于签证事项、签证原因、工程量变化、价格计算和增减数额均有明确陈述，又得到了监理单位的盖章认可，一审判决认定三一公司在合同履行过程中最终对经济签证单加盖公章的行为系对经济签证单所载内容的认可，并据此确认经济签证单真实性，是正确的。

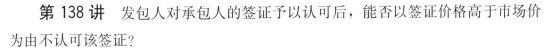

第 138 讲　发包人对承包人的签证予以认可后，能否以签证价格高于市场价为由不认可该签证？

答：不能，除非发包人能够证明签认时存在重大误解、受欺诈、受胁迫、显失公平等情形之一并请求法院或者仲裁机构予以撤销，否则应当按签证履行。

【法律依据】《民法典》第一百四十七条　基于重大误解实施的民事法律行为，行为人有权请求人民法院或者仲裁机构予以撤销。

第一百四十八条　一方以欺诈手段，使对方在违背真实意思的情况下实施的民事法律行为，受欺诈方有权请求人民法院或者仲裁机构予以撤销。

第一百四十九条　第三人实施欺诈行为，使一方在违背真实意思的情况下实施的民事法律行为，对方知道或者应当知道该欺诈行为的，受欺诈方有权请求人民法院或者仲裁机构予以撤销。

第一百五十条　一方或者第三人以胁迫手段，使对方在违背真实意思的情况下实施的民事法律行为，受胁迫方有权请求人民法院或者仲裁机构予以撤销。

第一百五十一条　一方利用对方处于危困状态、缺乏判断能力等情形，致使民事法律行为成立时显失公平的，受损害方有权请求人民法院或者仲裁机构予以撤销。

【裁判案例】（2016）最高法民终六百八十七号

【裁判观点】案涉工程的签证单是在施工过程中与工程建设同步形成的，能客观反映当时施工现场状况以及建材使用情况，且签证单是经过甲方认可并签字确认的，虽然签证价格可能高于市场价格，但当时金陵建工集团提交签证单所附价款时，汉之源公司并未提出异议，事后在结算工程款时汉之源公司不认可当时其签字确认的签证单而要求按照市场价确定工程款，有违诚信，故案涉工程造价应当按照签证价计算。

◆ ◆ ◆ ◆

第 139 讲 承包人逾期索赔工期、费用，会丧失权利吗？

答：观点一：逾期索赔不丧失权利。理由：逾期索赔失权条款是解决纠纷的程序性约定，并非权利的存续期间。当事人未在约定的索赔期限主张权利，不失权。

【裁判案例】（2017）最高法民申 1182 号

观点二：逾期索赔丧失权利。理由：当事人未按约定在索赔事件发生后一定期限内提出索赔，无论其索赔事由是否成立，其索赔的权利都已经丧失。

【裁判案例】（2019）渝民终 640 号

我们认为：当事人"逾期索赔失权"的约定应当适用，但有例外情形。

理　由："逾期索赔失权"条款是双方真实意思表示，不违反法律、行政法规的强制性规定，约定合法有效，应予适用。例外情形：①"不可抗力"除外。根据《民法典》第一百八十条第一款规定，发生不可抗力的，即使承包人未在约定期限内提出工期索赔，承包人的工期延误责任也应免除，但承包人逾期索赔费用的，不可以再索赔费用；②承包人提出合理抗辩的除外。最高院民一庭在《建设工程司法解释（一）》理解与适用中认为，承包人逾期索赔是否失权，应结合承包人是否怠于行使权利、逾期索赔是否影响查明事实、发包人是否因此相信承包人不再索赔而作出相应安排等因素综合审查，避免不公平的后果。

3.3　情势变更、不可抗力

第 140 讲　固定价合同，约定全风险包干，人、材、机价格波动不调整价款，疫情影响导致人、材、机价格大幅上涨的，可否调整价款？

答：疫情影响导致人、材、机价格上涨幅度超出了正常的商业风险范围时，承包人可以依据情势变更原则请求调整。

【法律依据】《民法典》第五百三十三条　合同成立后，合同的基础条件发生了当事人在订立合同时无法预见的、不属于商业风险的重大变化，继续履行合同对于当事人一方明显不公平的，受不利影响的当事人可以与对方重新协商；在合理期限内协商不成的，当事人可以请求人民法院或者仲裁机构变更或者解除合同。

人民法院或者仲裁机构应当结合案件的实际情况，根据公平原则变更或者解除合同。

【裁判案例】（2015）湘高法民一终字第 68 号

【裁判观点】本案工期不合理延长的主要原因是当地村民持续阻工及 2006 年夏天郴州市区持续降雨引起的施工场地挡土墙未能及时修复，上述原因不能归责于白马桥公司；合同工期由约定的 6 个月延长 5 年多，人、材、机价格与签约时相比有大幅上涨，双方签订的施工合同环境发生当事人难以预料的变化，若继续按照原合同约定的固定价款结算对白马桥公司（承包人）明显不利。一审根据本案事实适用情势变更原则进行审理并无不当。

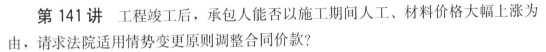

第 141 讲　工程竣工后，承包人能否以施工期间人工、材料价格大幅上涨为由，请求法院适用情势变更原则调整合同价款？

答：不能。情事变更是为了解决合同履行过程中出现情事变更事由，继续履行对一方明显不公平时，受不利影响的当事人可以此为由主张变更或者解除合同。如果合同已经履行完毕，则情事变更不再适用。

【法律依据】《民法典》第五百三十三条　　合同成立后，合同的基础条件发生了当事人在订立合同时无法预见的、不属于商业风险的重大变化，继续履行合同对于当事人一方明显不公平的，受不利影响的当事人可以与对方重新协商；在合理期限内协商不成的，当事人可以请求人民法院或者仲裁机构变更或者解除合同。

人民法院或者仲裁机构应当结合案件的实际情况，根据公平原则变更或者解除合同。

【裁判案例】（2017）川民终 761 号

【裁判观点】案涉合同已经履行完毕，因浩航公司没有提供足以证明其在履行期间向人民法院请求变更或者解除合同的证据……浩航公司认为因"5.12 大地震"发生后导致人工和材料价格大幅上涨应当适用情势变更的原则调增工程款的主张，法律依据不足，不予支持。

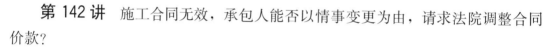

第 142 讲 施工合同无效，承包人能否以情事变更为由，请求法院调整合同价款？

答：不可以。情事变更适用的后果是变更或者解除合同，变更或者解除合同的前提是合同有效，如果合同无效，不适用情事变更。

【法律依据】《民法典》第一百五十五条 无效的或者被撤销的民事法律行为自始没有法律约束力。

《民法典》第五百三十三条 合同成立后，合同的基础条件发生了当事人在订立合同时无法预见的、不属于商业风险的重大变化，继续履行合同对于当事人一方明显不公平的，受不利影响的当事人可以与对方重新协商；在合理期限内协商不成的，当事人可以请求人民法院或者仲裁机构变更或者解除合同。

【裁判案例】（2014）吉民一终字第 27 号

【裁判观点】仲某某主张依据情势变更原则，根据调整后的定额，通过鉴定的方式来确认应给付的工程价款数额。但是本案的《工程内部承包协议书》已经被确定为无效合同，对于无效合同不存在适用情势变更原则的问题。

第 143 讲 发生新冠病毒肺炎疫情，承包人不能履行合同时，是否需要告知发包人？

答：需要。承包人应及时告知发包人因疫情导致合同无法正常履行的情形，并提供相关证据。

【法律依据】《民法典》第五百九十条　当事人一方因不可抗力不能履行合同的，根据不可抗力的影响，部分或者全部免除责任，但是法律另有规定的除外。因不可抗力不能履行合同的，应当及时通知对方，以减轻可能给对方造成的损失，并应当在合理期限内提供证明。

【裁判案例】（2010）沪民终字第 1073 号

【裁判观点】当事人一方因不可抗力不能履行合同的，应当及时通知对方，以减轻可能给对方造成的损失。发包人教育公司未提交有效证据证明其履行了告知义务。对此，其应承担举证不能的后果，发包人教育公司请求承包人支付违约金1029000 元的上诉请求不能成立，本院不予支持。

3.4 计价规则

第 144 讲 采用工程量清单计价的项目，施工合同是否可以约定固定总价？
答：可以。

【法律依据】《2013 版清单计价规范》7.1.3 采用工程量清单计价的工程，应采用单价合同；建设规模较小，技术难度较低，工期较短，且施工图设计已审查批准的建设工程可采用总价合同；紧急抢险、救灾以及施工技术特别复杂的建设工程可采用成本加酬金合同。

【裁判案例】（2018）皖 02 民初 77 号
【裁判观点】涉案《建设工程施工合同》专用条款第 23.2 条约定，本合同采用固定价格合同，合同价格中包括的风险范围见招标文件和标前会议纪要。在招标文件"花津园丁小区项目施工招标补充说明"第 23 条中，明确规定和要求"招标人采用固定总价的招标方式招标。除设计及招标人要求的变更外，总价一次包死，不做调整，投标人应充分考虑总价一次包死的风险。投标人自行踏勘现场，要对根据设计图纸对工程量清单进行复核，发现问题及时向招标人提出，招标人将在答疑会上向所有投标人澄清"。上述关于合同价格的约定，明确为"固定总价""一次包死，不做调整"，投标人自行承担工程量清单准确性及完整性的责任，与固定总价计价方式的规定相符。

◆◆◆◆

第 145 讲 建设工程施工合同中，约定按照平方米单价计价的，属于单价合同还是总价合同？
答：总价合同。总价合同是指发承包双方约定以施工图及其预算和有关条件进行合同价款计算、调整和确认的建设工程施工合同；单价合同是指发承包双方约定以工程量清单及其综合单价进行合同单价计算、调整和确认的建设工程施工合同。按平方米单价计价的合同虽名为单价，但并非是工程量清单计价，而是按施工图的面积计价，实为总价合同。

【裁判案例】（2019）最高法民终 796 号
【裁判观点】补充协议（三）约定襄平医院建筑面积"包死"、每平方米单价

"包死"，其真实意思即为不考虑中建一局完成的实际施工面积及每平方米工程实际造价，均一律按约定的"包死"建筑面积及每平方米单价，确定襄平医院主体结构工程价款的固定总价。欧泰公司未曾对襄平医院施工图纸提出过异议，对于中建一局依施工图纸进行施工所完成的建筑面积，应视为符合各方的约定，在没有证据表明中建一局进行襄平医院施工所完成的工程建筑面积违反合同约定的情况下，应按补充协议（三）中约定的固定总价方式结算工程价款。一审法院依据补充协议（三）中约定的襄平医院"包死"面积及每平米单价计算出的襄平医院主体结构工程价款固定总价，认定襄平医院主体结构工程价款，并无不当。

第 146 讲 固定总价合同中途解除，已完工程价款如何确定？

答：已完工程质量合格的，按比例折算，即以已完工程占全部工程的比例乘以合同固定总价确定价款。

【法律依据】 江苏高院《解答》第八条 建设工程施工合同约定工程价款实行固定总价结算，承包人未完成工程施工，其要求发包人支付工程款，发包人同意并主张参照合同约定支付的，可以采用"按比例折算"的方式，即由鉴定机构在相应同一取费标准下计算出已完工程部分的价款占整个合同约定工程的总价款的比例，确定发包人应付的工程款。但建设工程仅完成一小部分，如果合同不能履行的原因归责于发包人，因不平衡报价导致按照当事人合同约定的固定价结算将对承包人利益明显失衡的，可以参照定额标准和市场报价情况据实结算。

【裁判案例】（2018）苏 13 民终 5250 号

【裁判观点】 本案双方当事人签订的施工合同约定，合同价格采取固定总价方式，合同总造价为 976.39 万元。尼科建筑公司因惠亨通公司未按约定支付工程款申请停工，未能完成工程施工，后双方一致同意解除合同。经鉴定，已完成工程占整个工程比例已达 40%。尼科建筑公司也未提供证据证明存在不平衡报价的情形，故本案不具备参照定额标准据实结算的条件，应当按比例折算工程价款。

提示：折算比例的确定，各地高院的指导意见虽然表述略有不同，但方法基本一致。但也有个别高院的指导意见认为，如果合同未履行的原因在发包人的，则已完工程按定额及取费标准据实结算。

第 147 讲 桩基检测和消防检测的费用是否包含在包干总价中？

答： 桩基检测和消防检测的费用属于工程价款的组成部分，除非当事人有明确约定，否则应当包含在包干总价中。

【裁判案例】（2015）长中民三终字第 01021 号

【裁判观点】 雨花建筑公司、新龙电器公司签订一份《建设工程施工合同》，合同约定：工程承包范围为新龙电器公司的生产车间（4746m²）、研发楼（4135m²），研发楼含建设基础工程和主体结构工程、室内装修，大门落地玻璃门改为感应玻璃门，外墙装饰工程、水、电和弱电、消防、外墙保温等按设计图纸和现行国家标准大包干交钥匙工程整体包干；固定价格合同，双方在专用条款内约定合同价款包含的风险范围和风险费用的计算方法，在约定的风险范围内合同价款不再调整，风险范围以外的合同价款调整方法，应在专用条款内约定。

桩基检测费属于检验试验费的范畴，根据建设部、财政部《建筑安装工程费用项目组成》的规定，检验试验费属于企业管理费，系工程价款的组成部分。本案中，涉案工程系总价包干，因此，原审法院认定桩基检测费包含在包干总价范围内，对雨花建筑公司要求在包干总价外另行计算工程款的请求不予支持并无不当。

第 148 讲 作为合同结算依据的地方政府文件被撤销，当事人是否可以申请据实结算？

答： 不可以。当事人将政府规范性文件作为结算依据写入合同，该约定对合同当事人具有约束力，不因文件被撤销、失效而否定约定的效力。

【裁判案例】（2014）常民再字第 15 号

【裁判观点】 从本案查明的事实来看，双方曾在《施工合同补充协议》中对工程造价计价标准有明确约定，实际施工中兴宇公司亦是按照该约定制作进度表，能反映该约定是双方当事人真实意思表示，本案工程款的结算应参照《施工合同补充协议》的约定，以浙江省 94 定额为标准、材料款按常德市信息价计算工程造价，即伟星公司应支付的工程总价款为 5193914.82 元。故中立信公司根据浙江省 94 定额作出的鉴定结论能作为认定本案工程造价的依据。另根据浙建建（2004）45 号通知，双方约定的浙江省 94 定额标准已于 2004 年 10 月 1 日停止使用，但该通知属于政府规范性文件，双方当事人自愿将含有结算标准和依据的地方政府文件内容转化为合同内容，该内容亦不违反法律、行政法规的强制性规定，不能因该文件失效就否定本案合同的效力。

第 149 讲　固定总价合同，竣工结算时价款是否可以调整？

答：总价范围内的工作内容没有变化的，价款不调整；工作量或者项目存在增减的，价款相应增减。存在变更的，变更内容影响造价的，按合同约定调整价款；没有约定的，变更工作的单价按当地定额及取费文件重新组价。

【法律依据】《建设工程司法解释（一）》第十九条第二款　因设计变更导致建设工程的工程量或者质量标准发生变化，当事人对该部分工程价款不能协商一致的，可以参照签订建设工程施工合同时当地建设行政主管部门发布的计价方法或者计价标准结算工程价款。

【裁判案例】（2016）渝民终 143 号

【裁判观点】《钢结构工程施工合同》第五条约定包干造价 661 万元依照渝中建筑公司审定的施工图包干。而渝中建筑公司和瀚方钢结构公司均认可第五条所指的施工图是 6 月份施工图；6 月份施工图设计的门窗系塑钢门窗和单层屋面板。根据 6 月施工图瀚方钢结构公司应施工的塑钢门窗未施工，则应从 661 万元中扣除塑钢门窗的费用；根据 6 月施工图瀚方钢结构公司应施工单层屋面板，但实际施工了双层屋面板，则应当在 661 万元之外增加计算一层屋面板的费用。

第 150 讲　当事人在合同中约定定额计价，造价主管部门对定额文件的补充规定是否可以作为结算依据？

答：可以，定额由政府部门制订并动态修正，发承包双方约定了定额计价，应当视为认可该定额的全部文件，包括补充定额。

【裁判案例】（2016）皖民终 364 号

【裁判观点】关于涉案工程是否适用《2003 年安徽省建设工程补充定额估价表》问题。安徽地质合肥公司主张原审不应以《2003 年安徽省建设工程补充定额估价表》作为计算涉案工程造价的依据。经查，双方约定的竣工结算方式为："工程量按实决算，按《安徽省 2000 年建筑综合估价表》和《铜陵市场材料信息》及相关费用定额"。从该条款的约定看，并未明确排除《2003 年安徽省建设工程补充定额估价表》的适用。原审在案件审理过程中，就如何适用《安徽省 2000 年建筑综合估价表》和《2003 年安徽省建设工程补充定额估价表》问题，向安徽省建设工程造价总站咨询过，安徽省建设工程造价总站回复：（1）《2003 年安徽省建设工程补充定额估价表》与现行的《安徽省 2000 年建筑综合估价表》等一并使用；（2）凡涉及对现行定额估价表所进行修正的部分，一律以补充定额估价表为准。故，以《2003 年安徽省建设工程补充定额估价表》作为涉案工程的结算依据并无不当，安徽地质合肥公司的此节上诉理由不能成立。

第 151 讲 合同约定材料按信息价计价，当约定的信息价缺失时，怎么确定该材料单价？

答：可以参照邻近城市的信息价、市场价或者承包人实际采购价等方式确定该材料单价。

【裁判案例】（2015）民一终字第 86 号

【裁判观点】双方合同约定材料价格采用《苏州工程造价信息》，施工期间，《苏州工程造价信息》未公布真石漆价格，双方合同中也无材料价格采用政府指导价的约定，现昆山纯高公司提交了《购销合同》，证明锦浩公司当时购买的真石漆价格为每公斤 6.3 元，按规定计取现场保管费后为每公斤 6.363 元，昆山纯高公司当时作为付款的担保人在该《购销合同》上盖章。锦浩公司对该《购销合同》的真实性也予以认可，在此情况下，鉴定人以该《购销合同》中的价格作为真石漆价格正确。

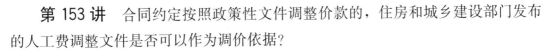

第 152 讲　以已废止的定额作为计价依据进行招标并签订合同的，结算时能否要求按现行有效的定额结算？

答：不能，应按合同约定的已废止的定额进行计价。

【法律依据】山东高院《2011 审判工作纪要》（十）关于建设工程施工合同中约定以政府文件作为工程价款结算依据，现政府文件被撤销或者失效的情形如何处理的问题当事人双方在建设工程施工合同中约定以地方人民政府的文件作为工程价款的结算标准和依据的，该政府文件已经构成合同的内容，该约定并不违反法律、行政法规的强制性规定，应当依法认定约定有效。在建设工程施工合同履行中，如果合同所依据的政府文件被撤销或者失效，但该政府文件已经转化为合同约定，仍应按照政府文件的规定作为结算工程价款的依据。当地人民政府出台新的文件对原文件的规定进行调整和修改的，除当事人另有约定的外，仍应以原政府文件的规定作为结算工程价款的依据。

【裁判案例】（2013）民申字第 1872 号

【裁判观点】广西 1998 年定额被 2005 年定额废止，案涉工程 2006 年经河池市建设与规划委员会批准招标时，即确定以 1998 年定额作为计价依据。城建公司以 1998 年定额投标并中标。可见，采用 1998 年定额为涉案工程款的结算依据是双方当事人的真实意思表示，并已在合同文件中作出了特殊约定，上述约定不违反法律、行政法规的强制性规定，符合《建设工程司法解释》第十六条"当事人对建设工程的计价标准或者计价方法有约定的，按照约定结算工程价款"规定的情形，合法有效，对上述约定双方当事人均应遵照执行。

第 153 讲　合同约定按照政策性文件调整价款的，住房和城乡建设部门发布的人工费调整文件是否可以作为调价依据？

答：可以。除非合同约定"政策性调价文件"排除人工费调整文件。

【裁判案例】（2014）鲁民一终字第 49 号

【裁判观点】根据合同专用条款 23.2、23.3 条的约定，涉案合同价款中的建筑材料价格上涨 5％以上可据实调整；施工期间的政策性调整文件和相关规定可以适用；在 2010 年、2011 年合同履行过程中，人工费、材料费大幅度上涨，政府对人工费进行了政策性调整。聊建四公司在结算报告中据实调整了人工费、材料费具有合同依据，也具有事实依据。招投标文件虽然规定施工措施费一次性包死，结算时不再调整，但由于合同约定的人工费、材料费可据实调整，人工费、材料费上涨直接影响措施费，在人工费、材料费可据实调整的情况下，措施费不可能一次性包死，结算时也应该随之调整；在合同履行过程中，中巨赛达公司大量分包中标的工程项目，不及时支付工程进度款导致工期顺延，增加了措施费、人工费；在建筑市场行情发生了根本性变化的情况下，只有据实调整才能保证措施费不低于成本。结算报告对措施费进行调整，具有事实依据和合同依据。

◆ ◆ ◆ ◆

第 154 讲 合同未约定总承包服务费，总承包人是否可以以存在分包项目为由向发包人主张总承包服务费？

答：发包人将工程平行发包，总承包人提供配合、管理的，发包人应当承担总承包服务费；总承包人自行分包的项目，发包人不承担由此产生的配合费用。

【裁判案例】（2016）最高法民终 687 号

【裁判观点】一审法院认为，总承包服务费是总承包人为配合、协调建设单位进行的专业工程分包，对建设单位自行采购的材料、工程设备等进行保管以及施工现场管理等服务所需的费用。总承包服务费应依据招标人在招标文件中列出的分包专业工程内容和供应材料设备情况，按照招标人提出的协调、配合与服务要求和施工现场管理需要由投标人自主确定。竣工结算时总承包服务费应依据合同约定的金额计算。但总承包单位未向分包单位提供服务或由总承包单位分包给其他施工单位的，不应收取总承包服务费。本案中，金陵建工集团主张总承包服务费，但现有证据仅表明金陵建工集团将汉源桥工程另行分包给孙某，并无证据证明汉之源公司另行分包工程及双方在合同中存在总承包服务费的约定，故金陵建工集团主张总承包服务费，没有事实依据，一审法院不予支持。

本院认为，由于金陵建工集团仅将汉源桥工程分包孙某施工，且在合同中并无相关约定，一审法院对金陵建工集团主张的总承包服务费未予支持，并无不当。

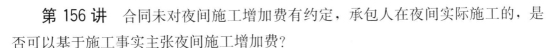

第 155 讲　安全文明施工费是否可以作为竞争性费用让利下浮?

答:观点一:不得作为竞争性费用让利下浮。理由:《2013 版清单计价规范》规定安全文明施工费属不可竞争性费用,该规定是强制性规定,违反强制性规定的约定无效。

【裁判案例】(2018)陕民终 718 号

观点二:安全文明施工费可以依据当事人的约定下浮。理由:《2013 版清单计价规范》并非法律、行政法规,在当事人有约定的前提下,应优先尊重当事人的意思自治,安全文明施工费依约计取。

【裁判案例】(2018)川民终 740 号

我们认为:安全文明施工费可以依据当事人的约定让利、下浮。

理　　由:①《2013 版清单计价规范》并非法律、行政法规,即使违反也不影响当事人约定的效力;②国家投资项目,必须适用《2013 版清单计价规范》,没有适用的,应当承担相应的行政责任,但不能否定合同的效力;③不管约定是否计取、计取多少安全文明施工费,承包人均有投入足够成本保证安全、文明施工的法定义务。安全文明施工费让利、下浮,不当然产生安全问题。

第 156 讲　合同未对夜间施工增加费有约定,承包人在夜间实际施工的,是否可以基于施工事实主张夜间施工增加费?

答:不可以。夜间施工增加费的计取应当有合同明确约定,否则不能计取。

【裁判案例】(2016)最高法民终 687 号

【裁判观点】总承包服务费、冬雨期施工费和夜间施工增加费。鉴定意见认为,金陵建工集团并未提供相关资料证明需要支付总承包服务费,双方在合同中没有关于冬雨期施工费和夜间施工增加费的约定,因此上述费用没有计取。金陵建工集团认为,因案涉部分工程系业主分包给其他单位施工,因此应计取总承包服务费。冬雨期施工费和夜间施工增加费不计取,不符合案涉工程有数月的冬雨期施工和为赶工期夜间施工的实际情况。汉之源公司认为，上述费用均不应支付。一审法院认为，总承包服务费是总承包人为配合、协调建设单位进行的专业工程分包，对建设单位自行采购的材料、工程设备等进行保管以及施工现场管理等服务所需的费用。总承包服务费应依据招标人在招标文件中列出的分包专业工程内容和供应材料设备情况，按照招标人提出的协调、配合与服务要求和施工现场管理需要由投标人自主确定。竣工结算时总承包服务费应依据合同约定的金额计算。但总承包单位未向分包单位提供服务或由总承包单位分包给其他施工单位的，不应收取总承包服务费。本案中，金陵建工集团主张总承包服务费，但现有证据仅表明金陵建工集团将汉源桥工程另行分包给孙塑林，并无证据证明汉之源公司另行分包工程及双方在合同中存在总承包服务费的约定，故金陵建工集团主张总承包服务费，没有事实依据，一审法院不予支持。关于冬雨期施工费和夜间施工增加费，同样因双方在合同中对此并无约定，故金陵建工集团主张该笔费用，没有合同依据，一审法院亦不予支持。二审法院认为一审法院未予支持并无不当，予以维持。

◆ ◆ ◆ ◆

第 157 讲 合同未约定赶工措施费，承包人赶工并实际缩短工期的，承包人是否可以向发包人主张支付赶工费？

答： 不可以，赶工费属于可竞争性费用，若无合同约定或者发包人签认，不应当记取。

【裁判案例】（2016）最高法民终 687 号

【裁判观点】 本院认为，双方对于赶工费是否计取及计取比例没有约定，一审法院根据工程签证单（汉之源公司亦认可）认定此项费用只应计取金陵建工集团因赶工增加的模板使用费 266.08 万元是正确的，金陵建工集团主张应按分部分项费的 4% 计算赶工措施费、并主张遗漏装饰和安装部分的赶工措施费，没有合同依据和法律依据，本院不予支持。

◆ ◆ ◆ ◆

第 158 讲 工程竣工验收合格交付发包人后，承包人未拆除临时用房的，发包人是否可以索赔？

答：可以。拆除临时用房属于承包人义务，经催告后承包人仍不拆除的，发包人可索赔拆除费用及损失，除非发承包双方对此有其他约定。

【行业惯例】《2017 版施工合同示范文本》13.6.1 竣工退场：颁发工程接收证书后，承包人应按以下要求对施工现场进行清理：（1）施工现场内残留的垃圾已全部清除出场；（2）临时工程已拆除，场地已进行清理、平整或复原；（3）按合同约定应撤离的人员、承包人施工设备和剩余的材料，包括废弃的施工设备和材料，已按计划撤离施工现场；（4）施工现场周边及其附近道路、河道的施工堆积物，已全部清理；（5）施工现场其他场地清理工作已全部完成。施工现场的竣工退场费用由承包人承担。承包人应在专用合同条款约定的期限内完成竣工退场，逾期未完成的，发包人有权出售或另行处理承包人遗留的物品，由此支出的费用由承包人承担，发包人出售承包人遗留物品所得款项在扣除必要费用后应返还承包人。

【裁判案例】（2016）陕民终 393 号

【裁判观点】关于陕建二公司是否应承担 13379 元临建房拆除费用及清理其留存于半坡湖公司内的临建房拆除物的问题。涉案工程竣工后，陕建二公司作为施工方应及时拆除其搭建的施工临建房，在半坡湖公司函告陕建二公司拆除后陕建二公司拒不拆除，由此造成的相关损失及半坡湖公司委托他人拆除临建房所产生的合理费用应由陕建二公司承担，且陕建二公司一、二审无证据证明其曾主动要求拆除该临建房并遭到半坡湖公司阻止，故原审判决认定半坡湖公司拆除临建房所支付之费用 13379 元应由陕建二公司承担，并判令陕建二公司清理其留存于半坡湖公司内的临建房拆除物，并无不当。

第 159 讲　施工合同无效，发包人可否主张从折价款中扣除规费？

答：不可以。合同无效，工程质量合格的，应参照合同关于工程价款的约定折价补偿承包人。规费属于工程价款的组成部分，不应当扣除。

【法律依据】《民法典》第七百九十三条　建设工程施工合同无效，但是建设工程经验收合格的，可以参照合同关于工程价款的约定折价补偿承包人。

【裁判案例】（2017）最高法民终 360 号

【裁判观点】在雅居园公司与晟元公司之间，案涉工程的价值为工程造价，包括规费和利润。案涉工程项目由雅居园公司占有，雅居园公司应按照工程造价补偿晟元公司。私法救济目的是使双方的利益恢复均衡，如果自折价补偿款中扣减部分规费和利润，则雅居园公司既享有工程项目的价值，又未支付足额对价，获得额外利益，不符合无效合同的处理原则。故雅居园公司主张在工程造价中扣除 50％的利润和规费，缺乏依据。

◆ ◆ ◆ ◆

第 160 讲　约定工程价款按一定比例下浮的，规费是否应当同比例下浮？

答：规费属于价款的一部分，约定价款下浮的，规费应同比例下浮。

【裁判案例】（2015）民申字第 2403 号

【裁判观点】再审申请人主张依据相关强制性规定，规费和安全文明施工费不应下浮。经审查，衡阳中院向湖南省建设工程造价管理总站就涉及本案工程结算的定额规定等进行调查，调查备忘录记载"管理费、利润分开算可优惠，国家税收、规费、安全文明费等强制性收费不优惠。"《2013 版清单计价规范》第 3.1.6 条规定"规费和税金必须按国家或省级、行业建设主管部门的规定计算，不得作为竞争性费用。"由此可见，规费、安全文明费等应依法缴纳，且不能减免。根据《施工合同》第十九条关于工程价款的约定，规费、安全文明费等已列入了工程价款，第十九条 19.13 约定"税前造价优惠 9％"。该优惠应视为对全部工程价款的优惠，既然工程价款中已包括了规费、安全文明费，该费用就应当按约定比例下浮。合同对工程价款的约定，对双方当事人具有约束力，工程价款下浮，并不必然导致向国家缴纳相关费用的减少。且在一审审理过程中，一审法院委托鉴定机构对工程造价进行了鉴定，鉴定结论经过质证、认证，作为定案依据，现再审申请人并未提供证据推翻鉴定结论。因此，原判决在合同约定框架下，判令规费、安全文明费下浮，并无不当。

◆ ◆ ◆ ◆

第 161 讲　《2013 版清单计价规范》第 4.1.2 条规定，招标工程量清单的准确性和完整性由招标人负责。但招标人招标文件要求投标人核对工程量并对工程量清单漏项、偏差负责，并在与中标人签订的施工合同中约定出现工程量清单漏项、偏差时不调整价款，该约定是否有效？

答：有效。《2013 版清单计价规范》第 4.1.2 条虽为强制性条文，但清单规范属于国家标准，并非法律、行政法规，不作为认定合同效力的依据，违反其规定并不导致合同无效，双方应当依约履行。

【裁判案例】（2016）青民终 88 号

【裁判观点】本院认为，双方争议的"新增面积"或"漏项"，已经包括在施工图纸中，根据施工图纸测算，涉案工程建筑面积为 8966.12 平方米。×××部队招标文件载明涉案工程总建筑面积为 8407.79 平方米。中太公司为了中标，全部接受了×××部队招标文件提出的要求，得以成功中标。双方按照合意，顺利完成招投标程序，签署了建筑工程施工合同并实际履行。就这一过程来看：第一，既然中太公司在投标、签订合同的过程中对上述内容是认可的，而合同经审查也是合法有效的，即便招标文件、合同中的建筑面积与施工图纸不符，也应当严格按照合同执行……第二，根据施工招标书中提出的要求和双方所签合同约定，建筑施工合同价款采用固定价格方式确定……据此，既然不再考虑合同约定以外对价款影响的因素，意味着如果有风险，应当双方自担。中太公司应当按照合同约定自担此风险。第三，根据合同约定，设计变更、建设标准提高和现场签证，依据发包人、承包人及监理单位三方书面确认的工程量增减内容计算调整造价数额。在双方都认可从图纸交付至工程完工的过程中未作设计变更，施工方也严格按照图纸施工，而×××部队又未对增加工程量的工程联系单签字认可的情况下，×××部队有权按照合同约定……拒绝据实支付工程款。

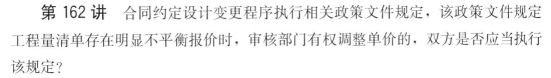

第 162 讲　合同约定设计变更程序执行相关政策文件规定，该政策文件规定工程量清单存在明显不平衡报价时，审核部门有权调整单价的，双方是否应当执行该规定？

答：应当执行。

【裁判案例】（2018）最高法民申 5591 号

【裁判观点】湘西公路公司与甘南州交通局签订的《施工合同》约定，工程设计变更程序执行甘肃省甘公建（2014）16 号《公路工程设计变更管理办法》。《公路工程设计变更管理办法》第八条规定：公路工程重大、较大及一般设计变更实行审批制；第十七条关于设计变更单价确定原则的第四项规定：合同工程量清单中存在明显不平衡报价的，省公路局在审核时，可以该项目已批准预算单价或分析单价为控制价，按照招标时的下浮系数下浮后直接确定。本案中，合冶公路 HYSG1 段公路工程于 2014 年 5 月发生设计变更，该设计变更依照上述设计变更管理办法的相关规定上报省公路局审批时，发现工程量清单浆砌片石单价存在不平衡报价的问题，该局适用设计变更管理办法的相关规定对 208-5-aM7.5 浆砌片石的单价予以调整，符合合同约定。

3.5　结算审核及付款

第 163 讲　承包人将竣工结算文件提交给发包人后，发包人逾期不审核，也不答复，承包人是否可以主张按竣工结算文件结算？

答：如专用合同条款中明确约定，发包人收到竣工结算文件，在约定期限内不予答复，视为认可竣工结算文件，发包人在约定期限内未审核、未提出异议的，承包人可以主张按竣工结算文件结算。但仅在通用合同条款中约定的，法院一般不支持。

【法律依据】《建设工程司法解释（一）》第二十一条　当事人约定，发包人收到竣工结算文件后，在约定期限内不予答复，视为认可竣工结算文件的，按照约定处理。承包人请求按照竣工结算文件结算工程价款的，人民法院应予支持。

【裁判案例】（2018）最高法民终 902 号

【裁判观点】根据《建设工程司法解释》第二十条规定，原审法院以昕安公司未在约定期限内予以答复为由，将元力公司提交的工程决算书作为案涉工程价款的结算依据并无不当。

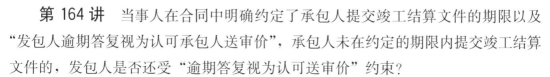

第 164 讲　当事人在合同中明确约定了承包人提交竣工结算文件的期限以及"发包人逾期答复视为认可承包人送审价"，承包人未在约定的期限内提交竣工结算文件的，发包人是否还受"逾期答复视为认可送审价"约束？

答：仍受约束，承包人逾期提交竣工结算文件的，发包人的审核期限相应顺延。

【法律依据】广东高院《解答》二中 8 建设工程施工合同约定，发包人收到竣工结算文件后，在约定期限内不予答复，视为认可竣工结算文件的，按照约定处理。即使承包人未在合同约定的期限内提交竣工结算文件，发包人收到竣工结算文件后亦应在合同约定的期限内答复，逾期未答复的，承包人请求按照竣工结算文件结算工程价款的，应予支持。

第 165 讲　行政部门及其所属单位的建设项目，竣工决算期限是多长时间？

答：行政部门及其所属单位应当在建设项目竣工验收合格后及时办理资产交付手续，办理竣工财务决算的期限最长不得超过 1 年。

【法律依据】《行政事业性国有资产管理条例》第三十一条　各部门及其所属单位采用建设方式配置资产的，应当在建设项目竣工验收合格后及时办理资产交付手续，并在规定期限内办理竣工财务决算，期限最长不得超过 1 年。

各部门及其所属单位对已交付但未办理竣工财务决算的建设项目，应当按照国家统一的会计制度确认资产价值。

《行政事业性国有资产管理条例》第五十三条　各部门及其所属单位有下列行为之一的，责令改正，情节较重的，对负有直接责任的主管人员和其他直接责任人员依法给予处分：……

（五）未按照规定期限办理建设项目竣工财务决算；……

第 166 讲　政府审计结论可不可以作为工程价款结算的依据？

答：只有合同明确约定以政府审计结论作为结算依据时，审计结论才可以作为工程价款结算的依据。

【法律依据】最高院《关于政府审计的答复（2001）》审计是国家对建设单位的一种行政监督，不影响建设单位与承建单位的合同效力。建设工程承包合同案件应以当事人的约定作为法院判决的依据。只有在合同明确约定以审计结论作为结算依据或者合同约定不明确、合同约定无效的情况下，才能将审计结论作为判决的依据。

【裁判案例】（2015）川民终字第 316 号

【裁判观点】根据最高人民法院《关于建设工程承包合同案件中双方当事人已确认的工程决算价款与审计部门审计的工程决算价款不一致时如何适用法律问题的电话答复意见》（（2001）民一他字第 2 号）的规定，财政评审法律关系的当事人是人民政府财政主管部门与项目建设单位，除该建设工程的施工单位自愿接受财政评审的结果外，财政评审的法律关系不约束施工单位。

◆◆◆◆

第 167 讲　当事人约定以政府审计结论作为结算依据，但审计结论存在明显错误的该如何处理？

答：政府审计结论存在明显错误造成工程价款出入较大的，可以通过补充质证、补充鉴定纠正错误，上述方法不能解决的，可以申请司法鉴定确定工程价款。

【裁判案例】（2018）琼 02 民终 916 号

【裁判观点】三亚市审计局作出的《审计报告》存在明显瑕疵，该审计结果缺乏客观性、准确性。因此，在双方对审计结果存在争议、有证据证明政府审计结论与实际施工存在较大出入的情况下，湖南对外公司有权申请司法鉴定确定工程价款。一审中，虽然司法鉴定的材料由湖南对外公司提供，但该材料已经过污水公司质证认可，可作为鉴定依据。海南汇德咨询有限公司是具有相应资质的鉴定机构，经法院委托对涉案工程造价进行鉴定，鉴定意见出具后，法院组织污水公司和湖南对外公司进行了听证、质证，鉴定人出庭接受了质询，并对当事人异议一一作出了回复。因此，依司法鉴定程序作出的《工程造价鉴定意见书》及补充报告，内容客观，程序合法，一审法院对该鉴定结论予以采纳并无不妥。

◆◆◆◆

第 168 讲　当事人约定以政府审计作为结算依据，但政府审计迟延怎么办？

答：非因承包人原因政府审计迟延的，承包人可以提起诉讼或者仲裁，申请司法鉴定确定工程价款。

【裁判案例】（2018）川 01 民终 13967 号

【裁判观点】案涉工程 2011 年 8 月 28 日即已竣工验收合格，报审至今仍未完成审计，已明显超出合理期限；对于未审计的原因，建设单位于一审中陈述系因"审计太多，需要排队审计，导致一直未审计完成"，故审计未完成系不可归责于施工单位的原因而未完成。综上，本院认为，鉴于建设单位并未证明系因施工单位原因造成审计至今未能完成，且建设单位亦已于施工单位报审的结算书中予以签章，故一审法院按照双方签章的送审结算价核定案涉工程款并无不妥。

◆ ◆ ◆ ◆

第 169 讲　施工合同中仅约定"工程造价由审计部门审计"，双方对工程造价未达成一致意见，承包人是否可以申请造价鉴定？

答：仅约定"工程造价由审计部门审计"的，不能确定是行政审计还是社会审计，属于约定不明，双方如不能对工程造价达成一致意见，承包人可以申请工程造价司法鉴定。

【裁判案例】（2015）民一终字第 94 号

【裁判观点】审计机关与被审计单位之间的行政审计属于行政法律关系调整的范畴，无论被审计单位是否同意，其一旦被纳入审计对象，必须无条件接受审计机关的审计。而发包人与承包人之间的建设工程施工合同法律关系，属于平等主体之间的民事法律关系，审计和接受审计必须有委托方和受托方的合意。建设工程施工合同中，当事人之所以要引入第三方机构进行结算审计，其目的是利用第三方的专业知识来弥补发包方在工程造价专业知识上的不足，将工程成本控制在合理范围。审计机关介入当事人之间的民事法律关系，尤其是将行政审计结论作为工程款结算的依据，必须有当事人明确的合意。本案中，当事人并未在合同中约定审计部门即为哈尔滨市审计局，至于哈五院所称四海园公司多次到哈尔滨市审计局接受审计，仅说明该公司对行政审计持配合态度，但无法得出其愿意将该局的审计结果作为工程款结算依据的结论。由于审计机关依法独立开展审计，并不受民事主体的合意约束，如果建设工程施工合同将行政审计结果作为工程款结算的依据，则应当具备合同签订时审计机关已经将相关工程列入了审计范围这一前提条件。哈五院在本院庭审时声称，案涉工程当然属于行政审计的范围，却一直未提供证据。相反，从一审法院向哈尔滨市审计局查证的情况看，案涉工程在合同签订时并未列入该局的审计对象，直到该工程投入使用后的 2013 年 7 月 3 日，该局才依据相关行政首长的批示列入审计计划，当事人不可能在签订合同时，就已经预料到前述批示的事实会确定发生。

第 170 讲　政府投资项目，施工合同约定"业主审计"作为结算依据，业主审计是否可以理解为政府审计？

答：不能。以行政审计作为结算价款的依据，必须有施工合同的明确约定，约定不明确的，不能通过解释推定。因此，即使是政府投资项目，约定业主审计也不可以推定是以政府审计作为结算依据。

【裁判案例】（2012）民提字第 205 号

【裁判观点】本院认为，分包合同中对合同最终结算价约定按照业主审计为准，系因该合同属于分包合同，其工程量与工程款的最终确定，需依赖合同之外的第三人即业主的最终确认。因此，对该约定的理解，应解释为工程最终结算价须通过专业的审查途径或方式，确定结算工程款的真实合理性，该结果须经业主认可，而不应解释为须在业主接受国家审计机关审计后，依据审计结果进行结算。根据审计法的规定，国家审计机关的审计系对工程建设单位的一种行政监督行为，审计人与被审计人之间因国家审计发生的法律关系与本案当事人之间的民事法律关系性质不同。因此，在民事合同中，当事人对接受行政审计作为确定民事法律关系依据的约定，应当具体明确，而不能通过解释推定的方式，认为合同签订时，当事人已经同意接受国家机关的审计行为对民事法律关系的介入。因此，重庆建工集团所持分包合同约定了以国家审计机关的审计结论作为结算依据的主张，缺乏事实和法律依据，本院不予采信。

第 171 讲　承包人未开具发票，发包人是否可以拒绝支付工程款？

答：除非合同明确约定，发包人支付工程款以承包人开具发票为前提条件，否则发包人不得以此为由拒绝支付工程款。

【法律依据】江苏高院《解答》第十三条　发包人能否以承包人未开具发票作为拒绝支付工程款的先履行抗辩的事由？发包人以承包人未开具发票为由拒绝支付工程款的，不予支持，当事人另有明确约定的除外。

【裁判案例】（2018）最高法民终 342 号

【裁判观点】开具发票虽属河北四建的合同附随义务，应予履行，但本案并未约定足额开具发票属金晖公司履行付款义务的条件。据此，金晖公司以河北四建未开具发票为由不予付款，没有合同和法律根据。对付款后未足额开具发票问题，双方可另寻途径解决。

◆ ◆ ◆ ◆

第 172 讲 承包人未移交工程资料，发包人是否可以拒绝支付工程款？

答： 施工合同主义务是发包人支付工程价款、承包人交付合格工程。移交工程资料非合同主义务，除非合同约定承包人移交工程资料作为发包人付款的条件，否则，发包人不能因承包人未移交工程资料而拒绝支付工程款。

【裁判案例】（2021）皖 03 民终 1270 号

【裁判观点】关于付款条件的问题。双方于 2018 年 12 月 4 日达成的《备忘录》中明确了二十冶公司已保质保量完成合同约定的工作项，并确认了相应的工程价款，且双方均陈述案涉工程于 2019 年上半年已交付。据此，本案已至支付全部工程款的约定期限与法定条件。污水处理厂所提出的开具发票与交付竣工资料，确为施工方的义务，但并非履行施工合同的主要义务，履行建设工程施工合同的主要义务应为交付验收合格的建设工程与支付工程价款，上述义务与支付工程款的义务不具有对等性。

◆ ◆ ◆ ◆

第 173 讲 分包合同约定了"背靠背"❶ 条款，约定是否有效？发包人逾期支付工程款，承包人能否适用"背靠背"条款拒绝支付分包人工程款？

答： "背靠背"条款不违反法律规定，约定有效。发包人逾期支付工程款，承包人已经积极向发包人主张的，可以适用"背靠背"条款拒付分包人工程款，但承包人怠于向发包人主张的，不可以适用"背靠背"条款拒付分包人工

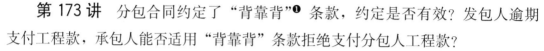

---

❶ "背靠背"条款是指负有付款义务的一方当事人在合同中设置，其支付合同款项须以与第三人签订的合同中获得有关价款作为前提条件的条款。

程款。

【裁判案例】（2014）苏民终字第 0258 号

【裁判观点】九鼎公司（承包人）与远东公司（分包人）订立协议约定，九鼎公司在光伏公司（发包人）工程款全部到账后，在十个工作日内向远东公司支付分包工程款。该协议签订后，并无证据证明九鼎公司按约及时积极向光伏公司追索工程款欠款，其也没有提供证据证明光伏公司有暂不能支付工程款欠款的合理理由。九鼎公司未积极地促成工程款全部到账，其现又以该协议内容主张远东公司支付工程款的条件尚不具备，有违诚信，本院不予支持。

3.6　结算依据及规则

第 174 讲　不属于必须招标的项目，但走了合法的招投标程序，存在黑白合同情形时，如何结算？

答：不属于必须招标的建设工程项目，进行了招投标，就必须遵守《招标投标法》的规定。如果未出现中标无效的情形，则出现黑白合同时，应以中标合同（即白合同）作为结算工程价款的依据。

【法律依据】《建设工程司法解释（一）》第二十三条　发包人将依法不属于必须招标的建设工程进行招标后，与承包人另行订立的建设工程施工合同背离中标合同的实质性内容，当事人请求以中标合同作为结算建设工程价款依据的，人民法院应予支持，但发包人与承包人因客观情况发生了在招标投标时难以预见的变化而另行订立建设工程施工合同的除外。

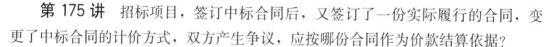

第 175 讲　招标项目，签订中标合同后，又签订了一份实际履行的合同，变更了中标合同的计价方式，双方产生争议，应按哪份合同作为价款结算依据？

答：应以中标合同作为结算依据。

【法律依据】《建设工程司法解释（一）》第二条　招标人和中标人另行签订的建设工程施工合同约定的工程范围、建设工期、工程质量、工程价款等实质性内容，与中标合同不一致，一方当事人请求按照中标合同确定权利义务的，人民法院应予支持。

【裁判案例】（2016）最高法民再 304 号

【裁判观点】《施工补充合同》对中标的《建设工程施工合同》内容进行了实质性变更，本案应以中标的《建设工程施工合同》而非《施工补充合同》作为结算依据，符合《建设工程司法解释》第二十一条规定的情形，并无不当。

第 176 讲　中标合同的工程价款约定与招标文件、投标文件、中标通知书不

一致，工程价款如何结算？

答： 依据招标文件、投标文件、中标通知书进行结算。

【法律依据】《建设工程司法解释（一）》第二十二条　当事人签订的建设工程施工合同与招标文件、投标文件、中标通知书载明的工程范围、建设工期、工程质量、工程价款不一致，一方当事人请求将招标文件、投标文件、中标通知书作为结算工程价款的依据的，人民法院应予支持。

【裁判案例】（2019）最高法民终 80 号

【裁判观点】 广汇公司的《投标报价书》载明投标报价为 9470 万元，三榆公司、新百公司向广汇公司发出的《中标通知书》也载明中标价为 9470 万元。其后，三榆公司、新百公司与广汇公司签订了《建设工程施工合同》，约定"合同价款 1720 元/m²"。广汇青海分公司向三榆公司提交的《工程竣工报告》亦载明"工程造价为 9470 万元"。根据《建设工程司法解释（二）》第十条规定，一审法院认定案涉工程合同价款为 9470 万元，适用法律正确。

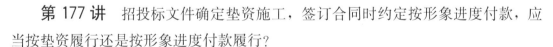

第 177 讲　招投标文件确定垫资施工，签订合同时约定按形象进度付款，应当按垫资履行还是按形象进度付款履行？

答： 应当按垫资约定执行。招投标文件确定的付款时间节点，属于实质性内容，双方应当按招投标确定的垫资施工签约，否则构成对实质性内容的背离。

【法律依据】《建设工程司法解释（一）》第二十二条　当事人签订的建设工程施工合同与招标文件、投标文件、中标通知书载明的工程范围、建设工期、工程质量、工程价款不一致，一方当事人请求将招标文件、投标文件、中标通知书作为结算工程价款的依据的，人民法院应予支持。

【裁判案例】（2019）最高法民终 1093 号

【裁判观点】 2015 年 4 月 15 日双方签订《建设工程施工合同》关于工程款支付方式约定：开工前 15 日内预付中标价格的 10% 预付款；每月按已完工程量的 70% 进行付款，工程量全部完成且竣工验收合格后，支付至合同价的 80%；工程竣工结算、竣工资料归档、审计工作完成后，按天津市有关文件规定，拨付工程结算总造价 95％的工程款，扣留 5％作为维修款；保修期满 30 日内支付 5％的维修款。2016 年 1 月 18 日，置业公司与南通二建签订《总包补充协议》，关于工程款支付，约定：承包人进行全垫资施工。本院认为，《总包补充协议》与中标的《建设工程施工合同》相比，工程款支付方式由预付款加进度付款改为承包人全垫资施工。而款项支付方式系工程价款的重要内容，因此，应认定《总包补充协议》构成对中标合同的实质性变更。

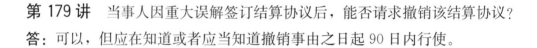

第 178 讲 发承包双方达成结算协议，协议中未提及逾期支付进度款的处理，承包人能否再主张逾期支付进度款的违约金？

答：不能。结算协议系当事人对债权债务关系的最终清算，承包人在结算协议中对该部分权利未作保留的，应当认为承包人已经放弃该部分权利，不能再行主张。除非有证据证明结算协议仅用于确定工程价款金额，不涉及责任承担。

【裁判案例】（2017）甘民终 222 号

【裁判观点】 除《工程结算签署表》和《甘肃省建设工程竣工结算备案表》之外，本案不存在其他双方当事人就本案工程签署的具有结算协议性质的文件，故上述《工程结算签署表》和《甘肃省建设工程竣工结算备案表》应视为是双方就本案建设工程施工合同中全部债权债务的最终清算，宏泰昌公司未在上述结算协议性质的文件中对其所主张的逾期支付进度款的利息明确予以提出，也未对此作出权利保留，应视为其在双方结算时已经放弃了该部分权利，其在本案诉讼中无权再行主张。

第 179 讲 当事人因重大误解签订结算协议后，能否请求撤销该结算协议？

答：可以，但应在知道或者应当知道撤销事由之日起 90 日内行使。

【法律依据】《民法典》第一百五十二条 有下列情形之一的，撤销权消灭：（一）当事人自知道或者应当知道撤销事由之日起一年内、重大误解的当事人自知道或者应当知道撤销事由之日起九十日内没有行使撤销权……

【裁判案例】（2018）川 11 民终 1440 号

【裁判观点】本案中，发包人根据结算审计单位的审计报告中关于案涉三标段树根桩项目工程价款为 6005476.06 元的错误意见，与承包人进行了结算，最终签订了《结算复核调整表》，而本工程经鉴定确定该工程的价款为 3088585.05 元。故发包人签订《结算复核调整表》的错误表示并非其故意行为所致，结算审计单位的错误审计意见与发包人作出错误意思表示有因果关系，且错误的结算金额与实际的工程价款差异较大，该错误在交易上能认定为重大，符合重大误解的要件，发包人有权根据《民法总则》第一百四十七条的规定，申请人民法院撤销对《结算复核调整表》中三标段树根桩项目工程价款的结算。

第 180 讲　承发包双方签订以房抵工程款协议后，承包人能否向发包人主张继续履行给付工程款的义务？

答：以房抵债协议属于新债清偿，承包人有权继续主张工程款，但协议已经履行完毕（房屋已经办理过户）的除外。

【裁判案例】（2016）最高法民终 484 号

【裁判观点】一般而言，除当事人明确约定外，当事人于债务清偿期届满后签订的以物抵债协议，并不以债权人现实地受领抵债物，或取得抵债物所有权、使用权等财产权利，为成立或生效要件。《房屋抵顶工程款协议书》，是双方当事人的真实意思表示，不存在违反法律、行政法规规定的情形，故该协议书有效。本案中当事人签订了《房屋抵顶工程款协议书》，并未约定因此而消灭相应金额的工程款债务，故该协议在性质上应属于新债清偿协议。因兴华公司未履行《协议书》约定的义务，通州建总对该协议书约定的拟以房抵顶的相应工程款债权并未消灭。因兴华公司不履行义务，有违诚信，通州建总签订《协议书》的目的无法实现。在这种情况下，通州建总提起本案诉讼，请求兴华公司直接给付工程欠款，符合法律规定的精神以及本案实际，应予支持。

3.7 垫资、利息

第 181 讲 施工合同对垫资没有约定，承包人垫资的款项应该如何处理？

答：按照工程欠款处理。没有约定利息计算标准的，按照垫资时同期同类贷款利率或者同期贷款市场报价利率计息。

【法律依据】《建设工程司法解释（一）》第二十五条 当事人对垫资和垫资利息有约定，承包人请求按照约定返还垫资及其利息的，人民法院应予支持，但是约定的利息计算标准高于垫资时的同类贷款利率或者同期贷款市场报价利率的部分除外。

当事人对垫资没有约定的，按照工程欠款处理。

当事人对垫资利息没有约定，承包人请求支付利息的，人民法院不予支持。

【裁判案例】（2017）黔民终 682 号

【裁判观点】上诉人万能公司与被上诉人金尊公司签订的《建设工程施工合同》中未对垫资作出明确具体的约定，根据《最高人民法院关于审理建设工程施工合同纠纷案件适用法律问题的解释》第六条第二款："当事人对垫资没有约定的，按照工程欠款处理"的规定，本案中未付的 6819150.5 元工程款应当按照工程欠款处理。一审期间，经双方当事人同意解除该《建设工程施工合同》，根据《最高人民法院关于审理建设工程施工合同纠纷案件适用法律问题的解释》第十条："建设工程施工合同解除后，已经完成的建设工程质量合格的，发包人应当按照约定支付相应的工程价款"、第十七条："当事人对欠付工程价款利息计付标准有约定的，按照约定处理；没有约定的，按照中国人民银行发布的同期同类贷款利率计息"的规定，金尊公司应向万能公司支付工程款 6819150.5 元，但因双方当事人并未对欠付工程款的利息计付标准作出约定，根据《最高人民法院关于审理建设工程施工合同纠纷案件适用法律问题的解释》第十八条第三款："利息从应付工程价款之日计付。当事人对付款时间没有约定或者约定不明的，下列时间视为应付款时间：……（三）建设工程未交付，工程价款也未结算的，为当事人起诉之日"的规定，金尊公司支付万能公司 6819150.5 元工程欠款的利息，应自万能公司起诉之日，即 2015 年 8 月 16 日起，按照中国人民银行同期同类贷款利率计算利息。

第 182 讲　合同约定承包人垫资施工，但没有约定垫资利息，承包人是否可以主张利息？

答：不可以主张利息。

【法律依据】《建设工程司法解释（一）》第二十五条　当事人对垫资和垫资利息有约定，承包人请求按照约定返还垫资及其利息的，人民法院应予支持，但是约定的利息计算标准高于垫资时的同类贷款利率或者同期贷款市场报价利率的部分除外。

当事人对垫资没有约定的，按照工程欠款处理。

当事人对垫资利息没有约定，承包人请求支付利息的，人民法院不予支持。

【裁判案例】（2016）最高法民终 523 号

【裁判观点】涉案合同虽约定华威公司应垫资至主体工程完工，但并未约定天瑞公司向华威公司支付垫资利息，华威公司主张垫资利息，缺乏依据。

第 183 讲　承包人垫资施工，约定发包人需支付利息，但对利息标准没有约定，利息能否计取？该如何计算？

答：应按照同类贷款利率或者同期全国银行间同业拆借中心公布的贷款市场报价利率计算利息。

【法律依据】《建设工程司法解释（一）》第二十五条第一款　当事人对垫资和垫资利息有约定，承包人请求按照约定返还垫资及其利息的，人民法院应予支持，但是约定的利息计算标准高于垫资时的同类贷款利率或者同期贷款市场报价利率的部分除外。

【裁判案例】（2019）最高法民终 234 号

【裁判观点】垫资的财务费用实质体现为资金利息，双方仅对垫资形成的财务费用支付主体进行了约定，但是并未对计算方法和起算时间进行约定，根据《建设工程司法解释》第六条规定，应当按照中国人民银行同期同类贷款利率标准计算。

第 184 讲 工程欠款的利息应当如何计付？

答： 工程欠款利息应当从两个层次进行判断：第一，当事人对欠付工程价款利息计付标准有约定的，按照约定处理；第二，按照同期同类贷款利率或者同期贷款市场报价利率计息。但，当事人约定的利息给付标准应有限度，超限部分得不到法院保护。

【法律依据】《建设工程司法解释（一）》第二十六条　当事人对欠付工程价款利息计付标准有约定的，按照约定处理。没有约定的，按照同期同类贷款利率或者同期贷款市场报价利率计息。

江苏高院《解答》11 中欠付工程款利息标准如何确定？当事人对欠付工程价款利息计付标准有约定的，按照约定处理，但不得超过年利率 24%。

《最高人民法院关于审理民间借贷案件适用法律若干问题的规定》第二十五条出借人请求借款人按照合同约定利率支付利息的，人民法院应予支持，但是双方约定的利率超过合同成立时一年期贷款市场报价利率四倍的除外。

【裁判案例】（2018）最高法民终 620 号

案例观点：《最高人民法院关于审理民间借贷案件适用法律若干问题的规定》第二十六条第一款规定："借贷双方约定的利率未超过年利率 24%，出借人请求借款人按照约定的利率支付利息的，人民法院应予支持。"本案中，当事人于案涉合同中约定的逾期付款的利息为月利率 2%，即年利率为 24%，参照上述规定，故对苏中公司主张按照合同约定的月利率 2% 的标准计算利息的请求，本院予以支持。

第 185 讲　工程欠款利息的起算时间如何确定？

答： 利息从工程价款应付之日起算。对工程价款的付款时间，有约定的按约定，没有约定或者约定不明的，按以下原则认定：①工程已实际交付的，为交付之日；②工程没有交付的，为提交竣工结算文件之日；③工程未交付，价款也未结算的，为当事人起诉之日。

【法律依据】《建设工程司法解释（一）》第二十七条　利息从应付工程价款之日开始计付。当事人对付款时间没有约定或者约定不明的，下列时间视为应付款时间：（一）建设工程已实际交付的，为交付之日；（二）建设工程没有交付的，为提交竣工结算文件之日；（三）建设工程未交付，工程价款也未结算的，为当事人起诉之日。

【裁判案例】（2019）最高法民申 1394 号

【裁判观点】关于原审认定的应付工程款利息起算时间是否恰当的问题。《最高人民法院关于审理建设工程施工合同纠纷案件适用法律问题的解释》第十八条规定，本案中，双方当事人对应付工程款时间没有明确约定，案涉工程于 2012 年 12 月 31 日竣工并交付使用，十二冶公司主张工程款利息从 2013 年 1 月 1 日起算，原审判决工程款利息自 2013 年 1 月 1 日起算并无不当。

第 186 讲　施工合同无效，发包人是否还需要支付欠付工程款利息？

答：利息属法定孳息，即使施工合同无效，发包人仍应支付欠付工程款利息。

【法律依据】《建设工程司法解释（一）》第二十六条　当事人对欠付工程价款利息计付标准有约定的，按照约定处理。没有约定的，按照同期同类贷款利率或者同期贷款市场报价利率计息。

【裁判案例】（2018）最高法民终 1275 号

【裁判观点】未央办主张案涉施工合同无效不应支付利息。《建设工程司法解释》第十七条规定，当事人对欠付工程价款利息计付标准有约定的，按照约定处理；没有约定的，按照中国人民银行同期同类贷款利率计息。由此可见，工程款的利息是法定孳息，即使案涉施工合同无效，当事人仍应支付欠款利息。

3.8 损失赔偿、违约责任

第187讲 因发包人未取得建设工程规划许可证，导致施工合同无效，承包人可否向发包人主张赔偿损失？

答： 因发包人未取得建设工程规划许可证，施工合同无效，合同无效的过错在发包人。如果承包人因施工合同无效而产生损失的，有权要求发包人赔偿。承包人可以主张的损失：

① 尚未实际履行的，承包人可以主张因投标、订立合同、备案、项目部组建、施工准备等实际支出的费用，因承包人未尽谨慎审查的义务，承包人也应承担一部分损失，但考虑发包人可以补领建设工程规划许可证使施工合同效力得以补正为有效，承包人应当承担损失的比例较小。

② 合同已经履行或部分履行的，如发包人违反合同约定造成承包人损失，因施工合同无效，承包人不可以向发包人主张违约责任，而应当向发包人主张因其不诚信履行而造成的损失，如迟延付款、停窝工、进出场、工期迟延造成的人材机差价等损失。

◆ ◆ ◆ ◆

第188讲 因发包人原因停工，造成承包人现场物资损失的，是否可以向发包人主张赔偿？

答： 发包人原因停工的，发包人应当赔偿承包人停工损失，因停工造成的现场物资损失，发包人应当赔偿。但对于承包人未尽合理、审慎保管义务而造成的扩大损失，发包人可以拒绝赔偿。

【法律依据】《民法典》第八百零四条　因发包人的原因致使工程中途停建、缓建的，发包人应当采取措施弥补或者减少损失，赔偿承包人因此造成的停工、窝工、倒运、机械设备调迁、材料和构件积压等损失和实际费用。

【裁判案例】（2015）豫法民三终字第 00198 号

【裁判观点】内乡旅游公司于 2013 年 8 月 26 日向安阳建设公司送达的是《工程暂停令》，要求安阳建设公司暂停施工，听候复工通知。安阳建设公司于 2013 年 9 月 10 日向内乡旅游公司询问什么时候复工，内乡旅游公司于 2013 年 11 月 12 日的《关于范蠡酒店停工补偿问题的处理意见》中的内容，显示当时双方是有复工打算的，在这种情况下，内乡旅游公司不可能要求南阳旅游公司"处理和解决现场堆放的建筑材料和租赁物品"，内乡旅游公司亦没有提交证据证明其曾要求南阳旅游公司"处理和解决现场堆放的建筑材料和租赁物品"，故内乡旅游公司关于钢筋损失是因安阳建设公司怠于采取管理措施造成的，应由其自行承担损失的上诉理由和请求不能成立，本院不予支持。

◆ ◆ ◆ ◆

第 189 讲　发包人未按时支付工程款导致工程停工，承包人行使合同解除权时，能否一并要求发包人赔偿可得利益损失？

答：可以。但该可得利益不应超过订立合同时发包人预见到或应当预见到的因违约可能造成的损失，并且承包人应举证证明可得利益的数额或者计算方法。

【法律依据】《民法典》第五百八十四条　当事人一方不履行合同义务或者履行合同义务不符合约定，造成对方损失的，损失赔偿额应当相当于因违约所造成的损失，包括合同履行后可以获得的利益；但是，不得超过违约一方订立合同时预见到或者应当预见到的因违约可能造成的损失。

【裁判案例】（2019）最高法民申 5776 号

【裁判观点】鑫达公司（发包方）与思安公司（承包方）于 2011 年 11 月 17 日签订总承包合同，约定思安公司承包案涉汽拖工程设计、供货、施工，合同价款为 1.999 亿元。在合同履行过程中，因鑫达公司迟延支付合同约定的每笔款项，明显违约，最后导致工程停滞，双方均请求解除合同。合同解除主要原因在鑫达公司一方，思安公司主张解除合同后剩余未完工程的预期可得利益损失，符合《中华人民共和国合同法》第一百一十三条第一款的规定。

◆ ◆ ◆ ◆

第 190 讲　施工合同约定，发生不可抗力事件时，停工损失由承包人承担，承包人是否还可以就新冠病毒性肺炎疫情期间的停工损失向发包人索赔？

答：不可以，合同有约定的按照约定处理。

【法律依据】《民法典》第一百一十九条　依法成立的合同，对当事人具有法律约束力。

《民法典》第一百三十六条第二款　行为人非依法律规定或者未经对方同意，不得擅自变更或者解除民事法律行为。

【裁判案例】（2009）沪一中民二（民）终字第 2362 号

【裁判观点】涉案《施工合同》约定："因不可抗力事件导致的费用及延误的工期由双方按以下方式分别承担：承包人机械设备损坏及停工损失，由承包人承担"。法院认为，双方合同明确约定了，因不可抗力事件导致承包人机械设备损坏及停工损失，由承包人自行承担，故承包人要求发包人赔偿"非典"期间的停工损失显然不符合双方合同的约定，不予支持。

第 191 讲　施工合同无效，是否可以参照违约条款要求对方承担责任？

答：施工合同无效，违约条款当然无效，无效施工合同对发承包双方均不具有法律约束力。虽然《民法典》第七百九十三条规定，建设工程合同无效，可以参照合同关于工程价款的约定折价补偿承包人。工程价款结算可以参照合同约定，但违约条款不能被参照。因无效合同产生的损失，无过错方可以要求过错方承担损失赔偿责任。

【法律依据】《民法典》第一百五十五条　无效的或者被撤销的民事法律行为自始没有法律约束力。

《民法典》第一百五十七条　民事法律行为无效、被撤销或者确定不发生效力后，行为人因该行为取得的财产，应当予以返还；不能返还或者没有必要返还的，应当折价补偿。有过错的一方应当赔偿对方由此所受到的损失；各方都有过错的，应当各自承担相应的责任。法律另有规定的，依照其规定。

《民法典》第七百九十三条第一款　建设工程施工合同无效，但是建设工程经验收合格的，可以参照合同关于工程价款的约定折价补偿承包人。

第 192 讲　施工合同解除后，合同中的违约金条款能否适用？

答：合法有效的施工合同，合同解除的，违约金条款可以适用。

【法律依据】《民法典》第五百六十七条　合同的权利义务关系终止，不影响合同中结算和清理条款的效力。

【裁判案例】（2014）民申字第 2208 号

【裁判观点】根据原审查明的事实，案涉《施工合同》约定：工程的总日历天数为 622 天，工程误期的赔偿费最高限额为总价款的 10%。工程施工中，华北建设公司项目负责人吴某失去联系，造成工程停工。2012 年 11 月 6 日，中远公司即致函华北建设公司要求其按期完工，但华北建设公司未完成施工，双方于 2013 年 1 月 10 日对施工情况及现场现状进行公证保全后，中远公司于同年 3 月 21 日通知华北建设公司解除双方所订《施工合同》。虽合同解除时，案涉合同约定的工期尚未届满，但根据施工状况，原审认定因华北建设公司无法继续履行合同而致解除，依法有据。根据《合同法》第九十四条之规定，中远公司请求华北建设公司依约承担工程误期的违约赔偿责任 300 万元，并未超出合同约定的违约赔偿范围，华北建设公司在二审审理中亦未提出违约金予以酌减的事实和理由。据此，二审判决华北建设公司承担该项违约赔偿责任，事实和法律依据充分，并无不当。

第 193 讲　商品房项目，承包人原因逾期竣工的，发包人能否要求承包人承担赔付小业主的逾期交房违约金？

答：因承包人原因逾期竣工的，承包人应赔偿发包人因逾期竣工产生的损失，该损失包括迟延向小业主交房产生的违约金。

【法律依据】《民法典》第五百八十四条　当事人一方不履行合同义务或者履行合同义务不符合约定，造成对方损失的，损失赔偿额应当相当于因违约所造成的损失，包括合同履行后可以获得的利益；但是，不得超过违约一方订立合同时预见到或者应当预见到的因违约可能造成的损失。

【裁判案例】（2019）苏 05 民终 621 号

【裁判观点】一审法院认为，因第四项争议焦点中一审法院已认定了星湖湾公司实际支付的逾期交房违约金 3658902 元应作为本案所涉建设工程施工合同的逾期竣工造成了星湖湾公司的损失，且该项损失的计算期间发生于涉案工程逾期竣工时间段内，但考虑到涉案工程在竣工验收之后至实际向购房小业主交房仍存在一定的时间，星湖湾公司作为开发商尚须进行各项综合验收并办理各项手续，该期间是否存在与逾期交房违约金相关的责任方，现并无证据证明，而本案现有证据可以证明恒达伟业公司作为施工单位、李某作为实际施工人在涉案工程施工过程中存在停工和堵门事件亦造成了工期的拖延，综合实际情况，结合本案关于逾期竣工责任承担的举证责任在于恒达伟业公司，一审法院酌情确定，恒达伟业公司应对逾期竣工造成的损失承担 65% 的责任。另外，因星湖湾公司现主张的逾期竣工违约金过分高于损失，一审法院依法调整为实际应由恒达伟业公司承担损失的 1.3 倍。

二审法院认为，现有证据足以证明星湖湾公司因迟延交付房屋向小业主赔偿了逾期交房违约金 3658902 元，该金额可以作为星湖湾公司损失认定的依据。该金额远低于双方约定的违约金计算金额，一审法据此以该金额为基数按照 65% 的比例再乘以 1.3 倍来调整恒达伟业公司应承担的违约金并无不当。

第 194 讲 承包人可以同时主张逾期支付工程款的利息和违约金吗？

答：利息是法定孳息，违约金是发包人未按约定付款时对承包人的补偿（兼具惩罚性），两者均属于违约损失的范畴，一般不应同时支持。若合同对逾期付款利息及违约金有明确约定，可以同时支持，但两者相加过分高于实际损失的，发包人可主张适当减少；若合同没有明确约定，承包人可择其高者主张。

【裁判案例】（2017）津民终 385 号

【裁判观点】备案合同通用条款 33.3 款约定"发包人收到竣工结算报告及结算资料后 28 天内无正当理由不支付工程竣工结算价款，从第 29 天起按承包人同期向银行贷款利率支付拖欠工程价款的利息，并承担违约责任"，该条款文意表明，如逾期支付结算工程款，则发包人应给付相应利息并承担违约责任。而针对发包人逾期支付结算款的情形，备案合同专用条款并未修改或变更通用条款 33.3 款的上述约定，亦未约定发包人仅支付利息而不承担违约责任。同时，专用条款 35.1 款（3）项约定"本合同通用条款第 33.3 款约定发包人违约应承担的违约责任：每逾期一日，甲方应向乙方支付应付而未付款金额万分之三的违约金"，根据该款表述分析，可以认定专用条款 35.1 款（3）项是对通用条款 33.3 款中"违约责任"的说明和具体化，并非针对同一违约行为约定了不同的违约责任承担方式。所以，本案中，铁建公司依照通用条款 33.3 款和专用条款 35.1 款（3）项的约定同时主张逾期支付结算款的利息和违约金，符合合同约定，事实依据充分，应予支持。

第 195 讲　因承包人原因导致工期延误，造成发包人损失的，施工合同对损失计算方法没有约定，发包人该如何计算损失？

答：可参照案涉工程同地段、同类型房屋租金价格计算损失。

【法律依据】《民法典》第五百八十四条　当事人一方不履行合同义务或者履行合同义务不符合约定，造成对方损失的，损失赔偿额应当相当于因违约所造成的损失，包括合同履行后可以获得的利益；但是，不得超过违约一方订立合同时预见到或者应当预见到的因违约可能造成的损失。

【裁判案例】（2008）甬鄞民一终字第 56 号（《人民司法·案例》收录案例）

【裁判观点】一审法院经审理认为，承包人逾期竣工，应赔偿发包人经济损失。发包人以同期同地段的房租作为参考标准来计算逾期竣工的利益损失，具有合理性，而且也是建筑工程承包合同中承建方在合同成立时可预见到或应当预见到的……一审法院参照涉案工程地段同类房屋租金价格计算，该损失认定并无不当。

第 196 讲　承包人原因工期延误造成发包人损失的，发包人能否同时请求工期违约金及工期延误损失？

答：违约金和赔偿损失不能同时适用。如果发包人的损失大于约定的违约金的，发包人可以请求法院或者仲裁机构予以增加；发包人也可以不主张违约金，而直接主张损失。

【法律依据】《民法典》第五百八十五条　当事人可以约定一方违约时应当根据违约情况向对方支付一定数额的违约金，也可以约定因违约产生的损失赔偿额的计算方法。

约定的违约金低于造成的损失的，人民法院或者仲裁机构可以根据当事人的请求予以增加；约定的违约金过分高于造成的损失的，人民法院或者仲裁机构可以根据当事人的请求予以适当减少。

【裁判案例】（2020）最高法民终 871 号

【裁判观点】结合案涉一期工程造价及已付工程款等情况，应当认为时代豪庭公司并未拖欠支付工程款，北方嘉园一期工程住宅楼及车库工期延误也并非工程图纸设计变更等客观因素所致。一审法院已经查明，一期工程施工比双方当事人签订的《建设工程施工合同》约定工期延误近九个月，且杜班公司提出上述工期延误的事由不能成立，其应当承担工期延误的赔偿责任。时代豪庭公司既按照合同约定主张工期延误违约金，又主张其延期交房产生的实际损失，缺乏法律依据。根据本案现有证据，针对北方嘉园一期住宅楼及车库工程，时代豪庭公司共向购房业主通过减免费用的方式支付了 4110962.55 元，本院对上述款项予以认可。一审法院对于时代豪庭公司有证据证明已实际发生的损失予以支持，并无不当。

3.9　农民工工资支付

第 197 讲　分包人或者转承包人拖欠农民工工资的，总承包单位是否承担责任？

答：总承包单位先行清偿，之后再向分包人或者转承包人追偿。

【法律依据】《保障农民工工资支付条例》第三十条第三、四款　分包单位拖欠农民工工资的，由施工总承包单位先行清偿，再依法进行追偿。工程建设项目转包，拖欠农民工工资的，由施工总承包单位先行清偿，再依法进行追偿。

【裁判案例】（2019）陕 0927 民初 325 号

【裁判观点】案外人吴某某系不具备用工主体资格的个人承包经营者，根据《中华人民共和国劳动合同法》第九十四条及参照《建设领域农民工工资支付管理暂行办法》第十二条，原告鹤成公司作为违法分包、转包中的总承包单位，应当对案外人吴某拖欠被告崔某的工资承担责任。

第 198 讲　建设单位未按合同约定及时拨付工程款导致农民工工资拖欠的，是否应承担责任？

答：建设单位应以未结清的工程款为限先行垫付被拖欠的农民工工资。

【法律依据】《保障农民工工资支付条例》第二十九条第二款　因建设单位未按照合同约定及时拨付工程款导致农民工工资拖欠的，建设单位应当以未结清的工程款为限先行垫付被拖欠的农民工工资。

【裁判案例】（2019）冀 0727 民初 524 号

【裁判观点】《建设领域农民工工资支付管理暂行办法》第十条规定，"业主或工程总承包企业未按合同约定与建设工程承包企业结清工程款，致使建设工程承包企业拖欠农民工工资的，由业主或工程总承包企业先行垫付农民工被拖欠的工资，先行垫付的工资数额以未结清的工程款为限"，参照上述规定，被告教育局（建设单位）欠付一建公司质保金 60000 元，故应在 60000 元范围内对拖欠李某的工资 2000 元及相应利息承担连带责任。

第 199 讲 法院能否查封、冻结或划拨用于支付农民工工资专用账户的资金？

答：不可以，除非是为了支付本项目农民工工资。

【法律依据】《保障农民工工资支付条例》第三十三条 除法律另有规定外，农民工工资专用账户资金和工资保证金不得因支付为本项目提供劳动的农民工工资之外的原因被查封、冻结或者划拨。

【裁判案例】（2020）鲁 0983 执异 15 号

【裁判观点】根据异议人中能建公司提供的证据，中能建公司在中国银行账户系农民工工资专用账户。本案涉及纠纷系辰鲁公司与中能建公司的建设工程施工合同纠纷，非特定为本项目提供劳动的农民工工资的原因而冻结农民工工资专用账户。综上，中能建公司提出异议的理由成立，本院予以支持。

第 200 讲 施工单位使用未取得劳务派遣许可证的单位派遣的农民工，劳务派遣单位拖欠农民工工资的，施工单位是否需要承担责任？

答：施工单位应先支付拖欠的工资，然后向劳务派遣单位追偿。

【法律依据】《保障农民工工资支付条例》第十八条 用工单位使用个人、不具备合法经营资格的单位或者未依法取得劳务派遣许可证的单位派遣的农民工，拖欠农民工工资的，由用工单位清偿，并可以依法进行追偿。

【裁判案例】（2021）鲁 15 民终 1383 号

【裁判观点】一审法院对包含张某等多名钢筋工人未结清工资的事实予以确认。启源公司将工程的钢筋部分分包于曹某，曹某个人成立钢筋班组承包工程，不具备用工主体资格。根据《保障农民工工资支付条例》第十八条"用工单位使用个人、不具备合法经营资格的单位或者未依法取得劳务派遣许可证的单位派遣的农民工，拖欠农民工工资的，由用工单位清偿，并可以依法进行追偿"，启源公司应承担先行清张某拖欠工资的义务。

◆ ◆ ◆ ◆

第 201 讲　发包人代承包人缴纳了农民工工资保证金，双方对代缴金额是否应当计入已付款产生争议，如何处理？

答：缴纳农民工工资保证金是承包人的义务，发包人代缴的，应将代缴农民工工资保证金作为已付款。

【法律依据】《保障农民工工资支付条例》第三十二条第一款　施工总承包单位应当按照有关规定存储工资保证金，专项用于支付为所承包工程提供劳动的农民工被拖欠的工资。

【裁判案例】（2018）最高法民终 231 号

【裁判观点】关于农民工工资保证金 54 万元。2013 年 2 月圣奥置业代湖南建工向有关部门支付农民工工资保证金 54 万元，湖南建工作为总承包单位负有支付农民工工资保证金义务，该付款使其相应义务免除，故应认定为已付款。湖南建工是否授权和追认并不影响该笔款项的性质，其也没有提交证据证明涉案工程其他直接分包施工单位所应承担的农民工工资保证金的数额，故湖南建工关于该 54 万元不应计入已付工程款的上诉理由，不能成立。

3.10 中小企业款项支付

第202讲 哪些建筑企业属于中小微企业？

答：营业收入 80000 万元以下或资产总额 80000 万元以下的为中小微型企业。

【法律依据】《保障中小企业款项支付条例》第三条 本条例所称中小企业，是指在中华人民共和国境内依法设立，依据国务院批准的中小企业划分标准确定的中型企业、小型企业和微型企业。

《中小企业划型标准规定》四、各行业划型标准为："（三）建筑业。营业收入 80000 万元以下或资产总额 80000 万元以下的为中小微型企业。其中，营业收入 6000 万元及以上，且资产总额 5000 万元及以上的为中型企业；营业收入 300 万元及以上，且资产总额 300 万元及以上的为小型企业；营业收入 300 万元以下或资产总额 300 万元以下的为微型企业。"

第203讲 机关、事业单位、大型企业迟延支付中小建筑企业工程款的，应承担什么后果？

答：①支付逾期利息。双方对逾期利息的利率有约定的，约定利率不得低于合同订立时 1 年期贷款市场报价利率；未作约定的，按照每日利率万分之五支付逾期利息。

②失信惩戒，失信信息纳入全国信用信息共享平台。

③责令改正，拒不改正的，对机关、事业单位直接负责的主管人员和其他直接责任人员给予处分。

【法律依据】《保障中小企业款项支付条例》第十五条 机关、事业单位和大型企业迟延支付中小企业款项的，应当支付逾期利息。双方对逾期利息的利率有约定的，约定利率不得低于合同订立时 1 年期贷款市场报价利率；未作约定的，按照每日利率万分之五支付逾期利息。

第十七条第三款 机关、事业单位和大型企业不履行及时支付中小企业款项义务，情节严重的，受理投诉部门可以依法依规将其失信信息纳入全国信用信息共享平台，并将相关涉企信息通过企业信用信息公示系统向社会公示，依法实施失信惩戒。

第二十五条　机关、事业单位违反本条例，有下列情形之一的，由其上级机关、主管部门责令改正；拒不改正的，对直接负责的主管人员和其他直接责任人员依法给予处分：（一）未在规定的期限内支付中小企业货物、工程、服务款项……

◆ ◆ ◆ ◆

第204讲　《保障中小企业款项支付条例》对机关、事业单位、大型企业向中小企业采购工程、货物、服务的付款有什么影响？

答：1. 付款期限。

① 机关、事业单位应当自货物、工程、服务交付之日起30日内支付款项；合同另有约定的，约定的付款期限不得超过60日；

② 大型企业应当按照行业规范、交易习惯约定付款期限。

2. 付款期限起算点。

① 合同约定采用进度结算、定期结算的，付款期限自双方确认结算金额之日起算；

② 合同约定以货物、工程、服务交付后经检验或者验收合格作为支付条件的，付款期限自检验或者验收合格之日起算；约定的检验、验收期限应合理，并在此期限内完成，若拖延，以合同约定的检验或验收期限届满之日起算。

【法律依据】《保障中小企业款项支付条例》第八条　机关、事业单位从中小企业采购货物、工程、服务，应当自货物、工程、服务交付之日起30日内支付款项；合同另有约定的，付款期限最长不得超过60日。

大型企业从中小企业采购货物、工程、服务，应当按照行业规范、交易习惯合理约定付款期限并及时支付款项。

合同约定采取履行进度结算、定期结算等结算方式的，付款期限应当自双方确认结算金额之日起算。

第九条　机关、事业单位和大型企业与中小企业约定以货物、工程、服务交付后经检验或者验收合格作为支付中小企业款项条件的，付款期限应当自检验或者验收合格之日起算。

合同双方应当在合同中约定明确、合理的检验或者验收期限，并在该期限内完成检验或者验收。机关、事业单位和大型企业拖延检验或者验收的，付款期限自约定的检验或者验收期限届满之日起算。

第 205 讲　建设工程项目，可以收取哪几种保证金？收取比例是多少？

答：1. 可以收取的保证金有四种：投标保证金、履约保证金、工程质量保证金、农民工工资保证金，除此之外不得收取其他类型保证金；

2. 收取比例：投标保证金不得超过招标项目估算价的 2% 但最高不得超过 80 万元；履约保证金不得超过中标合同金额的 10%；工程质量保证金不得高于工程价款结算总额的 3%；农民工工资保证金收取比例由国务院人力资源社会保障行政部门会同有关部门制定。

【法律依据】《保障中小企业款项支付条例》第十二条　除依法设立的投标保证金、履约保证金、工程质量保证金、农民工工资保证金外，工程建设中不得收取其他保证金。保证金的收取比例应当符合国家有关规定。

机关、事业单位和大型企业不得将保证金限定为现金。中小企业以金融机构保函提供保证的，机关、事业单位和大型企业应当接受。机关、事业单位和大型企业应当按照合同约定，在保证期限届满后及时与中小企业对收取的保证金进行核实和结算。

《招标投标法实施条例》第五十八条　招标文件要求中标人提交履约保证金的，中标人应当按照招标文件的要求提交。履约保证金不得超过中标合同金额的 10%。

第二十六条　招标人在招标文件中要求投标人提交投标保证金的，投标保证金不得超过招标项目估算价的 2%。投标保证金有效期应当与投标有效期一致。

《工程质保金管理办法》第七条　发包人应按照合同约定方式预留保证金，保证金总预留比例不得高于工程价款结算总额的 3%。合同约定由承包人以银行保函替代预留保证金的，保函金额不得高于工程价款结算总额的 3%。

《工程建设项目施工招标投标办法》第三十七条第二款　投标保证金一般不得超过投标总价的百分之二，但最高不得超过八十万元人民币。

第 206 讲　机关、事业单位、国有大型企业能否和中小企业约定"以审计机

关的审计结果作为结算依据"？

答：可以，机关、事业单位、国有大型企业虽然不得强制要求在与中小企业结算时以审计机关的审计结果作为结算依据，但施工合同对此有明确约定的除外。

【法律依据】《保障中小企业款项支付条例》第十一条　机关、事业单位和国有大型企业不得强制要求以审计机关的审计结果作为结算依据，但合同另有约定或者法律、行政法规另有规定的除外。

《保障中小企业款项支付条例》第二十五条　机关、事业单位违反本条例，有下列情形之一的，由其上级机关、主管部门责令改正；拒不改正的，对直接负责的主管人员和其他直接责任人员依法给予处分：……（四）没有法律、行政法规依据或者合同约定，要求以审计机关的审计结果作为结算依据……

第 207 讲　《保障中小企业款项支付条例》中关于逾期支付工程款利息的规定与《建设工程司法解释（一）》第二十六条规定不一致，应适用哪个规定？

答：在满足《保障中小企业款项支付条例》适用条件的情况下，应优先适用该条例规定。不属于《保障中小企业款项支付条例》适用范围的，仍适用司法解释的规定。

【法律依据】《建设工程司法解释（一）》第二十六条　当事人对欠付工程价款利息计付标准有约定的，按照约定处理。没有约定的，按照同期同类贷款利率或者同期贷款市场报价利率计息。

《保障中小企业款项支付条例》第十五条　机关、事业单位和大型企业迟延支付中小企业款项的，应当支付逾期利息。双方对逾期利息的利率有约定的，约定利率不得低于合同订立时 1 年期贷款市场报价利率；未作约定的，按照每日利率万分之五支付逾期利息。

3.11 工程价款其他问题

第 208 讲 合同无效，承包人中途退场，履约保证金是否应当返还？

答： 应当返还。合同无效，无须履行，行为人因无效合同取得的财产应当返还。

【法律依据】《民法典》第一百五十七条 民事法律行为无效、被撤销或者确定不发生效力后，行为人因该行为取得的财产，应当予以返还；不能返还或者没有必要返还的，应当折价补偿。有过错的一方应当赔偿对方由此所受到的损失；各方都有过错的，应当各自承担相应的责任。法律另有规定的，依照其规定。

【裁判案例】（2016）最高法民终 794 号

【裁判观点】 因案涉《建设工程施工合同》及《补充协议》无效，根据《合同法》第五十八条规定，合同无效或被撤销后，因该合同取得的财产，应当予以返还；不能返还或没有必要返还的，应当折价补偿。因此，秦安公司按照《补充协议》第十二条向中驰公司交付的 100 万元履约保证金，中驰公司应予返还。秦安公司该项上诉请求成立，本院予以支持，一审法院适用法律错误，本院予以纠正。

第 209 讲 电子邮箱接收的"工程结算单"可以作为结算证据使用吗？

答： 可以，电子邮箱中的信息保存在第三方平台，法院可以确定其真实性，但有足以反驳的相反证据的除外。

【法律依据】《证据规定》第九十四条第一款 电子数据存在下列情形的，人民法院可以确认其真实性，但有足以反驳的相反证据的除外：……（二）由记录和保存电子数据的中立第三方平台提供或者确认的……

【裁判案例】（2016）黔民终 220 号

【裁判观点】 电子证据中的《企业询证函》上加盖有兴安煤业的财务专用章，其中一份《企业询证函》仍保存于电子邮箱中。一审过程中，原审法院已当庭打开电子邮件进行了验证。本院认为，前述电子邮件产生时双方并未发生诉讼，其内容较为客观，且电子邮件一经发出后进行篡改的可能性较低。因此，本院对《企业询证函》的证明力予以确认。

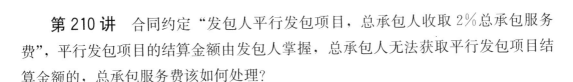

第 210 讲　合同约定"发包人平行发包项目，总承包人收取 2% 总承包服务费"，平行发包项目的结算金额由发包人掌握，总承包人无法获取平行发包项目结算金额的，总承包服务费该如何处理？

答：总承包人可以在举证期限届满前书面申请法院责令发包人提交，发包人无正当理由拒不提交的，法院可依据总承包人主张并结合案件具体情况确定总承包服务费金额。

【法律依据】《民事诉讼法解释》第一百一十二条　书证在对方当事人控制之下的，承担举证证明责任的当事人可以在举证期限届满前书面申请人民法院责令对方当事人提交。申请理由成立的，人民法院应当责令对方当事人提交，因提交书证所产生的费用，由申请人负担。对方当事人无正当理由拒不提交的，人民法院可以认定申请人所主张的书证内容为真实。

《证据规定》第四十八条　控制书证的当事人无正当理由拒不提交书证的，人民法院可以认定对方当事人所主张的书证内容为真实。

【裁判案例】（2018）川民终 1162 号

【裁判观点】关于总包服务费 194307.39 元。其一，《建设工程施工合同》专用条款 23.1.1.11 条约定，发包人独立分包项目，承包人计取分包工程造价 2% 的总承包服务费。其二，祥宇公司对电梯、土方、消防、门窗、栏杆、外墙油漆、总坪等分项工程进行了单独分包，按约川建公司应计取总包服务费。其三，至于总承包服务费的金额，川建公司申请一审法院指令祥宇公司提供，基于分包工程及结算均是祥宇公司完成，该证据应由祥宇公司持有，但祥宇公司无正当理由拒不提供，根据《最高人民法院关于适用〈中华人民共和国民事诉讼法〉的解释》第一百一十二条之规定，原判推定川建公司主张应计取的总包服务费为 194307.39 元的事实成立并无不当，该费用应当计入工程价款。

◆ ◆ ◆ ◆

第 211 讲 项目经理被解聘后，承包人未及时告知发包人、分包人、材料供应商的，承包人是否应对项目经理被解聘后的行为承担责任？

答：项目经理被解聘后，继续以承包人项目经理身份与发包人、分包人、材料供应商等相对方实施项目相关事务的，如无证据证明相对方知道解聘事实，应由承包人承担由此产生的责任。

【裁判案例】（2013）苏民终字第 0310 号

【裁判观点】首先，张某出具的结算单虽未加盖公司的公章，但其曾为嘉宝工程北京金港公司项目经理部的工程施工总负责人，负责处理施工现场事务，代表公司向实际施工人结算是其职务范围。虽北京金港公司提供已于 2010 年 10 月 15 日解除张某职务的证据，但在北京金港公司无证据证明该解聘书向实际施工人告知的情况下，即使该解聘书属实，张长言的对外结算仍构成表见代理，其后果仍应由北京金港公司承担。

◆ ◆ ◆ ◆

第 212 讲 工程价款未结算的情况下，承包人将工程款债权进行转让是否有效？

答：有效。虽然债权最终金额尚不确定，但债权让与人与受让人关于债权转让的意思表示真实，标的额不确定只影响债权转让数额。

【裁判案例】（2013）民申字第 1483 号

【裁判观点】一建公司与飞通公司签订的各份《建设工程施工合同》及其《补充协议》均系双方当事人的真实意思表示，且内容不违反法律、法规的强制性规定，应认定合法有效。一建公司履行了上述建设飞通广场一、二期工程的施工合同义务，取得了向飞通公司请求支付相应工程款的权利。一建公司将该债权全部转让给建工集团，并将《债权转让通知》以特快专递方式通知飞通公司。虽然一建公司转让债权时没有明确具体数额，但此时债权已经形成，债权数额后亦经法院审理所确认。且我国法律法规亦不禁止建设工程施工合同项下的债权转让，一建公司转让债权的行为符合《中华人民共和国合同法》第七十九条、第八十条规定，故二审法院依据上述规定确认涉案债权转让合法有效，适用法律并无不当。

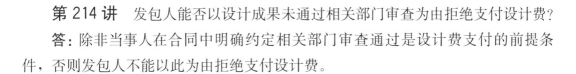

第 213 讲 承包人的债权人就发包人欠付承包人工程款提起代位权诉讼，发包人能否主张工程款是专属于承包人的权利，债权人不能行使代位权？

答： 不能，工程价款不是专属于承包人自身的债权。

【法律依据】《民法典》第五百三十五条 因债务人怠于行使其债权或者与该债权有关的从权利，影响债权人的到期债权实现的，债权人可以向人民法院请求以自己的名义代位行使债务人对相对人的权利，但是该权利专属于债务人自身的除外……

【裁判案例】（2020）最高法民再 231 号

【裁判观点】"专属于债务人自身的债权"通常具有较强的人身属性，包括退休金、养老金、抚恤金、劳动报酬等专属于被代位主体的劳动所得。通常诉讼主张的建设工程价款因可能包含建筑工人工资而具有一定劳动报酬色彩，但该劳动报酬系承包人或实际施工人需要支付给建筑工人的工资，最终受益主体并非本案被代位的实际施工人。故不能因为建设工程价款中可能包含建筑工人工资，就得出其属于合同法第七十三条第一款规定的"专属于债务人自身的债权"结论。新建业公司关于应收工程款专属于宋某自身、陈某不能提起代位权诉讼的主张，不能成立。

第 214 讲 发包人能否以设计成果未通过相关部门审查为由拒绝支付设计费？

答： 除非当事人在合同中明确约定相关部门审查通过是设计费支付的前提条件，否则发包人不能以此为由拒绝支付设计费。

【裁判案例】（2019）渝 01 民终第 10782 号

【裁判观点】盛皇公司上诉认为因工程设计院的设计方案未通过规划审查故不能再行付款。首先，该抗辩事由并非合同约定的结算条款，而是合同关于分期支付进度款的约定，仅涉及进度款的付款时间与逾期责任，与合同解除时结算比例的认定标准无关。其次，盛皇公司主张合同第五条关于第二次付费 15% 的约定系特指通过方案规划审批后，但合同并无该条件约定，且在合同付款进度的说明备注中也未能体现该前提条件。再次，盛皇公司认为行业惯例及其之后与博鼎公司所签设计合同能够推定付款条件为规划审查通过，但合同具有相对性，盛皇公司主张的行业惯例无证据印证，且盛皇公司与博鼎公司所签合同约定的方案设计费第 2 次付款时间在规划审查通过前。盛皇公司关于 30% 的结算款以设计方案经规划审查通过为条件的主张缺乏依据。

第4章 工程质量系列

4.1 质量责任承担

第215讲 因实际施工人原因造成质量损失的，发包人能否向总承包人主张赔偿损失？

答： 可以。总承包人将工程转包或违法分包给实际施工人，因实际施工人原因造成的质量损失，由总承包人与实际施工人承担连带责任。

【法律依据】《建筑法》第六十七条 承包单位将承包的工程转包的，或者违反本法规定进行分包的，责令改正，没收违法所得，并处罚款，可以责令停业整顿，降低资质等级；情节严重的，吊销资质证书。承包单位有前款规定的违法行为的，对因转包工程或者违法分包的工程不符合规定的质量标准造成的损失，与接受转包或者分包的单位承担连带赔偿责任。

【裁判案例】（2020）闽民终362号

【裁判观点】关于工程质量问题修复费用，本案中，总承包人地矿集团公司将讼争工程非法转包给实际施工人周某某，根据《建设工程司法解释》第二十五条、《建筑法》第六十七条的规定，承包人地矿集团公司、实际施工人周某某应就讼争工程质量对发包人东联房地产公司承担连带责任。地矿集团公司主张其不应承担责任的理由不能成立。

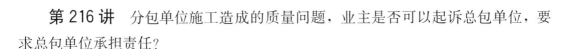

第216讲 分包单位施工造成的质量问题，业主是否可以起诉总包单位，要求总包单位承担责任？

答： 分包单位施工的工程存在质量问题，业主可以要求总包单位、分包单位共同承担连带责任。

【法律依据】《建筑法》第二十九条第二款 建筑工程总承包单位按照总承包合

同的约定对建设单位负责；分包单位按照分包合同的约定对总承包单位负责。总承包单位和分包单位就分包工程对建设单位承担连带责任。

【裁判案例】（2016）最高法民终 267 号

【裁判观点】中煤公司承包了鑫聚源公司储煤棚网架结构工程，中煤公司与宝冶公司签订《技术服务合同》，由宝冶公司负责编制储煤棚网壳提升工程的液压同步提升方案并负责液压提升作业，故该合同性质应当认定为分包合同。总承包单位和分包单位就分包工程对建设单位承担连带责任。故鑫聚源公司要求宝冶公司就未能保证安全生产导致发生事故造成的经济损失，与中煤公司承担连带赔偿责任的主张，具有事实和法律依据，本院对此予以支持。

第 217 讲 被挂靠单位出借资质，不参与工程施工，如挂靠人施工质量出现问题，被挂靠单位应当承担什么责任？

答：被挂靠单位和实际施工人向发包人承担连带赔偿责任。

【法律依据】《建设工程司法解释（一）》第七条 缺乏资质的单位或者个人借用有资质的建筑施工企业名义签订建设工程施工合同，发包人请求出借方与借用方对建设工程质量不合格等因出借资质造成的损失承担连带赔偿责任的，人民法院应予支持。

【裁判案例】（2018）粤 06 民终 9619 号

【裁判观点】西南建筑公司将资质出借给原本英承包，施工广顺公司工程。后经鉴定工程存在质量问题，修复费用 70 万元，实际施工人原本英应承担该笔修复费用。根据《建设工程司法解释（二）》第四条的规定，西南建筑公司作为被挂靠人，依法应向广顺公司承担连带责任。

第 218 讲 层层转分包情况下，未实际施工的转包人/违法分包人是否要对工程质量承担责任？

答：工程质量存在问题的，总承包人、转包人/违法分包人和实际施工人承担连带责任。

【法律依据】《建筑法》第六十七条　承包单位将承包的工程转包的，或者违反本法规定进行分包的，责令改正，没收违法所得，并处罚款，可以责令停业整顿，降低资质等级；情节严重的，吊销资质证书。承包单位有前款规定的违法行为的，对因转包工程或者违法分包的工程不符合规定的质量标准造成的损失，与接受转包或者分包的单位承担连带赔偿责任。

【裁判案例】（2018）豫 01 民终 18499 号

【裁判观点】根据本案查明的事实，涉案工程由元盛公司承包后，经过层层转包给了韩某，韩某将涉案工程最后转包给李某。总承包人、违法分包人、实际施工人均应对涉案工程的质量承担责任，本案中，韩某、元盛公司、李某均应承担相应的责任。一审法院根据韩某、李某共同签字的《证明》，结合本案情况，认定韩某作为最后转包人，对李某因工程质量扣款的 50％承担责任并无不当，应予维持。

第 219 讲　发包人提供的材料、构配件、设备不符合强制性标准，造成工程质量问题，承包人是否要承担责任？

答：发包人承担责任，但如果不符合强制性标准的材料、构配件、设备未经进场检验，或者进场检验发现问题后承包人仍然使用的，承包人应当承担相应的过错责任。

【法律依据】《建设工程司法解释（一）》第十三条第一款　发包人具有下列情形之一，造成建设工程质量缺陷，应当承担过错责任：（一）提供的设计有缺陷；（二）提供或者指定购买的建筑材料、建筑构配件、设备不符合强制性标准；（三）直接指定分包人分包专业工程。

【裁判案例】（2014）川民终字第 330 号

【裁判观点】由于案涉工程的质量问题系石材本身的选材造成，根据 2010 年 7 月 26 日堂宏房地产分公司的通知要求，石材选取由堂宏集团公司的项目经理吴某签字确认选用石材，故因石材选用发生的质量问题，不应由实际施工人牟某承担责任。原审依据《建设工程司法解释》第十二条规定，认定堂宏集团公司对该部分质量问题承担责任并无不当。

第 220 讲 承包人按照发包人的指令施工，工程出现质量问题的，应由谁承担责任？

答：由发包人承担责任。但如果发包人的指令违反了工程建设强制性标准，或者按该指令施工将产生的质量问题是作为成熟的承包商应当发现而未发现的，或者发现了仍按指令施工的，承包人也应承担相应的过错责任。

【法律依据】《建设工程司法解释（一）》第十三条　发包人具有下列情形之一，造成建设工程质量缺陷，应当承担过错责任：（一）提供的设计有缺陷；（二）提供或者指定购买的建筑材料、建筑构配件、设备不符合强制性标准；（三）直接指定分包人分包专业工程。承包人有过错的，也应当承担相应的过错责任。

【裁判案例】（2019）最高法民终 1163 号

【裁判观点】本案工程施工期间，亿丰公司多次以通知形式变更设计、调整施工方案，并派人在现场指令十四局公司施工。十四局公司为履行合同、完成亿丰公司指令的施工任务，多次就协调爆破及确定施工图纸和方案等事宜请示亿丰公司。上述事实足以说明十四局公司系严格按亿丰公司要求施工，不存在过错。现亿丰公司未提交任何证据证明十四局公司存在过错，即请求按照公平原则酌情判令十四局公司承担一半的过错责任，不具有事实和法律依据，本院不予支持。

第 221 讲 发包人指定分包人分包专业工程出现质量缺陷的，应当由谁承担责任？

答：应由发包人承担责任，但承包人在履行总包管理职责过程中有过错的，也应承担相应的过错责任。

【法律依据】《建设工程司法解释（一）》第十三条第一款　发包人具有下列情形之一，造成建设工程质量缺陷，应当承担过错责任：（一）提供的设计有缺陷；

（二）提供或者指定购买的建筑材料、建筑构配件、设备不符合强制性标准；

（三）直接指定分包人分包专业工程。

【裁判案例】（2016）川民终 790 号

【裁判观点】案涉工程的土石方挖填等均属于发包人分包工程，不属于承包人承包范围，应当认定此部分工程系发包人指定分包。但承包人负有对发包人发包的单项工程进行总包管理和服务的义务，发包人也因此向承包人支付了施工管理费和配合费。对发包人分包的工程导致的质量缺陷，发包人应当承担主要责任，承包人对发包人分包的工程负有总包管理的合同义务，对其质量缺陷也应承担相应过错责任。

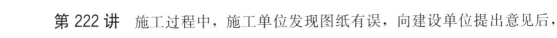

第 222 讲 施工过程中，施工单位发现图纸有误，向建设单位提出意见后，建设单位是否可以要求施工单位自行变更设计后进行施工？

答：不可以。施工单位、建设单位无权擅自修改原工程设计，确需修改应由原设计单位负责。

【法律依据】《建筑法》第五十八条 ……建筑施工企业必须按照工程设计图纸和施工技术标准施工，不得偷工减料。工程设计的修改由原设计单位负责，建筑施工企业不得擅自修改工程设计。

《建设工程质量管理条例》第二十八条 施工单位必须按照工程设计图纸和施工技术标准施工，不得擅自修改工程设计，不得偷工减料。

施工单位在施工过程中发现设计文件和图纸有差错的，应当及时提出意见和建议。

【裁判案例】（2015）吉民再字第 6 号

【裁判观点】广宇公司（施工单位）主张工程质量存在问题是在施工中永泰公司（建设单位）指示其变更设计和施工方法导致的，但永泰公司对此不予认可。根据《中华人民共和国建筑法》第五十八条和《建设工程质量管理条例》第二十八条的规定，无论是广宇公司还是永泰公司，均没有权利擅自修改变更原工程设计，确需修改的应由原设计单位进行补充、修改。因此，广宇公司依据有永泰公司工地代表签字的签证单和证人证言主张永泰公司同意其变更设计进行施工，没有法律依据。

根据《最高人民法院关于审理建设工程施工合同纠纷案件适用法律问题的解释》第三条第二款之规定，原审判决广宇公司负 70% 责任，永泰公司自负 30% 责任并无不当。

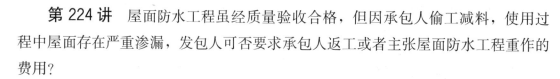

第 223 讲 工程施工过程中，施工单位发现图纸有误可能影响安全，向建设单位提出后，建设单位仍坚持要求施工单位按图施工的，施工单位是否需承担责任？

答： 施工单位仍应承担相应责任。施工单位是具有专业作业能力的企业，应对施工质量安全负责，发现图纸有误时，应当停工等待设计单位修正后再行施工，即使建设单位要求施工，也不能完全免除其责任。

【法律依据】《建设工程质量管理条例》第二十八条 施工单位必须按照工程设计图纸和施工技术标准施工，不得擅自修改工程设计，不得偷工减料。

施工单位在施工过程中发现设计文件和图纸有差错的，应当及时提出意见和建议。

【裁判案例】（2018）最高法民终 565 号

【裁判观点】中铁公司（施工单位）认为，在大观派出所的沉降达到预警值后，其向广电公司（建设单位）两次发函要求停工，但广电公司回函要求继续施工，并承诺一切责任由广电公司承担，因此损失赔偿责任应由广电公司承担。对此本院认为，广电公司的承诺对中铁公司的继续施工及侵权后果的发生有一定影响，应当分担中铁公司应承担的部分责任，但中铁公司作为专业的施工单位，具备独立的施工风险判断和防范能力，仍应为自己的行为后果承担相应的责任，其以此为由要求将其侵权责任全部移转给广电公司，本院不予支持。

第 224 讲 屋面防水工程虽经质量验收合格，但因承包人偷工减料，使用过程中屋面存在严重渗漏，发包人可否要求承包人返工或者主张屋面防水工程重作的费用？

答：可以。

【法律依据】《建筑法》第五十八条　建筑施工企业对工程的施工质量负责。建筑施工企业必须按照工程设计图纸和施工技术标准施工，不得偷工减料。

《民法典》第五百八十二条　履行不符合约定的，应当按照当事人的约定承担违约责任。对违约责任没有约定或者约定不明确，依据本法第五百一十条的规定仍不能确定的，受损害方根据标的的性质以及损失的大小，可以合理选择请求对方承担修理、重作、更换、退货、减少价款或者报酬等违约责任。

【裁判案例】江苏高院（2010）苏民终字第 0188 号（公报案例）

【裁判观点】屋面广泛性渗漏属客观存在并已经法院确认的事实，竣工验收合格证明及其他任何书面证明均不能对该客观事实形成有效对抗，故南通二建根据验收合格抗辩屋面广泛性渗漏，其理由不能成立。其依据《建设工程质量管理条例》，进而认为其只应承担保修责任而不应重作的问题，同样不能成立。因为该条例是管理性规范，而本案屋面渗漏主要系南通二建施工过程中偷工减料而形成，其交付的屋面本身不符合合同约定，且已对恒森公司形成仅保修无法救济的损害，故本案裁判的基本依据为民法通则、合同法等基本法律而非该条例，根据法律位阶关系，该条例在本案中只作参考。本案中屋面渗漏质量问题的赔偿责任应按谁造成、谁承担的原则处理，这是符合法律的公平原则的。

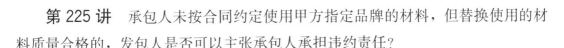

第 225 讲　承包人未按合同约定使用甲方指定品牌的材料，但替换使用的材料质量合格的，发包人是否可以主张承包人承担违约责任？

答：可以主张。

【法律依据】《民法典》第五百八十二条　履行不符合约定的，应当按照当事人的约定承担违约责任……

第五百八十四条　当事人一方不履行合同义务或者履行合同义务不符合约定，造成对方损失的，损失赔偿额应当相当于因违约所造成的损失……

【裁判案例】（2012）民申字第 1634 号

【裁判观点】《东莞市建设工程施工合同》第 20.7 条中明确约定"甲方有权指

定乙方取用甲方认可的生产厂家生产的建材产品"。2006 年 1 月 9 日，浩源公司发出通知，明确要求涉案工程使用的钢材限于广钢集团（广钢）、韶关钢铁集团（韶钢）、抚钢的品牌产品；2006 年 2 月 20 日浩源公司再次发出通知，就实际施工过程中所使用的钢材的品牌、质量提出异议，并声明保留追究违约责任的权利，上述通知均由熊某某签收。据此可以认定，熊某某使用了浩源公司指示品牌以外的钢材，违反了双方就建材使用作出的约定，熊某某再审申请称代用钢材均系正规厂家的合格产品，不足以构成对其违反约定行为的抗辩。一、二审法院根据权利义务相一致原则，参照适用《东莞建设工程施工合同》的第 20.5 条之约定，支持浩源公司提出的因案涉工程使用其指定品牌以外的钢材损失 72 万元的诉讼请求，并无不当。

第 226 讲　因发包人提供的设计存在缺陷造成工程质量问题，责任应由承包人承担还是发包人承担？

答：应由发包人承担，但如果该设计缺陷是作为成熟的承包商应当发现的而未发现，或者发现了仍按原设计施工的，承包人也应承担相应的过错责任。

【法律依据】《建设工程司法解释（一）》第十三条第一款　发包人具有下列情形之一，造成建设工程质量缺陷，应当承担过错责任：（一）提供的设计有缺陷；（二）提供或者指定购买的建筑材料、建筑构配件、设备不符合强制性标准；（三）直接指定分包人分包专业工程。

【裁判案例】（2018）赣民终 496 号

【裁判观点】根据《建设工程司法解释》第十二条第一款规定，发包人提供的设计有缺陷造成建设工程质量缺陷的，应当承担过错责任。本案中京冶公司应对提供了与施工现场地质条件严重不符的施工方案并产生第二次打桩的后果承担过错责任，相应费用由京冶公司承担。

第 227 讲　发包人擅自使用工程后，发现主体结构存在质量问题的，承包人是否需要承担责任？

答：不管发包人是否存在擅自使用，工程合理使用寿命内，承包人都应对主体结构质量承担修复责任。

【法律依据】《建设工程司法解释（一）》第十四条　建设工程未经竣工验收，发包人擅自使用后，又以使用部分质量不符合约定为由主张权利的，人民法院不予支持；但是承包人应当在建设工程的合理使用寿命内对地基基础工程和主体结构质量承担民事责任。

【裁判案例】（2018）最高法民终 947 号

【裁判观点】虽然玖龙公司认可涉案工程已被使用或者另行组织施工，但根据《建设工程司法解释》第十三条规定，中建三局仍应对涉案工程主体结构质量承担责任。经鉴定，涉案工程主体结构存在质量问题，修复费用为 3685422.02 元。故中建三局应支付玖龙公司涉案工程主体结构质量修复费用 3685422.02 元。

第 228 讲　施工合同无效，工程质量不合格，尚未修复的，发包人能否依据鉴定报告确定的修复费用请求承包人承担相应费用？

答：可以。发包人通知承包人修复，承包人拒不修复、修复后仍不合格或者承包人没有能力修复的，发包人可以申请司法鉴定确定修复费用，并由承包人承担修复费用。

【法律依据】《民法典》第八百零一条　因施工人的原因致使建设工程质量不符合约定的，发包人有权请求施工人在合理期限内无偿修理或者返工、改建。

《建设工程质量管理条例》第四十一条　建设工程在保修范围和保修期限内发生质量问题的，施工单位应当履行保修义务，并对造成的损失承担赔偿责任。

【裁判案例】（2019）最高法民终 1134 号

【裁判观点】本院认为，一审中对四川一建承建案涉项目地下室的工程质量存在 3 万多处渗漏水客观问题和修复痕迹费用进行鉴定。鉴定机构鉴定意见为：案涉项目地下室存在开裂、渗水、孔洞及浇筑不密实等质量问题，不满足现行相关标准、规范的要求。根据现场检测鉴定情况及对委托方提供的资料进行分析，案涉项目地下室出现渗水问题的主要原因是四川一建施工，修复费用评估为 1891205.65 元。鉴定机构及鉴定人员具备相应的鉴定资质，且鉴定程序合法，一审判决依据《司法鉴定意见书》认定四川一建应承担地下室修复费用 1891205.65 元，是正确的。

4.2　质量问题

第 229 讲　已完工程中有部分工程质量不合格，结算时该如何处理？

答：承包人已施工完的工程存在部分质量不合格的，不合格部分经修复后合格的，承包人可以取得该部分工程款，但应承担相应修复费用；如果不合格部分经修复仍不合格的，承包人无权取得该部分工程款。

【法律依据】《民法典》第七百九十三条　建设工程施工合同无效，但是建设工程经验收合格的，可以参照合同关于工程价款的约定折价补偿承包人。

建设工程施工合同无效，且建设工程经验收不合格的，按照以下情形处理：（一）修复后的建设工程经验收合格的，发包人可以请求承包人承担修复费用；（二）修复后的建设工程经验收不合格的，承包人无权请求参照合同关于工程价款的约定折价补偿。

发包人对因建设工程不合格造成的损失有过错的，应当承担相应的责任。

【裁判案例】（2018）最高法民申 5416 号

【裁判观点】本案中，涉案工程虽未经竣工验收，但因涉案工程中 2 号楼已经投入使用，可视为质量合格。1 号楼虽存在质量问题，但经鉴定可修复处理，相应维修费用已通过鉴定程序予以确定，且涉案《建设工程施工合同》亦约定施工方维修责任可通过承担维修费的形式承担。故原审判决判令天盛公司、曾某支付扣除相应维修费用后的工程价款，适用法律并无不当。

第 230 讲　主体结构工程经鉴定质量不合格的，该如何处理？

答：主体结构工程经鉴定质量不合格的，承包人应负责修理、返工或改建，承包人拒绝修理、返工、改建或无法修理、返工、改建，发包人可以拒付工程价款。

主体结构工程，是指在地基基础之上，承受和传递上部荷载并维持上部结构整体性、稳定性和安全性的结构体系工程。

【法律依据】《民法典》第八百零一条　因施工人的原因致使建设工程质量不符合约定的，发包人有权请求施工人在合理期限内无偿修理或者返工、改建。经过修理或者返工、改建后，造成逾期交付的，施工人应当承担违约责任。

《建设工程司法解释（一）》第十二条 因承包人的原因造成建设工程质量不符合约定，承包人拒绝修理、返工或者改建，发包人请求减少支付工程价款的，人民法院应予支持。

【裁判案例】（2017）闽民终 40 号

【裁判观点】经厦门检测中心鉴定，案涉房屋质量问题主要系因施工造成的工程主体不合格。根据《中华人民共和国合同法》第五十八条及《建设工程司法解释》第三条第一款第二项的规定，由于本案讼争房屋被鉴定为工程主体不合格，且无法修复，故林某所收取的工程款应予退还。

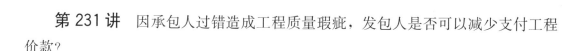

第 231 讲 因承包人过错造成工程质量瑕疵，发包人是否可以减少支付工程价款？

答：因承包人过错造成工程质量不符合工程建设强制性标准、设计要求或者合同约定的，发包人应当先要求承包人修理、返工、改建，如承包人拒绝修理、返工、改建，发包人有权减少支付工程价款。但如果修复、返工、改建的费用过高的，不修复不影响安全使用功能的，可直接减少工程价款。

【法律依据】《建设工程司法解释（一）》第十二条 因承包人的原因造成建设工程质量不符合约定，承包人拒绝修理、返工或者改建，发包人请求减少支付工程价款的，人民法院应予支持。

《民法典》第五百八十条 当事人一方不履行非金钱债务或者履行非金钱债务不符合约定的，对方可以请求履行，但是有下列情形之一的除外：……（二）债务的标的不适于强制履行或者履行费用过高……

【裁判案例】（2018）最高法民终 494 号

【裁判观点】案涉项目实际施工人佳海公司施工部分存在质量问题，根据《建设工程司法解释》第十一条的规定，应当先要求佳海公司进行修理、返工或者改建，如果佳海公司拒绝从事上述工作的，才能减少支付工程款。但由于发生地震，发包人与承包人通过多次协商，同意采用在工程结算款中扣除缺陷工程修复款方式处理，该处理方式符合当时的情势，本院予以认可。

4.3　缺陷责任期

第 232 讲　缺陷责任期届满，质量保证金是否应当返还？发包人能否要求承包人继续承担质量责任？

答：缺陷责任期届满，发包人应当返还质量保证金，除非合同另有约定。缺陷责任期届满，质量保修期尚未届满的工程，承包人仍应履行保修义务。

【法律依据】《工程质保金管理办法》第二条　本办法所称建设工程质量保证金（以下简称保证金）是指发包人与承包人在建设工程承包合同中约定，从应付的工程款中预留，用以保证承包人在缺陷责任期内对建设工程出现的缺陷进行维修的资金。

《建设工程质量管理条例》第四十一条　建设工程在保修范围和保修期限内发生质量问题的，施工单位应当履行保修义务，并对造成的损失承担赔偿责任。

【裁判案例】（2017）鄂民终 685 号

【裁判观点】根据双方在协议中关于"保证金在工程验收合格后按国家规定年限进行返还"的约定，虽然双方没有明确缺陷责任期限作出具体约定，但均认同可参照国家规定确定返还时间。根据《质保金管理办法》第二条第三款规定，一审法院适用上述规定的最长期限二十四个月，具有事实和法律依据。星兴公司退还质保金后，永东公司仍应对诉争工程在保修范围、保修期限内发生的质量问题履行保修义务。

第 233 讲　缺陷责任期应自何时起算？

答：自工程通过竣工验收之日起算。因发包人原因未按期组织竣工验收的，自承包人提交竣工验收报告 90 天后，缺陷责任期开始起算。

【法律依据】《工程质保金管理办法》第八条　缺陷责任期从工程通过竣工验收之日起计。由于承包人原因导致工程无法按规定期限进行竣工验收的，缺陷责任期从实际通过竣工验收之日起计。由于发包人原因导致工程无法按规定期限进行竣工验收的，在承包人提交竣工验收报告 90 天后，工程自动进入缺陷责任期。

【裁判案例】（2019）粤 06 民终 6555 号

【裁判观点】本案中，发包人、承包人约定的缺陷责任期为一年。发包人陈述"承包人于 2017 年 6 月 12 日提起《工程竣工报验单》"，且发包人无证据证明是由于承包人的原因导致涉案工程未能竣工验收，故依据《工程质保金管理办法》第八条之规定，视为发包人的原因，涉案工程的缺陷责任期应从 2017 年 9 月 11 日开始计算，至 2018 年 9 月 10 日届满。

第 234 讲　缺陷责任期和质量保修期有何区别？

答：①责任范围不同：缺陷责任期内，对承包人原因造成的不符合工程建设强制性标准、设计文件、施工合同约定的质量缺陷，承包人应负责维修并承担维修费用；质量保修期内，承包人仅对损坏或者影响工程正常使用的质量问题承担维修责任。

②期限不同：缺陷责任期一般为 12 个月，最长不超过 24 个月，期限长短由发承包人约定；质量保修期因工程项目及部位不同而有所区别，发承包双方可以约定质量保修期，但约定的质量保修期低于法定最低保修期限，按法定最低保修期限执行。

③与工程质量保证金的关系不同：质量保证金是承包人在缺陷责任期内履行缺陷维修义务的担保，缺陷责任期满，质量保证金返还。质量保证金与质量保修期没有关联性。

【法律依据】《工程质保金管理办法》第九条　缺陷责任期内，由承包人原因造成的缺陷，承包人应负责维修，并承担鉴定及维修费用。

《建设工程质量管理条例》第四十一条　建设工程在保修范围和保修期限内发生质量问题的，施工单位应当履行保修义务，并对造成的损失承担赔偿责任。

第 235 讲　发包人未履行通知义务，另行委托第三方对缺陷责任期内的质量缺陷进行修复的，能否要求承包人赔偿修复费用？

答：不可以。缺陷责任期内，发包人发现承包人施工原因导致的质量缺陷时，发包人应通知承包人修复，承包人拒绝修复的，发包人才可以委托第三方修复，第三方修复费用从质量保证金中扣除，质量保证金不足扣除的，发包人可以向承包人索赔。

【裁判案例】（2019）川 32 民终 116 号

【裁判观点】项目在缺陷责任期内出现质量问题，交通集团公司在未通知施工人徐某的情况下擅自对工程进行修缮，存在履约不当。交通集团公司自行修复后又陆续向徐某支付工程款，在支付工程款时未主张修复款项，待徐某索要工程款时才反诉主张修复款于理不符。故，交通集团公司在未通知徐某修复该路段的情况下即将该路段交由第三方修复，该部分修复的费用不应由徐某承担。因交通集团公司未履行通知义务造成的相关责任应由其自行承担。

4.4　质量保证金

第 236 讲　未约定质保金返还期限的，发包人应何时返还质保金？

答：发包人应自工程通过竣工验收之日起满二年返还；因发包人原因未按期验收的，自承包人提交工程竣工验收报告九十日后起满二年返还。

【**法律依据**】《建设工程司法解释（一）》第十七条　有下列情形之一，承包人请求发包人返还工程质量保证金的，人民法院应予支持：（一）当事人约定的工程质量保证金返还期限届满。（二）当事人未约定工程质量保证金返还期限的，自建设工程通过竣工验收之日起满二年。（三）因发包人原因建设工程未按约定期限进行竣工验收的，自承包人提交工程竣工验收报告九十日后起当事人约定的工程质量保证金返还期限届满；当事人未约定工程质量保证金返还期限的，自承包人提交工程竣工验收报告九十日后起满二年。

【**裁判案例**】（2021）晋 05 民终 383 号

【**裁判观点**】关于于质保金是否应当返还的问题，因当事人双方未约定质保金的返还期限，故依照《建设工程司法解释（一）》第十七条规定，自太原电力公司提交竣工验收报告（2016 年 1 月 21 日提交）九十日后起满二年质保金返还期限届满，上诉人提出的不应返还质保金的理由不能成立。被告沁水县浩坤煤层气有限公司支付原告太原市电力发展有限公司质保金 855000 元及利息。

第 237 讲　发包人未经竣工验收擅自使用工程，是否仍然可以扣留质量保证金？

答：可以按照合同约定扣留质量保证金。

【**法律依据**】《工程质保金管理办法》第二条第一款　本办法所称建设工程质量保证金（以下简称保证金）是指发包人与承包人在建设工程承包合同中约定，从应付的工程款中预留，用以保证承包人在缺陷责任期内对建设工程出现的缺陷进行维修的资金。

【**裁判案例**】（2012）鄂民一终字第 104 号

【裁判观点】陈某上诉认为，本案讼争工程未经竣工验收就经发包人擅自使用，根据《建设工程司法解释》第十三条的规定，工程未经竣工验收，发包人擅自使用的，视为对该工程的质量予以认可，不得再对使用部分工程质量进行抗辩，故一审判决直接从银广厦公司应付工程款中扣除质保金是错误的。本院认为，《建设工程司法解释》第十三条系对建设工程出现质量瑕疵后如何认定发包人责任问题的规定，并不影响发包人按照施工合同约定扣留工程保修金。

◆ ◆ ◆ ◆

第 238 讲　质量保证金预留比例是多少？

答：《工程保证金管理办法》规定，施工合同约定的质量保证金预留比例不得高于工程价款结算总额的 3%。但是，该管理办法属于部门规章，即使违反也不导致约定无效，因此，如果施工合同约定的比例超过 3%，该约定也是有效的，双方应按约定履行。

【法律依据】《工程质保金管理办法》第七条　发包人应按照合同约定方式预留保证金，保证金总预留比例不得高于工程价款结算总额的 3%。合同约定由承包人以银行保函替代预留保证金的，保函金额不得高于工程价款结算总额的 3%。

【裁判案例】（2021）云 25 民终 675 号

【裁判观点】关于 5% 的质保金约定是否有效的问题。根据《中华人民共和国合同法》第五十二条的规定，违反法律、行政法规的强制性规定的，合同无效。住房城乡建设部、财政部印发的《建设工程质量保证金管理办法》属于部门规章，不能作为否定合同效力的依据，故涉案合同对保证金为 5% 的约定有效，双方当事人应当按照合同约定履行。

◆ ◆ ◆ ◆

第 239 讲　施工合同未约定预留质量保证金的，发包人是否可以从应付工程款中预留？

答：不可以。

【法律依据】《工程质保金管理办法》第二条　本办法所称建设工程质量保证金

是指发包人与承包人在建设工程承包合同中约定，从应付的工程款中预留，用以保证承包人在缺陷责任期内对建设工程出现的缺陷进行维修的资金。

【裁判案例】（2019）赣民终 713 号

【裁判观点】关于工程质保金应否扣除、如何扣除的问题，经查，双方合同当中没有约定质保金的比例、数额，国家现行法律法规也没有工程项目必须要求承包人预留相应工程质量保证金的强制性规定，工程质量保证金比例应当按照合同法规定的意思自治原则，遵循当事人的合同约定。因此，黄坳村委会提出应扣除 5% 的质保金的上诉请求，没有合同依据，本院不予支持。

第 240 讲 缺陷责任期内，承包人拒绝履行缺陷修复义务的，发包人是否有权扣除预留的质量保证金？

答：有权扣除。但发包人必须证明：①该质量缺陷是承包人施工原因导致的；②发包人在缺陷责任期内通知了承包人对质量缺陷进行修复。承包人收到通知拒绝修复，发包人可以从质量保证金中扣除修复费用，费用超出质量保证金的，发包人还可以向承包人索赔。

【法律依据】《工程质保金管理办法》第九条 缺陷责任期内，由承包人原因造成的缺陷，承包人应负责维修，并承担鉴定及维修费用。如承包人不维修也不承担费用，发包人可按合同约定从保证金或银行保函中扣除，费用超出保证金额的，发包人可按合同约定向承包人进行索赔。承包人维修并承担相应费用后，不免除对工程的损失赔偿责任。

【裁判案例】（2019）湘民再 372 号

【裁判观点】本案中"工程结算审定书"显示仍然有质保金未返还，施工单位认为保利公司维修时未通知施工单位故对扣款不予认可。根据《合同法》第二百八十一条、《工程质保金管理暂行办法》第八条的规定，本案中保利公司没有证据证明工程质量问题系因承包单位造成，也不能证明其已通知承包单位履行缺陷责任期内的保修责任且承包单位拒绝维修的情况下，直接扣减承包单位的质保金是没有依据的。

第 241 讲　发包人拖延验收，质量保证金什么时候返还？

答： 自承包人提交竣工验收报告 90 日后，项目进入缺陷责任期，约定的质量保证金返还期限届满，发包人应返还质量保证金；未约定质量保证金返还期限的，进入缺陷责任期后满两年，发包人应返还质量保证金。

【法律依据】《建设工程司法解释（一）》第十七条　有下列情形之一，承包人请求发包人返还工程质量保证金的，人民法院应予支持：（三）因发包人原因建设工程未按约定期限进行竣工验收，自承包人提交工程竣工验收报告九十日后当事人约定的工程质量保证金返还期限届满；当事人未约定工程质量保证金返还期限的，自承包人提交工程竣工验收报告九十日后起满二年。

【裁判案例】（2019）最高法民终 710 号

【裁判观点】 中化四建公司于 2013 年 12 月 9 日申请潞安树脂公司竣工验收，潞安树脂公司表示，其受资金条件和市场行情的影响，至今未投料试车，故而未竣工验收；其在二审庭审中也表示没有竣工验收主要是因为市场原因没有投产，质量问题并非主要原因。建设工程竣工验收需发包人与承包人互相配合进行。发包人潞安树脂公司由于自身原因未配合进行竣工验收，潞安树脂公司应承担不利后果。由于发包人原因导致工程无法按规定期限进行竣工验收的，在承包人提交竣工验收报告 90 天后，工程自动进入缺陷责任期。本案宜自 2013 年 12 月 9 日的 90 天后，即 2014 年 3 月 10 日起计算缺陷责任期。根据《建设工程司法解释（二）》第八条第一款第三项规定，本案中，因为质量保证金的缺陷责任期自 2014 年 3 月 10 日起算，所以至 2016 年 3 月 9 日止，潞安树脂公司应当向中化四建公司返还质量保证金。

4.5 保修

第 242 讲 施工合同无效，施工单位是否需要承担质量保修义务？

答：质量责任是施工单位的法定义务，合同无效，施工单位应在法定最低保修期限内承担保修责任。

【法律依据】《建筑法》第五十八条第一款 建筑施工企业对工程的施工质量负责。

《建设工程质量管理条例》第四十条 在正常使用条件下，建设工程的最低保修期限为：（一）基础设施工程、房屋建筑的地基基础工程和主体结构工程，为设计文件规定的该工程的合理使用年限；（二）屋面防水工程、有防水要求的卫生间、房间和外墙面的防渗漏，为 5 年；（三）供热与供冷系统，为 2 个采暖期、供冷期；（四）电气管线、给排水管道、设备安装和装修工程，为 2 年。其他项目的保修期限由发包方与承包方约定。建设工程的保修期，自竣工验收合格之日起计算。

【裁判案例】（2018）鄂民终 369 号

【裁判观点】虽然本案的建设工程施工合同无效，但王某依法仍应当对其承建的工程承担责任。在法律规定的保修期内，王某应当承担保修义务，否则应承担相应的赔偿责任。

◆ ◆ ◆ ◆

第 243 讲 承发包双方在施工合同中约定防水质保期 2 年，该约定是否有效？

答：此约定质保期低于法定最低质保期，按最低质保期执行，防水工程的法定最低质保期为 5 年，因此，即使约定为 2 年也应按 5 年执行。

【法律依据】《建设工程质量管理条例》第四十条 在正常使用条件下，建设工程的最低保修期限为：（一）基础设施工程、房屋建筑的地基基础工程和主体结构工程，为设计文件规定的该工程的合理使用年限；（二）屋面防水工程、有防水要求的卫生间、房间和外墙面的防渗漏，为 5 年；（三）供热与供冷系统，为 2 个采暖期、供冷期；（四）电气管线、给排水管道、设备安装和装修工程，为 2 年。

【裁判案例】（2019）苏 02 民终 3473 号

【裁判观点】本案中，华荣公司与碧桂园公司合同约定质保期为 2 年，华荣公司与恒大公司之间签订的合同约定"质保期执行甲方与业主的相关规定"。根据《民用建筑节能条例》的规定"在正常使用条件下，保温工程的最低保修期限为 5 年，保温工程的保修期，自竣工验收合格之日起计算"。案涉施工合同约定的质量保修期低于法律规定的强制最低保修期限，应以法律法规规定的 5 年为准。

第 244 讲　电气管线工程施工合同约定保修期为 1 年，该约定是否有效？

答：电气管线工程的法定最低保修期为 2 年，合同约定保修期 1 年低于法定最低保修期，该约定无效，按 2 年履行。

【法律依据】《建设工程质量管理条例》第四十条　在正常使用条件下，建设工程的最低保修期限为：……（四）电气管线、给排水管道、设备安装和装修工程，为 2 年。

【裁判案例】（2019）川 01 民终 13594 号

【裁判观点】建设工程施行质量保修制度，建设工程施工合同中约定正常使用条件下工程的保修期限低于法律、行政法规规定的最低期限的，该约定无效。本案中，锦隆鑫公司和怡和公司签订的《正式用电恢复工程施工合同》中约定的保修期低于《建设工程质量管理条例》第四十条规定的最低期限，故根据《合同法》第五十二条第五项规定，双方关于缩短工程保修年限的约定因违反法律、行政法规的强制性规定而无效。

第 245 讲　施工合同约定地基基础和主体结构工程保修期为 1 年，该约定是否有效？

答：无效，地基基础和主体结构工程的保修期应为设计文件规定的该工程的合理使用年限。

【法律依据】《建设工程质量管理条例》第四十条　在正常使用条件下，建设工程的最低保修期限为：（一）基础设施工程、房屋建筑的地基基础工程和主体结构工程，为设计文件规定的该工程的合理使用年限。

【裁判案例】（2010）民申字第 1280 号

【裁判观点】《建筑法》第六十条第一款规定："建筑物在合理使用寿命内，必须确保地基基础工程和主体结构的质量。"《建设工程质量管理条例》第四十条规定，基础设施工程、房屋建筑的地基基础工程和主体结构工程，在正常使用条件下，最低保修期限为设计文件规定的该工程的合理使用年限。根据上述规定，工程质量问题直接对人身和财产安全构成重大威胁，因此，建设工程中的地基基础工程和主体结构工程不应适用一年的保修期，而应在工程的合理使用期限内承担质量保证责任。

◆ ◆ ◆ ◆

第 246 讲　承包人将工程转包、违法分包的，应由谁承担保修责任？

答：承包人和接受转包、违法分包的实际施工人连带向发包人承担保修责任；如承包人履行了保修义务的，可向实际施工人追偿。

【法律依据】《建设工程质量管理条例》第四十一条　建设工程在保修范围和保修期限内发生质量问题的，施工单位应当履行保修义务，并对造成的损失承担赔偿责任。

《建筑法》第二十九条第二款　建筑工程总承包单位按照总承包合同的约定对建设单位负责；分包单位按照分包合同的约定对总承包单位负责。总承包单位和分包单位就分包工程对建设单位承担连带责任。

【裁判案例】（2018）皖 01 民终 6664 号

【裁判观点】马某某作为实际施工人，取得了施工的工程款对价，其应对相关质量问题承担维修责任。凤霞公司在对兴光公司履行了相关维修义务后，基于其与马某的非法转包关系，向马某某追偿，应予以支持。凤霞公司在二审期间提供了相关的维修票据和凭证证明其履行了维修义务和支付了相关费用，马良坤在蚌埠市中级人民法院（2015）蚌民一初字第 00028 号民事案件中亦陈述由凤霞公司履行维修义务，故一审对于凤霞公司向马良坤主张维修费 20 万元予以支持并无明显不当，本院予以维持。

◆ ◆ ◆ ◆

第 247 讲　发包人未经竣工验收擅自使用工程，承包人能否免除保修责任？

答：不能。发包人擅自使用工程后，承包人仍需承担保修义务。保修期限依据约定，并不得低于《建设工程质量管理条例》规定的最低保修期限，约定保修期限低于最低保修期限的，按最低保修期限执行。

【**裁判案例**】（2021）鲁民申 306 号

【**裁判观点**】关于申请人所提文华学校擅自使用案涉工程，不能再提出质量异议的主张。本院认为建设工程未经验收，发包人擅自使用的，并不能排除施工人依法承担保修期内的保修责任。原审判决申请人承担质量责任并无不当。

◆ ◆ ◆ ◆

第 248 讲　因承包人未及时履行保修义务，导致建筑物毁损或者造成人身、财产损害的，应当由谁承担赔偿责任？

答：应当由承包人承担责任。发包人或者建筑物所有人对建筑物毁损有过错的，承担相应的责任。

【**法律依据**】《建设工程司法解释（一）》第十八条　因保修人未及时履行保修义务，导致建筑物毁损或者造成人身损害、财产损失的，保修人应当承担赔偿责任。

保修人与建筑物所有人或者发包人对建筑物毁损均有过错的，各自承担相应的责任。

【**裁判案例**】（2015）川民终字第 791 号

【**裁判观点**】武警二支队主张支付项某、龚某的赔偿款 35100 元及挡墙维修费用 12000 元属于工程质保期内发生的费用。根据在案证据显示，在工程质保期内武警二支队针对工程出现的质量问题，根据合同约定多次向洪源公司发出整改通知，并告知洪源公司如果在规定的时间内不能进行整改，武警二支队将另找施工单位处理，由此产生的后果由洪源公司负责。武警二支队按照合同约定履行了告知义务，洪源公司未按照合同约定履行保修义务，理应承担由此产生的修复费用，武警二支队主张的支付项某、龚某的赔偿款及挡墙维修费用应由洪源公司承担。

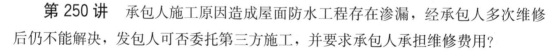

第 249 讲　缺陷责任期内，发包人发现质量缺陷并通知承包人维修的，是否导致缺陷责任期延长？

答：发现并维修质量缺陷并不必然导致缺陷责任期延长。是否延长及延长多少时间，合同有约定按照合同约定执行；合同没有约定的，由当事人协商确定；不能协商一致的，应结合发包人是否提出缺陷责任期延长的索赔、质量缺陷的严重程度、缺陷维修的验收时间、合同约定的缺陷责任期限等因素综合认定。

【行业惯例】《2017 版施工合同示范文本》通用合同条款 15.2.2　缺陷责任期内，由承包人原因造成的缺陷，承包人应负责维修，并承担鉴定及维修费用。如承包人不维修也不承担费用，发包人可按合同约定从保证金或银行保函中扣除，费用超出保证金额的，发包人可按合同约定向承包人进行索赔。承包人维修并承担相应费用后，不免除对工程的损失赔偿责任。发包人有权要求承包人延长缺陷责任期，并应在原缺陷责任期届满前发出延长通知。但缺陷责任期（含延长部分）最长不能超过 24 个月。

【裁判案例】（2019）川 14 民终 140 号

【裁判观点】根据查明的事实，尽管案涉工程质保金 873320 元已达到原合同约定的退还时间，但蓝调公司（发包人）举证证明了部分房屋在缺陷责任期内陆续发生现浇地板裂缝、渗水等问题，并组织维修支付了部分维修费。而徐某（实际施工人）在一审庭审也陈述其曾对案涉工程所在小区业主的房屋出现的问题进行过修复。现一审法院综合案件客观情况，酌定缺陷责任期延长至本案判决生效后六个月，该质量保修金暂不支付，要求双方在此期间相互协商后再行结算亦并无不妥，本院予以支持。

第 250 讲　承包人施工原因造成屋面防水工程存在渗漏，经承包人多次维修后仍不能解决，发包人可否委托第三方施工，并要求承包人承担维修费用？

答：可以。发包人通知承包人维修，承包人拒绝维修或者多次维修仍不能修复的，发包人可以委托第三方维修，并要求承包人承担修复费用。

【裁判案例】江苏高院（2010）苏民终字第 0188 号（公报案例）

【裁判观点】根据《中华人民共和国合同法》第一百零七条、第二百八十一条之规定，因施工方原因致使工程质量不符合约定的，施工方理应承担无偿修理、返工、改建或赔偿损失等违约责任。本案中，双方当事人对涉案屋面所做的工序进行了明确约定，然南通二建在施工过程中，擅自减少多道工序，尤其是缺少对防水起重要作用的 2.0 厚聚合物水泥基弹性防水涂料层，其交付的屋面不符合约定要求，导致屋面渗漏，其理应对此承担违约责任。鉴于恒森公司几经局部维修仍不能彻底解决屋面渗漏，双方当事人亦失去信任的合作基础，为彻底解决双方矛盾，原审法院按照司法鉴定意见认定按全面设计方案修复，并判决由恒森公司自行委托第三方参照全面设计方案对屋面渗漏予以整改，南通二建承担与改建相应责任有事实和法律依据，亦属必要。

◆　◆　◆　◆

第 251 讲　工程未完工，施工合同解除的，承包人是否需要承担保修义务？

答：合同解除后，承包人仍应对已完工工程承担保修责任。

【法律依据】《建筑法》第六十二条　建筑工程实行质量保修制度。建筑工程的保修范围应当包括地基基础工程、主体结构工程、屋面防水工程和其他土建工程，以及电气管线、上下水管线的安装工程，供热、供冷系统工程等项目；保修的期限应当按照保证建筑物合理寿命年限内正常使用，维护使用者合法权益的原则确定。具体的保修范围和最低保修期限由国务院规定。

【裁判案例】（2019）最高法民申 5051 号

【裁判观点】对于东天山大数据称解除合同免除了新疆兵建公司对建设工程质量担保义务的问题，双方之间的合同虽然已经解除，但并未免除新疆兵建公司在缺陷责任期和保修期内的责任，东天山大数据该再审申请理由不成立。

◆ ◆ ◆ ◆

第 252 讲 发包人返还质量保证金后，承包人是否还要承担保修义务？

答：需要，承包人仍应在法定或约定的保修期限内承担保修义务。

【法律依据】《建设工程司法解释（一）》第十七条 有下列情形之一，承包人请求发包人返还工程质量保证金的，人民法院应予支持：

（一）当事人约定的工程质量保证金返还期限届满；

（二）当事人未约定工程质量保证金返还期限的，自建设工程通过竣工验收之日起满二年；

（三）因发包人原因建设工程未按约定期限进行竣工验收的，自承包人提交工程竣工验收报告九十日后当事人约定的工程质量保证金返还期限届满；当事人未约定工程质量保证金返还期限的，自承包人提交工程竣工验收报告九十日后起满二年。

发包人返还工程质量保证金后，不影响承包人根据合同约定或者法律规定履行工程保修义务。

【裁判案例】（2019）青民终 202 号

【裁判观点】本案《施工协议》中仅约定"保修时间按国家规定执行"，未约定保修金的返还期限，故依据《建设工程司法解释（二）》第八条规定，案涉工程保修金的返还期限为建设工程通过竣工验收之日起满二年。且依照上述规定，临峰公司返还工程质量保修金后，刘某应根据合同约定或者法律规定继续履行工程保修义务。

◆ ◆ ◆ ◆

第 253 讲 工程质量保修期应自何时起算？

答：自竣工验收合格之日起算；工程未经竣工验收发包人擅自使用的，自转移占有工程之日起算。

【法律依据】《建设工程质量管理条例》第四十条 ……建设工程的保修期，自竣工验收合格之日起计算。

《建设工程司法解释（一）》第九条 当事人对建设工程实际竣工日期有争议的，人民法院应当分别按照以下情形予以认定：（一）建设工程经竣工验收合格的，以竣工验收合格之日为竣工日期；（二）承包人已经提交竣工验收报告，发包人拖延验收的，以承包人提交验收报告之日为竣工日期；（三）建设工程未经竣工验收，发包人擅自使用的，以转移占有建设工程之日为竣工日期。

【裁判案例】（2018）吉民终 81 号

【裁判观点】由于吉电公司逾期支付工程进度款致使工程至今未经整体竣工验收，在吉电公司实际占有案涉工程却未与新星宇公司进行结算的情形下，应依照《建设工程质量管理条例》第四十条和《建设工程司法解释》第十四条的规定确定质保期的起算时间。原审法院以吉电公司实际接收案涉工程日期作为工程质保期的起算时间，适用法律正确。

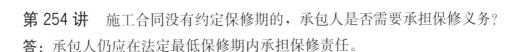

第 254 讲 施工合同没有约定保修期的，承包人是否需要承担保修义务？

答： 承包人仍应在法定最低保修期内承担保修责任。

【法律依据】《建设工程质量管理条例》第三十九条第一款 建设工程实行质量保修制度。

第四十条 在正常使用条件下，建设工程的最低保修期限为：（一）基础设施工程、房屋建筑的地基基础工程和主体结构工程，为设计文件规定的该工程的合理使用年限；（二）屋面防水工程、有防水要求的卫生间、房间和外墙面的防渗漏，为 5 年；（三）供热与供冷系统，为 2 个采暖期、供冷期；（四）电气管线、给排水管道、设备安装和装修工程，为 2 年。其他项目的保修期限由发包方与承包方约定。建设工程的保修期，自竣工验收合格之日起计算。

【裁判案例】（2018）宁 01 民终 2598 号

【裁判观点】"国贸新天地 A、B 公寓楼工程"于 2013 年 12 月 20 日经验收合格，但因上诉人与被上诉人在合同中未约定保修期，根据《建设工程质量管理条例》第四十条"在正常使用条件下，建设工程的最低保修期限为：……（四）电气管线、给排水管道、设备安装和装修工程，为 2 年"之规定，一审法院认定"国贸新天地 A、B 公寓楼工程"铝合金门窗、玻璃幕墙制作及安装工程保修期限为两年并无不当。

第 255 讲 建设工程超过合理使用年限后可否继续使用？

答：可以。但产权所有人应委托具有相应资质等级的勘察、设计单位鉴定，并根据鉴定结果采取加固、维修等措施，重新界定使用期。

【法律依据】《建设工程质量管理条例》第四十二条 建设工程在超过合理使用年限后需要继续使用的，产权所有人应当委托具有相应资质等级的勘察、设计单位鉴定，并根据鉴定结果采取加固、维修等措施，重新界定使用期。

【裁判案例】（2015）榕民终字第 6028 号

【裁判观点】本院认为，马尾造船厂系坍塌小桥的建设单位，且小桥已超过合理的设计使用年限，根据《建设工程质量管理条例》第四十二条的规定，马尾造船厂作为建设单位，没有及时对其建造的存在安全隐患的小桥采取必要的检查和加固措施，其对本案事故的发生存在过错。

第 256 讲 承包人不积极履行保修义务，发包人采取措施防止损失扩大的，费用如何分配？

答：发包人因防止损失扩大发生的合理费用，由承包人承担。发包人也有过错的，应承担相应费用。

【法律依据】《民法典》第五百九十一条 当事人一方违约后，对方应当采取适当措施防止损失的扩大；没有采取适当措施致使损失扩大的，不得就扩大的损失请求赔偿。当事人因防止损失扩大而支出的合理费用，由违约方负担。

【裁判案例】（2011）苏民终字第 0118 号（案例收录于《江苏省高级人民法院公报》2015 年第 4 辑）

【裁判观点】建设工程竣工验收合格后，在质保期内出现质量问题，承包人应履行保修义务。在承包人不及时维修，而发包人损失将扩大的情况下，发包人可以采取适当的措施防止损失及其扩大，支出的合理费用应由承包人承担。发包人也有责任的，应根据其责任酌情分担。

本案中，京华城公司重铺管道是防止损失扩大的合理措施。该工程作为京华城中城小区的配套设施，在投入使用后出现蒸汽外泄现象，本案双方于 2008 年 7 月 16 日召开专题会议协商对此事实予以确认。关于蒸汽外泄的原因，双方同意待鉴定后确认。专题会议中，京华城公司提出可以停气三天给中色公司（承包人）检修，否则停气造成损失较大，但由于本案工程主要为埋地管道，管道外径较大，埋深较深，且该工程管道上有给水管道、煤气管道等同向或交叉埋地铺设，检修非常困难，中色公司提出无法在三天内完成检修，并从有效减损出发，建议京华城公司先找有施工资质的单位从京华城桥东至供汽点重新铺设管道，再检测原管道是否存在施工质量问题。为此，京华城公司一方面于 2008 年 11 月 10 日向原审法院提起本案诉讼，并在诉讼中申请工程质量鉴定；另一方面于 2008 年 9 月 6 日与伟业公司签订《施工合同书》，由伟业公司承建本案热网安装工程中一期工程的改造工程⋯⋯从及时有效减少损失的角度来看，京华城公司逐步重建工程并非不合理。中色公司提出重铺整个工程管道是不必要的，中色公司从未同意京华城公司重建工程，原审法院判令中色公司承担重铺费用有失公平的上诉理由，不成立。

4.6　质量标准

第 257 讲　发承包双方是否可以在合同中约定与国家强制性标准不一致的工程质量标准？

答：发承包双方可以在合同中约定高于国家强制性标准的质量标准，但不得约定低于国家强制性标准的质量标准，低于国家强制性标准的约定无效。

【法律依据】《建筑法》第五十四条　建设单位不得以任何理由，要求建筑设计单位或者建筑施工企业在工程设计或者施工作业中，违反法律、行政法规和建筑工程质量、安全标准，降低工程质量。

《建设工程质量管理条例》第十条第二款　建设单位不得明示或者暗示设计单位或者施工单位违反工程建设强制性标准，降低建设工程质量。

【裁判案例】（2013）苏民申字第 658 号

【裁判观点】从双方在《工程合同》中专门约定本案工程获得"扬子杯"的权利及义务内容看，双方均明知该条款可能产生的风险和利润，亦符合权利义务相一致的基本原则，且未违背招标公告的目的，亦未侵害其他投标人的利益。该条款对双方具有约束力，故原判决未支持江苏一建公司主张该条款无效的理由，并无不当。

第 258 讲　中标合同的质量标准要求为合格，发承包双方在合同履行过程中又补充约定如工程未达到鲁班奖，不予退还履约保证金，该约定是否有效？

答：无效，该约定已经构成对中标合同实质性内容变更。

【法律依据】《招标投标法》第四十六条第一款　招标人和中标人应当自中标通知书发出之日起三十日内，按照招标文件和中标人的投标文件订立书面合同。投标人和中标人不得再行订立背离合同实质性内容的其他协议。

《建设工程司法解释（一）》第二条第一款　招标人和中标人另行签订的建设工程施工合同约定的工程范围、建设工期、工程质量、工程价款等实质性内容，与中标合同不一致，一方当事人请求按照中标合同确定权利义务的，人民法院应予支持。

【裁判案例】（2019）津 01 民初 771 号

【裁判观点】关于双方约定工程未获鲁班奖扣除工程结算总价款 6％保证金的条款效力问题。双方在《工程施工中标通知书》及《天津市建设工程施工合同》中约定工程质量达到国家施工验收规范合格标准，而后又另行约定工程如未获鲁班奖，扣除保证金，此种承诺所赋予承包方的义务已经高于招投标合同约定的义务，实际上已经改变了招投标文件所约定的工程质量标准。根据《招标投标法》第四十六条第一款、《建设工程司法解释（二）》第一条的规定，双方约定工程未获鲁班奖扣除工程结算总价款 6％保证金的条款应认定无效，滨海投资公司应依照双方结算价款支付工程款项。

◆ ◆ ◆ ◆

第 259 讲　施工合同无效，承包人施工质量不符合合同约定质量标准的，如何承担责任？

答：因承包人施工质量不符合约定的质量标准，给发包人造成损失的，可以参照合同约定的质量标准确定发包人损失。

【法律依据】《建设工程司法解释（一）》第六条　建设工程施工合同无效，一方当事人请求对方赔偿损失的，应当就对方过错、损失大小、过错与损失之间的因果关系承担举证责任。

损失大小无法确定，一方当事人请求参照合同约定的质量标准、建设工期、工程价款支付时间等内容确定损失大小的，人民法院可以结合双方过错程度、过错与损失之间的因果关系等因素作出裁判。

【裁判案例】（2019）甘民终 622 号

【裁判观点】双方约定的质量标准为：工程质量达到国家相关标准及规范要求。在双方当事人因质量争议诉讼中，虽然鉴定机关认为案涉工程能够经修复后符合合同设计及验收标准，但因此间国家就光伏发电产业出台了新的相关标准及政策，致使该工程即使按约定标准完成修复亦不能满足现行规范的要求。本院认为，该工程已无修复必要。另外，本案合同虽无效，但承包人施工质量不合格给发包人造成的损失应予以赔偿。鉴于已完工程因无修复必要不能适用折价补偿原则，发包人支付的工程款已物化于工程之中，故其主张返还已付工程款已无可能，故根据《最高人民法院关于审理建设工程施工合同纠纷案件适用法律问题的解释（二）》第三条之规定，本院参照其已付工程款数额酌定其损失为 697 万元。

第 5 章 工　　期

5.1　开工日期

第 260 讲　承包人实际进场施工日期与施工许可证记载日期不一致的，如何确定开工日期？

答：承包人经发包人同意已实际进场施工的，以实际进场施工日期为开工日期。

【法律依据】《建设工程司法解释（一）》第八条　当事人对建设工程开工日期有争议的，人民法院应当分别按照以下情形予以认定：……（二）承包人经发包人同意已经实际进场施工的，以实际进场施工时间为开工日期……

【裁判案例】（2014）民一终字第 69 号

【裁判观点】虽然施工许可证载明的开工日期为 2011 年 6 月 20 日，但是施工许可证载明的日期并不具备绝对排他的效力。施工许可证是建设主管部门颁发给建设单位准许其施工的凭证，只是表明建设工程符合相应的开工条件，并不是确定开工日期的唯一凭证。实践中，建设工程开工日期早于或者晚于施工许可证记载日期的情形大量存在。当实际开工日期与施工许可证上记载的日期不一致时，同样应当以实际开工日期而不是施工许可证上记载的日期作为确定开工日期的依据。

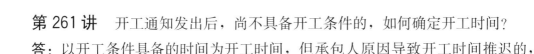

第 261 讲　开工通知发出后，尚不具备开工条件的，如何确定开工时间？

答：以开工条件具备的时间为开工时间，但承包人原因导致开工时间推迟的，以开工通知载明的时间为开工时间。

【法律依据】《建设工程司法解释（一）》第八条　当事人对建设工程开工日期有争议的，人民法院应当分别按照以下情形予以认定：（一）开工日期为发包人或者监理人发出的开工通知载明的开工日期；开工通知发出后，尚不具备开工条件的，以开工条件具备的时间为开工日期；因承包人原因导致开工时间推迟的，以开工通知载明的时间为开工日期……

【裁判案例】（2020）冀 08 民终 399 号

【裁判观点】案涉两份合同约定计划开工日期为 2016 年 6 月 15 日，两份合同分别于 2016 年 8 月 15 日和 8 月 24 日备案。2016 年 9 月 28 日案涉工程取得《建筑工程施工许可证》时才具备开工条件。依据《建设工程司法解释（一）》第八条的规定，在本案中，应以具备开工条件的时间作为开工时间，故认定涉案工程的开工时间为 2016 年 9 月 28 日。

第 262 讲 发包人或监理人没有发出开工通知，但承包人已经实际进场施工的，如何认定开工时间？

答：以实际进场施工时间为开工时间。

【法律依据】《建设工程司法解释（一）》第八条 当事人对建设工程开工日期有争议的，人民法院应当分别按照以下情形予以认定：……（二）承包人经发包人同意已经实际进场施工的，以实际进场施工时间为开工日期……

【裁判案例】（2020）甘 05 民终 197 号

【裁判观点】关于本案案涉工程开工日期，案涉合同约定自 2016 年 3 月 10 日开工，付某于 2016 年 3 月 13 日进场施工。根据《建设工程司法解释（二）》第五条第二项的规定，本案案涉工程的开工日期为付某实际进场日期，即 2016 年 3 月 13 日。

第 263 讲 发包人或者监理人未发出开工通知，也无证据证明实际开工日期的，如何确定开工时间？

答：应综合考虑开工报告、合同、施工许可证、竣工验收报告或者竣工验收备案表等载明的时间，并结合是否具备开工条件的事实，认定开工时间。

【法律依据】《建设工程司法解释（一）》第八条　当事人对建设工程开工日期有争议的，人民法院应当分别按照以下情形予以认定：……（三）发包人或者监理人未发出开工通知，亦无相关证据证明实际开工日期的，应当综合考虑开工报告、合同、施工许可证、竣工验收报告或者竣工验收备案表等载明的时间，并结合是否具备开工条件的事实，认定开工日期。

【裁判案例】（2019）云民终 1405 号

【裁判观点】涉案合同约定，开工日期以建设单位书面通知为准，而本案中双方确认雪力公司未发出过开工通知。荣华公司于发出的《关于对"昆明市雪力商务广场建设项目"协商结算方案的回复函》载明"我司于 2014 年 11 月 20 日正式开始进场施工……"，且从荣华公司提交的《施工日志》看，2014 年 11 月 20 日荣华公司确有施工行为，故本院确定 2014 年 11 月 20 日为开工日期。

第 264 讲　承包人进场施工后，又以现场不具备开工条件主张工期顺延的，如何处理？

答：现场不具备开工条件，承包人可拒绝进场施工，发包人应承担违约责任；但承包人明知现场不具备开工条件仍进场施工，应视为认可开工条件，承包人不可以主张工期顺延。

【法律依据】《建设工程司法解释（一）》第八条　当事人对建设工程开工日期有争议的，人民法院应当分别按照以下情形予以认定：……（二）承包人经发包人同意已经实际进场施工的，以实际进场施工时间为开工日期……

【裁判案例】（2014）闽民终字第 885 号

【裁判观点】年年兴公司主张鑫洲公司提供的场地不符合施工条件未做到三通一平，导致延误工期。本院认为，根据现有证据，可认定部分建筑现场未达到正常施工条件。但鉴于施工单位已经进入现场施工了一段时间，应当视为其对现场施工条件的认可，现施工单位再以现场不符合施工条件为由主张工期顺延，无法律依据。

5.2 开工条件

第 265 讲 项目长期不具备开工条件，承包人可以解除合同吗？

答： 经催告后，合理期限内仍不具备开工条件的，承包人可以解除合同。

【法律依据】《民法典》第八百零六条 承包人将建设工程转包、违法分包的，发包人可以解除合同。

发包人提供的主要建筑材料、建筑构配件和设备不符合强制性标准或者不履行协助义务，致使承包人无法施工，经催告后在合理期限内仍未履行相应义务的，承包人可以解除合同。

【裁判案例】（2017）苏 1322 民初 20096 号

【裁判观点】 双方签订的确认声明书中明确注明涉案工程一直未具备开工条件且工程拖延非乙方原因等内容。因工程至今不具备开工条件，台电公司无法进行施工，梦溪公司已构成违约，台电公司有权根据合同约定要求解除合同并要求梦溪公司承担相应的违约责任。

第 266 讲 施工合同约定的计划开工日期到达后，仍不具备开工条件的，承包人是否可以解除合同？

答： 承包人催告后，在合理期限内仍不具备开工条件的，承包人可以解除合同。

【法律依据】《民法典》第八百零六条 承包人将建设工程转包、违法分包的，发包人可以解除合同。

发包人提供的主要建筑材料、建筑构配件和设备不符合强制性标准或者不履行协助义务，致使承包人无法施工，经催告后在合理期限内仍未履行相应义务的，承包人可以解除合同。

【裁判案例】（2017）苏 10 民终 1939 号

【裁判观点】 良安公司（发包人）与溧阳公司（承包人）签订的建设工程合同

约定开工日期为 2015 年 10 月 18 日，后不断延迟开工日期，经溧阳公司不断催告，良安公司一直未能签发开工令。良安公司自认由于无法办理消防备案手续，涉案工程无法施工。因此，溧阳公司有权解除合同。

5.3 竣工日期

第 267 讲 工程未经竣工验收，发包人擅自使用的，如何确定竣工时间？

答：以转移占有工程之日为竣工日期。

【法律依据】《建设工程司法解释（一）》第九条 当事人对建设工程实际竣工日期有争议的，人民法院应当分别按照以下情形予以认定：……（三）建设工程未经竣工验收，发包人擅自使用的，以转移占有建设工程之日为竣工日期。

【裁判案例】（2019）最高法民申 4544 号

【裁判观点】原审法院查明，宜华公司于 2013 年 7 月 7 日撤场，双方于 2013 年 7 月 7 日对案涉工程进行了验收。双方虽未对案涉工程进行竣工验收，但恒昇公司（发包人）自认其已于 2014 年 6 月开始对外销售案涉房屋。根据《建设工程司法解释》第十四条第三项的规定，涉案工程未经竣工验收恒昇公司即擅自使用，应以涉案工程转移占有即 2013 年 7 月 7 日为竣工日期。

第 268 讲 承包人已经提交竣工验收报告，发包人拖延验收的，如何认定竣工时间？

答：发包人拖延验收的，以承包人提交验收报告之日为竣工日期。

【法律依据】《建设工程司法解释（一）》第九条 当事人对建设工程实际竣工日期有争议的，人民法院应当分别按照以下情形予以认定：……（二）承包人已经提交竣工验收报告，发包人拖延验收的，以承包人提交验收报告之日为竣工日期……

【裁判案例】（2018）苏民终 1504 号

【裁判观点】双方当事人签订的《安装合同》合法有效，上诉人按照合同约定完成了涉案工程的水电安装，虽未竣工验收，但根据《证明书》的内容，上诉人实际向被上诉人提出了竣工验收的意思表示。根据《建设工程司法解释》第十四条第二项规定，承包人已经提交竣工验收报告，发包人拖延验收的，以承包人提交验收报告之日为竣工日期。

第 269 讲　当事人能否以竣工验收未经政府建设主管部门备案为由，否认工程已经竣工验收？

答：不能。竣工验收指的是发包人收到承包人的竣工验收申请报告后，组织设计、监理、施工等单位，依照国家有关法律法规及工程建设标准的规定，对工程是否符合设计文件要求和合同约定的各项内容进行检验，并评价工程是否验收合格的过程。工程竣工验收合格后，建设单位向行政主管部门备案是行政监管需要，是否备案不影响工程竣工验收结果。

【法律依据】《民法典》第七百九十九条　建设工程竣工后，发包人应当根据施工图纸及说明书、国家颁发的施工验收规范和质量检验标准及时进行验收。验收合格的，发包人应当按照约定支付价款，并接收该建设工程。

建设工程竣工经验收合格后，方可交付使用；未经验收或者验收不合格的，不得交付使用。

《建设工程质量管理条例》第四十九条　建设单位应当自建设工程竣工验收合格之日起 15 日内，将建设工程竣工验收报告和规划、公安消防、环保等部门出具的认可文件或者准许使用文件报建设行政主管部门或者其他有关部门备案。

【裁判案例】（2016）豫民终 1444 号

【裁判观点】工程竣工验收系建设单位等平等主体对施工单位是否全面履行合同义务、建设工程质量是否符合合同约定的一种确认，具有民事法律行为的性质，其效力及于合同各方，并非行政管理关系。2013 年 1 月 31 日，汇源公司、长江公司及设计单位、监理单位共同进行竣工验收，验收意见为"该工程评为合格"，四方负责人员签字、盖章确认。汇源公司在《交工验收证书》上签字、盖章的行为就是对验收的认可，系其真实意思表示，已经产生竣工验收的民事法律效果，一审判决认定涉案工程已经竣工验收合格的依据充分。

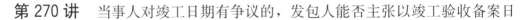

第 270 讲　当事人对竣工日期有争议的，发包人能否主张以竣工验收备案日

期作为竣工日期？

答：不能。应当以竣工验收合格之日作为竣工日期。

【法律依据】《建设工程司法解释（一）》第九条 当事人对建设工程实际竣工日期有争议的，人民法院应当分别按照以下情形予以认定：（一）建设工程经竣工验收合格的，以竣工验收合格之日为竣工日期；……

【裁判案例】（2017）最高法民申 3347 号

【裁判观点】《建设工程司法解释》第十四条第一项的规定，是以"竣工验收合格"之日为竣工日期，而非以竣工验收备案之日为竣工之日。竣工验收备案具有行政法律行为的性质，而竣工验收属于民事法律行为。发包方已组织有关单位进行竣工验收，并出具了由建设、勘察、设计、施工、监理单位均签字盖章并认可综合验收结论为合格的工程质量竣工验收记录，发包人认为前述单位在该工程竣工验收报告盖章只是为加快工程进度而预先签署的理由，缺乏证据支持。

5.4　工期顺延

第 271 讲　承包人没有在约定的期限内索赔工期的，工期能否顺延？

答： 合同约定了承包人应在工期顺延事件发生后一定期限内报送索赔，未在约定期限内报送视为工期不顺延的，承包人应按合同约定的时间及时向发包人报送索赔，否则，原则上工期不予顺延。

【法律依据】《建设工程司法解释（一）》第十条第二款　当事人约定承包人未在约定期限内提出工期顺延申请视为工期不顺延的，按照约定处理，但发包人在约定期限后同意工期顺延或者承包人提出合理抗辩的除外。

【裁判案例】（2017）最高法民申 4351 号

【裁判观点】 合同约定，承包人在 13.1 款情况发生后 14 天内，就延误的工期以书面形式向工程师提出报告，工程师在收到报告后 14 天内予以确认。四建公司未提供证据证明其在事件发生后及时履行了报告义务，故其不能证明上述停工行为符合双方合同关于工期顺延的约定。对四建公司工期顺延的主张不予支持。

第 272 讲　工程竣工前，发承包双方对工程质量是否合格发生争议，需经检测或者鉴定确定质量是否合格的，鉴定期间工期可否顺延？

答： 经检测或者鉴定，工程质量合格，且确因检测或者鉴定影响了总工期的，工期可顺延；经检测或者鉴定，质量不合格的，工期不顺延。

【法律依据】《建设工程司法解释（一）》第十一条　建设工程竣工前，当事人对工程质量发生争议，工程质量经鉴定合格的，鉴定期间为顺延工期期间。

【裁判案例】（2019）闽 06 民终 2636 号

【裁判观点】 发包人岩溪林场提出案涉工程二、三层楼板及屋面板裂缝存在漏水问题。经检测，案涉项目楼板裂缝的处理达到设计要求不存在质量问题，工程继续施工。根据《建设工程司法解释》第十五条的规定，楼板裂缝处理期间，共计140 天的工期应予抵减，工期相应延长。

◆ ◆ ◆ ◆

第 273 讲　承包人在合同约定期限内向发包人或者监理人报送了顺延工期的申请，但发包人未予签认，工期能否顺延？

　　答：承包人能够证明其在合同约定期限内向发包人或监理人申请过工期顺延，且顺延事由符合合同约定的，工期可以顺延。

　　【法律依据】《建设工程司法解释（一）》第十条第一款　当事人约定顺延工期应当经发包人或者监理人签证等方式确认，承包人虽未取得工期顺延的确认，但能够证明在合同约定的期限内向发包人或者监理人申请过工期顺延且顺延事由符合合同约定，承包人以此为由主张工期顺延的，人民法院应予支持。

◆ ◆ ◆ ◆

第 274 讲　发包人或监理人拖延检查隐蔽工程的，承包人应如何处理？

　　答：拖延超过合同约定期限的，视为该隐蔽工程合格，承包人可以自行覆盖，延误期间的工期顺延，且承包人可以索赔费用。

　　【法律依据】《民法典》第七百九十八条　隐蔽工程在隐蔽以前，承包人应当通知发包人检查。发包人没有及时检查的，承包人可以顺延工程日期，并有权要求赔偿停工、窝工等损失。

　　【行业惯例】《2017 版施工合同示范文本》通用合同条款 5.3.2　除专用合同条款另有约定外，监理人不能按时进行检查的，应在检查前 24 小时向承包人提交书面延期要求，但延期不能超过 48 小时，由此导致工期延误的，工期应予以顺延。监理人未按时进行检查，也未提出延期要求的，视为隐蔽工程检查合格，承包人可自行完成覆盖工作，并作相应记录报送监理人，监理人应签字确认。

◆ ◆ ◆ ◆

第 275 讲　发包人未按照约定提供原材料的，承包人可以要求顺延工期吗？

答：甲供材供应迟延影响关键线路施工的，承包人可以要求顺延工期；甲供材供应迟延导致承包人停窝工损失的，承包人可以要求发包人赔偿损失。

【法律依据】《民法典》第八百零三条　发包人未按照约定的时间和要求提供原材料、设备、场地、资金、技术资料的，承包人可以顺延工程日期，并有权要求赔偿停工、窝工等损失。

【裁判案例】（2018）最高法民终 380 号

【裁判观点】根据双方提供的会议纪要及鉴定结论等证据来看，涉案工程存在因原设计的利用土方不能作为路基填料、甲供材供应不及时的原因导致施工方不能按照原施工方案进行施工，给其造成窝工损失的事实存在。鉴定单位依照监理工程师记录核实的部分以及考虑程序惯例，计算出因甲供材供应不及时造成的机械、人工停滞损失为 278480.3 元。故对于十三冶金公司要求赔偿的该部分损失应予支持，赔偿数额应确定为 278480.3 元。

第 276 讲　隐蔽工程覆盖后，发包人要求重新检查的，工期可以顺延吗？

答：经重新检查，工程质量符合约定的，工期应当顺延；不符合约定的，延误的工期由承包人承担。

【行业惯例】《2017 版施工合同示范文本》通用合同条款 5.3.3　承包人覆盖工程隐蔽部位后，发包人或监理人对质量有疑问的，可要求承包人对已覆盖的部位进行钻孔探测或揭开重新检查，承包人应遵照执行，并在检查后重新覆盖恢复原状。经检查证明工程质量符合合同要求的，由发包人承担由此增加的费用和（或）延误的工期，并支付承包人合理的利润；经检查证明工程质量不符合合同要求的，由此增加的费用和（或）延误的工期由承包人承担。

第 277 讲　发包人无理由未按时支付工程款，承包人能否以此为由要求顺延工期？

答：发包人迟延支付工程款的，承包人可以暂停施工，工期相应顺延。但承包人实际未停工的，因不存在停工事实，工期不顺延。

【法律依据】《民法典》第五百二十六条　当事人互负债务，有先后履行顺序，应当先履行债务一方未履行的，后履行一方有权拒绝其履行请求。先履行一方履行债务不符合约定的，后履行一方有权拒绝其相应的履行请求。

《民法典》第八百零三条　发包人未按照约定的时间和要求提供原材料、设备、场地、资金、技术资料的，承包人可以顺延工程日期，并有权要求赔偿停工、窝工等损失。

【裁判案例】（2020）新民终 38 号

【裁判观点】暨东公司在实际施工中，迅安公司持续存在拖欠工程进度款情形，且双方签订的《结算协议》《补充协议》均载明停工基于建设资金不到位。该情形根据《中华人民共和国合同法》第二百八十三条之规定，工期应当顺延。迅安公司以未按期竣工主张暨东公司违约并支付违约金的反诉请求不能成立。

5.5 工期延误

第 278 讲 发包人平行发包的施工单位存在工期延误，能否免除总承包人的工期责任？

答：平行发包的施工单位延误工期，影响总承包人的关键工作的，总承包人的工期相应顺延。

【裁判案例】（2018）最高法民申 1352 号

【裁判观点】虽然承包人有部分工程进度延误，但是否造成整个工程竣工的工期延误，发包人未提供充分证据证明。相反，案涉工程主体由承包人施工，但基坑开挖、外墙保温、门窗、地暖、消防等均由发包人自行外包施工。其中基坑开挖、外墙保温、门窗、地暖等工程均存在工期延误的情形；且发包人自行分包工程的施工与承包人的施工交叉、施工过程衔接不当，应认定案涉工程工期延误的责任主体为发包人。

第 279 讲 设计变更增加了工程量，承包人一定可以索赔工期吗？

答：不一定。发包人设计变更增加工程量是否影响工期，取决于增加的工程量是否影响到关键线路，如果增加的工程量通过科学的流水施工组织及合理的资源投入，对关键线路没影响的，总工期不增加，承包人不能索赔工期。

关键线路是工程网络计划技术中的术语，指网络计划中，总的工作持续时间最长的线路。关键线路上全部工作持续时间之和为总工期。

【法律依据】《2017 版造价鉴定规范》5.7.5 如果增加的工程量并非关键工作，可以组织平行施工和交叉施工，还可以增加作业工人和施工机械等组织措施，承包人可要求增加工程费用，而不应要求延长工期。

【裁判案例】（2015）陕民一终字第 00277 号

【裁判观点】9、13、14 号楼基础变更设计后于 2012 年 2 月 1 日复工，据施工日志记载，4 月 4 日基础筏板浇筑完毕，共计 64 天，该期间属于设计变更增加的工程量，且基础施工属于工程的关键线路，所用工期应当予以顺延。关于裙楼，属于增加的工程，双方合同以及实际履行中，均没有约定增加工期，被告亦没有现场工程师的签证。经审查，该裙房工程量 500 余平方米，相对于全部工程占比小，而且未处于整个工程的关键线路，故对被告要求另行增加该部分工程工期的请求不予支持。

◆ ◆ ◆ ◆

第 280 讲 双方已就工程款达成结算协议后，发包方能否主张工期延误违约金？

答： 结算协议属于合同各方进行工程价款清结的最终依据。一方当事人在进行结算时没有提出工程延误违约责任的，一般不再支持，但结算协议另有约定的除外。

【法律依据】 北京高院《解答》第二十四条　结算协议生效后，承包人依据协议要求支付工程款，发包人以因承包人原因导致工程存在质量问题或逾期竣工为由，要求拒付、减付工程款或赔偿损失的，不予支持，但结算协议另有约定的除外。当事人签订结算协议不影响承包人依据约定或法律、行政法规规定承担质量保修责任。

结算协议生效后，承包人以因发包人原因导致工程延期为由，要求赔偿停工、窝工等损失的，不予支持，但结算协议另有约定的除外。

【裁判案例】（2017）最高法民再 97 号

【裁判观点】 建设工程施工合同当事人在进行工程竣工结算时，应当依照合同约定就对方当事人履行合同是否符合约定进行审核并提出相应索赔。索赔事项及金额，应在结算时一并核定处理。因此，除在结算时因存有争议而声明保留的项目外，竣工结算报告经各方审核确认后的结算意见，属于合同各方进行工程价款清结的最终依据。一方当事人在进行结算时没有提出相关索赔主张或声明保留，完成工程价款结算后又以对方之前存在违约行为提出索赔主张，依法不予支持。由此，在涉案合同未就工程价款结算时保留违约索赔权利作出专门规定的情况下，一审、二审法院对于兆通公司一审反诉主张金盛公司逾期竣工、工期延误以及未移交竣工验收资料等违约索赔请求未予支持，符合法律规定。

第 281 讲　合同约定因发包人原因导致工期延误时发包人不承担责任的，承包人可否主张该条款无效？

答：承包人不能以此主张该条款无效。但是，如该条款构成格式条款，发包人未采取合理的方式提请承包人注意该条款的，承包人可以申请撤销该条款（2021年1月1日民法典施行后，签订的合同可以主张该条款不作为合同内容）；因该格式条款的约定免除了发包人责任、排除了承包人的主要权利，承包人也可以主张该条款无效。

【法律依据】《民法典》第四百九十六条第二款　采用格式条款订立合同的，提供格式条款的一方应当遵循公平原则确定当事人之间的权利和义务，并采取合理的方式提示对方注意免除或者减轻其责任等与对方有重大利害关系的条款，按照对方的要求，对该条款予以说明。提供格式条款的一方未尽提示或者说明义务，致使对方没有注意或者理解与其有重大利害关系的条款的，对方可以主张该条款不成立合同的内容。

【裁判案例】（2015）民申字第 1004 号

【裁判观点】一方面承包人并未提交证据足以证明案涉合同条款为格式条款，另一方面双方当事人为平等民事主体，承包人为专业公司，应该具有签约时商业风险判断能力，其也并未在合理期间内对其认为显失公平的合同条款提出变更或撤销的救济。另外《合同法》第二百八十三条、第二百八十四条并非确认合同效力的效力性强制性规定，故施工合同中免除发包人工期延误责任的条款有效，承包人该项主张法律依据不足，不予支持。

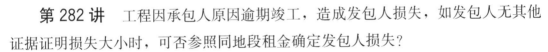

第 282 讲　工程因承包人原因逾期竣工，造成发包人损失，如发包人无其他证据证明损失大小时，可否参照同地段租金确定发包人损失？

答：可以。参照租金确定迟延期间的损失，未超出承包人订立合同时对因其工期违约可能造成发包人的损失的预期。

【**法律依据**】《民法典》第五百八十四条 当事人一方不履行合同义务或者履行合同义务不符合约定，造成对方损失的，损失赔偿额应当相当于因违约所造成的损失，包括合同履行后可以获得的利益；但是，不得超过违约一方订立合同时预见到或者应当预见到的因违约可能造成的损失。

【**裁判案例**】（2019）苏民终 1182 号

【**裁判观点**】本院认为，建鑫公司（承包人）逾期竣工，对迟延期间的损失应当承担相应赔偿责任。一审法院根据勤丰公司（发包人）申请，委托进行租金损失评估的房屋是商业和办公用房，依据其他证据无法确定损失具体数额的，参照租金损失并经由评估确定，是具有合理性的损失认定方法。建鑫公司以该部分房屋属于可售商品房为由，主张其不应承担租金损失，不能成立。

第 283 讲 因不可抗力导致工期延误，承包人需要承担工期延误违约责任吗？

答：因不可抗力导致工期延误的，承包人无需承担工期违约责任。但因承包人原因导致本应在不可抗力事由发生前完工的工程拖延到不可抗力事由发生后的，承包人应当承担工期延误违约责任。

【**法律依据**】《民法典》第五百九十条 当事人一方因不可抗力不能履行合同的，根据不可抗力的影响，部分或者全部免除责任，但是法律另有规定的除外。因不可抗力不能履行合同的，应当及时通知对方，以减轻可能给对方造成的损失，并应当在合理期限内提供证明。

当事人迟延履行后发生不可抗力的，不免除其违约责任。

【**裁判案例**】（2019）苏 01 民终 6726 号

【**裁判观点**】平潮公司主张工期迟延的主要原因是机电公司分包项目的施工单位延误工期、应由机电公司履行的事项迟延、发生"非典"。本院认为，2003 年上半年的"非典"疫情系突发情况，对正常的生产、生活秩序确有不利影响，平潮公司主张疫情是导致工期迟延的原因之一，予以采信。上诉人机电公司关于平潮公司施工延误工期应承担违约责任的上诉主张，没有事实依据，本院不予支持。

5.6　停工

第 284 讲　有政府部门下达的停工令，工期是否一定可以顺延？

答：并非政府部门发出停工令，工期就一定可以顺延。因施工单位的原因导致项目被政府部门勒令停工的，工期不顺延；政府对周期性发生的常规事项发出停工令的，因其属于有经验的承包商应当预见的事项，工期也不顺延。

【裁判案例】（2017）鲁 07 民终 7048 号

【裁判观点】施工单位称建设局下发的冬季停工令应当作为工期顺延的有效事由，对此，本院认为，冬季停工令是政府相关部门在大多数冬季严寒天气到来时候都会下发的常规文件，施工单位作为长期从事建筑行业的企业，对每年冬季因低温天气停工或者春节停工是应当预见的，因此不符合不可抗力的法定要件，不能构成顺延工期的有效事由。

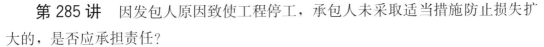

第 285 讲　因发包人原因致使工程停工，承包人未采取适当措施防止损失扩大的，是否应承担责任？

答：扩大的损失，承包人自担，不能向发包人主张赔偿。

【法律依据】《民法典》第五百九十一条　当事人一方违约后，对方应当采取适当措施防止损失的扩大；没有采取适当措施致使损失扩大的，不得就扩大的损失请求赔偿。

当事人因防止损失扩大而支出的合理费用，由违约方负担。

【裁判案例】（2016）最高法民申 674 号

【裁判观点】根据《合同法》第一百一十九条第一款规定，中联公司在天睿公司已经明确要求解除合同的情况下，应积极采取措施避免损失扩大，其中就包括在已经明确知悉施工会出现停工的情况下，应另行安排所雇佣的建筑工人，而不能将所雇佣的工人留守在工地，否则中联公司不能就扩大的损失请求赔偿。

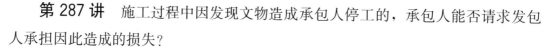

第 286 讲 承包人违反工程建设强制性标准或者存在安全隐患，监理是否可以要求其停工？

答：监理有权要求承包人停工。

【法律依据】《建设工程监理规范》GB/T 50319—2013 第 6.2.2 条 项目监理机构发现下列情况之一时，总监理工程师应及时签发工程暂停令：……4. 施工单位违反工程建设强制性标准的。5. 施工存在重大质量、安全事故隐患或发生质量、安全事故的。

【裁判案例】（2015）闽民终字第 1100 号

【裁判观点】承包人称 1 号、2 号沉箱实体质量均合格，监理滥用停工令造成工程一再停工。本院认为，两个沉箱的实体质量是否合格，是判定监理下发停工令是否合理的一个重要依据。承包人已预制完成的 1 号、2 号沉箱均属于不符合行业标准《水运工程质量检验标准》JTS 257—2008 的构件，因此监理所发出的停工令均有合理依据。

第 287 讲 施工过程中因发现文物造成承包人停工的，承包人能否请求发包人承担因此造成的损失？

答：可以，但承包人须举证证明损失的数额。

【行业惯例】《2017 版施工合同示范文本》通用合同条款 1.9 化石、文物 在施工现场发掘的所有文物、古迹以及具有地质研究或考古价值的其他遗迹、化石、钱币或物品属于国家所有。一旦发现上述文物，承包人应采取合理有效的保护措施，防止任何人员移动或损坏上述物品，并立即报告有关政府行政管理部门，同时通知监理人。

发包人、监理人和承包人应按有关政府行政管理部门要求采取妥善的保护措施，由此增加的费用和（或）延误的工期由发包人承担。

【裁判案例】（2015）昭化民初字第 586 号

【裁判观点】承包人按照发包人的要求进场施工，在施工的过程中由于场地考古等原因导致停止施工，给承包人造成工资损失 763886 元。承包人通知该费用由发包人承担，发包人也已签收确认。发包人认为，涉案工程在开工初期，因发现文物并考古导致工程延期，根据合同约定，发包人不承担赔偿责任，且承包人所述损失金额并未得到发包人的认可。本院认为，承包人主张的延期开工的费用（主要是项目部现场管理人员工资及补贴）763886 元，承包人通知该费用由发包人承担，发包人也已签收确认，本院予以认可。

5.7 工期签证/索赔

第 288 讲 监理人在监理过程中签认的涉及工期等事实的签证文件，能否作为认定案件事实的依据？

答： 监理签认的施工现场发生的增加或减少工程量、工期顺延、进场检验、过程验收记录等文件，原则上应作为认定案件事实的依据，除非该签认文件被其他证据否定，或者发包人已明示监理人无权签署该类文件。

【法律依据】《建设工程司法解释（一）》第二十条 当事人对工程量有争议的，按照施工过程中形成的签证等书面文件确认。承包人能够证明发包人同意其施工，但未能提供签证文件证明工程量发生的，可以按照当事人提供的其他证据确认实际发生的工程量。

【裁判案例】（2014）民一终字第 69 号

【裁判观点】 双方有争议的签证项目均由监理单位指派的总监代表冯某签字确认。根据《建设工程司法解释》第十九条［现《建设工程司法解释（一）》第十条］的规定，冯某作为总监代表，又是现场唯一监理，其在工程签证单上的签字，是对本案建设工程现场施工情况的真实反映。因此，其签署的工程签证单能够证明变更、签证项目的实际发生，应当予以认定。

第 289 讲 发包人工作人员对于签证确认的效力如何认定？

答： 除发包人法定代表人、有授权的发包人代表外，其他人对于签证的确认一般对发包人不产生效力。除非该发包人工作人员所作的签证确认是其职务行为或者相对方有理由相信该签证人员有代理权。

【法律依据】 北京高院《解答》9 当事人工作人员签证确认的效力如何认定？

当事人在施工合同中就有权对工程量和价款洽商变更等材料进行签证确认的具体人员有明确约定的，依照其约定，除法定代表人外，其他人员所作的签证确认对当事人不具有约束力，但相对方有理由相信该签证人员有代理权的除外；没有约定或约定不明，当事人工作人员所作的签证确认是其职务行为的，对该当事人具有约束力，但该当事人有证据证明相对方知道或应当知道该签证人员没有代理权的除外。

【裁判案例】（2016）最高法民申 1264 号

【裁判观点】申达公司提供了单方制作的材料来证明窝工事实的存在，材料不充分，签字人员为二十一局普通职工，不能代表公司，且签字经鉴定是在同一时间集中形成，系后补签，不能反映真实存在误工状况。原审对于停窝工损失未予支持正确。

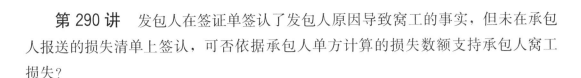

第 290 讲 发包人在签证单签认了发包人原因导致窝工的事实，但未在承包人报送的损失清单上签认，可否依据承包人单方计算的损失数额支持承包人窝工损失？

答： 不能。窝工损失未经发包人签认，应由承包人提供相关证据，通过鉴定确定窝工损失金额。

【裁判案例】（2017）最高法民终 577 号

【裁判观点】签证单上虽然加盖了发包人公章，但只能证明发包人和监理单位认可确实曾经发生了这部分经济签证单上记载的有关窝工等内容的事实，并不能证明发包人和监理单位认可承包人在这部分经济签证单后所附《工程概（预）算书》所载明的具体工程内容和价款数额，在一审法院经释明明确要求承包人进一步举证或申请司法鉴定而承包人没有完成举证责任的情况下，以证据不足为由不支持其关于 11 份经济签证单的主张，并无不当。

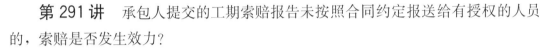

第 291 讲 承包人提交的工期索赔报告未按照合同约定报送给有授权的人员的，索赔是否发生效力？

答： 一般来说，发包人代表、监理工程师有权接收和审查索赔报告，但合同有特别约定的，按合同约定执行，索赔报告应当递交给有授权的人，否则，不发生索赔的效力。

【法律依据】《建设工程司法解释（一）》第十条 当事人约定顺延工期应当经

发包人或者监理人签证等方式确认，承包人虽未取得工期顺延的确认，但能够证明在合同约定的期限内向发包人或者监理人申请过工期顺延且顺延事由符合合同约定，承包人以此为由主张工期顺延的，人民法院应予支持。

【裁判案例】（2015）苏审二民申字第 02320 号

【裁判观点】工程师有两位，一位是监理单位委派的工程师马某某，但其不具有签署索赔报告的权利；另一位是发包人派驻的工程师于某某，其职务为项目负责人，其职权为全权负责。因此，中阳公司的索赔报告和有关资料按合同约定应送交给于某某，由于某某进行审核并予以答复。但中阳公司并未将索赔报告及有关资料送交给于某某，而是交由马某某签字确认，不符合合同的约定。同时，中阳公司仅向中信公司邮寄了索赔报告及计算表，但对计算表中所列的各项损失未提供相应的证据加以证明，并不符合合同关于索赔应提交索赔报告及有关资料的约定。故不能根据该索赔报告来确定损失赔偿数额。

◆ ◆ ◆ ◆

第 292 讲 双方明确约定单价包含"赶工措施费"，但发包人在施工过程中要求承包人赶工，并承诺赶工费用由发包人承担，承包人能否根据发包人的承诺要求其承担赶工费用？

答：可以。发包人的承诺视为对原合同约定的变更，承包人可以就实际发生的赶工费用向发包人主张。

【法律依据】《2013 版清单计价规范》2.0.13 提前竣工（赶工）费承包人应发包人的要求，采取加快工程进度的措施，使合同工程工期缩短产生的，应由发包人支付的费用。

【行业惯例】《2017 版施工合同示范文本》通用合同条款 7.9.2 发包人要求承包人提前竣工，或承包人提出提前竣工的建议能够给发包人带来效益的，合同当事人可以在专用合同条款中约定提前竣工的奖励。

【裁判案例】（2016）黔民终 219 号

【裁判观点】本院认为，碧桂园公司应当承担涉案工程的赶工费。虽然，涉案工程相关的招投标文件已经明确工程单价中包含了"赶工措施费"，但是，从碧桂园公司明确要求国诚公司赶工并承诺"因赶工而产生的费用，增加的施工措施，由双方协商确定"可以确定，双方在实际履行《建设工程施工合同》中对赶工费进行协商变更，即由赶工费全部包含在合同约定单价之内变更为对新增的赶工费单独计算，这一点在《会议纪要》中再次予以明确"由于工期紧张，由于抢工所产生的一切费用由甲方承担"。因此，碧桂园公司提出的其不应承担赶工费的主张不能成立，本院不予采信。

◆　◆　◆　◆

第 293 讲　发包人要求缩短工期的，承包人可以要求发包人支付哪些费用？

答：承包人可以要求发包人承担的费用包括增加管理人员费用、增加人工费用、人工降效费用和加班增加的费用、材料损耗增加费用、材料提前交货增加的费用、材料运输增加费用、周转材料增加费用、增加机械设备投入费用、机械降效费用、增加测量仪器费用、增加后勤供应费用、增加夜间照明费用等。

【行业惯例】《2017 版施工合同示范文本》通用合同条款 7.9.2　发包人要求承包人提前竣工，或承包人提出提前竣工的建议能够给发包人带来效益的，合同当事人可以在专用合同条款中约定提前竣工的奖励。

《2017 版施工合同示范文本》通用合同条款 17.3.2　……（5）因不可抗力引起或将引起工期延误，发包人要求赶工的，由此增加的赶工费用由发包人承担。

《2013 版清单计价规范》2.0.13 提前竣工（赶工）费　承包人应发包人的要求，采取加快工程进度的措施，使合同工程工期缩短产生的，应由发包人支付的费用。

【裁判案例】（2016）黔民终 219 号

【裁判观点】结合国诚公司编制的《申请增加赶工费用的报告》附件二的内容"机械设备的增加……工人的增加……挖机增加费用……增加工人费用"等，本院确认实际施工中所发生的机械人工数量以《清点明细表》所统计的机械人工数为准，国诚公司原计划的机械人工数量以《申请增加赶工费用的报告》附件二中明确的机械人工数为准。因赶工属实，一审法院酌情认定并予以支持的活动板房与被褥增加费用、工人餐饮费用等并无不当，本院予以维持。

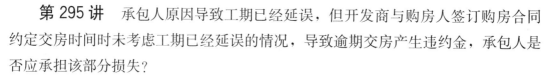

第 294 讲 合同约定发包人收到承包人工期、费用索赔报告 28 天内未予答复视为认可承包人索赔的，发包人在 28 天内签认了顺延天数，但对索赔费用未签认也未提出异议，能否视为发包人已认可承包人索赔金额？

答： 发包人逾期未对金额发表意见视为认可索赔金额。但逾期答复视为认可的约定应在专用合同条款中明确约定，仅在通用合同条款中约定有可能得不到支持。

【行业惯例】《2017 版施工合同示范文本》通用合同条款 19.2（2）发包人应在监理人收到索赔报告或有关索赔的进一步证明材料后的 28 天内，由监理人向承包人出具经发包人签认的索赔处理结果。发包人逾期答复的，则视为认可承包人的索赔要求。

【裁判案例】（2015）苏民终字第 0069 号

【裁判观点】发包人提出对于该四份签证发包人只对停工工日进行了确认，具体的赔偿金额没有确认，原审法院直接采信承包人根据签证单内容主张的金额存在不当。二审法院认为，根据双方合同约定，工程师在收到承包人送交的索赔报告和有关资料后 28 天内未予答复或未对承包人作进一步要求，视为该项索赔已经认可。海鸥可可在收到该四份关于索赔的签证，并注明"工时认可"后，并未对宜兴安装作出进一步要求，按上述约定，应视为对索赔的认可。故按四份签证列明的金额计取索赔费用，并无不当。

第 295 讲 承包人原因导致工期已经延误，但开发商与购房人签订购房合同约定交房时间时未考虑工期已经延误的情况，导致逾期交房产生违约金，承包人是否应承担该部分损失？

答： 发包人与购房人签订购房合同时明知工期已经延误，仍按原计划与购房约定交房时间，产生的违约金属于扩大损失，应由发包人自行承担。

【法律依据】《民法典》第五百八十四条 当事人一方不履行合同义务或者履行合同义务不符合约定，造成对方损失的，损失赔偿额应当相当于因违约所造成的损失，包括合同履行后可以获得的利益；但是，不得超过违约一方订立合同时预见到或者应当预见到的因违约可能造成的损失。

《民法典》第五百九十一条第一款　当事人一方违约后，对方应当采取适当措施防止损失的扩大；没有采取适当措施致使损失扩大的，不得就扩大的损失要求赔偿。

【裁判案例】（2016）苏民终 316 号

【裁判观点】发包人依《商品房买卖合同》、法院生效裁判文书及付款凭证，以证明承包人工期延误将导致赔偿购房户逾期交房违约金达 8000 余万元。但是，签订上述《商品房买卖合同》时，涉案工程工期已经严重延误，作为专业的房地产开发企业，发包人对于涉案工程的施工状况是明知的，也理应知晓涉案工程不可能按照合同约定工期完工，但其在签订《商品房买卖合同》时却对逾期交房的风险估计不足，仍按原计划预定时间向购房户允诺交房并约定高额逾期交房违约金，对于因此而扩大的损失，发包人应自行承担。

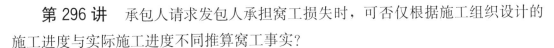

第 296 讲　承包人请求发包人承担窝工损失时，可否仅根据施工组织设计的施工进度与实际施工进度不同推算窝工事实？

答：不可以。承包人应举证证明导致窝工的原因及存在窝工事实。

【法律依据】《民法典》第八百零四条　因发包人的原因致使工程中途停建、缓建的，发包人应当采取措施弥补或者减少损失，赔偿承包人因此造成的停工、窝工、倒运、机械设备调迁、材料和构件积压等损失和实际费用。

【裁判案例】（2019）最高法民终 1593 号

【裁判观点】本院认为，一审判决存在认定事实不清问题，主要体现如下：其一，是否存在窝工事实、窝工产生的原因及窝工损失计算依据等，是认定鞍山京辉公司于 2015 年 1 月 6 日发出暂缓施工函之前中建一局窝工损失的基本事实。一审判决对上述事实未予查明，仅根据鉴定机构基于施工组织设计的施工进度与实际施工进度不同推算出存在劳动力窝工损失的鉴定意见，认定存在窝工损失以及窝工损失的数额，认定基本事实不清。

第6章 建设工程价款优先受偿权系列

6.1 行使期限

第 297 讲 建设工程价款优先受偿权的行使期限是多长？

答：2021 年 1 月 1 日前，行使期限为六个月；2021 年 1 月 1 日后，承包人应当在合理期限内行使，但最长不得超过十八个月。建设工程价款优先受偿权行使期限自发包人应当给付建设工程价款之日起算，2021 年 1 月 1 日前已经超过六个月的，价款优先受偿权失权，未超过六个月的，按最长十八个月执行。

【法律依据】《最高人民法院关于审理建设工程施工合同纠纷案件适用法律问题的解释（二）》（法释〔2018〕20 号）（已废止）第二十二条 承包人行使建设工程价款优先受偿权的期限为六个月，自发包人应当给付建设工程价款之日起算。

《建设工程司法解释（一）》第四十一条 承包人应当在合理期限内行使建设工程价款优先受偿权，但最长不得超过十八个月，自发包人应当给付建设工程价款之日起算。

◆ ◆ ◆ ◆

第 298 讲 施工合同中途解除的，建设工程价款优先受偿权自何时起算？

答：自解除之日起算。但施工合同中约定了发生中途解除时的付款时间，或者解除协议中明确约定了付款时间的，应从约定的付款时间届满之日起算。

【法律依据】《民法典》第五百六十六条 合同解除后，尚未履行的，终止履行；已经履行的，根据履行情况和合同性质，当事人可以请求恢复原状或者采取其他补救措施，并有权请求赔偿损失。

《建设工程司法解释（一）》第四十一条 承包人应当在合理期限内行使建设工程价款优先受偿权，但最长不得超过十八个月，自发包人应当给付建设工程价款之日起算。

《2011 民会议纪要》非因承包人的原因，建设工程未能在约定期间内竣工，承包人依据合同法第二百八十六条规定享有的优先受偿权不受影响。承包人请求行使优先受偿权的期限，自建设工程实际竣工之日起计算；如果建设工程合同由于发包人的原因解除或终止履行，承包人行使建设工程价款优先受偿权的期限自合同解除或终止履行之日起计算。

【裁判案例】（2019）最高法民终 519 号

【裁判观点】2015 年 6 月 17 日，湖州建工集团与中防投资公司签订了《建设工程合同解除协议》，并就合同解除后的价款支付达成合意，因此案涉《建设工程施工合同》及《补充协议》于 2015 年 6 月 17 日解除，湖州建工集团于 2015 年 11 月底提起诉讼主张优先受偿权，不违反法律、司法解释的规定。因此，湖州建工集团主张对其案涉项目折价或拍卖享有法定的优先受偿权，本院予以支持。中防投资公司关于上述合同系于 2015 年 4 月 17 日解除，应自 2015 年 4 月 17 日起算行使案涉建设工程价款优先受偿权的期限的上诉主张，缺乏事实和法律依据，本院不予支持。

6.2 价款优先受偿权的享有与处分

第 299 讲 对于未竣工的工程，承包人是否可以行使工程价款优先受偿权？

答： 可以，工程质量合格的，承包人就其承建部分的工程价款享有优先受偿权。

【法律依据】《建设工程司法解释（一）》第三十九条 未竣工的建设工程质量合格，承包人请求其承建工程的价款就其承建工程部分折价或者拍卖的价款优先受偿的，人民法院应予支持。

【裁判案例】（2021）鲁 11 民终 341 号

【裁判观点】 涉案工程为厂房，不存在不宜折价或拍卖的情形；涉案工程虽未施工完毕未竣工验收，但中启公司已完成施工部分，经监理、设计、勘察部门验收符合设计要求，其施工质量合格，因此，中启公司可以主张工程价款的优先受偿权。并且中启公司主张优先受偿权未过除斥期间，对贝斯特公司的上诉主张，本院不予支持。

第 300 讲 强制招标项目没有招标导致施工合同无效的，承包人能否主张工程价款优先受偿权？

答： 强制招标项目未招标的，签订的施工合同无效，但不影响承包人主张建设工程价款优先受偿权。

【法律依据】《建设工程司法解释（一）》第三十八条 建设工程质量合格，承包人请求其承建工程的价款就工程折价或者拍卖的价款优先受偿的，人民法院应予支持。

【裁判案例】（2018）最高法民再 471 号

【裁判观点】 本案中正达公司在与原中标单位解除承发包关系之后，没有依法进行招投标程序，直接与大雍公司签订《建设工程施工合同》，该项目属于强制招标项目而未招标，故案涉合同无效。大雍公司承建的工程于 2015 年 6 月 17 日竣工验收。大雍公司提交民事诉状时间为 2015 年 12 月 14 日。依据《最高人民法院关于建设工程价款优先受偿权问题的批复》第三条、第四条的规定，大雍公司行使优先受偿权符合法律规定。大雍公司上诉主张对工程价款享有优先受偿权的诉讼请求成立，二审法院予以支持。

第 301 讲　装饰装修工程的承包人享有价款优先受偿权吗？

答： 装饰装修工程属于建设工程，承包人享有优先受偿权，但须具备以下两个条件：第一，装饰装修工程的发包人为装饰装修工程所依附建筑物的所有权人，或者发包人虽然不是建筑物的所有权人，但属于有权处分该建筑物的人；第二，承包人优先受偿权仅限于因装饰装修而使该建筑物增加的价值部分。

【法律依据】《建设工程司法解释（一）》第三十七条　装饰装修工程具备折价或者拍卖条件，装饰装修工程的承包人请求工程价款就该装饰装修工程折价或者拍卖的价款优先受偿的，人民法院应予支持。

第 302 讲　转包、违法分包的承包人即实际施工人，是否享有建设工程价款优先受偿权？

答： 实际施工人不享有建设工程价款优先受偿权。

【法律依据】《建设工程司法解释（一）》第三十五条　与发包人订立建设工程施工合同的承包人，依据民法典第八百零七条的规定请求其承建工程的价款就工程折价或者拍卖的价款优先受偿的，人民法院应予支持。

【裁判案例】（2021）川 08 民终 603 号

【裁判观点】关于王某是否享有对案涉工程折价或拍卖价款的优先受偿权问题。如前所述，王某并非与发包人广元投资公司订立建设工程施工合同的承包人，属于违法分包、转包的实际施工人，其主张享有对案涉工程折价或拍卖的优先受偿权，因缺乏法律依据，本院不予支持。

◆ ◆ ◆ ◆

第 303 讲 工程质量符合工程建设强制性标准但不符合合同约定标准的，承包人是否享有建设工程价款优先受偿权？

答：工程质量虽未达到合同约定标准，但符合工程建设强制性标准的，承包人仍然享有建设工程价款优先受偿权。

【法律依据】《民法典》第八百零七条 发包人未按照约定支付价款的，承包人可以催告发包人在合理期限内支付价款。发包人逾期不支付的，除根据建设工程的性质不宜折价、拍卖外，承包人可以与发包人协议将该工程折价，也可以请求人民法院将该工程依法拍卖。建设工程的价款就该工程折价或者拍卖的价款优先受偿。

◆ ◆ ◆ ◆

第 304 讲 发包人破产，承包人是否享有建设工程价款优先受偿权？

答：承包人是否享有建设工程价款优先受偿权，不受发包人是否破产影响，且承包人的建设工程价款优先受偿权，优先于其他债权。

【法律依据】《企业破产法》第一百零九条 对破产人的特定财产享有担保权的权利人，对该特定财产享有优先受偿的权利。

【裁判案例】（2015）民申字第 1527 号

【裁判观点】破产管理人认为二审认定兴泰公司"2010 年 12 月 27 日申报债权并主张行使优先受偿权"缺乏证据证明。本院审查认为，兴泰公司在申报债权时，虽然提出行使留置权，但要求从其承建的工程折价或从拍卖的价款中优先受偿的意思表示是明确的，破产管理人《关于提请债权人会议核查债权报告》内容中，也载明收到兴泰公司对于 140 余万元工程款享有优先权的申请，因此，二审判决认定兴泰公司享有优先受偿权不缺乏证据证明。

◆ ◆ ◆ ◆

第 305 讲 学校教学楼工程，承包人可以行使价款优先受偿权吗？

答：教学楼属于公益设施，不能成为抵押财产，也不能成为建设工程价款优先受偿权的行使对象。

【法律依据】《民法典》第三百九十九条　下列财产不得抵押：（三）学校、幼儿园、医疗机构等为公益目的成立的非营利法人的教育设施、医疗卫生设施和其他公益设施。

《民法典》第八百零七条　发包人未按照约定支付价款的，承包人可以催告发包人在合理期限内支付价款。发包人逾期不支付的，除根据建设工程的性质不宜折价、拍卖外，承包人可以与发包人协议将该工程折价，也可以请求人民法院将该工程依法拍卖。建设工程的价款就该工程折价或者拍卖的价款优先受偿。

【裁判案例】（2017）苏民终 1758 号

【裁判观点】本院认为，发包人逾期不支付工程价款的，除按照建设工程的性质不宜折价、拍卖的以外，承包人可以与发包人协议将该工程折价，也可以申请人民法院将该工程依法拍卖。建设工程的价款就该工程折价或拍卖的价款优先受偿。本案中，钟吾国际学校属于事业单位、社会团体以公益目的建设的教育设施，不宜进行折价、拍卖，故王某主张对涉案工程拍卖或变卖的价款享有建设工程价款优先权，法院不予支持。

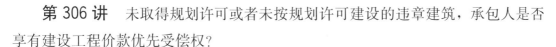

第 306 讲　未取得规划许可或者未按规划许可建设的违章建筑，承包人是否享有建设工程价款优先受偿权？

答：未取得规划许可或未按规划许可建设的违章建筑不能流通，故承包人对其不享有建设工程价款优先受偿权。

【法律依据】《民法典》第八百零七条　发包人未按照约定支付价款的，承包人可以催告发包人在合理期限内支付价款。发包人逾期不支付的，除根据建设工程的性质不宜折价、拍卖外，承包人可以与发包人协议将该工程折价，也可以请求人民法院将该工程依法拍卖。建设工程的价款就该工程折价或者拍卖的价款优先受偿。

【裁判案例】（2017）苏 13 民终 4588 号

【裁判观点】优先受偿权的行使，需要通过折价、拍卖等程序，没有办理建设用地规划许可证和建设工程规划许可证的建筑物，是违反法律规定而存在的，不宜通过折价、拍卖使违法建筑合法化，属于不宜折价、拍卖的建设工程，对没有办理建设用地规划许可证和建设工程规划许可证的建筑物主张工程价款优先受偿权，应不予支持。

◆ ◆ ◆ ◆

第 307 讲 承包人享有建设工程价款优先受偿权，同时保证人为发包人的工程欠款向承包人提供保证的，承包人是否应当先行使建设工程价款优先受偿权？

答：建设工程价款优先受偿权具有担保物权属性，承包人应当先行使建设工程价款优先受偿权，保证人在承包人行使建设工程价款优先受偿权后仍不能清偿时承担责任。

【法律依据】《民法典》第三百九十二条　被担保的债权既有物的担保又有人的担保的，债务人不履行到期债务或者发生当事人约定的实现担保物权的情形，债权人应当按照约定实现债权；没有约定或者约定不明确，债务人自己提供物的担保的，债权人应当先就该物的担保实现债权；第三人提供物的担保的，债权人可以就物的担保实现债权，也可以请求保证人承担保证责任。提供担保的第三人承担担保责任后，有权向债务人追偿。

【裁判案例】（2020）辽 11 民终 78 号

【裁判观点】现交行盘锦分行已经法院生效判决确认对案涉贷款所抵押的房屋享有优先受偿权，合同目的已然实现，故虽案涉贷款所购买的房屋未办理抵押权登记，但鉴于交行盘锦分行已实际取得了该房屋的优先受偿权，鸿嘉公司的保证责任应予解除。

◆ ◆ ◆ ◆

第 308 讲 发包人与承包人可不可以约定放弃建设工程价款优先受偿权？

答：建设工程价款优先受偿权可以约定放弃，但不得损害建筑工人利益。

【法律依据】《建设工程司法解释（一）》第四十二条　发包人与承包人约定放弃或者限制建设工程价款优先受偿权，损害建筑工人利益，发包人根据该约定主张承包人不享有建设工程价款优先受偿权的，人民法院不予支持。

【裁判案例】（2019）粤 02 民终 290 号

【裁判观点】根据《建设工程司法解释（二）》第二十三条，首先是尊重意思自治，原则上允许当事人依法处分；其次是维护《合同法》第二百八十六条的立法目的，即该约定不得损害农民工等建筑工人的合法权益。本案中，源天公司与大兴公司约定放弃建设工程价款优先受偿权，损害了建筑工人利益，应当无效。

第 309 讲　签订以物抵债协议后，承包人还能主张建设工程价款优先受偿权吗？

答：工程款债权到期后，承发包双方签订以物抵债协议，协议中承包人未明确放弃建设工程价款优先受偿权的，承包人在工程款债权未足额支付时，仍然可以就未支付部分主张建设工程价款优先受偿权，但承包人应在建设工程价款优先受偿权行使期限内主张。

【裁判案例】（2010）苏民终字第 0208 号

【裁判观点】至于电脑公司、数码公司、佑泰公司和第三人海安农行辩称的华峰公司签署了 2008 年 7 月 1 日的以设备抵款协议书、表明其放弃优先权的理由，不能成立。建设工程价款优先权是法定权利，权利的放弃应当明示，不能轻易推定权利人放弃权利。华峰公司签订设备抵偿协议时没有表示以放弃主张优先权为基础，而抵偿协议也约定在设备抵款未实现时不影响各权利人主张权利，故承包人仍可主张建设工程价款优先受偿权。

第 310 讲　工程款债权转让的，受让人是否享有建设工程价款优先受偿权？

答：不享有。建设工程价款优先受偿权的设立目的是保护建筑工人利益、工程款转让后，建筑工人的报酬已经得到保障，优先受偿权的保护客体已不存在，故，工程款债权的受让人不享有建设工程价款优先受偿权。

【裁判案例】（2020）渝民终 484 号

【裁判观点】中太公司与恒基公司签订《债权转让协议》，约定中太公司将承建的"强发百年"项目的所有债权全部转让给恒基公司，并且约定，本协议签订后，中太公司就强发百年项目工程款享有优先受偿权的权利一关转让给恒基公司。该条为转让工程价款优先受偿权的约定。本院认为，工程价款优先受偿权是为实现工程款债权而设定的法定优先权，属法定权利。根据《合同法》第二百八十六条和《建设工程司法解释（二）》第十七条规定，工程价款优先受偿权的受偿主体为工程承包人，作为法定优先权，不得任意转让。恒基公司不是案涉工程承包人，不具有工程价款优先受偿权的受偿主体资格。

6.3　保护范围

第 311 讲　承包人对工程价款利息可以主张优先受偿权吗？

答：承包人对工程价款的利息不能主张优先受偿权。建设工程价款优先受偿的保护范围为工程价款，工程价款由人工费、材料费、施工机具使用费、企业管理费、利润、规费和税金构成，不包括利息。

【法律依据】《建设工程司法解释（一）》第四十条　承包人建设工程价款优先受偿的范围依照国务院有关行政主管部门关于建设工程价款范围的规定确定。

承包人就逾期支付建设工程价款的利息、违约金、损害赔偿金等主张优先受偿的，人民法院不予支持。

【裁判案例】（2018）最高法民终 620 号

【裁判观点】根据《建设工程司法解释（二）》第二十一条第二款规定，承包人就逾期支付工程价款的利息、违约金、损害赔偿金等主张优先受偿的，人民法院不予支持。故苏中公司对工程价款的优先受偿权不及于逾期支付工程价款的利息。

第 312 讲　承包人可以就逾期支付工程款的违约金主张建设工程价款优先受偿权吗？

答：不能。

【法律依据】《建设工程司法解释（一）》第四十条第二款　承包人就逾期支付建设工程价款的利息、违约金、损害赔偿金等主张优先受偿的，人民法院不予支持。

【裁判案例】（2019）最高法民终 273 号

【裁判观点】根据《建设工程司法解释（二）》第二十一条的规定，承包人就逾期支付建设工程价款的利息、违约金、损害赔偿金等主张优先受偿权的，人民法院不予支持。根据上述规定，中建四局行使建设工程优先受偿权应当限于欠付的工程价款及停工损失的范围内。中建四局请求就违约金部分行使建设工程价款优先受偿权的主张，本院不予支持。

第 313 讲 质量保证金是否属于建设工程价款优先受偿权的范围？

答：质量保证金属于工程价款的一部分，应在建设工程价款优先受偿权的保护范围之内。

【法律依据】《建设工程司法解释（一）》第四十条第一款 承包人建设工程价款优先受偿的范围依照国务院有关行政主管部门关于建设工程价款范围的规定确定。

【裁判案例】（2019）京民终 366 号

【裁判观点】根据总承包合同约定，质量保证金额度为竣工结算总价的 5%，合同约定的缺陷责任期满且承包人全部履行其缺陷责任期内的义务后 14 天内，将质量保证金全部退还承包人，缺陷责任期为 24 个月，自工程实际竣工日期起算。现本案以 2017 年 1 月 24 日起计算，一审审理中质量保证金即竣工结算总价的 5% 并未达到支付条件，但二审审理期间质量保证金付款期限应已成就，应予以支付。由于该部分款项亦属于工程款的一部分，故亦应属于享有价款优先受偿权的范围。

6.4 行使方式

第314讲 承包人可以通过发函的方式主张建设工程价款优先受偿权吗?

答: 是否可以通过发函方式主张建设工程价款优先受偿权,裁判规则不统一。广东省高院认可以发函方式主张价款优先受偿权;江苏省高院不认可以发函方式主张价款优先受偿权,要求必须通过诉讼或仲裁主张。

【法律依据】广东高院《解答》17.……向发包人以书面形式明确表示主张优先受偿权,均属于对建设工程价款依法行使优先受偿权。

江苏高院《解答》18.……承包人通过发函形式主张建设工程价款优先受偿权的,不认可其行使的效力。

【裁判案例】(2018)苏02民终3230号

【裁判观点】本院认为,关于优先受偿权的行使方式,根据相关法律规定,承包人与发包人协商将该工程折价抵偿欠付的工程款或以诉讼形式要求确认享有优先受偿权均为合法有效的方式。本案中,中建八局公司以曾向灵山公司发函主张过优先受偿权为由,要求确认其享有优先受偿权,不应受法律保护。理由为:1.中建八局公司在2011年即已向灵山公司发函主张优先受偿权,却在两次工程款诉讼中均未要求确认优先受偿权,直到2018年才向法院提出要求确认优先受偿权的请求,其存在严重怠于行使权利之过错,应当承担不利的法律后果。2.从优先受偿权设置的目的在于担保承包人的建设工程价款债权,具备一般担保物权的属性,其权利性质类似于法定抵押权。从权利效力看,优先受偿权的效力高于抵押权,如果仅以发函作为主张优先权的行使方式,不具备公示公信的外观。3.从优先受偿权的实现看,承包人最终实现以承建的工程折价、拍卖的价款优先受偿的前提即为申请人民法院将该工程依法拍卖。承包人仅通过发函主张优先受偿权,而不通过诉讼等形式尽快将工程进入拍卖、变卖等程序,既无法实现自身的优先受偿权,也使得发包人的其他债权人始终处于不确定状态。

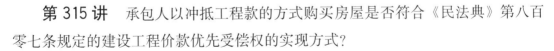

第315讲 承包人以冲抵工程款的方式购买房屋是否符合《民法典》第八百零七条规定的建设工程价款优先受偿权的实现方式?

答：符合。承包人以冲抵工程款的方式购买房屋，是通过协议折价抵偿的方式实现建设工程价款优先受偿权。

【法律依据】《民法典》第八百零七条　发包人未按照约定支付价款的，承包人可以催告发包人在合理期限内支付价款。发包人逾期不支付的，除根据建设工程的性质不宜折价、拍卖外，承包人可以与发包人协议将该工程折价，也可以请求人民法院将该工程依法拍卖。建设工程的价款就该工程折价或者拍卖的价款优先受偿。

【裁判案例】（2020）最高法民再 352 号

【裁判观点】发包人欠付承包人该工程项目的工程款 6830778 元。双方于 2013 年 7 月 11 日签订《协议书》，约定以案涉位于"邑都上城"项目的 13 套房屋在内的共 15 套房屋作价 7330778 元抵偿发包人欠付承包人的工程款，后双方就案涉房屋签订《商品房买卖合同》。承包人以冲抵工程款的方式购买案涉房屋，其实质是通过协商折价抵偿实现其就案涉项目房屋所享有的建设工程价款优先受偿权，双方以案涉房屋折价抵偿欠付工程款，符合《中华人民共和国合同法》第二百八十六条规定的工程价款优先受偿权实现方式。

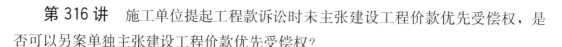

第 316 讲　施工单位提起工程款诉讼时未主张建设工程价款优先受偿权，是否可以另案单独主张建设工程价款优先受偿权？

答：建设工程价款优先受偿权可以一并主张，也可以单独主张。但承包人必须在发包人应付工程款之日起十八个月内行使，否则建设工程价款优先受偿权丧失。

【法律依据】《建设工程司法解释（一）》第四十一条　承包人应当在合理期限内行使建设工程价款优先受偿权，但最长不得超过十八个月，自发包人应当给付建设工程价款之日起算。

【裁判案例】（2019）浙 10 民终 930 号

【裁判观点】2017 年 12 月 11 日为被上诉人应当给付工程价款之日，上诉人于 2018 年 12 月 4 日提起本案诉讼，已经超过法律规定的行使优先受偿权的期限，并且上诉人也未举证证明案涉未经竣工验收的工程质量合格，故上诉人主张优先受偿权于法无据，本院不予支持。

第 7 章　司法鉴定系列

7.1　工程价款鉴定

第 317 讲　固定总价合同造价纠纷，是否需要鉴定？

答：固定总价部分不需要鉴定。但如果存在变更、签证，双方就变更、签证部分的造价不能达成一致的，可通过鉴定确定；或者合同未履行完，双方对已完工程造价无法达成一致的，可通过鉴定确定已完工程价款。

【法律依据】《建设工程司法解释（一）》第二十八条　当事人约定按照固定价结算工程价款，一方当事人请求对建设工程造价进行鉴定的，人民法院不予支持。

【裁判案例】（2013）民申字第 1242 号

【裁判观点】《建设工程司法解释》第二十二条规定，当事人约定按照固定价结算工程价款，一方当事人请求对建设工程造价进行鉴定的，不予支持。根据审查查明的事实，双方于 2005 年 4 月 30 日签订的《建设工程施工合同》明确约定 A1～A7 幢工程造价为 35233990 元，该工程属于固定结算工程，故从化四建对案涉工程造价进行重新鉴定的申请缺乏依据，二审法院不予支持并无不当。

第 318 讲　当事人仅对部分工程造价存在争议，可否仅就有争议部分申请鉴定？

答：可以，但争议范围不能确定或者双方当事人请求对全部造价进行鉴定的除外。

【法律依据】《建设工程司法解释（一）》第三十一条　当事人对部分案件事实有争议的，仅对有争议的事实进行鉴定，但争议事实范围不能确定，或者双方当事人请求对全部事实鉴定的除外。

【**裁判案例**】（2018）最高法民申 5488 号

【**裁判观点**】《大包协议》虽属无效，但吴某某作为实际施工人，请求参照该协议计算工程价款的主张是成立的。合同双方当事人尤其是吴某某对于合同内约定的施工项目及工程量并无争议，吴某某仅仅主张其并不知道施工的具体内容，约定的单价并不能完整反映工程实际价格。吴某某具有完全民事行为能力，且长期从事建筑行业工作，其主张缺乏证据支持。本案中，《大包协议》中约定"单价暂定 480 元"属于双方当事人真实意思表示，且没有违反法律、行政法规的强制性规定，当事人应按照约定单价计算工程款。《建工合同纠纷的解释》第二十三条规定："当事人对部分案件事实有争议的，仅对有争议的事实进行鉴定，但争议事实范围不能确定，或者双方当事人请求对全部事实鉴定的除外。"本案中，由于《大包协议》约定了明确的单价，故原判决由此认定的合同内工程款的数额并不缺乏证据证明。一审法院对当事人的鉴定申请进行审查后，综合本案的事实情况，最终确定对合同外项目进行鉴定，符合本案的实际情况。因此，原判决不采纳吴名祥对整个工程造价进行鉴定的申请，不存在程序违法和适用法律错误的问题。

7.2　工程质量鉴定

第 319 讲　发包人在诉讼中主张工程存在质量问题的，应由谁申请工程质量鉴定？

答：发包人提交的证据不足以证明工程存在质量问题的，由发包人申请质量鉴定。已有证据能够证明工程存在质量问题，承包人主张并非施工原因导致但其提交的证据不足以证明的，由承包人申请质量鉴定。

【法律依据】《建设工程司法解释（一）》第三十二条　当事人对工程造价、质量、修复费用等专门性问题有争议，人民法院认为需要鉴定的，应当向负有举证责任的当事人释明。当事人经释明未申请鉴定，虽申请鉴定但未支付鉴定费用或者拒不提供相关材料的，应当承担举证不能的法律后果。

江苏高院《鉴定规程》第三十八条　发包人主张工程质量不符合合同约定，但提交的证据不足以证明的，应由发包人向人民法院申请鉴定；根据已有证据能够证明质量不符合合同约定，承包人主张并非施工原因导致但提交的证据不足以证明的，应当由承包人申请鉴定。

【裁判案例】（2019）最高法民终 695 号

【裁判观点】本案工程未经竣工验收，但已实际投入使用。发包人凉州区交通局提出工程质量抗辩，但未提交证据证明，经一审法院释明亦未申请工程质量鉴定，依据《建设工程司法解释（二）》第十四条的规定，该局应承担举证不能的法律后果，应视为该局认可本案工程质量。

第 320 讲　产品质量鉴定的鉴定机构，是否能对建设工程质量进行鉴定？

答：不可以。建设工程质量鉴定机构需要有住房和城乡建设部门颁发的《建设工程质量检测机构资质证书》，该证书是依据住房和城乡建设部《建设工程质量检测管理办法》核发的；而产品质量检测资质是依据《检验检测机构资质认定管理办法》核发的。没有建设工程质量鉴定资质的机构，不能从事建设工程质量鉴定活动。

【法律依据】《建设工程质量检测管理办法》第四条　检测机构是具有独立法人

资格的中介机构。检测机构从事本办法附件一规定的质量检测业务，应当依据本办法取得相应的资质证书。……检测机构未取得相应的资质证书，不得承担本办法规定的质量检测业务。

《建设工程质量检测管理办法》第二十六条　违反本办法规定，未取得相应的资质，擅自承担本办法规定的检测业务的，其检测报告无效，由县级以上地方人民政府建设主管部门责令改正，并处 1 万元以上 3 万元以下的罚款。

第 321 讲　施工合同约定的质量标准与国家规定的强制性标准不一致，发包人申请工程质量鉴定，应当以哪个标准作为鉴定依据？

答：合同约定的质量标准高于国家强制性标准的，应当以合同约定的质量标准作为鉴定依据；合同约定的质量标准低于国家强制性标准的，应当以国家规定的强制性标准作为鉴定依据。

【法律依据】江苏高院《鉴定规程》第四十二条　合同约定的质量标准高于国家规定的强制性标准，应当以合同约定的质量标准作为鉴定依据；合同约定的质量标准低于国家规定的强制性标准，应当依据国家规定的强制性标准进行鉴定。

【裁判案例】（2016）京 03 民终 4948 号

【裁判观点】关于工程质量司法鉴定的依据，如果合同约定的质量标准高于国家规定的强制性标准，应当以合同约定的质量标准作为鉴定依据；如果合同约定标准低于国家规定的强制性标准，应当依据国家规定的强制性标准进行鉴定。对此，金工公司主张依照《建设工程施工合同》附件五第四项，双方约定院内路面质量标准为载货汽车通行标准，但未提供汽车通行标准属于何种标准以及具体标准参数。故《司法鉴定意见书》对院内路面采用北京标准进行鉴定，并无不当。金工公司主张《司法鉴定意见书》的鉴定依据错误且不能作为判决依据，理由不成立，本院不予采信。

7.3　工期鉴定

第 322 讲　发包人向承包人主张工期延误责任，双方的举证责任如何分配？工期鉴定应由谁申请？

答： 发包人应举证证明合同实际开、竣工日期，证明工期存在延误的事实；承包人应举证证明工期延误期间存在非因承包人原因导致的影响关键线路的事件以及影响工期天数，一般需申请工期鉴定，确定是否存在顺延及可顺延天数。

【法律依据】《民事诉讼法解释》第九十条　当事人对自己提出的诉讼请求所依据的事实或者反驳对方诉讼请求所依据的事实，应当提供证据加以证明，但法律另有规定的除外。在作出判决前，当事人未能提供证据或者证据不足以证明其事实主张的，由负有举证证明责任的当事人承担不利的后果。

《建设工程司法解释（一）》第十条第一款　当事人约定顺延工期应当经发包人或者监理人签证等方式确认，承包人虽未取得工期顺延的确认，但能够证明在合同约定的期限内向发包人或者监理人申请过工期顺延且顺延事由符合合同约定，承包人以此为由主张工期顺延的，人民法院应予支持。

【裁判案例】（2013）苏民终字第 0320 号

【裁判观点】根据补充协议的约定，工程应当于 2010 年 10 月 31 日前达到合格标准并通过综合竣工验收，而工程于 2011 年 6 月 1 日完成竣工验收，实际逾期 213 天。福建七建作为工程的总承包方，负有依照合同约定按时完成施工任务的义务，工程逾期完工，其上诉其主张工期迟延不是因其施工的原因所导致，应当承担相应的举证责任。从明发集团以及福建七建自身提供的施工资料来看，福建七建作为总承包方存在着施工经验不足，组织不力，管理混乱，施工进度拖沓的情形，对工程逾期竣工有着不容推卸的责任，其主张对工期迟延没有任何责任的意见不能成立，本院不予采信。同时，结合双方当事人的举证以及方正公司（工期鉴定单位）的退鉴函，应当认定明发集团对工程迟延竣工亦负有相应的责任：首先，……市政、景观、亮化等工程是由明发集团直接发包或者自行施工的，在双方约定的工期已经届满之后明发集团仍多次安排专业施工队伍对有关工程进行施工、调试，对整体工程的竣工验收会产生不同程度的影响。其次，施工资料可证明，施工过程中明发集团存在指令停工、提供图纸迟延、设计变更、甲方定价材料批复迟延的情形，客观上对工期会造成较大程度的影响。第三，方正公司（工期鉴定单位）虽然因资料不全的原因无法对福建七建工期迟延的具体天数进行鉴定，但在其出具的退鉴函中明确指出，工程直接分包、设计变更、甲方定价材料批复滞后、指令停工等情形客观存在，此类情形对工期亦可能会产生一定程度的影响。第四，明发集团在约定的工期已经届满的情况下，仍多次向福建七建下达新的施工任务，对工程整体竣工验收滞后亦有一定的影响。因此，双方当事人对工程迟延竣工均有责任，福建七建作为总承包方应负主要责任，明发集团应负次要责任。

7.4　鉴定依据

第 323 讲　一方当事人向鉴定机构提供的材料没有经过另一方当事人质证，鉴定机构据此出具了鉴定意见，法院应当如何处理？

答：法院应组织当事人对未质证的材料进行质证，经质证认为不能作为鉴定依据的，根据该材料作出的鉴定意见不能作为认定案件事实的依据；法院未组织质证的，根据该材料作出的鉴定意见不能作为认定案件事实的依据。

【法律依据】《建设工程司法解释（一）》第三十四条　人民法院应当组织当事人对鉴定意见进行质证。鉴定人将当事人有争议且未经质证的材料作为鉴定依据的，人民法院应当组织当事人就该部分材料进行质证。经质证认为不能作为鉴定依据的，根据该材料作出的鉴定意见不得作为认定案件事实的依据。

【裁判案例】（2020）最高法民终 852 号

【裁判观点】本案中，依据鉴定需要，大唐公司从案涉工程的监理单位借调并提供了完整的监理日志等材料用于鉴定，但鉴定前均未经一审法院组织双方当事人质证。本院认为，鉴定机构依据未经双方当事人质证的证据材料所作出的鉴定报告，人民法院不能直接作为认定本案事实的依据。一审法院直接根据鉴定报告认定相关事实，属认定事实不清。本案发回重审。

第 324 讲　提交给鉴定单位作为鉴定依据的材料，一方不认可真实性时，应如何处理？

答：法院应对有争议的材料进行质证、认证，明确该材料是否作为鉴定依据。

【法律依据】《证据规定》第四十条第三款　对鉴定意见的瑕疵，可以通过补正、补充鉴定或者补充质证、重新质证等方法解决的，人民法院不予准许重新鉴定的申请。

江苏高院《建设工程施工合同纠纷案件委托鉴定工作指南》（2019 年）第九条中下列事项，鉴定机构可以要求委托法院予以明确：……（一）可以作为鉴定依据的合同、签证、函件、联系单等书证的真实性及其证据效力……（六）当事人在鉴定过程补充证据材料或者对证据材料有实质性异议需要重新质证认证的。

【裁判案例】（2020）最高法民终 449 号

【裁判观点】贵州恒鑫公司在鉴定材料质证期间明确提出不认可竣工图，一审法院应当先对竣工图能否作为鉴定依据进行认证。一审法院未作出明确认证即将竣工图移送鉴定机构，程序存在瑕疵。

◆ ◆ ◆ ◆

第 325 讲　当事人将鉴定材料直接递交给鉴定机构，该材料能否作为鉴定意见的依据？

答：不能。鉴定材料须经质证后方能作为鉴定依据；未经过质证的材料作为鉴定依据的，法院应对其进行补充质证，经质证认为不能作为鉴定依据的，根据该材料作出的鉴定意见不能作为认定案件事实的依据。

【法律依据】《建设工程司法解释（一）》第三十三条　人民法院准许当事人的鉴定申请后，应当根据当事人申请及查明案件事实的需要，确定委托鉴定的事项、范围、鉴定期限等，并组织当事人对争议的鉴定材料进行质证。

《建设工程司法解释（一）》第三十四条　人民法院应当组织当事人对鉴定意见进行质证。鉴定人将当事人有争议且未经质证的材料作为鉴定依据的，人民法院应当组织当事人就该部分材料进行质证。经质证认为不能作为鉴定依据的，根据该材料作出的鉴定意见不得作为认定案件事实的依据。

【裁判案例】（2018）赣 08 民初 27 号

【裁判观点】鉴定机构出具鉴定意见书后，富盈公司向鉴定机构提出异议，鉴定机构未向本院来函确定争议范围及举证要求，亦未向本院确认富盈公司提交的证据是否已由吴某某、中南公司质证，就依据富盈公司提交的外墙砖购销合同、采购员邱某某的证明、砂石款收条等调减造价，出具《情况说明》，计算材料价差调减造价 1291371.18 元，载明"如建设方提出的异议法院可以采纳，则原鉴定造价总金额应调整为 108093908.53 元。"庭审中，吴某某、中南公司对外墙砖购销合同、采购员邱某某的证明、砂石款收条的真实性不予认可。因此，本院认为，鉴定机构依据未经本院组织质证的鉴定材料出具的情况说明，依据不足，不能作为本案的定案依据。

第 326 讲　双方当事人对鉴定依据有争议的，应当如何处理?

答：鉴定依据存在争议时，鉴定机构无权作出认定，应当由法院确定鉴定依据后，再根据法院确定的鉴定依据出具鉴定意见；法院也可以要求鉴定机构就不同的鉴定依据分别作出鉴定意见，由法院裁判时取舍。

【裁判案例】（2019）最高法民终 1863 号

【裁判观点】双方当事人对案涉桩基基础工程款结算依据存在争议，昆仑公司认为应当以其与山西冶金岩土工程勘察总公司签订的《联众国际大厦地基处理及桩基工程施工承包合同》作为结算依据；联合利丰公司认为应当以其与昆仑公司签订的《联众国际大厦建设工程施工补充协议》作为结算依据。在双方对结算依据存在重大争议的情况下，鉴定机构可按照双方主张的结算依据分别作出造价鉴定作为法院裁判依据。本案中鉴定机构仅依据昆仑公司主张的结算依据作出该部分工程造价，重审时可依据联合利丰公司主张的结算依据作出补充鉴定意见。本案发回新疆重审。

7.5 鉴定的程序问题

第 327 讲 工程造价鉴定机构没有取得《司法鉴定机构许可证》，出具的司法鉴定意见可否作为定案依据？

答：可以。工程造价咨询机构不属于实行司法鉴定登记管理制度的范围，造价鉴定机构只要具有与工程标的相符的造价咨询资质即可从事工程造价司法鉴定业务。

【裁判案例】（2019）最高法民申 1253 号

【裁判观点】普惠公司具备山东省住房和城乡建设厅颁发的工程造价咨询企业乙级资质证书，工程造价鉴定资质与本案工程标的相符。同时，根据全国人大《关于司法鉴定管理问题的决定》和最高人民法院法办〔2011〕446 号、法函〔2006〕68 号文件，工程造价咨询机构不属于实行司法鉴定登记管理的范围，普惠公司是否取得司法鉴定机构许可证并不影响其参与本案工程造价鉴定的资质。

第 328 讲 起诉前双方共同委托造价咨询机构对工程造价出具了咨询意见，诉讼中一方不认可该咨询意见，可以申请司法鉴定吗？

答：可以申请司法鉴定，但双方已经明确表示受该咨询意见约束的除外。

【法律依据】《建设工程司法解释（一）》第三十条　当事人在诉讼前共同委托有关机构、人员对建设工程造价出具咨询意见，诉讼中一方当事人不认可该咨询意见申请鉴定的，人民法院应予准许，但双方当事人明确表示受该咨询意见约束的除外。

【裁判案例】（2021）鲁民终 84 号

【裁判观点】本案诉讼前，经金石公司委托，梅隆公司对案涉工程项目的工程造价进行审核，作出《300 万吨/年高品质道路沥青扩建项目报告书》〔山东梅隆审字（2019）第 599 号〕，审定工程造价为 113056147.21 元。金石公司、二十冶公司、咨询单位均在《工程造价审定总表》上签章，对审定结果予以确认。根据《建设工程司法解释（一）》第三十条的规定，金石公司、二十冶公司已明确表示接受该咨询意见结果，一审依据《300 万吨/年高品质道路沥青扩建项目报告书》〔山东梅隆审字（2019）第 599 号〕确认本案工程造价正确。金石公司对报告书提出异议并申请司法鉴定，于法无据，本院不予支持。

第 329 讲　一审法院释明工程造价需要鉴定，承包人未申请鉴定或者未缴纳鉴定费，但二审时又申请鉴定的，是否可以？

答：可以。二审法院认为确有必要鉴定的，一般应裁定撤销原判决，发回重审，由一审法院委托鉴定。

【法律依据】《建设工程司法解释（一）》第三十二条第二款　一审诉讼中负有举证责任的当事人未申请鉴定，虽申请鉴定但未支付鉴定费用或者拒不提供相关材料，二审诉讼中申请鉴定，人民法院认为确有必要的，应当依照民事诉讼法第一百七十条第一款第三项的规定处理。

《民事诉讼法》第一百七十条第一款　第二审人民法院对上诉案件，经过审理，按照下列情形，分别处理：……（三）原判决认定基本事实不清的，裁定撤销原判决，发回原审人民法院重审，或者查清事实后改判。

【裁判案例】（2019）最高法民终 398 号

【裁判观点】关于停工损失金额大小的问题。建工公司在一审审理中提供了一份《审核说明》，以证明云南艾亭公司通过电子邮件向其发送该结算审核说明并在该结算审核说明中确认了停工损失金额，原审法院未予采信，也未向负有举证责任的一方当事人释明是否通过司法鉴定来确定损失大小，致本案停工损失金额问题未能查清。根据《建设工程司法解释（二）》第十四条的规定，经本院在二审中向建工公司释明后，其已向本院申请对案涉工程停工损失进行鉴定。为查清案件事实，维护当事人的实体权利和诉讼权利，本案发回重审。

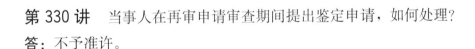

第 330 讲　当事人在再审申请审查期间提出鉴定申请，如何处理？

答：不予准许。

【法律依据】《民事诉讼法解释》第三百九十九条　审查再审申请期间，再审申请人申请人民法院委托鉴定、勘验的，人民法院不予准许。

【裁判案例】（2014）川民申字第 1390 号

【裁判观点】郑某某与富达公司存在事实上的劳务分包合同关系。在双方进行劳务结算的《方单二》上，郑某某不仅对借支部分进行了签字确认，也对富达公司最终应付款予以了签字确认。郑某某未能提供证据证明该单据内容有添加、涂改或变造的情况，也未在一审、二审期间提出过鉴定申请，应视为对自身诉讼权利的放弃，其在申请再审期间提出鉴定申请不符合进行再审的法定情形。

◆ ◆ ◆ ◆

第 331 讲 发包人申请质量鉴定后，又不交鉴定费，有什么法律后果？

答：承担举证不能的法律后果，质量主张将不能得到法院支持。

【法律依据】《建设工程司法解释（一）》第三十二条 当事人对工程造价、质量、修复费用等专门性问题有争议，人民法院认为需要鉴定的，应当向负有举证责任的当事人释明。当事人经释明未申请鉴定，虽申请鉴定但未支付鉴定费用或者拒不提供相关材料的，应当承担举证不能的法律后果。

《证据规定》第三十一条 对需要鉴定的待证事实负有举证责任的当事人，在人民法院指定期间内无正当理由不提出鉴定申请或者不预交鉴定费，或者拒不提供相关材料，致使待证事实无法查明的，应当承担举证不能的法律后果。

【裁判案例】（2018）最高法民申 1109 号

【裁判观点】潍麟公司虽在一审中申请对涉案工程综合楼及总控车间进行质量鉴定，但在 2015 年 9 月 2 日选定大连理工大学作为鉴定机构后，潍麟公司拒绝缴纳鉴定费用，一审法院于 2015 年 9 月 21 日向其释明法律后果后其无合理理由仍然拒绝缴纳，后大连理工大学于 2015 年 9 月 24 日以潍麟公司拒绝支付鉴定费为由退鉴，由此导致的不利后果潍麟公司应自行承担。因此，潍麟公司关于涉案工程综合楼及总控车间质量不合格，其存在可得利益损失的主张因证据不足均不能成立。一审法院已充分保障潍麟公司申请鉴定的权利，潍麟公司申请再审称一审法院剥夺其鉴定权利与事实不符，不能成立。

第 332 讲　双方当事人对鉴定意见提交了书面异议，法院未通知鉴定人出庭接受质询。后鉴定单位针对双方对鉴定意见的异议分别作出书面回复，法院未再次开庭对鉴定异议回复意见进行质证，一审、二审法院依据该鉴定意见作出判决的，当事人是否可以申请再审？

答：该情形属于认定事实的主要证据未经质证，应当再审。

【**法律依据**】《民事诉讼法》第二百条　当事人的申请符合下列情形之一的，人民法院应当再审：……（四）原判决、裁定认定事实的主要证据未经质证的。

【**裁判案例**】最高院第二巡回法庭 2019 年第 9 次法官会议讨论案件

【**裁判观点**】民事诉讼法规定了鉴定人出庭制度，根据《民事诉讼法》第七十八条规定，鉴定人出庭作证的情形有两种，一是当事人对鉴定意见有异议，二是人民法院认为有必要。本案中双方当事人均对鉴定意见提出书面异议，法院未通知鉴定人出庭作证，鉴定人未出庭陈述鉴定意见，亦未接受当事人的咨询和询问。在鉴定人未出庭作证的情况下，当事人作为非专业人士难以对鉴定意见进行充分质证，人民法院未履行通知鉴定人出庭作证的义务，违反法定程序剥夺当事人的辩论权。本案中，法院对鉴定人出具的鉴定异议回复意见未组织双方当事人质证，亦符合《民事诉讼法》第二百条第（四）项规定的情形，但主要证据未经质证，实质上剥夺了当事人的辩论权。

7.6 鉴定意见的异议及采信

第 333 讲 当事人对法院委托的工程造价鉴定意见有异议，申请鉴定人出庭，鉴定人拒绝出庭的，鉴定意见能不能作为认定事实的依据？

答： 不能。鉴定申请人可以申请法院重新委托鉴定，并可以要求原鉴定人返还鉴定费。

【法律依据】《民事诉讼法》第七十八条 当事人对鉴定意见有异议或者人民法院认为鉴定人有必要出庭的，鉴定人应当出庭作证。经人民法院通知，鉴定人拒不出庭作证的，鉴定意见不得作为认定事实的根据；支付鉴定费用的当事人可以要求返还鉴定费用。

【裁判案例】（2018）甘民再 30 号

【裁判观点】 本院再审认为，根据《民事诉讼法》第七十八条规定，原审法院在鉴定人拒绝出庭作证的情况下，仍然采信恒瑞公司的鉴定意见违反法律规定，采信证据错误，导致所认定的案件事实缺乏证据证明，本案基本事实不清，证据不足，并且适用法律错误。依照《民事诉讼法》规定，裁定撤销原判决，发回重审。

第 334 讲 法院可否采用最大误差核查法来考察鉴定意见能否作为定案依据？

答： 一般不应采用，鉴定意见有错误的，应当通过质证、质询、补充鉴定甚至重新鉴定纠正错误。但当事人同意的前提下，法院可以采取最大误差核查法考察鉴定意见，对工程量、单价及其计算过程、计算结果进行核查，若核查结果存在重大误差，则对鉴定意见不予采信，若误差不明显则将鉴定意见作为定案依据。

【裁判案例】（2018）最高法民终 43 号

【裁判观点】 本院认为，《鉴定意见书》的鉴定结论明显不实。在本院审理过程中，双方对《鉴定意见书》的工程造价鉴定结果争议较大，鉴于全面核查鉴定意见中的各项工程造价数据是否客观准确需要较长时间，为提高审判效率，双方同意本院采取最大误差核查法来考察鉴定意见能否作为本案工程造价定案依据的建议。即由反对方根据鉴定机构提供的鉴定资料请专家辅助人对鉴定意见进行单方核查，指出最大误差部分，由本院组织双方对其工程量、工程单价及计算过程、计算结果等进行核查，若对该部分的核查结果存在重大误差，则对鉴定意见不予采信，若误差不明显则将鉴定意见作为定案依据。

第8章 诉 讼 程 序

8.1 诉讼主体

第 335 讲 挂靠人可以依据《建设工程司法解释（一）》第四十三条第二款起诉发包人吗？

答：观点一：不可以。理由：严格依据文义解释，法条只规定了转包合同的承包人和违法分包合同的承包人可以突破合同相对性起诉发包人。

观点二：可以。理由：从立法宗旨出发，该条款旨在保护建筑工人的合法权益，对于建筑企业出借资质的情况，仍应贯彻保护建筑工人权益的原则。

我们认为：不可以。

理 由：①基于文义解释，挂靠是与转包、违法分包相并列的违法行为，《建设工程司法解释（一）》第四十三条突破合同相对性起诉发包人限定为转包或者违法分包的实际施工人，与挂靠人无关；②相对于转包、违法分包而言，挂靠人借用他人资质承揽工程项目，主观过错更明显，不应当允许挂靠享有与转包、违法分包等同的特殊保护。

风险提示：发包人明知挂靠的，挂靠人与发包人之间产生债法上的请求权，挂靠人可以直接起诉发包人。另外，司法实务中，仍然存在将挂靠与转包、违法分包等同，允许挂靠人突破合同相对性起诉发包人的情形。

第 336 讲 转包人或者违法分包人不支付实际施工人工程款，也怠于向发包人主张工程款，实际施工人怎么办？

答：实际施工人可以起诉转包人或者违法分包人索要工程款，也可以代位起诉发包人索要工程款。

【法律依据】《建设工程司法解释（一）》第四十四条 实际施工人依据民法典

第五百三十五条规定，以转包人或者违法分包人怠于向发包人行使到期债权或者与该债权有关的从权利，影响其到期债权实现，提起代位权诉讼的，人民法院应予支持。

《民法典》第五百三十五条第一款　因债务人怠于行使其债权或者与该债权有关的从权利，影响债权人的到期债权实现的，债权人可以向人民法院请求以自己的名义代位行使债务人对相对人的权利，但是该权利专属于债务人自身的除外。

注：代位权是指，当债务人怠于行使权利时，债权人为保全其债权，得以自己的名义，行使债务人权利的权利。

第 337 讲　挂靠、层层转/分包情形下，如何认定实际施工人？

答：挂靠、层层转/分包情形下的实际施工人，应当是实际投入资金、材料和劳力进行工程施工的单位、自然人（包工头）等民事主体。

【法律依据】北京高院《解答》第十八条　……建设工程经数次转包的，实际施工人应当是最终实际投入资金、材料和劳力进行工程施工的法人、非法人企业、个人合伙、包工头等民事主体。

【裁判案例】（2018）豫 12 民终 1806 号

【裁判观点】本院认为，建设工程经数次转包的，实际施工人应当是最终实际投入资金、材料和劳力进行工程施工的法人、非法人企业、个人合伙、包工头等民事主体。因此认定实际施工人的身份应当根据实际履行原则，从工人组织和施工管理、工程垫资、工程款的领取、工程量和工程价款的结算、对外债务的负担、事故责任的承担等方面综合予以审查。王某虽然没有直接与违法分包人签订合同，但该合同项下的权利义务由其实际履行，其在事实上完成了涉案工程的施工，故可以认定王某是涉案工程的实际施工人。刘某与违法分包人虽然签订了合同，但根据现有证据无法认定刘某实际上对涉案工程投入了资金、技术、人力并进行施工。因此，刘某作为涉案工程层层转包关系的中间环节，根据其提供的证据无法被认定为涉案工程的实际施工人。

第 338 讲　施工单位项目部可否作为诉讼主体参与诉讼？

答：不可以。项目部不能独立承担民事责任，其责任应由组建项目部的企业法人承担。

【法律依据】《民事诉讼法》第四十八条　公民、法人和其他组织可以作为民事诉讼的当事人。

法人由其法定代表人进行诉讼。其他组织由其主要负责人进行诉讼。

《民事诉讼法解释》第五十二条　民事诉讼法第四十八条规定的其他组织是指合法成立、有一定的组织机构和财产，但又不具备法人资格的组织，包括：

（一）依法登记领取营业执照的个人独资企业；

（二）依法登记领取营业执照的合伙企业；

（三）依法登记领取我国营业执照的中外合作经营企业、外资企业；

（四）依法成立的社会团体的分支机构、代表机构；

（五）依法设立并领取营业执照的法人的分支机构；

（六）依法设立并领取营业执照的商业银行、政策性银行和非银行金融机构的分支机构；

（七）经依法登记领取营业执照的乡镇企业、街道企业；

（八）其他符合本条规定条件的组织。

【裁判案例】（2018）渝 02 民终 1053 号

【裁判观点】工程项目部系由作为承包人的施工企业委派的代表承包人履行具体工程项目承包合同的施工管理组织。由于中铁十五局五公司巫奉高速公路 a6 合同段项目经理部系中铁十五局五公司的内设机构，对外不能独立承担民事责任，其对外运作产生的相关法律责任，应由具有法人资格的中铁十五局五公司承担。

第 339 讲　施工班组能否作为实际施工人起诉发包人？

答：不能。施工班组不是转包或违法分包的承包人，不是法律意义上的实际施工人，不能依据《建设工程司法解释（一）》第 43 条起诉发包人。

【**法律依据**】山东高院《解答》第 7 条　施工班组以实际施工人身份主张权利，如何处理？

建设工程承包人与其雇佣的施工班组之间是劳务合同法律关系，施工班组不属于法律意义上的实际施工人。

【**裁判案例**】（2018）豫 1381 民初 1779 号

【**裁判观点**】本案中砌砖施工班组非民法调整的自然人、法人或非法人组织，作为原告不适格，故应驳回起诉。

8.2 管辖

第 340 讲 建设工程劳务分包合同，当事人能否协议选择管辖法院？

答：观点一： 可以。《民事诉讼法解释》第二十八条仅规定了建设工程施工合同纠纷按照不动产纠纷确定管辖，未对建设工程分包合同纠纷的管辖作出规定。因此，劳务分包合同纠纷不适用专属管辖的规定，当事人可以约定管辖法院。

【裁判案例】（2018）皖 10 民辖终 16 号

观点二： 不可以。《民事诉讼法解释》第二十八条规定建设工程施工合同纠纷按照不动产纠纷确定管辖，不限于《民事案件案由规定》三级案由"建设工程合同纠纷"项下的第三个四级案由"建设工程施工合同纠纷"，建设工程分包合同纠纷也应当适用专属管辖。

【裁判案例】（2017）粤民辖终 360 号

我们认为： 不可以，建设工程劳务分包合同纠纷应由工程所在地法院专属管辖。

理　　由： 建设工程劳务分包合同属于建设工程分包合同的范畴，适用工程所在地法院专属管辖，更符合司法解释的立法意图。目前，虽然对《民事诉讼法解释》第二十八条中的"建设工程施工合同纠纷"包含《民事案件案由规定》三级案由"建设工程合同纠纷"项下的哪些四级案由并适用专属管辖存在争议，但对"建设工程施工合同纠纷"还应包括建设工程价款优先受偿权纠纷、建设工程分包合同纠纷、建设工程监理合同纠纷、装饰装修合同纠纷，一般不存在争议。

第 341 讲 尚未开工建设的建设工程施工合同纠纷，是否适用专属管辖？

答：观点一： 不适用。理由：工程尚未开工建设，合同与工程所在地的关联度不大，无须适用专属管辖。

【裁判案例】（2015）晋立商终字第 13 号

观点二： 适用。理由：虽然工程尚未开工建设，但仍然系围绕建设工程施工合同法律关系展开，故应适用专属管辖。

【裁判案例】（2018）苏 11 民终 2905 号

我们认为：尚未开工建设的建设工程施工合同纠纷，仍应由工程所在地法院专属管辖。

理　　由：建设工程施工合同已经签订的，即使工程尚未开工，但当事人主张权利的依据是建设工程施工合同，仍然应当按照建设工程施工合同纠纷确定管辖，由工程所在地法院管辖。

第342讲　建设工程质量保证金返还纠纷是否适用专属管辖？

答：应适用专属管辖，由工程所在地法院管辖。建设工程质量保证金返还从性质上属于施工合同履行的一部分，因此，应按照建设工程施工合同纠纷确定管辖。

【法律依据】《民事诉讼法解释》第二十八条　……农村土地承包经营合同纠纷、房屋租赁合同纠纷、建设工程施工合同纠纷、政策性房屋买卖合同纠纷，按照不动产纠纷确定管辖。

【裁判案例】（2015）渝民辖终55号

【裁判观点】本院认为，本案系因建设工程质量保证金产生争议，故为建设工程施工合同纠纷。根据最高人民法院《关于适用〈中华人民共和国民事诉讼法〉的解释》第二十八条的规定，建设工程施工合同纠纷按照不动产纠纷确定管辖；《中华人民共和国民事诉讼法》第三十三条第一项规定，因不动产纠纷提起的诉讼，由不动产所在地人民法院管辖，因此，建设工程施工合同纠纷应由建设工程所在地人民法院管辖。

第343讲　双方当事人达成结算协议，并约定由工程所在地以外的法院管辖，产生纠纷后是否可以依据约定确定管辖法院？

答：**观点一**：可以。理由：双方当事人达成结算协议的，性质转化为欠款，按照欠款关系确定管辖，可以由双方当事人协议约定管辖法院。

【裁判案例】（2017）浙民终592号

观点二：不可以。理由：结算协议的基础来源于建设工程施工合同，故仍应按建设工程施工合同关系确定管辖。

【裁判案例】（2019）冀 05 民辖终 343 号

我们认为：结算协议的基础法律关系是建设工程施工合同，仍应由工程所在地法院专属管辖。《最高人民法院关于审理民间借贷案件适用法律若干问题的规定》第十五条规定："原告以借据、收条、欠条等债权凭证为依据提起民间借贷诉讼，被告依据基础法律关系提出抗辩或者反诉，并提供证据证明债权纠纷非民间借贷行为引起的，人民法院应当依据查明的案件事实，按照基础法律关系审理"。双方当事人虽然达成工程结算协议，但工程结算协议的基础法律关系是建设工程施工合同关系，仍应由工程所在地法院专属管辖。

第 344 讲 铁路修建监理合同纠纷是否适用专属管辖？

答：适用，由铁路运输法院专属管辖。

【法律依据】《最高人民法院关于铁路运输法院案件管辖范围的若干规定》第三条 下列涉及铁路运输、铁路安全、铁路财产的民事诉讼，由铁路运输法院管辖：……（六）与铁路及其附属设施的建设施工有关的合同纠纷。

【裁判案例】（2018）云民辖终 112 号

【裁判观点】本案系铁路专用线建设工程监理合同纠纷，根据《最高人民法院关于铁路运输法院案件管辖范围的若干规定》第三条"（六）与铁路及其附属设施的建设施工有关的合同纠纷"由铁路运输法院管辖之规定，本案应由铁路运输法院专门管辖。本案工程所在地为云南省保山市，诉讼标的金额为 10521763.03 元，属于昆明铁路运输中级法院的受案范围，故本案应由昆明铁路运输中级法院管辖，保山市中级人民法院对本案没有管辖权，原审裁定保山市中级人民法院对本案具有管辖权错误，本院予以纠正。

第 345 讲 建设工程监理合同纠纷是否适用专属管辖？

答：观点一：建设工程监理合同纠纷按照不动产纠纷确定管辖，由不动产所在地法院管辖。

【法律依据】江苏高院《解答》第一条。

观点二：建设工程监理合同属于委托合同，不适用建设工程司法解释等相关法律、法规，因委托监理合同发生的纠纷应当依据有关委托合同的法律规定处理。

【法律依据】天津高院《纪要》第十条。

我们认为：建设工程监理合同纠纷应由工程所在地法院专属管辖。

理　　由：①《民事诉讼法解释》第二十八条第二款规定，"……建设工程施工合同纠纷……按照不动产纠纷确定管辖"；《民事案件案由规定》三级案由"建设工程合同纠纷"下分为建设工程勘察合同纠纷、建设工程设计合同纠纷、建设工程施工合同纠纷、建设工程监理合同纠纷等九个四级案由。司法实务中，主流观点认为，《民事诉讼法解释》第二十八条第二款规定的"建设工程施工合同纠纷"，应作适当扩张，除建设工程勘察合同纠纷、建设工程设计合同纠纷外，其余7个案由均与施工有关，应当专属管辖。②施工合同纠纷按照不动产纠纷专属管辖的目的，是为了方便法院调查取证，查清事实，而监理合同的履行，与施工合同的履行过程密切相关。

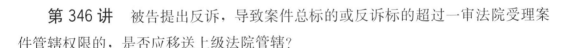

第346讲　被告提出反诉，导致案件总标的或反诉标的超过一审法院受理案件管辖权限的，是否应移送上级法院管辖？

答：不需要。依据管辖恒定原则，不因反诉改变案件的级别管辖。

【法律依据】《民事诉讼法解释》第三十九条　人民法院对管辖异议审查后确定有管辖权的，不因当事人提起反诉、增加或者变更诉讼请求等改变管辖，但违反级别管辖、专属管辖规定的除外。

【裁判案例】（2021）黔02民辖监2号

【裁判观点】建筑中岭公司向盘州市人民法院提起诉讼后，被告盛鸿公司向盘州市人民法院提出反诉，应视为其接受该法院管辖。《民诉法解释》第三十九条第一款规定："人民法院对管辖异议审查后确定有管辖权的，不因当事人提起反诉、增加或者变更诉讼请求等改变管辖，但违反级别管辖、专属管辖规定的除外"，此处的但书条款，仅指本诉而言，不因反诉改变案件级别管辖，是司法实践中管辖恒定原则的一般体现。因为，当事人完全可以不提起反诉，而根据诉讼标的额向其认为有管辖权的人民法院另行起诉。在当事人没有另行起诉，而是通过反诉提出主张的情况下，由受诉法院将之与本诉合并审理，符合法律的规定，有利于及时解决纠纷，防止裁判冲突。盘州市人民法院依据反诉标的额向本院移送案件，违反管辖恒定原则，属程序不当，应予纠正。

第 347 讲 设计合同纠纷是否适用专属管辖？

答：观点一： 设计合同纠纷按照不动产纠纷确定管辖，由不动产所在地法院管辖。

【裁判案例】（2017）粤 06 民辖终 1975 号

观点二： 设计合同纠纷不是建设工程施工合同纠纷，当事人提起诉讼的，应向被告住所地或合同履行地法院起诉。

【裁判案例】（2019）渝民辖 5 号

我们认为： 设计合同纠纷不适用工程所在地法院专属管辖，应按一般管辖原则确定管辖法院，由被告住所地或者合同履行地法院管辖。

理　由： ①《民法典》第七百八十八条第二款规定"建设工程合同包括工程勘察、设计、施工合同"，可见，设计合同与施工合同是并列关系。且《民事案件案由规定》将三级案由"建设工程合同纠纷"分为建设工程勘察合同纠纷、建设工程设计合同纠纷、建设工程施工合同纠纷等九个四级案由，按照《民事诉讼法解释》第二十八条的规定，建设工程施工合同纠纷适用不动产专属管辖，建设工程设计合同纠纷不在其中。②建设工程设计合同，属于服务合同，司法实务中，将建设工程设计合同纠纷作为一般管辖对待，有较为广泛的共识。

第 348 讲 立案及管辖异议阶段，法院是否可以通过对诉讼请求数额进行实质性审查来判定级别管辖？

答：不能。立案及管辖异议阶段，法院只能对诉请及诉讼材料进行形式审查。

【裁判案例】（2015）民一终字第 262 号

【裁判观点】人民法院在接收、登记诉状后，为确定案件的管辖权，应当对当事人诉请的事实与理由是否有形式上的证据材料支持进行审查，不能未判先定、代替实体审理。本案中，南通六建公司提起诉讼，主张金豪公司、金豪长治分公司支付工程欠款 25774464 元，财务费用 10622106 元，违约金 15417691 元，并提供了相关证据材料。依据这些证据材料，在起诉与受理阶段，可以确定山西省高级人民法院是本案的级别管辖法院。至于南通六建公司关于工程款、财务费用、违约金的诉请能否被支持，属于案件实体审理的范围。一审裁定以"南通六建公司起诉标的的构成，违约金部分计算了两笔，而第二笔计算所依据的《确认单》中关于违约的约定是对第一笔计算所依据的《建设工程施工协议》以及后来签订的《建设工程施工补充协议》中关于违约责任应如何承担的变更"为由，认定"南通六建公司起诉计算两笔违约金有明显抬高诉讼标的、提高级别管辖的故意"适用法律不当，应予撤销。

◆◆◆◆

第 349 讲　施工合同约定的仲裁机构名称不准确，产生纠纷后，由法院还是仲裁机构管辖？

答：施工合同约定的仲裁机构名称不准确，但能够确定具体且唯一的仲裁机构的，由仲裁机构管辖；确定不了具体仲裁机构或者仲裁机构不唯一的，由工程所在地法院管辖。

【法律依据】《仲裁法解释》第三条　仲裁协议约定的仲裁机构名称不准确，但能够确定具体的仲裁机构的，应当认定选定了仲裁机构。

【裁判案例】（2014）民一终字第 249 号

【裁判观点】双方当事人在《中银城市广场工程 2009 年复工协议书》中约定"由呼和浩特市仲裁委员会仲裁"，但呼和浩特市的民事仲裁委员会只有呼和浩特仲裁委员会。最高院《关于适用〈仲裁法〉若干问题的解释》第三条规定：仲裁协议约定的仲裁机构名称不准确，但能够确定具体的仲裁机构的，应当认定选定了仲裁机构。第六条规定：仲裁协议约定由某地的仲裁机构仲裁且该地仅有一个仲裁机构的，该仲裁机构视为约定的仲裁机构。双方当事人在一审预备庭笔录中均认可呼和浩特市仲裁委员会是一个明确存在的机构，且在呼和浩特市的民事仲裁委员会只有呼和浩特仲裁委员会，故可以确定双方约定的仲裁机构是呼和浩特仲裁委员会。华夏公司提出约定的仲裁机构不存在的上诉理由，本院不予支持。

◆ ◆ ◆ ◆

第 350 讲 发、承包双方在施工合同中约定"由工程所在地仲裁机构管辖"，但工程所在地仲裁机构是合同生效后才设立的，出现纠纷后，由法院还是仲裁机构管辖？

答：由仲裁机构管辖。

【法律依据】《仲裁法解释》第六条 仲裁协议约定由某地的仲裁机构仲裁且该地仅有一个仲裁机构的，该仲裁机构视为约定的仲裁机构。

【裁判案例】（2019）最高法民终 1500 号

【裁判观点】《BT 项目合同》签订于 2011 年 9 月 26 日，该合同系双方真实意思表示，且未违反法律禁止性规定，应依法确认合同有效。双方订立仲裁条款的本意为发生纠纷时选择用仲裁的方式解决纠纷，且选择工程所在地的仲裁委员会为仲裁机构，当中电港航公司于 2019 年 2 月向福建高院提起诉讼时，工程所在地仲裁委员会即海峡两岸仲裁中心依法成立，是工程所在地唯一的仲裁机构，仲裁条款的不确定性已经消除，应当认定仲裁条款有效。双方就《BT 项目合同》发生争议时，中电港航公司应根据《BT 项目合同》中仲裁条款的约定申请仲裁，故一审法院驳回其起诉并无不当。

◆ ◆ ◆ ◆

第 351 讲 施工合同既约定仲裁又约定诉讼，怎么确定管辖？

答：约定无效，由工程所在地法院管辖。

【法律依据】《仲裁法解释》第七条 当事人约定争议可以向仲裁机构申请仲裁也可以向人民法院起诉的，仲裁协议无效。

【裁判案例】（2018）湘民辖终 176 号

【裁判观点】施工合同第三十七条争议部分约定，"在履行合同过程中产生争议时，（1）请衡阳仲裁委员会调解；（2）采取第（一）种方式解决，并约定向衡阳仲裁委员会提请仲裁或向衡阳市人民法院提起诉讼。"根据《最高人民法院关于适用〈中华人民共和国仲裁法〉若干问题的解释》第七条之规定，当事人约定争议可以向仲裁机构申请仲裁也可以向人民法院起诉的，仲裁协议无效。基于上述规定，可见本案上述仲裁条款无效，人民法院对本案享有管辖权。

第 352 讲　同一项目先后签订了两份施工合同，分别约定了不同的履行事项，一份合同争议解决条款约定了仲裁，另一份合同争议解决条款约定了诉讼，产生纠纷后，如何确定管辖？

答：应根据请求事项所涉合同来确定管辖。

【法律依据】《仲裁法》第十六条　仲裁协议应当具有下列内容：（一）请求仲裁的意思表示；（二）仲裁事项；（三）选定的仲裁委员会。

【裁判案例】（2019）皖 17 民特 9 号

【裁判观点】2015 年 10 月 16 日，恒泰公司与中晟公司签订《双方协议》，明确约定了仲裁。2015 年 10 月 23 日，双方签订《建设工程施工合同》，约定出现纠纷向工程所在地人民法院起诉。现恒泰公司申请确认《双方协议》约定的仲裁无效。本院认为，《双方协议》主要涉及中晟公司代恒泰公司支付前期拖欠工程款和后续垫资接手工程建设，以及中晟公司应获得的利息和报酬、双方的违约责任。《建设工程施工合同》主要就案涉建设工程中发包人与承包人的权利义务作出约定。虽然从合同表面约定看，《双方协议》及《建设工程施工合同》的履行存在关联，但是可以区分。《建设工程施工合同》中有关诉讼的约定，并不产生变更《双方协议》中有关仲裁约定的效果，《双方协议》的仲裁约定有效。

第 353 讲　双方约定仲裁，发包人向法院起诉，承包人未在开庭前提出管辖

异议或者进行了实体答辩，后发包人又撤诉的，双方后续再产生争议，是否还应受仲裁约定的约束还是只能向法院起诉？

答：仍应受仲裁约定的约束。撤诉的法律后果等同于未起诉，仲裁约定对双方仍然具有约束力。

【裁判案例】（2009）民一终字第 46 号（《人民司法·案例》收录案例）

【裁判观点】鉴于双方当事人在建设工程施工合同中所订仲裁条款意思表示真实，且不存在法定无效情形，故应认定仲裁条款有效，对双方当事人具有约束力。上述仲裁条款原则上决定了人民法院不应受理本案当事人之间因履行建设工程施工合同而产生的民事纠纷。鑫鑫房地产公司起诉后在首次开庭前，以由于申请人疏忽，误将具有约定仲裁条款的合同纠纷向人民法院提起了诉讼为由申请撤诉，丛台人民法院随即裁定准其撤回起诉。由于撤诉的法律后果等同于未起诉，故不应再依据双方当事人在丛台区人民法院诉讼期间的行为判断其是否一致同意放弃合同中的仲裁条款。

在当事人之间的仲裁条款仍合法有效的前提下，东阳三建公司向河北省高院提起诉讼，不能改变仲裁条款的效力。鑫鑫房地产公司有权以双方当事人之间有仲裁条款为由提出管辖权异议，河北高院不宜再继续审理本案。一审裁定违反了仲裁管辖优先原则，不当扩大了人民法院主管案件的范围，对此应予以纠正，裁定撤销一审法院裁定，驳回东阳三建公司起诉。

◆ ◆ ◆ ◆

第 354 讲　施工合同约定仲裁，一方向法院起诉，另一方在首次开庭前未对法院受理该案提出异议或者进行了实体答辩，之后又提出法院无权管辖的异议的，法院能否以双方存在仲裁约定为由裁定驳回原告的起诉？

答：不能，法院应当继续审理。

【法律依据】《民事诉讼法》第一百二十七条第二款　当事人未提出管辖异议，并应诉答辩的，视为受诉人民法院有管辖权，但违反级别管辖和专属管辖规定的除外。

《仲裁法》第二十六条　当事人达成仲裁协议，一方向人民法院起诉未声明有仲裁协议，人民法院受理后，另一方在首次开庭前提交仲裁协议的，人民法院应当驳回起诉，但仲裁协议无效的除外；另一方在首次开庭前未对人民法院受理该案提出异议的，视为放弃仲裁协议，人民法院应当继续审理。

【裁判案例】（2020）最高法民再 150 号

【裁判观点】本院再审认为，根据《民事诉讼法》第一百二十七条第二款、《仲裁法》第二十六条规定，本案中，在 2016 年 11 月港海公司向冠县人民法院起诉恒润公司时，恒润公司并未向人民法院声明双方之间存在仲裁协议，且恒润公司就该案实体内容进行了答辩并提出了反诉、追加被告的相关申请。因此，恒润公司在该案审理过程中应诉答辩的行为，表明恒润公司已经接受法院的管辖，放弃了仲裁管辖的约定。且在本案一审答辩期间，恒润公司仅向一审法院提出应由北京市朝阳区法院管辖的异议，并未就法院主管提出异议，表明恒润公司就本案在法院进行诉讼作出了选择。故在两审法院就本案管辖权作出驳回恒润公司的管辖权异议的情况下，恒润公司无权再就法院主管问题提出异议，不得再以双方当事人之间存在仲裁协议，法院没有管辖权为由提出抗辩。

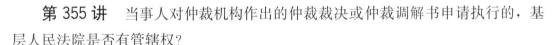

第 355 讲　当事人对仲裁机构作出的仲裁裁决或仲裁调解书申请执行的，基层人民法院是否有管辖权？

答：申请执行仲裁裁决或者仲裁调解书的，一般由被执行人住所地或被执行财产所在地的中级人民法院管辖，但符合《最高人民法院关于人民法院办理仲裁裁决执行案件若干问题的规定》第二条第二款规定的，经高级人民法院批准，中级人民法院可指定基层人民法院管辖。

【法律依据】《最高人民法院关于人民法院办理仲裁裁决执行案件若干问题的规定》第二条　当事人对仲裁机构作出的仲裁裁决或者仲裁调解书申请执行的，由被执行人住所地或者被执行的财产所在地的中级人民法院管辖。

符合下列条件的，经上级人民法院批准，中级人民法院可以参照民事诉讼法第三十八条的规定指定基层人民法院管辖：（一）执行标的额符合基层人民法院一审民商事案件级别管辖受理范围；（二）被执行人住所地或者被执行的财产所在地在被指定的基层人民法院辖区内。

【裁判案例】（2021）鲁 01 执 1183 号

【裁判观点】因本案是仲裁执行案件，执行标的符合基层法院一审民商事案件级别管辖受理范围；且被执行人住所地在山东省济南市历下区历山路 157 号天鹅大厦五楼。经山东省高级人民法院批准，依照《最高人民法院关于人民法院办理仲裁裁决执行案件若干问题的规定》第二条第二款、《中华人民共和国民事诉讼法》第一百五十四条第一款第十一项的规定，裁定如下：济南仲裁委员会（2020）济仲裁字第 0037 号裁决书由济南市历下区人民法院执行。

◆ ◆ ◆ ◆

第 356 讲　承包人基于施工合同有效的错误认识，一审时向发包人主张逾期付款违约金，二审认定施工合同无效，二审法院可否直接改判发包人承担欠付工程款的利息损失？

答： 可以。如果利息损失并未超出承包人主张的逾期付款违约金，二审法院可以直接改判发包人承担欠付工程款的利息损失。

【法律依据】《民事诉讼法》第一百七十条　第二审人民法院对上诉案件，经过审理，按照下列情形，分别处理：……（三）原判决认定基本事实不清的，裁定撤销原判决，发回原审人民法院重审，或者查清事实后改判。

【裁判案例】《民事审判指导与参考》第 38 辑第 215 页

【最高院指导意见】承包人之所以未主张工程款利息，是基于合同有效的认识，二审法院在认定双方当事人所签建设工程施工合同无效时，不能以承包人没有主张工程款欠款利息而简单予以发回重审。如果承包人基于合同有效提出了违约金主张，而当事人对合同无效的过错清楚，损失确定明了且并未超出当事人请求的数额范围，人民法院可直接判决发包人承担工程欠款的利息损失。

8.3　程序

第 357 讲　建设工程价款优先受偿权的行使能否适用《民事诉讼法》 第一百九十六条规定的 "实现担保物权的特别程序"？

答：观点一：可以。理由：建设工程价款优先受偿权属于建设工程承包人工程款债权的法定担保。故建设工程价款优先受偿权可以通过担保物权的实现程序实现。

【裁判案例】（2019）皖 10 民终 460 号

观点二：不可以。理由：关于建设工程价款优先受偿权的性质尚存争议，且《民事诉讼法解释》第三百六十一条未规定建设工程价款优先受偿权人可以作为实现担保物权案件的申请人，故不宜将其纳入实现担保物权案件申请人范围。

【法律依据】原《重庆市高级人民法院关于办理实现担保物权案件若干问题的解答》第三条

我们认为：建设工程价款优先受偿权的行使不宜适用实现担保物权的特别程序。

理　　由：①《民事诉讼法解释》第三百六十一条："民事诉讼法第一百九十六条规定的担保物权人，包括抵押权人、质权人、留置权人；其他有权请求实现担保物权的人，包括抵押人、出质人、财产被留置的债务人或者所有权人等。"该条对 "实现担保物权特别程序" 中的行使主体进行了明确规定，未提及建设工程价款优先受偿权人。②实现担保物权的程序具有非讼性，并不体现权利义务的争议性，这是由物权法的公示公信原则所决定的。担保物权人申请法院拍卖、变卖担保物，其权利外观具有公信力和对抗力，实质是要求确认并实现其担保物权的程序，并非请求法院解决民事争议。但实现建设工程价款优先受偿权纠纷并不具有与实现担保物权相类似的权利外观，绝大多数情况下当事人对工程价款数额、价款优先受偿权是否逾期失权存在争议，需要通过实体审理认定。因此，为保障当事人的程序参与，准确查明案件争议，实现建设工程价款优先受偿权不宜适用实现担保物权的特别程序。

第 358 讲　法院是否可以冻结被执行人对发包人到期或者未到期债权？

答：可以，但被执行人的农民工工资专用账户资金及建设工程施工合同约定应当合理支付的建设工程进度款，不能冻结。

【法律依据】原《江苏省高级人民法院执行异议及执行异议之诉案件审理指南（三）》

27. 被执行人对建设工程建设方（发包人）享有的到期或者未到期工程款债权，执行法院可以依法冻结。建设方（发包人）因此提出执行异议的，适用《民事诉讼法》第二百二十五条规定进行审查，并裁定不予支持。

28. 建设方（发包人）依照建设工程合同约定应当合理支付的建设工程进度款及工人工资，执行法院不得冻结。建设方（发包人）或被执行人以此为由提出执行异议，请求解除冻结或准予支付，经查属实的，应予以支持。

《保障农民工工资支付条例》第三十三条 除法律另有规定外，农民工工资专用账户资金和工资保证金不得因支付为本项目提供劳动的农民工工资之外的原因被查封、冻结或者划拨。

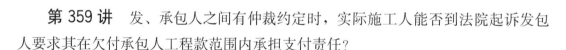

第 359 讲 发、承包人之间有仲裁约定时，实际施工人能否到法院起诉发包人要求其在欠付承包人工程款范围内承担支付责任？

答：观点一： 不可以。理由：实际施工人与承包人的关系源于发包人和承包人的法律关系且具有承继性质，实际施工人受发包人与承包人之间的仲裁约定的约束，不能到法院起诉发包人。

【裁判案例】（2016）黑民终 183 号

观点二： 可以。理由：发包人与承包人公司之间的仲裁协议不能突破合同相对性原则约束仲裁协议以外的实际施工人。

【裁判案例】（2018）湘民辖终 25 号

我们认为： 可以。

理 由： ①实际施工人不是发承包双方仲裁约定的当事人，发承包双方的仲裁约定不能突破合同相对性约束实际施工人；②实际施工人对发包人的诉权来源于《建设工程司法解释（一）》的规定，若因发承包双方的仲裁约定而剥夺实际施工人对发包人的诉权，将导致《建设工程司法解释（一）》中实际施工人诉发包人的制度目的的落空。

第 360 讲　承包人起诉索要工程款，发包人反诉要求承包人承担工程质量责任，应在什么时候提起反诉？

答：反诉应在一审辩论终结前提起。

【法律依据】《民事诉讼法解释》第二百三十二条　在案件受理后，法庭辩论终结前，原告增加诉讼请求，被告提出反诉，第三人提出与本案有关的诉讼请求，可以合并审理的，人民法院应当合并审理。

【裁判案例】（2016）皖民终 269 号

【裁判观点】原审法院认为，案涉工程尚未竣工，合肥大地房地产开发有限责任公司提起反诉，请求确认丁传荣施工的工程质量不合格及交付工程资料属抗辩，且在诉讼中已经提出，故合肥大地房地产开发有限责任公司提起的反诉不符合受理条件，应予驳回。本院认为，依照《民诉法解释》第二百三十二条规定，合肥大地房地产开发有限责任公司最迟应于法庭辩论终结前提出反诉，但该公司却在法庭辩论终结后近一个半月才提出反诉，原审裁定驳回合肥大地房地产开发有限责任公司对丁传荣的反诉并无不当。如合肥大地房地产开发有限责任公司提出的诉请符合《民诉法》关于起诉条件的规定，其可另行向人民法院提起诉讼。合肥大地房地产开发有限责任公司的上诉请求及理由不能成立。

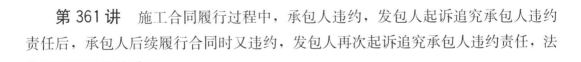

第 361 讲　施工合同履行过程中，承包人违约，发包人起诉追究承包人违约责任后，承包人后续履行合同时又违约，发包人再次起诉追究承包人违约责任，法院是否可以继续受理？

答：可以。不违反一事不再理原则。

【法律依据】《民事诉讼法》第一百二十四条　人民法院对下列起诉，分别情形，予以处理：……（五）对判决、裁定、调解书已经发生法律效力的案件，当事人又起诉的，告知原告申请再审，但人民法院准许撤诉的裁定除外。

《民事诉讼法解释》第二百四十八条　裁判发生法律效力后，发生新的事实，当事人再次提起诉讼的，人民法院应当依法受理。

【裁判案例】（2008）甬鄞民一终字第 56 号（《人民司法·案例》收录案例）

【裁判观点】二审法院认为在履行建设工程施工合同的过程中发生纠纷，被上诉人就合同已经履行部分的争议起诉至法院要求追究违约责任并赔偿损失，不影响被上诉人此后就继续履行合同过程中发生的争议主张违约责任并赔偿经济损失，但对已为生效裁判文书所裁判的争议被上诉人不应再提起诉讼，故一审法院审查本案，不违反一事不再理原则。

8.4　时效

第 362 讲　施工合同解除的，承包人要求发包人支付工程款的诉讼时效期间应自何时起算？

答：应自合同解除之日起算。但如施工合同约定了解除合同后的付款时间或者另行签订的协议约定了付款时间的，从约定的付款时间开始计算诉讼时效期间。

【法律依据】《民法典》第五百六十六条　合同解除后，尚未履行的，终止履行；已经履行的，根据履行情况和合同性质，当事人可以请求恢复原状或者采取其他补救措施，并有权请求赔偿损失……

【裁判案例】（2018）晋 11 民终 1205 号

【裁判观点】根据原审查明的事实，上诉人高阳煤矿与被上诉人科通公司在双方签订的《建设工程施工合同》不能继续履行时，双方经过协商，对科通公司已完工程量进行了结算、移交，科通公司退出工地，原审第三人金石公司才能顺利进驻工地并组织施工完成工程项目，这些事实充分说明双方签订的《建设工程施工合同》已于 2010 年 6 月 5 日协商一致解除，诉讼时效应从该日起开始起算。

第 363 讲　发、承包双方就同一事件既约定了索赔期限，又约定了违约责任救济程序，承包人未在索赔期限内索赔，之后能否根据违约条款主张违约责任？

答：可以。承包人有证据证明发包人存在违约情形时，可以依据违约条款主张违约责任。

【法律依据】《民法典》第五百七十七条　当事人一方不履行合同义务或者履行合同义务不符合约定的，应当承担继续履行、采取补救措施或者赔偿损失等违约责任。

【裁判案例】（2019）最高法民终 491 号

【裁判观点】洪洞交通局上诉称湖南四公司未按约定的索赔程序提出索赔，对此本院认为，双方在案涉合同中既约定了索赔程序，也约定了违约情形和对应责任，湖南四公司选择依照双方关于违约的约定及法律规定，主张洪洞交通局承担违约责任，并无不当。

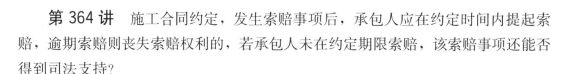

第 364 讲 施工合同约定，发生索赔事项后，承包人应在约定时间内提起索赔，逾期索赔则丧失索赔权利的，若承包人未在约定期限索赔，该索赔事项还能否得到司法支持？

答：观点一：能。理由：索赔期限适用诉讼时效期间的规定，当事人对诉讼时效的预先放弃无效。

【裁判案例】（2019）最高法民申 2708 号

观点二：不能。理由：索赔时效不是诉讼时效，是或有期间，超过约定期限后主张将不被支持。

【裁判案例】（2019）云民终 159 号

我们认为：不能。索赔期限并非诉讼时效，而是或有期间，承包人未在约定的期限内提起索赔，索赔的实体权利丧失。

理　　由："或有"意示着权利的不确定性，权利是否最终取得，取决于当事人在法定或约定期间内的行为。或有期间制度的运行规则是：权利人只有依据法律或者当事人之间约定在一定期间内为一定行为，才能取得特定的请求权，否则不能获取该请求权。索赔期限与或有期间的运行规则一样，若承包人未在约定期限内提出索赔的，发承包双方并不因索赔事件发生现实的债权债务。承包人在约定期限内向发包人提出索赔请求，或以争议解决方式提出请求，则承包人现实取得赔偿损失请求权。因此，索赔期限作为或有期间，是通过时间的流逝，间接影响承包人索赔请求权的取得与实现，这区别于诉讼时效直接限制权利人权利的行使、除斥期间直接剥夺权利人权利。

风险提示：该问题在实务中观点存在分歧，目前尚未有定论。《建设工程司法解释（一）》第十条虽然认可逾期索赔工期失权的约定，但该条又为承包人留了"合理抗辩"的救济手段，并非绝对认可。

第 365 讲 发包人一审时没有提出诉讼时效抗辩，能否将一审法院判决所确

认的结算时间作为新证据，在二审时提出诉讼时效抗辩？

　　答：不能。当事人在一审时未提出诉讼时效抗辩，也没有提出新发现的或者非因当事人原因未能在一审期间提交的证据的，二审期间提出诉讼时效抗辩不能成立。

　　【法律依据】《最高人民法院关于审理民事案件适用诉讼时效制度若干问题的规定》第三条　当事人在一审期间未提出诉讼时效抗辩，在二审期间提出的，人民法院不予支持，但其基于新的证据能够证明对方当事人的请求权已过诉讼时效期间的情形除外。

　　当事人未按照前款规定提出诉讼时效抗辩，以诉讼时效期间届满为由申请再审或者提出再审抗辩的，人民法院不予支持。

　　【裁判案例】《民事审判指导与参考 14 年卷》第 58 辑第 270 页

　　【裁判观点】一审时发包人并未提出过本案已过诉讼时效的主张。而一审法院经审理后作出一审判决，是人民法院在为解决当事人之间纠纷而进行的司法裁判活动，一审判决本身并不是同一诉讼进入二审阶段的新证据。因此，对发包人一审未提、二审以新的证据为由提出本案超出诉讼时效的主张，依法不予支持。

附录 A 中华人民共和国民法典-合同编

【发文机关】：全国人民代表大会
【发布日期】：2020.05.28
【生效日期】：2021.01.01
【文　　　号】：主席令第四十五号

第一分编　通　　则
第一章　一　般　规　定

第四百六十三条　本编调整因合同产生的民事关系。

第四百六十四条　合同是民事主体之间设立、变更、终止民事法律关系的协议。

婚姻、收养、监护等有关身份关系的协议，适用有关该身份关系的法律规定；没有规定的，可以根据其性质参照适用本编规定。

第四百六十五条　依法成立的合同，受法律保护。

依法成立的合同，仅对当事人具有法律约束力，但是法律另有规定的除外。

第四百六十六条　当事人对合同条款的理解有争议的，应当依据本法第一百四十二条第一款的规定，确定争议条款的含义。

合同文本采用两种以上文字订立并约定具有同等效力的，对各文本使用的词句推定具有相同含义。各文本使用的词句不一致的，应当根据合同的相关条款、性质、目的以及诚信原则等予以解释。

第四百六十七条　本法或者其他法律没有明文规定的合同，适用本编通则的规定，并可以参照适用本编或者其他法律最相类似合同的规定。

在中华人民共和国境内履行的中外合资经营企业合同、中外合作经营企业合同、中外合作勘探开发自然资源合同，适用中华人民共和国法律。

第四百六十八条　非因合同产生的债权债务关系，适用有关该债权债务关系的法律规定；没有规定的，适用本编通则的有关规定，但是根据其性质不能适用的除外。

第二章　合　同　的　订　立

第四百六十九条　当事人订立合同，可以采用书面形式、口头形式或者其他形式。

书面形式是合同书、信件、电报、电传、传真等可以有形地表现所载内容的形式。

以电子数据交换、电子邮件等方式能够有形地表现所载内容，并可以随时调取查用的数据电文，视为书面形式。

第四百七十条　合同的内容由当事人约定，一般包括下列条款：

（一）当事人的姓名或者名称和住所；

（二）标的；

（三）数量；

（四）质量；

（五）价款或者报酬；

（六）履行期限、地点和方式；

（七）违约责任；

（八）解决争议的方法。

当事人可以参照各类合同的示范文本订立合同。

第四百七十一条　当事人订立合同，可以采取要约、承诺方式或者其他方式。

第四百七十二条　要约是希望与他人订立合同的意思表示，该意思表示应当符合下列条件：

（一）内容具体确定；

（二）表明经受要约人承诺，要约人即受该意思表示约束。

第四百七十三条　要约邀请是希望他人向自己发出要约的表示。拍卖公告、招标公告、招股说明书、债券募集办法、基金招募说明书、商业广告和宣传、寄送的价目表等为要约邀请。

商业广告和宣传的内容符合要约条件的，构成要约。

第四百七十四条　要约生效的时间适用本法第一百三十七条的规定。

第四百七十五条　要约可以撤回。要约的撤回适用本法第一百四十一条的规定。

第四百七十六条　要约可以撤销，但是有下列情形之一的除外：

（一）要约人以确定承诺期限或者其他形式明示要约不可撤销；

（二）受要约人有理由认为要约是不可撤销的，并已经为履行合同做了合理准备工作。

第四百七十七条　撤销要约的意思表示以对话方式作出的，该意思表示的内容应当在受要约人作出承诺之前为受要约人所知道；撤销要约的意思表示以非对话方式作出的，应当在受要约人作出承诺之前到达受要约人。

第四百七十八条　有下列情形之一的，要约失效：

（一）要约被拒绝；

（二）要约被依法撤销；

（三）承诺期限届满，受要约人未作出承诺；

（四）受要约人对要约的内容作出实质性变更。

第四百七十九条　承诺是受要约人同意要约的意思表示。

第四百八十条　承诺应当以通知的方式作出；但是，根据交易习惯或者要约表明可以通过行为作出承诺的除外。

第四百八十一条　承诺应当在要约确定的期限内到达要约人。

要约没有确定承诺期限的，承诺应当依照下列规定到达：

（一）要约以对话方式作出的，应当即时作出承诺；

（二）要约以非对话方式作出的，承诺应当在合理期限内到达。

第四百八十二条　要约以信件或者电报作出的，承诺期限自信件载明的日期或者电报交发之日开始计算。信件未载明日期的，自投寄该信件的邮戳日期开始计算。要约以电话、传真、电子邮件等快速通讯方式作出的，承诺期限自要约到达受要约人时开始计算。

第四百八十三条　承诺生效时合同成立，但是法律另有规定或者当事人另有约定的除外。

第四百八十四条　以通知方式作出的承诺，生效的时间适用本法第一百三十七条的规定。

承诺不需要通知的，根据交易习惯或者要约的要求作出承诺的行为时生效。

第四百八十五条　承诺可以撤回。承诺的撤回适用本法第一百四十一条的规定。

第四百八十六条　受要约人超过承诺期限发出承诺，或者在承诺期限内发出承诺，按照通常情形不能及时到达要约人的，为新要约；但是，要约人及时通知受要约人该承诺有效的除外。

第四百八十七条 受要约人在承诺期限内发出承诺，按照通常情形能够及时到达要约人，但是因其他原因致使承诺到达要约人时超过承诺期限的，除要约人及时通知受要约人因承诺超过期限不接受该承诺外，该承诺有效。

第四百八十八条 承诺的内容应当与要约的内容一致。受要约人对要约的内容作出实质性变更的，为新要约。有关合同标的、数量、质量、价款或者报酬、履行期限、履行地点和方式、违约责任和解决争议方法等的变更，是对要约内容的实质性变更。

第四百八十九条 承诺对要约的内容作出非实质性变更的，除要约人及时表示反对或者要约表明承诺不得对要约的内容作出任何变更外，该承诺有效，合同的内容以承诺的内容为准。

第四百九十条 当事人采用合同书形式订立合同的，自当事人均签名、盖章或者按指印时合同成立。在签名、盖章或者按指印之前，当事人一方已经履行主要义务，对方接受时，该合同成立。

法律、行政法规规定或者当事人约定合同应当采用书面形式订立，当事人未采用书面形式但是一方已经履行主要义务，对方接受时，该合同成立。

第四百九十一条 当事人采用信件、数据电文等形式订立合同要求签订确认书的，签订确认书时合同成立。

当事人一方通过互联网等信息网络发布的商品或者服务信息符合要约条件的，对方选择该商品或者服务并提交订单成功时合同成立，但是当事人另有约定的除外。

第四百九十二条 承诺生效的地点为合同成立的地点。

采用数据电文形式订立合同的，收件人的主营业地为合同成立的地点；没有主营业地的，其住所地为合同成立的地点。当事人另有约定的，按照其约定。

第四百九十三条 当事人采用合同书形式订立合同的，最后签名、盖章或者按指印的地点为合同成立的地点，但是当事人另有约定的除外。

第四百九十四条 国家根据抢险救灾、疫情防控或者其他需要下达国家订货任务、指令性任务的，有关民事主体之间应当依照有关法律、行政法规规定的权利和义务订立合同。

依照法律、行政法规的规定负有发出要约义务的当事人，应当及时发出合理的要约。

依照法律、行政法规的规定负有作出承诺义务的当事人，不得拒绝对方合理的订立合同要求。

第四百九十五条 当事人约定在将来一定期限内订立合同的认购书、订购书、预订书等，构成预约合同。

当事人一方不履行预约合同约定的订立合同义务的，对方可以请求其承担预约合同的违约责任。

第四百九十六条 格式条款是当事人为了重复使用而预先拟定，并在订立合同时未与对方协商的条款。

采用格式条款订立合同的，提供格式条款的一方应当遵循公平原则确定当事人之间的权利和义务，并采取合理的方式提示对方注意免除或者减轻其责任等与对方有重大利害关系的条款，按照对方的要求，对该条款予以说明。提供格式条款的一方未履行提示或者说明义务，致使对方没有注意或者理解与其有重大利害关系的条款的，对方可以主张该条款不成为合同的内容。

第四百九十七条 有下列情形之一的，该格式条款无效：

（一）具有本法第一编第六章第三节和本法第五百零六条规定的无效情形；

（二）提供格式条款一方不合理地免除或者减轻其责任、加重对方责任、限制对方主要权利；

（三）提供格式条款一方排除对方主要权利。

第四百九十八条　对格式条款的理解发生争议的，应当按照通常理解予以解释。对格式条款有两种以上解释的，应当作出不利于提供格式条款一方的解释。格式条款和非格式条款不一致的，应当采用非格式条款。

第四百九十九条　悬赏人以公开方式声明对完成特定行为的人支付报酬的，完成该行为的人可以请求其支付。

第五百条　当事人在订立合同过程中有下列情形之一，造成对方损失的，应当承担赔偿责任：

（一）假借订立合同，恶意进行磋商；

（二）故意隐瞒与订立合同有关的重要事实或者提供虚假情况；

（三）有其他违背诚信原则的行为。

第五百零一条　当事人在订立合同过程中知悉的商业秘密或者其他应当保密的信息，无论合同是否成立，不得泄露或者不正当地使用；泄露、不正当地使用该商业秘密或者信息，造成对方损失的，应当承担赔偿责任。

第三章　合同的效力

第五百零二条　依法成立的合同，自成立时生效，但是法律另有规定或者当事人另有约定的除外。

依照法律、行政法规的规定，合同应当办理批准等手续的，依照其规定。未办理批准等手续影响合同生效的，不影响合同中履行报批等义务条款以及相关条款的效力。应当办理申请批准等手续的当事人未履行义务的，对方可以请求其承担违反该义务的责任。

依照法律、行政法规的规定，合同的变更、转让、解除等情形应当办理批准等手续的，适用前款规定。

第五百零三条　无权代理人以被代理人的名义订立合同，被代理人已经开始履行合同义务或者接受相对人履行的，视为对合同的追认。

第五百零四条　法人的法定代表人或者非法人组织的负责人超越权限订立的合同，除相对人知道或者应当知道其超越权限外，该代表行为有效，订立的合同对法人或者非法人组织发生效力。

第五百零五条　当事人超越经营范围订立的合同的效力，应当依照本法第一编第六章第三节和本编的有关规定确定，不得仅以超越经营范围确认合同无效。

第五百零六条　合同中的下列免责条款无效：

（一）造成对方人身损害的；

（二）因故意或者重大过失造成对方财产损失的。

第五百零七条　合同不生效、无效、被撤销或者终止的，不影响合同中有关解决争议方法的条款的效力。

第五百零八条　本编对合同的效力没有规定的，适用本法第一编第六章的有关规定。

第四章　合同的履行

第五百零九条　当事人应当按照约定全面履行自己的义务。

当事人应当遵循诚信原则，根据合同的性质、目的和交易习惯履行通知、协助、保密等义务。

当事人在履行合同过程中，应当避免浪费资源、污染环境和破坏生态。

第五百一十条 合同生效后，当事人就质量、价款或者报酬、履行地点等内容没有约定或者约定不明确的，可以协议补充；不能达成补充协议的，按照合同相关条款或者交易习惯确定。

第五百一十一条 当事人就有关合同内容约定不明确，依据前条规定仍不能确定的，适用下列规定：

（一）质量要求不明确的，按照强制性国家标准履行；没有强制性国家标准的，按照推荐性国家标准履行；没有推荐性国家标准的，按照行业标准履行；没有国家标准、行业标准的，按照通常标准或者符合合同目的的特定标准履行。

（二）价款或者报酬不明确的，按照订立合同时履行地的市场价格履行；依法应当执行政府定价或者政府指导价的，依照规定履行。

（三）履行地点不明确，给付货币的，在接受货币一方所在地履行；交付不动产的，在不动产所在地履行；其他标的，在履行义务一方所在地履行。

（四）履行期限不明确的，债务人可以随时履行，债权人也可以随时请求履行，但是应当给对方必要的准备时间。

（五）履行方式不明确的，按照有利于实现合同目的的方式履行。

（六）履行费用的负担不明确的，由履行义务一方负担；因债权人原因增加的履行费用，由债权人负担。

第五百一十二条 通过互联网等信息网络订立的电子合同的标的为交付商品并采用快递物流方式交付的，收货人的签收时间为交付时间。电子合同的标的为提供服务的，生成的电子凭证或者实物凭证中载明的时间为提供服务时间；前述凭证没有载明时间或者载明时间与实际提供服务时间不一致的，以实际提供服务的时间为准。

电子合同的标的物为采用在线传输方式交付的，合同标的物进入对方当事人指定的特定系统且能够检索识别的时间为交付时间。

电子合同当事人对交付商品或者提供服务的方式、时间另有约定的，按照其约定。

第五百一十三条 执行政府定价或者政府指导价的，在合同约定的交付期限内政府价格调整时，按照交付时的价格计价。逾期交付标的物的，遇价格上涨时，按照原价格执行；价格下降时，按照新价格执行。逾期提取标的物或者逾期付款的，遇价格上涨时，按照新价格执行；价格下降时，按照原价格执行。

第五百一十四条 以支付金钱为内容的债，除法律另有规定或者当事人另有约定外，债权人可以请求债务人以实际履行地的法定货币履行。

第五百一十五条 标的有多项而债务人只需履行其中一项的，债务人享有选择权；但是，法律另有规定、当事人另有约定或者另有交易习惯的除外。

享有选择权的当事人在约定期限内或者履行期限届满未作选择，经催告后在合理期限内仍未选择的，选择权转移至对方。

第五百一十六条 当事人行使选择权应当及时通知对方，通知到达对方时，标的确定。标的确定后不得变更，但是经对方同意的除外。

可选择的标的发生不能履行情形的，享有选择权的当事人不得选择不能履行的标的，但是该不能履行的情形是由对方造成的除外。

第五百一十七条 债权人为二人以上，标的可分，按照份额各自享有债权的，为按份债权；债务人为二人以上，标的可分，按照份额各自负担债务的，为按份债务。

按份债权人或者按份债务人的份额难以确定的，视为份额相同。

第五百一十八条　债权人为二人以上，部分或者全部债权人均可以请求债务人履行债务的，为连带债权；债务人为二人以上，债权人可以请求部分或者全部债务人履行全部债务的，为连带债务。

连带债权或者连带债务，由法律规定或者当事人约定。

第五百一十九条　连带债务人之间的份额难以确定的，视为份额相同。

实际承担债务超过自己份额的连带债务人，有权就超出部分在其他连带债务人未履行的份额范围内向其追偿，并相应地享有债权人的权利，但是不得损害债权人的利益。其他连带债务人对债权人的抗辩，可以向该债务人主张。

被追偿的连带债务人不能履行其应分担份额的，其他连带债务人应当在相应范围内按比例分担。

第五百二十条　部分连带债务人履行、抵销债务或者提存标的物的，其他债务人对债权人的债务在相应范围内消灭；该债务人可以依据前条规定向其他债务人追偿。

部分连带债务人的债务被债权人免除的，在该连带债务人应当承担的份额范围内，其他债务人对债权人的债务消灭。

部分连带债务人的债务与债权人的债权同归于一人的，在扣除该债务人应当承担的份额后，债权人对其他债务人的债权继续存在。

债权人对部分连带债务人的给付受领迟延的，对其他连带债务人发生效力。

第五百二十一条　连带债权人之间的份额难以确定的，视为份额相同。

实际受领债权的连带债权人，应当按比例向其他连带债权人返还。

连带债权参照适用本章连带债务的有关规定。

第五百二十二条　当事人约定由债务人向第三人履行债务，债务人未向第三人履行债务或者履行债务不符合约定的，应当向债权人承担违约责任。

法律规定或者当事人约定第三人可以直接请求债务人向其履行债务，第三人未在合理期限内明确拒绝，债务人未向第三人履行债务或者履行债务不符合约定的，第三人可以请求债务人承担违约责任；债务人对债权人的抗辩，可以向第三人主张。

第五百二十三条　当事人约定由第三人向债权人履行债务，第三人不履行债务或者履行债务不符合约定的，债务人应当向债权人承担违约责任。

第五百二十四条　债务人不履行债务，第三人对履行该债务具有合法利益的，第三人有权向债权人代为履行；但是，根据债务性质、按照当事人约定或者依照法律规定只能由债务人履行的除外。

债权人接受第三人履行后，其对债务人的债权转让给第三人，但是债务人和第三人另有约定的除外。

第五百二十五条　当事人互负债务，没有先后履行顺序的，应当同时履行。一方在对方履行之前有权拒绝其履行请求。一方在对方履行债务不符合约定时，有权拒绝其相应的履行请求。

第五百二十六条　当事人互负债务，有先后履行顺序，应当先履行债务一方未履行的，后履行一方有权拒绝其履行请求。先履行一方履行债务不符合约定的，后履行一方有权拒绝其相应的履行请求。

第五百二十七条　应当先履行债务的当事人，有确切证据证明对方有下列情形之一的，可以中止履行：

（一）经营状况严重恶化；

（二）转移财产、抽逃资金，以逃避债务；

（三）丧失商业信誉；

（四）有丧失或者可能丧失履行债务能力的其他情形。

当事人没有确切证据中止履行的，应当承担违约责任。

第五百二十八条 当事人依据前条规定中止履行的，应当及时通知对方。对方提供适当担保的，应当恢复履行。中止履行后，对方在合理期限内未恢复履行能力且未提供适当担保的，视为以自己的行为表明不履行主要债务，中止履行的一方可以解除合同并可以请求对方承担违约责任。

第五百二十九条 债权人分立、合并或者变更住所没有通知债务人，致使履行债务发生困难的，债务人可以中止履行或者将标的物提存。

第五百三十条 债权人可以拒绝债务人提前履行债务，但是提前履行不损害债权人利益的除外。

债务人提前履行债务给债权人增加的费用，由债务人负担。

第五百三十一条 债权人可以拒绝债务人部分履行债务，但是部分履行不损害债权人利益的除外。

债务人部分履行债务给债权人增加的费用，由债务人负担。

第五百三十二条 合同生效后，当事人不得因姓名、名称的变更或者法定代表人、负责人、承办人的变动而不履行合同义务。

第五百三十三条 合同成立后，合同的基础条件发生了当事人在订立合同时无法预见的、不属于商业风险的重大变化，继续履行合同对于当事人一方明显不公平的，受不利影响的当事人可以与对方重新协商；在合理期限内协商不成的，当事人可以请求人民法院或者仲裁机构变更或者解除合同。

人民法院或者仲裁机构应当结合案件的实际情况，根据公平原则变更或者解除合同。

第五百三十四条 对当事人利用合同实施危害国家利益、社会公共利益行为的，市场监督管理和其他有关行政主管部门依照法律、行政法规的规定负责监督处理。

第五章 合同的保全

第五百三十五条 因债务人怠于行使其债权或者与该债权有关的从权利，影响债权人的到期债权实现的，债权人可以向人民法院请求以自己的名义代位行使债务人对相对人的权利，但是该权利专属于债务人自身的除外。

代位权的行使范围以债权人的到期债权为限。债权人行使代位权的必要费用，由债务人负担。

相对人对债务人的抗辩，可以向债权人主张。

第五百三十六条 债权人的债权到期前，债务人的债权或者与该债权有关的从权利存在诉讼时效期间即将届满或者未及时申报破产债权等情形，影响债权人的债权实现的，债权人可以代位向债务人的相对人请求其向债务人履行、向破产管理人申报或者作出其他必要的行为。

第五百三十七条 人民法院认定代位权成立的，由债务人的相对人向债权人履行义务，债权人接受履行后，债权人与债务人、债务人与相对人之间相应的权利义务终止。债务人对相对人的债权或者与该债权有关的从权利被采取保全、执行措施，或者债务人破产的，依照相关法律的规定处理。

第五百三十八条　债务人以放弃其债权、放弃债权担保、无偿转让财产等方式无偿处分财产权益，或者恶意延长其到期债权的履行期限，影响债权人的债权实现的，债权人可以请求人民法院撤销债务人的行为。

第五百三十九条　债务人以明显不合理的低价转让财产、以明显不合理的高价受让他人财产或者为他人的债务提供担保，影响债权人的债权实现，债务人的相对人知道或者应当知道该情形的，债权人可以请求人民法院撤销债务人的行为。

第五百四十条　撤销权的行使范围以债权人的债权为限。债权人行使撤销权的必要费用，由债务人负担。

第五百四十一条　撤销权自债权人知道或者应当知道撤销事由之日起一年内行使。自债务人的行为发生之日起五年内没有行使撤销权的，该撤销权消灭。

第五百四十二条　债务人影响债权人的债权实现的行为被撤销的，自始没有法律约束力。

第六章　合同的变更和转让

第五百四十三条　当事人协商一致，可以变更合同。

第五百四十四条　当事人对合同变更的内容约定不明确的，推定为未变更。

第五百四十五条　债权人可以将债权的全部或者部分转让给第三人，但是有下列情形之一的除外：

（一）根据债权性质不得转让；

（二）按照当事人约定不得转让；

（三）依照法律规定不得转让。

当事人约定非金钱债权不得转让的，不得对抗善意第三人。当事人约定金钱债权不得转让的，不得对抗第三人。

第五百四十六条　债权人转让债权，未通知债务人的，该转让对债务人不发生效力。

债权转让的通知不得撤销，但是经受让人同意的除外。

第五百四十七条　债权人转让债权的，受让人取得与债权有关的从权利，但是该从权利专属于债权人自身的除外。

受让人取得从权利不应该从权利未办理转移登记手续或者未转移占有而受到影响。

第五百四十八条　债务人接到债权转让通知后，债务人对让与人的抗辩，可以向受让人主张。

第五百四十九条　有下列情形之一的，债务人可以向受让人主张抵销：

（一）债务人接到债权转让通知时，债务人对让与人享有债权，且债务人的债权先于转让的债权到期或者同时到期；

（二）债务人的债权与转让的债权是基于同一合同产生。

第五百五十条　因债权转让增加的履行费用，由让与人负担。

第五百五十一条　债务人将债务的全部或者部分转移给第三人的，应当经债权人同意。

债务人或者第三人可以催告债权人在合理期限内予以同意，债权人未作表示的，视为不同意。

第五百五十二条　第三人与债务人约定加入债务并通知债权人，或者第三人向债权人表示愿意加入债务，债权人未在合理期限内明确拒绝的，债权人可以请求第三人在其愿意承担的债务范围内和债务人承担连带债务。

第五百五十三条　债务人转移债务的，新债务人可以主张原债务人对债权人的抗辩；原债务人对债权人享有债权的，新债务人不得向债权人主张抵销。

第五百五十四条 债务人转移债务的，新债务人应当承担与主债务有关的从债务，但是该从债务专属于原债务人自身的除外。

第五百五十五条 当事人一方经对方同意，可以将自己在合同中的权利和义务一并转让给第三人。

第五百五十六条 合同的权利和义务一并转让的，适用债权转让、债务转移的有关规定。

第七章 合同的权利义务终止

第五百五十七条 有下列情形之一的，债权债务终止：

（一）债务已经履行；

（二）债务相互抵销；

（三）债务人依法将标的物提存；

（四）债权人免除债务；

（五）债权债务同归于一人；

（六）法律规定或者当事人约定终止的其他情形。

合同解除的，该合同的权利义务关系终止。

第五百五十八条 债权债务终止后，当事人应当遵循诚信等原则，根据交易习惯履行通知、协助、保密、旧物回收等义务。

第五百五十九条 债权债务终止时，债权的从权利同时消灭，但是法律另有规定或者当事人另有约定的除外。

第五百六十条 债务人对同一债权人负担的数项债务种类相同，债务人的给付不足以清偿全部债务的，除当事人另有约定外，由债务人在清偿时指定其履行的债务。

债务人未作指定的，应当优先履行已经到期的债务；数项债务均到期的，优先履行对债权人缺乏担保或者担保最少的债务；均无担保或者担保相等的，优先履行债务人负担较重的债务；负担相同的，按照债务到期的先后顺序履行；到期时间相同的，按照债务比例履行。

第五百六十一条 债务人在履行主债务外还应当支付利息和实现债权的有关费用，其给付不足以清偿全部债务的，除当事人另有约定外，应当按照下列顺序履行：

（一）实现债权的有关费用；

（二）利息；

（三）主债务。

第五百六十二条 当事人协商一致，可以解除合同。

当事人可以约定一方解除合同的事由。解除合同的事由发生时，解除权人可以解除合同。

第五百六十三条 有下列情形之一的，当事人可以解除合同：

（一）因不可抗力致使不能实现合同目的；

（二）在履行期限届满前，当事人一方明确表示或者以自己的行为表明不履行主要债务；

（三）当事人一方迟延履行主要债务，经催告后在合理期限内仍未履行；

（四）当事人一方迟延履行债务或者有其他违约行为致使不能实现合同目的；

（五）法律规定的其他情形。

以持续履行的债务为内容的不定期合同，当事人可以随时解除合同，但是应当在合理期限之前通知对方。

第五百六十四条 法律规定或者当事人约定解除权行使期限，期限届满当事人不行使的，该权利消灭。

法律没有规定或者当事人没有约定解除权行使期限，自解除权人知道或者应当知道解除事由之日起一年内不行使，或者经对方催告后在合理期限内不行使的，该权利消灭。

第五百六十五条　当事人一方依法主张解除合同的，应当通知对方。合同自通知到达对方时解除；通知载明债务人在一定期限内不履行债务则合同自动解除，债务人在该期限内未履行债务的，合同自通知载明的期限届满时解除。对方对解除合同有异议的，任何一方当事人均可以请求人民法院或者仲裁机构确认解除行为的效力。

当事人一方未通知对方，直接以提起诉讼或者申请仲裁的方式依法主张解除合同，人民法院或者仲裁机构确认该主张的，合同自起诉状副本或者仲裁申请书副本送达对方时解除。

第五百六十六条　合同解除后，尚未履行的，终止履行；已经履行的，根据履行情况和合同性质，当事人可以请求恢复原状或者采取其他补救措施，并有权请求赔偿损失。

合同因违约解除的，解除权人可以请求违约方承担违约责任，但是当事人另有约定的除外。

主合同解除后，担保人对债务人应当承担的民事责任仍应当承担担保责任，但是担保合同另有约定的除外。

第五百六十七条　合同的权利义务关系终止，不影响合同中结算和清理条款的效力。

第五百六十八条　当事人互负债务，该债务的标的物种类、品质相同的，任何一方可以将自己的债务与对方的到期债务抵销；但是，根据债务性质、按照当事人约定或者依照法律规定不得抵销的除外。

当事人主张抵销的，应当通知对方。通知自到达对方时生效。抵销不得附条件或者附期限。

第五百六十九条　当事人互负债务，标的物种类、品质不相同的，经协商一致，也可以抵销。

第五百七十条　有下列情形之一，难以履行债务的，债务人可以将标的物提存：

（一）债权人无正当理由拒绝受领；

（二）债权人下落不明；

（三）债权人死亡未确定继承人、遗产管理人，或者丧失民事行为能力未确定监护人；

（四）法律规定的其他情形。

标的物不适于提存或者提存费用过高的，债务人依法可以拍卖或者变卖标的物，提存所得的价款。

第五百七十一条　债务人将标的物或者将标的物依法拍卖、变卖所得价款交付提存部门时，提存成立。

提存成立的，视为债务人在其提存范围内已经交付标的物。

第五百七十二条　标的物提存后，债务人应当及时通知债权人或者债权人的继承人、遗产管理人、监护人、财产代管人。

第五百七十三条　标的物提存后，毁损、灭失的风险由债权人承担。提存期间，标的物的孳息归债权人所有。提存费用由债权人负担。

第五百七十四条　债权人可以随时领取提存物。但是，债权人对债务人负有到期债务的，在债权人未履行债务或者提供担保之前，提存部门根据债务人的要求应当拒绝其领取提存物。

债权人领取提存物的权利，自提存之日起五年内不行使而消灭，提存物扣除提存费用后归国家所有。但是，债权人未履行对债务人的到期债务，或者债权人向提存部门书面表示放弃领取提存物权利的，债务人负担提存费用后有权取回提存物。

第五百七十五条　债权人免除债务人部分或者全部债务的，债权债务部分或者全部终止，但是债务人在合理期限内拒绝的除外。

第五百七十六条 债权和债务同归于一人的，债权债务终止，但是损害第三人利益的除外。

第八章 违 约 责 任

第五百七十七条 当事人一方不履行合同义务或者履行合同义务不符合约定的，应当承担继续履行、采取补救措施或者赔偿损失等违约责任。

第五百七十八条 当事人一方明确表示或者以自己的行为表明不履行合同义务的，对方可以在履行期限届满前请求其承担违约责任。

第五百七十九条 当事人一方未支付价款、报酬、租金、利息，或者不履行其他金钱债务的，对方可以请求其支付。

第五百八十条 当事人一方不履行非金钱债务或者履行非金钱债务不符合约定的，对方可以请求履行，但是有下列情形之一的除外：

（一）法律上或者事实上不能履行；

（二）债务的标的不适于强制履行或者履行费用过高；

（三）债权人在合理期限内未请求履行。

有前款规定的除外情形之一，致使不能实现合同目的的，人民法院或者仲裁机构可以根据当事人的请求终止合同权利义务关系，但是不影响违约责任的承担。

第五百八十一条 当事人一方不履行债务或者履行债务不符合约定，根据债务的性质不得强制履行的，对方可以请求其负担由第三人替代履行的费用。

第五百八十二条 履行不符合约定的，应当按照当事人的约定承担违约责任。对违约责任没有约定或者约定不明确，依据本法第五百一十条的规定仍不能确定的，受损害方根据标的的性质以及损失的大小，可以合理选择请求对方承担修理、重作、更换、退货、减少价款或者报酬等违约责任。

第五百八十三条 当事人一方不履行合同义务或者履行合同义务不符合约定的，在履行义务或者采取补救措施后，对方还有其他损失的，应当赔偿损失。

第五百八十四条 当事人一方不履行合同义务或者履行合同义务不符合约定，造成对方损失的，损失赔偿额应当相当于因违约所造成的损失，包括合同履行后可以获得的利益；但是，不得超过违约一方订立合同时预见到或者应当预见到的因违约可能造成的损失。

第五百八十五条 当事人可以约定一方违约时应当根据违约情况向对方支付一定数额的违约金，也可以约定因违约产生的损失赔偿额的计算方法。

约定的违约金低于造成的损失的，人民法院或者仲裁机构可以根据当事人的请求予以增加；约定的违约金过分高于造成的损失的，人民法院或者仲裁机构可以根据当事人的请求予以适当减少。

当事人就迟延履行约定违约金的，违约方支付违约金后，还应当履行债务。

第五百八十六条 当事人可以约定一方向对方给付定金作为债权的担保。定金合同自实际交付定金时成立。

定金的数额由当事人约定；但是，不得超过主合同标的额的百分之二十，超过部分不产生定金的效力。实际交付的定金数额多于或者少于约定数额的，视为变更约定的定金数额。

第五百八十七条 债务人履行债务的，定金应当抵作价款或者收回。给付定金的一方不履行债务或者履行债务不符合约定，致使不能实现合同目的的，无权请求返还定金；收受定金的一方不履行债务或者履行债务不符合约定，致使不能实现合同目的的，应当双倍返还定金。

第五百八十八条 当事人既约定违约金，又约定定金的，一方违约时，对方可以选择适用违约金或者定金条款。

定金不足以弥补一方违约造成的损失的，对方可以请求赔偿超过定金数额的损失。

第五百八十九条 债务人按照约定履行债务，债权人无正当理由拒绝受领的，债务人可以请求债权人赔偿增加的费用。

在债权人受领迟延期间，债务人无须支付利息。

第五百九十条 当事人一方因不可抗力不能履行合同的，根据不可抗力的影响，部分或者全部免除责任，但是法律另有规定的除外。因不可抗力不能履行合同的，应当及时通知对方，以减轻可能给对方造成的损失，并应当在合理期限内提供证明。

当事人迟延履行后发生不可抗力的，不免除其违约责任。

第五百九十一条 当事人一方违约后，对方应当采取适当措施防止损失的扩大；没有采取适当措施致使损失扩大的，不得就扩大的损失请求赔偿。

当事人因防止损失扩大而支出的合理费用，由违约方负担。

第五百九十二条 当事人都违反合同的，应当各自承担相应的责任。

当事人一方违约造成对方损失，对方对损失的发生有过错的，可以减少相应的损失赔偿额。

第五百九十三条 当事人一方因第三人的原因造成违约的，应当依法向对方承担违约责任。当事人一方和第三人之间的纠纷，依照法律规定或者按照约定处理。

第五百九十四条 因国际货物买卖合同和技术进出口合同争议提起诉讼或者申请仲裁的时效期间为四年。

第二分编 典 型 合 同
第九章 买 卖 合 同

第五百九十五条 买卖合同是出卖人转移标的物的所有权于买受人，买受人支付价款的合同。

第五百九十六条 买卖合同的内容一般包括标的物的名称、数量、质量、价款、履行期限、履行地点和方式、包装方式、检验标准和方法、结算方式、合同使用的文字及其效力等条款。

第五百九十七条 因出卖人未取得处分权致使标的物所有权不能转移的，买受人可以解除合同并请求出卖人承担违约责任。

法律、行政法规禁止或者限制转让的标的物，依照其规定。

第五百九十八条 出卖人应当履行向买受人交付标的物或者交付提取标的物的单证，并转移标的物所有权的义务。

第五百九十九条 出卖人应当按照约定或者交易习惯向买受人交付提取标的物单证以外的有关单证和资料。

第六百条 出卖具有知识产权的标的物的，除法律另有规定或者当事人另有约定外，该标的物的知识产权不属于买受人。

第六百零一条 出卖人应当按照约定的时间交付标的物。约定交付期限的，出卖人可以在该交付期限内的任何时间交付。

第六百零二条 当事人没有约定标的物的交付期限或者约定不明确的，适用本法第五百一十条、第五百一十一条第四项的规定。

第六百零三条 出卖人应当按照约定的地点交付标的物。

当事人没有约定交付地点或者约定不明确，依据本法第五百一十条的规定仍不能确定的，适用下列规定：

（一）标的物需要运输的，出卖人应当将标的物交付给第一承运人以运交给买受人；

（二）标的物不需要运输，出卖人和买受人订立合同时知道标的物在某一地点的，出卖人应当在该地点交付标的物；不知道标的物在某一地点的，应当在出卖人订立合同时的营业地交付标的物。

第六百零四条 标的物毁损、灭失的风险，在标的物交付之前由出卖人承担，交付之后由买受人承担，但是法律另有规定或者当事人另有约定的除外。

第六百零五条 因买受人的原因致使标的物未按照约定的期限交付的，买受人应当自违反约定时起承担标的物毁损、灭失的风险。

第六百零六条 出卖人出卖交由承运人运输的在途标的物，除当事人另有约定外，毁损、灭失的风险自合同成立时起由买受人承担。

第六百零七条 出卖人按照约定将标的物运送至买受人指定地点并交付给承运人后，标的物毁损、灭失的风险由买受人承担。

当事人没有约定交付地点或者约定不明确，依据本法第六百零三条第二款第一项的规定标的物需要运输的，出卖人将标的物交付给第一承运人后，标的物毁损、灭失的风险由买受人承担。

第六百零八条 出卖人按照约定或者依据本法第六百零三条第二款第二项的规定将标的物置于交付地点，买受人违反约定没有收取的，标的物毁损、灭失的风险自违反约定时起由买受人承担。

第六百零九条 出卖人按照约定未交付有关标的物的单证和资料的，不影响标的物毁损、灭失风险的转移。

第六百一十条 因标的物不符合质量要求，致使不能实现合同目的的，买受人可以拒绝接受标的物或者解除合同。买受人拒绝接受标的物或者解除合同的，标的物毁损、灭失的风险由出卖人承担。

第六百一十一条 标的物毁损、灭失的风险由买受人承担的，不影响因出卖人履行义务不符合约定，买受人请求其承担违约责任的权利。

第六百一十二条 出卖人就交付的标的物，负有保证第三人对该标的物不享有任何权利的义务，但是法律另有规定的除外。

第六百一十三条 买受人订立合同时知道或者应当知道第三人对买卖的标的物享有权利的，出卖人不承担前条规定的义务。

第六百一十四条 买受人有确切证据证明第三人对标的物享有权利的，可以中止支付相应的价款，但是出卖人提供适当担保的除外。

第六百一十五条 出卖人应当按照约定的质量要求交付标的物。出卖人提供有关标的物质量说明的，交付的标的物应当符合该说明的质量要求。

第六百一十六条 当事人对标的物的质量要求没有约定或者约定不明确，依据本法第五百一十条的规定仍不能确定的，适用本法第五百一十一条第一项的规定。

第六百一十七条 出卖人交付的标的物不符合质量要求的，买受人可以依据本法第五百八十二条至第五百八十四条的规定请求承担违约责任。

第六百一十八条 当事人约定减轻或者免除出卖人对标的物瑕疵承担的责任，因出卖人故意或者重大过失不告知买受人标的物瑕疵的，出卖人无权主张减轻或者免除责任。

第六百一十九条　出卖人应当按照约定的包装方式交付标的物。对包装方式没有约定或者约定不明确，依据本法第五百一十条的规定仍不能确定的，应当按照通用的方式包装；没有通用方式的，应当采取足以保护标的物且有利于节约资源、保护生态环境的包装方式。

第六百二十条　买受人收到标的物时应当在约定的检验期限内检验。没有约定检验期限的，应当及时检验。

第六百二十一条　当事人约定检验期限的，买受人应当在检验期限内将标的物的数量或者质量不符合约定的情形通知出卖人。买受人怠于通知的，视为标的物的数量或者质量符合约定。

当事人没有约定检验期限的，买受人应当在发现或者应当发现标的物的数量或者质量不符合约定的合理期限内通知出卖人。买受人在合理期限内未通知或者自收到标的物之日起二年内未通知出卖人的，视为标的物的数量或者质量符合约定；但是，对标的物有质量保证期的，适用质量保证期，不适用该二年的规定。

出卖人知道或者应当知道提供的标的物不符合约定的，买受人不受前两款规定的通知时间的限制。

第六百二十二条　当事人约定的检验期限过短，根据标的物的性质和交易习惯，买受人在检验期限内难以完成全面检验的，该期限仅视为买受人对标的物的外观瑕疵提出异议的期限。

约定的检验期限或者质量保证期短于法律、行政法规规定期限的，应当以法律、行政法规规定的期限为准。

第六百二十三条　当事人对检验期限未作约定，买受人签收的送货单、确认单等载明标的物数量、型号、规格的，推定买受人已经对数量和外观瑕疵进行检验，但是有相关证据足以推翻的除外。

第六百二十四条　出卖人依照买受人的指示向第三人交付标的物，出卖人和买受人约定的检验标准与买受人和第三人约定的检验标准不一致的，以出卖人和买受人约定的检验标准为准。

第六百二十五条　依照法律、行政法规的规定或者按照当事人的约定，标的物在有效使用年限届满后应予回收的，出卖人负有自行或者委托第三人对标的物予以回收的义务。

第六百二十六条　买受人应当按照约定的数额和支付方式支付价款。对价款的数额和支付方式没有约定或者约定不明确的，适用本法第五百一十条、第五百一十一条第二项和第五项的规定。

第六百二十七条　买受人应当按照约定的地点支付价款。对支付地点没有约定或者约定不明确，依据本法第五百一十条的规定仍不能确定的，买受人应当在出卖人的营业地支付；但是，约定支付价款以交付标的物或者交付提取标的物单证为条件的，在交付标的物或者交付提取标的物单证的所在地支付。

第六百二十八条　买受人应当按照约定的时间支付价款。对支付时间没有约定或者约定不明确，依据本法第五百一十条的规定仍不能确定的，买受人应当在收到标的物或者提取标的物单证的同时支付。

第六百二十九条　出卖人多交标的物的，买受人可以接收或者拒绝接收多交的部分。买受人接收多交部分的，按照约定的价格支付价款；买受人拒绝接收多交部分的，应当及时通知出卖人。

第六百三十条　标的物在交付之前产生的孳息，归出卖人所有；交付之后产生的孳息，归买受人所有。但是，当事人另有约定的除外。

第六百三十一条　因标的物的主物不符合约定而解除合同的，解除合同的效力及于从物。因标的物的从物不符合约定被解除的，解除的效力不及于主物。

第六百三十二条　标的物为数物，其中一物不符合约定的，买受人可以就该物解除。但是，该物与他物分离使标的物的价值显受损害的，买受人可以就数物解除合同。

第六百三十三条　出卖人分批交付标的物的，出卖人对其中一批标的物不交付或者交付不符合约定，致使该批标的物不能实现合同目的的，买受人可以就该批标的物解除。

出卖人不交付其中一批标的物或者交付不符合约定，致使之后其他各批标的物的交付不能实现合同目的的，买受人可以就该批以及之后其他各批标的物解除。

买受人如果就其中一批标的物解除，该批标的物与其他各批标的物相互依存的，可以就已经交付和未交付的各批标的物解除。

第六百三十四条　分期付款的买受人未支付到期价款的数额达到全部价款的五分之一，经催告后在合理期限内仍未支付到期价款的，出卖人可以请求买受人支付全部价款或者解除合同。

出卖人解除合同的，可以向买受人请求支付该标的物的使用费。

第六百三十五条　凭样品买卖的当事人应当封存样品，并可以对样品质量予以说明。出卖人交付的标的物应当与样品及其说明的质量相同。

第六百三十六条　凭样品买卖的买受人不知道样品有隐蔽瑕疵的，即使交付的标的物与样品相同，出卖人交付的标的物的质量仍然应当符合同种物的通常标准。

第六百三十七条　试用买卖的当事人可以约定标的物的试用期限。对试用期限没有约定或者约定不明确，依据本法第五百一十条的规定仍不能确定的，由出卖人确定。

第六百三十八条　试用买卖的买受人在试用期内可以购买标的物，也可以拒绝购买。试用期限届满，买受人对是否购买标的物未作表示的，视为购买。

试用买卖的买受人在试用期内已经支付部分价款或者对标的物实施出卖、出租、设立担保物权等行为的，视为同意购买。

第六百三十九条　试用买卖的当事人对标的物使用费没有约定或者约定不明确的，出卖人无权请求买受人支付。

第六百四十条　标的物在试用期内毁损、灭失的风险由出卖人承担。

第六百四十一条　当事人可以在买卖合同中约定买受人未履行支付价款或者其他义务的，标的物的所有权属于出卖人。

出卖人对标的物保留的所有权，未经登记，不得对抗善意第三人。

第六百四十二条　当事人约定出卖人保留合同标的物的所有权，在标的物所有权转移前，买受人有下列情形之一，造成出卖人损害的，除当事人另有约定外，出卖人有权取回标的物：

（一）未按照约定支付价款，经催告后在合理期限内仍未支付；

（二）未按照约定完成特定条件；

（三）将标的物出卖、出质或者作出其他不当处分。

出卖人可以与买受人协商取回标的物；协商不成的，可以参照适用担保物权的实现程序。

第六百四十三条　出卖人依据前条第一款的规定取回标的物后，买受人在双方约定或者出卖人指定的合理回赎期限内，消除出卖人取回标的物的事由的，可以请求回赎标的物。

买受人在回赎期限内没有回赎标的物，出卖人可以以合理价格将标的物出卖给第三人，出卖所得价款扣除买受人未支付的价款以及必要费用后仍有剩余的，应当返还买受人；不足部分由买受人清偿。

第六百四十四条　招标投标买卖的当事人的权利和义务以及招标投标程序等，依照有关法律、行政法规的规定。

第六百四十五条　拍卖的当事人的权利和义务以及拍卖程序等，依照有关法律、行政法规的规定。

第六百四十六条　法律对其他有偿合同有规定的，依照其规定；没有规定的，参照适用买卖合同的有关规定。

第六百四十七条　当事人约定易货交易，转移标的物的所有权的，参照适用买卖合同的有关规定。

第十章　供用电、水、气、热力合同

第六百四十八条　供用电合同是供电人向用电人供电，用电人支付电费的合同。

向社会公众供电的供电人，不得拒绝用电人合理的订立合同要求。

第六百四十九条　供用电合同的内容一般包括供电的方式、质量、时间，用电容量、地址、性质，计量方式，电价、电费的结算方式，供用电设施的维护责任等条款。

第六百五十条　供用电合同的履行地点，按照当事人约定；当事人没有约定或者约定不明确的，供电设施的产权分界处为履行地点。

第六百五十一条　供电人应当按照国家规定的供电质量标准和约定安全供电。供电人未按照国家规定的供电质量标准和约定安全供电，造成用电人损失的，应当承担赔偿责任。

第六百五十二条　供电人因供电设施计划检修、临时检修、依法限电或者用电人违法用电等原因，需要中断供电时，应当按照国家有关规定事先通知用电人；未事先通知用电人中断供电，造成用电人损失的，应当承担赔偿责任。

第六百五十三条　因自然灾害等原因断电，供电人应当按照国家有关规定及时抢修；未及时抢修，造成用电人损失的，应当承担赔偿责任。

第六百五十四条　用电人应当按照国家有关规定和当事人的约定及时支付电费。用电人逾期不支付电费的，应当按照约定支付违约金。经催告用电人在合理期限内仍不支付电费和违约金的，供电人可以按照国家规定的程序中止供电。

供电人依据前款规定中止供电的，应当事先通知用电人。

第六百五十五条　用电人应当按照国家有关规定和当事人的约定安全、节约和计划用电。用电人未按照国家有关规定和当事人的约定用电，造成供电人损失的，应当承担赔偿责任。

第六百五十六条　供用水、供用气、供用热力合同，参照适用供用电合同的有关规定。

第十一章　赠　与　合　同

第六百五十七条　赠与合同是赠与人将自己的财产无偿给予受赠人，受赠人表示接受赠与的合同。

第六百五十八条　赠与人在赠与财产的权利转移之前可以撤销赠与。

经过公证的赠与合同或者依法不得撤销的具有救灾、扶贫、助残等公益、道德义务性质的赠与合同，不适用前款规定。

第六百五十九条　赠与的财产依法需要办理登记或者其他手续的，应当办理有关手续。

第六百六十条　经过公证的赠与合同或者依法不得撤销的具有救灾、扶贫、助残等公益、道德义务性质的赠与合同，赠与人不交付赠与财产的，受赠人可以请求交付。

依据前款规定应当交付的赠与财产因赠与人故意或者重大过失致使毁损、灭失的，赠与人应当承担赔偿责任。

第六百六十一条 赠与可以附义务。

赠与附义务的，受赠人应当按照约定履行义务。

第六百六十二条 赠与的财产有瑕疵的，赠与人不承担责任。附义务的赠与，赠与的财产有瑕疵的，赠与人在附义务的限度内承担与出卖人相同的责任。

赠与人故意不告知瑕疵或者保证无瑕疵，造成受赠人损失的，应当承担赔偿责任。

第六百六十三条 受赠人有下列情形之一的，赠与人可以撤销赠与：

（一）严重侵害赠与人或者赠与人近亲属的合法权益；

（二）对赠与人有扶养义务而不履行；

（三）不履行赠与合同约定的义务。

赠与人的撤销权，自知道或者应当知道撤销事由之日起一年内行使。

第六百六十四条 因受赠人的违法行为致使赠与人死亡或者丧失民事行为能力的，赠与人的继承人或者法定代理人可以撤销赠与。

赠与人的继承人或者法定代理人的撤销权，自知道或者应当知道撤销事由之日起六个月内行使。

第六百六十五条 撤销权人撤销赠与的，可以向受赠人请求返还赠与的财产。

第六百六十六条 赠与人的经济状况显著恶化，严重影响其生产经营或者家庭生活的，可以不再履行赠与义务。

第十二章 借 款 合 同

第六百六十七条 借款合同是借款人向贷款人借款，到期返还借款并支付利息的合同。

第六百六十八条 借款合同应当采用书面形式，但是自然人之间借款另有约定的除外。

借款合同的内容一般包括借款种类、币种、用途、数额、利率、期限和还款方式等条款。

第六百六十九条 订立借款合同，借款人应当按照贷款人的要求提供与借款有关的业务活动和财务状况的真实情况。

第六百七十条 借款的利息不得预先在本金中扣除。利息预先在本金中扣除的，应当按照实际借款数额返还借款并计算利息。

第六百七十一条 贷款人未按照约定的日期、数额提供借款，造成借款人损失的，应当赔偿损失。

借款人未按照约定的日期、数额收取借款的，应当按照约定的日期、数额支付利息。

第六百七十二条 贷款人按照约定可以检查、监督借款的使用情况。借款人应当按照约定向贷款人定期提供有关财务会计报表或者其他资料。

第六百七十三条 借款人未按照约定的借款用途使用借款的，贷款人可以停止发放借款、提前收回借款或者解除合同。

第六百七十四条 借款人应当按照约定的期限支付利息。对支付利息的期限没有约定或者约定不明确，依据本法第五百一十条的规定仍不能确定，借款期间不满一年的，应当在返还借款时一并支付；借款期间一年以上的，应当在每届满一年时支付，剩余期间不满一年的，应当在返还借款时一并支付。

第六百七十五条 借款人应当按照约定的期限返还借款。对借款期限没有约定或者约定不明确，依据本法第五百一十条的规定仍不能确定的，借款人可以随时返还；贷款人可以催告借款人在合理期限内返还。

第六百七十六条 借款人未按照约定的期限返还借款的，应当按照约定或者国家有关规定支付逾期利息。

第六百七十七条　借款人提前返还借款的，除当事人另有约定外，应当按照实际借款的期间计算利息。

第六百七十八条　借款人可以在还款期限届满前向贷款人申请展期；贷款人同意的，可以展期。

第六百七十九条　自然人之间的借款合同，自贷款人提供借款时成立。

第六百八十条　禁止高利放贷，借款的利率不得违反国家有关规定。

借款合同对支付利息没有约定的，视为没有利息。

借款合同对支付利息约定不明确，当事人不能达成补充协议的，按照当地或者当事人的交易方式、交易习惯、市场利率等因素确定利息；自然人之间借款的，视为没有利息。

第十三章　保　证　合　同

第一节　一　般　规　定

第六百八十一条　保证合同是为保障债权的实现，保证人和债权人约定，当债务人不履行到期债务或者发生当事人约定的情形时，保证人履行债务或者承担责任的合同。

第六百八十二条　保证合同是主债权债务合同的从合同。主债权债务合同无效的，保证合同无效，但是法律另有规定的除外。

保证合同被确认无效后，债务人、保证人、债权人有过错的，应当根据其过错各自承担相应的民事责任。

第六百八十三条　机关法人不得为保证人，但是经国务院批准为使用外国政府或者国际经济组织贷款进行转贷的除外。

以公益为目的的非营利法人、非法人组织不得为保证人。

第六百八十四条　保证合同的内容一般包括被保证的主债权的种类、数额，债务人履行债务的期限，保证的方式、范围和期间等条款。

第六百八十五条　保证合同可以是单独订立的书面合同，也可以是主债权债务合同中的保证条款。

第三人单方以书面形式向债权人作出保证，债权人接收且未提出异议的，保证合同成立。

第六百八十六条　保证的方式包括一般保证和连带责任保证。

当事人在保证合同中对保证方式没有约定或者约定不明确的，按照一般保证承担保证责任。

第六百八十七条　当事人在保证合同中约定，债务人不能履行债务时，由保证人承担保证责任的，为一般保证。

一般保证的保证人在主合同纠纷未经审判或者仲裁，并就债务人财产依法强制执行仍不能履行债务前，有权拒绝向债权人承担保证责任，但是有下列情形之一的除外：

（一）债务人下落不明，且无财产可供执行；

（二）人民法院已经受理债务人破产案件；

（三）债权人有证据证明债务人的财产不足以履行全部债务或者丧失履行债务能力；

（四）保证人书面表示放弃本款规定的权利。

第六百八十八条　当事人在保证合同中约定保证人和债务人对债务承担连带责任的，为连带责任保证。

连带责任保证的债务人不履行到期债务或者发生当事人约定的情形时，债权人可以请求债务人履行债务，也可以请求保证人在其保证范围内承担保证责任。

第六百八十九条 保证人可以要求债务人提供反担保。

第六百九十条 保证人与债权人可以协商订立最高额保证的合同，约定在最高债权额限度内就一定期间连续发生的债权提供保证。

最高额保证除适用本章规定外，参照适用本法第二编最高额抵押权的有关规定。

第二节 保 证 责 任

第六百九十一条 保证的范围包括主债权及其利息、违约金、损害赔偿金和实现债权的费用。当事人另有约定的，按照其约定。

第六百九十二条 保证期间是确定保证人承担保证责任的期间，不发生中止、中断和延长。

债权人与保证人可以约定保证期间，但是约定的保证期间早于主债务履行期限或者与主债务履行期限同时届满的，视为没有约定；没有约定或者约定不明确的，保证期间为主债务履行期限届满之日起六个月。

债权人与债务人对主债务履行期限没有约定或者约定不明确的，保证期间自债权人请求债务人履行债务的宽限期届满之日起计算。

第六百九十三条 一般保证的债权人未在保证期间对债务人提起诉讼或者申请仲裁的，保证人不再承担保证责任。

连带责任保证的债权人未在保证期间请求保证人承担保证责任的，保证人不再承担保证责任。

第六百九十四条 一般保证的债权人在保证期间届满前对债务人提起诉讼或者申请仲裁的，从保证人拒绝承担保证责任的权利消灭之日起，开始计算保证债务的诉讼时效。

连带责任保证的债权人在保证期间届满前请求保证人承担保证责任的，从债权人请求保证人承担保证责任之日起，开始计算保证债务的诉讼时效。

第六百九十五条 债权人和债务人未经保证人书面同意，协商变更主债权债务合同内容，减轻债务的，保证人仍对变更后的债务承担保证责任；加重债务的，保证人对加重的部分不承担保证责任。

债权人和债务人变更主债权债务合同的履行期限，未经保证人书面同意的，保证期间不受影响。

第六百九十六条 债权人转让全部或者部分债权，未通知保证人的，该转让对保证人不发生效力。

保证人与债权人约定禁止债权转让，债权人未经保证人书面同意转让债权的，保证人对受让人不再承担保证责任。

第六百九十七条 债权人未经保证人书面同意，允许债务人转移全部或者部分债务，保证人对未经其同意转移的债务不再承担保证责任，但是债权人和保证人另有约定的除外。

第三人加入债务的，保证人的保证责任不受影响。

第六百九十八条 一般保证的保证人在主债务履行期限届满后，向债权人提供债务人可供执行财产的真实情况，债权人放弃或者怠于行使权利致使该财产不能被执行的，保证人在其提供可供执行财产的价值范围内不再承担保证责任。

第六百九十九条 同一债务有两个以上保证人的，保证人应当按照保证合同约定的保证份额，承担保证责任；没有约定保证份额的，债权人可以请求任何一个保证人在其保证范围内承担保证责任。

第七百条　保证人承担保证责任后，除当事人另有约定外，有权在其承担保证责任的范围内向债务人追偿，享有债权人对债务人的权利，但是不得损害债权人的利益。

第七百零一条　保证人可以主张债务人对债权人的抗辩。债务人放弃抗辩的，保证人仍有权向债权人主张抗辩。

第七百零二条　债务人对债权人享有抵销权或者撤销权的，保证人可以在相应范围内拒绝承担保证责任。

第十四章　租　赁　合　同

第七百零三条　租赁合同是出租人将租赁物交付承租人使用、收益，承租人支付租金的合同。

第七百零四条　租赁合同的内容一般包括租赁物的名称、数量、用途、租赁期限、租金及其支付期限和方式、租赁物维修等条款。

第七百零五条　租赁期限不得超过二十年。超过二十年的，超过部分无效。

租赁期限届满，当事人可以续订租赁合同；但是，约定的租赁期限自续订之日起不得超过二十年。

第七百零六条　当事人未依照法律、行政法规规定办理租赁合同登记备案手续的，不影响合同的效力。

第七百零七条　租赁期限六个月以上的，应当采用书面形式。当事人未采用书面形式，无法确定租赁期限的，视为不定期租赁。

第七百零八条　出租人应当按照约定将租赁物交付承租人，并在租赁期限内保持租赁物符合约定的用途。

第七百零九条　承租人应当按照约定的方法使用租赁物。对租赁物的使用方法没有约定或者约定不明确，依据本法第五百一十条的规定仍不能确定的，应当根据租赁物的性质使用。

第七百一十条　承租人按照约定的方法或者根据租赁物的性质使用租赁物，致使租赁物受到损耗的，不承担赔偿责任。

第七百一十一条　承租人未按照约定的方法或者未根据租赁物的性质使用租赁物，致使租赁物受到损失的，出租人可以解除合同并请求赔偿损失。

第七百一十二条　出租人应当履行租赁物的维修义务，但是当事人另有约定的除外。

第七百一十三条　承租人在租赁物需要维修时可以请求出租人在合理期限内维修。出租人未履行维修义务的，承租人可以自行维修，维修费用由出租人负担。因维修租赁物影响承租人使用的，应当相应减少租金或者延长租期。

因承租人的过错致使租赁物需要维修的，出租人不承担前款规定的维修义务。

第七百一十四条　承租人应当妥善保管租赁物，因保管不善造成租赁物毁损、灭失的，应当承担赔偿责任。

第七百一十五条　承租人经出租人同意，可以对租赁物进行改善或者增设他物。

承租人未经出租人同意，对租赁物进行改善或者增设他物的，出租人可以请求承租人恢复原状或者赔偿损失。

第七百一十六条　承租人经出租人同意，可以将租赁物转租给第三人。承租人转租的，承租人与出租人之间的租赁合同继续有效；第三人造成租赁物损失的，承租人应当赔偿损失。

承租人未经出租人同意转租的，出租人可以解除合同。

第七百一十七条　承租人经出租人同意将租赁物转租给第三人，转租期限超过承租人剩余租赁期限的，超过部分的约定对出租人不具有法律约束力，但是出租人与承租人另有约定的除外。

第七百一十八条 出租人知道或者应当知道承租人转租，但是在六个月内未提出异议的，视为出租人同意转租。

第七百一十九条 承租人拖欠租金的，次承租人可以代承租人支付其欠付的租金和违约金，但是转租合同对出租人不具有法律约束力的除外。

次承租人代为支付的租金和违约金，可以充抵次承租人应当向承租人支付的租金；超出其应付的租金数额的，可以向承租人追偿。

第七百二十条 在租赁期限内因占有、使用租赁物获得的收益，归承租人所有，但是当事人另有约定的除外。

第七百二十一条 承租人应当按照约定的期限支付租金。对支付租金的期限没有约定或者约定不明确，依据本法第五百一十条的规定仍不能确定，租赁期限不满一年的，应当在租赁期限届满时支付；租赁期限一年以上的，应当在每届满一年时支付，剩余期限不满一年的，应当在租赁期限届满时支付。

第七百二十二条 承租人无正当理由未支付或者迟延支付租金的，出租人可以请求承租人在合理期限内支付；承租人逾期不支付的，出租人可以解除合同。

第七百二十三条 因第三人主张权利，致使承租人不能对租赁物使用、收益的，承租人可以请求减少租金或者不支付租金。

第三人主张权利的，承租人应当及时通知出租人。

第七百二十四条 有下列情形之一，非因承租人原因致使租赁物无法使用的，承租人可以解除合同：

（一）租赁物被司法机关或者行政机关依法查封、扣押；

（二）租赁物权属有争议；

（三）租赁物具有违反法律、行政法规关于使用条件的强制性规定情形。

第七百二十五条 租赁物在承租人按照租赁合同占有期限内发生所有权变动的，不影响租赁合同的效力。

第七百二十六条 出租人出卖租赁房屋的，应当在出卖之前的合理期限内通知承租人，承租人享有以同等条件优先购买的权利；但是，房屋按份共有人行使优先购买权或者出租人将房屋出卖给近亲属的除外。

出租人履行通知义务后，承租人在十五日内未明确表示购买的，视为承租人放弃优先购买权。

第七百二十七条 出租人委托拍卖人拍卖租赁房屋的，应当在拍卖五日前通知承租人。承租人未参加拍卖的，视为放弃优先购买权。

第七百二十八条 出租人未通知承租人或者有其他妨害承租人行使优先购买权情形的，承租人可以请求出租人承担赔偿责任。但是，出租人与第三人订立的房屋买卖合同的效力不受影响。

第七百二十九条 因不可归责于承租人的事由，致使租赁物部分或者全部毁损、灭失的，承租人可以请求减少租金或者不支付租金；因租赁物部分或者全部毁损、灭失，致使不能实现合同目的的，承租人可以解除合同。

第七百三十条 当事人对租赁期限没有约定或者约定不明确，依据本法第五百一十条的规定仍不能确定的，视为不定期租赁；当事人可以随时解除合同，但是应当在合理期限之前通知对方。

第七百三十一条　租赁物危及承租人的安全或者健康的，即使承租人订立合同时明知该租赁物质量不合格，承租人仍然可以随时解除合同。

第七百三十二条　承租人在房屋租赁期限内死亡的，与其生前共同居住的人或者共同经营人可以按照原租赁合同租赁该房屋。

第七百三十三条　租赁期限届满，承租人应当返还租赁物。返还的租赁物应当符合按照约定或者根据租赁物的性质使用后的状态。

第七百三十四条　租赁期限届满，承租人继续使用租赁物，出租人没有提出异议的，原租赁合同继续有效，但是租赁期限为不定期。

租赁期限届满，房屋承租人享有以同等条件优先承租的权利。

第十五章　融资租赁合同

第七百三十五条　融资租赁合同是出租人根据承租人对出卖人、租赁物的选择，向出卖人购买租赁物，提供给承租人使用，承租人支付租金的合同。

第七百三十六条　融资租赁合同的内容一般包括租赁物的名称、数量、规格、技术性能、检验方法，租赁期限，租金构成及其支付期限和方式、币种，租赁期限届满租赁物的归属等条款。

融资租赁合同应当采用书面形式。

第七百三十七条　当事人以虚构租赁物方式订立的融资租赁合同无效。

第七百三十八条　依照法律、行政法规的规定，对于租赁物的经营使用应当取得行政许可的，出租人未取得行政许可不影响融资租赁合同的效力。

第七百三十九条　出租人根据承租人对出卖人、租赁物的选择订立的买卖合同，出卖人应当按照约定向承租人交付标的物，承租人享有与受领标的物有关的买受人的权利。

第七百四十条　出卖人违反向承租人交付标的物的义务，有下列情形之一的，承租人可以拒绝受领出卖人向其交付的标的物：

（一）标的物严重不符合约定；

（二）未按照约定交付标的物，经承租人或者出租人催告后在合理期限内仍未交付。

承租人拒绝受领标的物的，应当及时通知出租人。

第七百四十一条　出租人、出卖人、承租人可以约定，出卖人不履行买卖合同义务的，由承租人行使索赔的权利。承租人行使索赔权利的，出租人应当协助。

第七百四十二条　承租人对出卖人行使索赔权利，不影响其履行支付租金的义务。但是，承租人依赖出租人的技能确定租赁物或者出租人干预选择租赁物的，承租人可以请求减免相应租金。

第七百四十三条　出租人有下列情形之一，致使承租人对出卖人行使索赔权利失败的，承租人有权请求出租人承担相应的责任：

（一）明知租赁物有质量瑕疵而不告知承租人；

（二）承租人行使索赔权利时，未及时提供必要协助。

出租人怠于行使只能由其对出卖人行使的索赔权利，造成承租人损失的，承租人有权请求出租人承担赔偿责任。

第七百四十四条　出租人根据承租人对出卖人、租赁物的选择订立的买卖合同，未经承租人同意，出租人不得变更与承租人有关的合同内容。

第七百四十五条　出租人对租赁物享有的所有权，未经登记，不得对抗善意第三人。

第七百四十六条　融资租赁合同的租金，除当事人另有约定外，应当根据购买租赁物的大部分或者全部成本以及出租人的合理利润确定。

第七百四十七条　租赁物不符合约定或者不符合使用目的的，出租人不承担责任。但是，承租人依赖出租人的技能确定租赁物或者出租人干预选择租赁物的除外。

第七百四十八条　出租人应当保证承租人对租赁物的占有和使用。

出租人有下列情形之一的，承租人有权请求其赔偿损失：

（一）无正当理由收回租赁物；

（二）无正当理由妨碍、干扰承租人对租赁物的占有和使用；

（三）因出租人的原因致使第三人对租赁物主张权利；

（四）不当影响承租人对租赁物占有和使用的其他情形。

第七百四十九条　承租人占有租赁物期间，租赁物造成第三人人身损害或者财产损失的，出租人不承担责任。

第七百五十条　承租人应当妥善保管、使用租赁物。

承租人应当履行占有租赁物期间的维修义务。

第七百五十一条　承租人占有租赁物期间，租赁物毁损、灭失的，出租人有权请求承租人继续支付租金，但是法律另有规定或者当事人另有约定的除外。

第七百五十二条　承租人应当按照约定支付租金。承租人经催告后在合理期限内仍不支付租金的，出租人可以请求支付全部租金；也可以解除合同，收回租赁物。

第七百五十三条　承租人未经出租人同意，将租赁物转让、抵押、质押、投资入股或者以其他方式处分的，出租人可以解除融资租赁合同。

第七百五十四条　有下列情形之一的，出租人或者承租人可以解除融资租赁合同：

（一）出租人与出卖人订立的买卖合同解除、被确认无效或者被撤销，且未能重新订立买卖合同；

（二）租赁物因不可归责于当事人的原因毁损、灭失，且不能修复或者确定替代物；

（三）因出卖人的原因致使融资租赁合同的目的不能实现。

第七百五十五条　融资租赁合同因买卖合同解除、被确认无效或者被撤销而解除，出卖人、租赁物系由承租人选择的，出租人有权请求承租人赔偿相应损失；但是，因出租人原因致使买卖合同解除、被确认无效或者被撤销的除外。

出租人的损失已经在买卖合同解除、被确认无效或者被撤销时获得赔偿的，承租人不再承担相应的赔偿责任。

第七百五十六条　融资租赁合同因租赁物交付承租人后意外毁损、灭失等不可归责于当事人的原因解除的，出租人可以请求承租人按照租赁物折旧情况给予补偿。

第七百五十七条　出租人和承租人可以约定租赁期限届满租赁物的归属；对租赁物的归属没有约定或者约定不明确，依据本法第五百一十条的规定仍不能确定的，租赁物的所有权归出租人。

第七百五十八条　当事人约定租赁期限届满租赁物归承租人所有，承租人已经支付大部分租金，但是无力支付剩余租金，出租人因此解除合同收回租赁物，收回的租赁物的价值超过承租人欠付的租金以及其他费用的，承租人可以请求相应返还。

当事人约定租赁期限届满租赁物归出租人所有，因租赁物毁损、灭失或者附合、混合于他物致使承租人不能返还的，出租人有权请求承租人给予合理补偿。

第七百五十九条　当事人约定租赁期限届满，承租人仅需向出租人支付象征性价款的，视为约定的租金义务履行完毕后租赁物的所有权归承租人。

第七百六十条　融资租赁合同无效，当事人就该情形下租赁物的归属有约定的，按照其约定；没有约定或者约定不明确的，租赁物应当返还出租人。但是，因承租人原因致使合同无效，出租人不请求返还或者返还后会显著降低租赁物效用的，租赁物的所有权归承租人，由承租人给予出租人合理补偿。

第十六章　保　理　合　同

第七百六十一条　保理合同是应收账款债权人将现有的或者将有的应收账款转让给保理人，保理人提供资金融通、应收账款管理或者催收、应收账款债务人付款担保等服务的合同。

第七百六十二条　保理合同的内容一般包括业务类型、服务范围、服务期限、基础交易合同情况、应收账款信息、保理融资款或者服务报酬及其支付方式等条款。

保理合同应当采用书面形式。

第七百六十三条　应收账款债权人与债务人虚构应收账款作为转让标的，与保理人订立保理合同的，应收账款债务人不得以应收账款不存在为由对抗保理人，但是保理人明知虚构的除外。

第七百六十四条　保理人向应收账款债务人发出应收账款转让通知的，应当表明保理人身份并附有必要凭证。

第七百六十五条　应收账款债务人接到应收账款转让通知后，应收账款债权人与债务人无正当理由协商变更或者终止基础交易合同，对保理人产生不利影响的，对保理人不发生效力。

第七百六十六条　当事人约定有追索权保理的，保理人可以向应收账款债权人主张返还保理融资款本息或者回购应收账款债权，也可以向应收账款债务人主张应收账款债权。保理人向应收账款债务人主张应收账款债权，在扣除保理融资款本息和相关费用后有剩余的，剩余部分应当返还给应收账款债权人。

第七百六十七条　当事人约定无追索权保理的，保理人应当向应收账款债务人主张应收账款债权，保理人取得超过保理融资款本息和相关费用的部分，无需向应收账款债权人返还。

第七百六十八条　应收账款债权人就同一应收账款订立多个保理合同，致使多个保理人主张权利的，已经登记的先于未登记的取得应收账款；均已经登记的，按照登记时间的先后顺序取得应收账款；均未登记的，由最先到达应收账款债务人的转让通知中载明的保理人取得应收账款；既未登记也未通知的，按照保理融资款或者服务报酬的比例取得应收账款。

第七百六十九条　本章没有规定的，适用本编第六章债权转让的有关规定。

第十七章　承　揽　合　同

第七百七十条　承揽合同是承揽人按照定作人的要求完成工作，交付工作成果，定作人支付报酬的合同。

承揽包括加工、定作、修理、复制、测试、检验等工作。

第七百七十一条　承揽合同的内容一般包括承揽的标的、数量、质量、报酬，承揽方式，材料的提供，履行期限，验收标准和方法等条款。

第七百七十二条　承揽人应当以自己的设备、技术和劳力，完成主要工作，但是当事人另有约定的除外。

承揽人将其承揽的主要工作交由第三人完成的，应当就该第三人完成的工作成果向定作人负责；未经定作人同意的，定作人也可以解除合同。

第七百七十三条　承揽人可以将其承揽的辅助工作交由第三人完成。承揽人将其承揽的辅助工作交由第三人完成的，应当就该第三人完成的工作成果向定作人负责。

第七百七十四条　承揽人提供材料的，应当按照约定选用材料，并接受定作人检验。

第七百七十五条　定作人提供材料的，应当按照约定提供材料。承揽人对定作人提供的材料应当及时检验，发现不符合约定时，应当及时通知定作人更换、补齐或者采取其他补救措施。

承揽人不得擅自更换定作人提供的材料，不得更换不需要修理的零部件。

第七百七十六条　承揽人发现定作人提供的图纸或者技术要求不合理的，应当及时通知定作人。因定作人怠于答复等原因造成承揽人损失的，应当赔偿损失。

第七百七十七条　定作人中途变更承揽工作的要求，造成承揽人损失的，应当赔偿损失。

第七百七十八条　承揽工作需要定作人协助的，定作人有协助的义务。定作人不履行协助义务致使承揽工作不能完成的，承揽人可以催告定作人在合理期限内履行义务，并可以顺延履行期限；定作人逾期不履行的，承揽人可以解除合同。

第七百七十九条　承揽人在工作期间，应当接受定作人必要的监督检验。定作人不得因监督检验妨碍承揽人的正常工作。

第七百八十条　承揽人完成工作的，应当向定作人交付工作成果，并提交必要的技术资料和有关质量证明。定作人应当验收该工作成果。

第七百八十一条　承揽人交付的工作成果不符合质量要求的，定作人可以合理选择请求承揽人承担修理、重作、减少报酬、赔偿损失等违约责任。

第七百八十二条　定作人应当按照约定的期限支付报酬。对支付报酬的期限没有约定或者约定不明确，依据本法第五百一十条的规定仍不能确定的，定作人应当在承揽人交付工作成果时支付；工作成果部分交付的，定作人应当相应支付。

第七百八十三条　定作人未向承揽人支付报酬或者材料费等价款的，承揽人对完成的工作成果享有留置权或者有权拒绝交付，但是当事人另有约定的除外。

第七百八十四条　承揽人应当妥善保管定作人提供的材料以及完成的工作成果，因保管不善造成毁损、灭失的，应当承担赔偿责任。

第七百八十五条　承揽人应当按照定作人的要求保守秘密，未经定作人许可，不得留存复制品或者技术资料。

第七百八十六条　共同承揽人对定作人承担连带责任，但是当事人另有约定的除外。

第七百八十七条　定作人在承揽人完成工作前可以随时解除合同，造成承揽人损失的，应当赔偿损失。

第十八章　建设工程合同

第七百八十八条　建设工程合同是承包人进行工程建设，发包人支付价款的合同。

建设工程合同包括工程勘察、设计、施工合同。

第七百八十九条　建设工程合同应当采用书面形式。

第七百九十条　建设工程的招标投标活动，应当依照有关法律的规定公开、公平、公正进行。

第七百九十一条　发包人可以与总承包人订立建设工程合同，也可以分别与勘察人、设计人、施工人订立勘察、设计、施工承包合同。发包人不得将应当由一个承包人完成的建设工程支解成若干部分发包给数个承包人。

总承包人或者勘察、设计、施工承包人经发包人同意，可以将自己承包的部分工作交由第三人完成。第三人就其完成的工作成果与总承包人或者勘察、设计、施工承包人向发包人承担连带责任。承包人不得将其承包的全部建设工程转包给第三人或者将其承包的全部建设工程支解以后以分包的名义分别转包给第三人。

禁止承包人将工程分包给不具备相应资质条件的单位。禁止分包单位将其承包的工程再分包。建设工程主体结构的施工必须由承包人自行完成。

第七百九十二条　国家重大建设工程合同，应当按照国家规定的程序和国家批准的投资计划、可行性研究报告等文件订立。

第七百九十三条　建设工程施工合同无效，但是建设工程经验收合格的，可以参照合同关于工程价款的约定折价补偿承包人。

建设工程施工合同无效，且建设工程经验收不合格的，按照以下情形处理：

（一）修复后的建设工程经验收合格的，发包人可以请求承包人承担修复费用；

（二）修复后的建设工程经验收不合格的，承包人无权请求参照合同关于工程价款的约定折价补偿。

发包人对因建设工程不合格造成的损失有过错的，应当承担相应的责任。

第七百九十四条　勘察、设计合同的内容一般包括提交有关基础资料和概预算等文件的期限、质量要求、费用以及其他协作条件等条款。

第七百九十五条　施工合同的内容一般包括工程范围、建设工期、中间交工工程的开工和竣工时间、工程质量、工程造价、技术资料交付时间、材料和设备供应责任、拨款和结算、竣工验收、质量保修范围和质量保证期、相互协作等条款。

第七百九十六条　建设工程实行监理的，发包人应当与监理人采用书面形式订立委托监理合同。发包人与监理人的权利和义务以及法律责任，应当依照本编委托合同以及其他有关法律、行政法规的规定。

第七百九十七条　发包人在不妨碍承包人正常作业的情况下，可以随时对作业进度、质量进行检查。

第七百九十八条　隐蔽工程在隐蔽以前，承包人应当通知发包人检查。发包人没有及时检查的，承包人可以顺延工程日期，并有权请求赔偿停工、窝工等损失。

第七百九十九条　建设工程竣工后，发包人应当根据施工图纸及说明书、国家颁发的施工验收规范和质量检验标准及时进行验收。验收合格的，发包人应当按照约定支付价款，并接收该建设工程。

建设工程竣工经验收合格后，方可交付使用；未经验收或者验收不合格的，不得交付使用。

第八百条　勘察、设计的质量不符合要求或者未按照期限提交勘察、设计文件拖延工期，造成发包人损失的，勘察人、设计人应当继续完善勘察、设计，减收或者免收勘察、设计费并赔偿损失。

第八百零一条　因施工人的原因致使建设工程质量不符合约定的，发包人有权请求施工人在合理期限内无偿修理或者返工、改建。经过修理或者返工、改建后，造成逾期交付的，施工人应当承担违约责任。

第八百零二条　因承包人的原因致使建设工程在合理使用期限内造成人身损害和财产损失的，承包人应当承担赔偿责任。

第八百零三条　发包人未按照约定的时间和要求提供原材料、设备、场地、资金、技术资料的，承包人可以顺延工程日期，并有权请求赔偿停工、窝工等损失。

第八百零四条　因发包人的原因致使工程中途停建、缓建的，发包人应当采取措施弥补或者减少损失，赔偿承包人因此造成的停工、窝工、倒运、机械设备调迁、材料和构件积压等损失和实际费用。

第八百零五条 因发包人变更计划，提供的资料不准确，或者未按照期限提供必需的勘察、设计工作条件而造成勘察、设计的返工、停工或者修改设计，发包人应当按照勘察人、设计人实际消耗的工作量增付费用。

第八百零六条 承包人将建设工程转包、违法分包的，发包人可以解除合同。

发包人提供的主要建筑材料、建筑构配件和设备不符合强制性标准或者不履行协助义务，致使承包人无法施工，经催告后在合理期限内仍未履行相应义务的，承包人可以解除合同。

合同解除后，已经完成的建设工程质量合格的，发包人应当按照约定支付相应的工程价款；已经完成的建设工程质量不合格的，参照本法第七百九十三条的规定处理。

第八百零七条 发包人未按照约定支付价款的，承包人可以催告发包人在合理期限内支付价款。发包人逾期不支付的，除根据建设工程的性质不宜折价、拍卖外，承包人可以与发包人协议将该工程折价，也可以请求人民法院将该工程依法拍卖。建设工程的价款就该工程折价或者拍卖的价款优先受偿。

第八百零八条 本章没有规定的，适用承揽合同的有关规定。

第十九章 运 输 合 同

第一节 一 般 规 定

第八百零九条 运输合同是承运人将旅客或者货物从起运地点运输到约定地点，旅客、托运人或者收货人支付票款或者运输费用的合同。

第八百一十条 从事公共运输的承运人不得拒绝旅客、托运人通常、合理的运输要求。

第八百一十一条 承运人应当在约定期限或者合理期限内将旅客、货物安全运输到约定地点。

第八百一十二条 承运人应当按照约定的或者通常的运输路线将旅客、货物运输到约定地点。

第八百一十三条 旅客、托运人或者收货人应当支付票款或者运输费用。承运人未按照约定路线或者通常路线运输增加票款或者运输费用的，旅客、托运人或者收货人可以拒绝支付增加部分的票款或者运输费用。

第二节 客 运 合 同

第八百一十四条 客运合同自承运人向旅客出具客票时成立，但是当事人另有约定或者另有交易习惯的除外。

第八百一十五条 旅客应当按照有效客票记载的时间、班次和座位号乘坐。旅客无票乘坐、超程乘坐、越级乘坐或者持不符合减价条件的优惠客票乘坐的，应当补交票款，承运人可以按照规定加收票款；旅客不支付票款的，承运人可以拒绝运输。

实名制客运合同的旅客丢失客票的，可以请求承运人挂失补办，承运人不得再次收取票款和其他不合理费用。

第八百一十六条 旅客因自己的原因不能按照客票记载的时间乘坐的，应当在约定的期限内办理退票或者变更手续；逾期办理的，承运人可以不退票款，并不再承担运输义务。

第八百一十七条 旅客随身携带行李应当符合约定的限量和品类要求；超过限量或者违反品类要求携带行李的，应当办理托运手续。

第八百一十八条 旅客不得随身携带或者在行李中夹带易燃、易爆、有毒、有腐蚀性、有放射性以及可能危及运输工具上人身和财产安全的危险物品或者违禁物品。

旅客违反前款规定的，承运人可以将危险物品或者违禁物品卸下、销毁或者送交有关部门。旅客坚持携带或者夹带危险物品或者违禁物品的，承运人应当拒绝运输。

第八百一十九条　承运人应当严格履行安全运输义务，及时告知旅客安全运输应当注意的事项。旅客对承运人为安全运输所作的合理安排应当积极协助和配合。

第八百二十条　承运人应当按照有效客票记载的时间、班次和座位号运输旅客。承运人迟延运输或者有其他不能正常运输情形的，应当及时告知和提醒旅客，采取必要的安置措施，并根据旅客的要求安排改乘其他班次或者退票；由此造成旅客损失的，承运人应当承担赔偿责任，但是不可归责于承运人的除外。

第八百二十一条　承运人擅自降低服务标准的，应当根据旅客的请求退票或者减收票款；提高服务标准的，不得加收票款。

第八百二十二条　承运人在运输过程中，应当尽力救助患有急病、分娩、遇险的旅客。

第八百二十三条　承运人应当对运输过程中旅客的伤亡承担赔偿责任；但是，伤亡是旅客自身健康原因造成的或者承运人证明伤亡是旅客故意、重大过失造成的除外。

前款规定适用于按照规定免票、持优待票或者经承运人许可搭乘的无票旅客。

第八百二十四条　在运输过程中旅客随身携带物品毁损、灭失，承运人有过错的，应当承担赔偿责任。

旅客托运的行李毁损、灭失的，适用货物运输的有关规定。

第三节　货　运　合　同

第八百二十五条　托运人办理货物运输，应当向承运人准确表明收货人的姓名、名称或者凭指示的收货人，货物的名称、性质、重量、数量，收货地点等有关货物运输的必要情况。

因托运人申报不实或者遗漏重要情况，造成承运人损失的，托运人应当承担赔偿责任。

第八百二十六条　货物运输需要办理审批、检验等手续的，托运人应当将办理完有关手续的文件提交承运人。

第八百二十七条　托运人应当按照约定的方式包装货物。对包装方式没有约定或者约定不明确的，适用本法第六百一十九条的规定。

托运人违反前款规定的，承运人可以拒绝运输。

第八百二十八条　托运人托运易燃、易爆、有毒、有腐蚀性、有放射性等危险物品的，应当按照国家有关危险物品运输的规定对危险物品妥善包装，做出危险物品标志和标签，并将有关危险物品的名称、性质和防范措施的书面材料提交承运人。

托运人违反前款规定的，承运人可以拒绝运输，也可以采取相应措施以避免损失的发生，因此产生的费用由托运人负担。

第八百二十九条　在承运人将货物交付收货人之前，托运人可以要求承运人中止运输、返还货物、变更到达地或者将货物交给其他收货人，但是应当赔偿承运人因此受到的损失。

第八百三十条　货物运输到达后，承运人知道收货人的，应当及时通知收货人，收货人应当及时提货。收货人逾期提货的，应当向承运人支付保管费等费用。

第八百三十一条　收货人提货时应当按照约定的期限检验货物。对检验货物的期限没有约定或者约定不明确，依据本法第五百一十条的规定仍不能确定的，应当在合理期限内检验货物。收货人在约定的期限或者合理期限内对货物的数量、毁损等未提出异议的，视为承运人已经按照运输单证的记载交付的初步证据。

第八百三十二条　承运人对运输过程中货物的毁损、灭失承担赔偿责任。但是，承运人证明货物的毁损、灭失是因不可抗力、货物本身的自然性质或者合理损耗以及托运人、收货人的过错造成的，不承担赔偿责任。

第八百三十三条 货物的毁损、灭失的赔偿额，当事人有约定的，按照其约定；没有约定或者约定不明确，依据本法第五百一十条的规定仍不能确定的，按照交付或者应当交付时货物到达地的市场价格计算。法律、行政法规对赔偿额的计算方法和赔偿限额另有规定的，依照其规定。

第八百三十四条 两个以上承运人以同一运输方式联运的，与托运人订立合同的承运人应当对全程运输承担责任；损失发生在某一运输区段的，与托运人订立合同的承运人和该区段的承运人承担连带责任。

第八百三十五条 货物在运输过程中因不可抗力灭失，未收取运费的，承运人不得请求支付运费；已经收取运费的，托运人可以请求返还。法律另有规定的，依照其规定。

第八百三十六条 托运人或者收货人不支付运费、保管费或者其他费用的，承运人对相应的运输货物享有留置权，但是当事人另有约定的除外。

第八百三十七条 收货人不明或者收货人无正当理由拒绝受领货物的，承运人依法可以提存货物。

第四节 多式联运合同

第八百三十八条 多式联运经营人负责履行或者组织履行多式联运合同，对全程运输享有承运人的权利，承担承运人的义务。

第八百三十九条 多式联运经营人可以与参加多式联运的各区段承运人就多式联运合同的各区段运输约定相互之间的责任；但是，该约定不影响多式联运经营人对全程运输承担的义务。

第八百四十条 多式联运经营人收到托运人交付的货物时，应当签发多式联运单据。按照托运人的要求，多式联运单据可以是可转让单据，也可以是不可转让单据。

第八百四十一条 因托运人托运货物时的过错造成多式联运经营人损失的，即使托运人已经转让多式联运单据，托运人仍然应当承担赔偿责任。

第八百四十二条 货物的毁损、灭失发生于多式联运的某一运输区段的，多式联运经营人的赔偿责任和责任限额，适用调整该区段运输方式的有关法律规定；货物毁损、灭失发生的运输区段不能确定的，依照本章规定承担赔偿责任。

第二十章 技 术 合 同

第一节 一 般 规 定

第八百四十三条 技术合同是当事人就技术开发、转让、许可、咨询或者服务订立的确立相互之间权利和义务的合同。

第八百四十四条 订立技术合同，应当有利于知识产权的保护和科学技术的进步，促进科学技术成果的研发、转化、应用和推广。

第八百四十五条 技术合同的内容一般包括项目的名称，标的的内容、范围和要求，履行的计划、地点和方式，技术信息和资料的保密，技术成果的归属和收益的分配办法，验收标准和方法，名词和术语的解释等条款。

与履行合同有关的技术背景资料、可行性论证和技术评价报告、项目任务书和计划书、技术标准、技术规范、原始设计和工艺文件，以及其他技术文档，按照当事人的约定可以作为合同的组成部分。

技术合同涉及专利的，应当注明发明创造的名称、专利申请人和专利权人、申请日期、申请号、专利号以及专利权的有效期限。

第八百四十六条　技术合同价款、报酬或者使用费的支付方式由当事人约定，可以采取一次总算、一次总付或者一次总算、分期支付，也可以采取提成支付或者提成支付附加预付入门费的方式。

约定提成支付的，可以按照产品价格、实施专利和使用技术秘密后新增的产值、利润或者产品销售额的一定比例提成，也可以按照约定的其他方式计算。提成支付的比例可以采取固定比例、逐年递增比例或者逐年递减比例。

约定提成支付的，当事人可以约定查阅有关会计账目的办法。

第八百四十七条　职务技术成果的使用权、转让权属于法人或者非法人组织的，法人或者非法人组织可以就该项职务技术成果订立技术合同。法人或者非法人组织订立技术合同转让职务技术成果时，职务技术成果的完成人享有以同等条件优先受让的权利。

职务技术成果是执行法人或者非法人组织的工作任务，或者主要是利用法人或者非法人组织的物质技术条件所完成的技术成果。

第八百四十八条　非职务技术成果的使用权、转让权属于完成技术成果的个人，完成技术成果的个人可以就该项非职务技术成果订立技术合同。

第八百四十九条　完成技术成果的个人享有在有关技术成果文件上写明自己是技术成果完成者的权利和取得荣誉证书、奖励的权利。

第八百五十条　非法垄断技术或者侵害他人技术成果的技术合同无效。

第二节　技　术　开　发　合　同

第八百五十一条　技术开发合同是当事人之间就新技术、新产品、新工艺、新品种或者新材料及其系统的研究开发所订立的合同。

技术开发合同包括委托开发合同和合作开发合同。

技术开发合同应当采用书面形式。

当事人之间就具有实用价值的科技成果实施转化订立的合同，参照适用技术开发合同的有关规定。

第八百五十二条　委托开发合同的委托人应当按照约定支付研究开发经费和报酬，提供技术资料，提出研究开发要求，完成协作事项，接受研究开发成果。

第八百五十三条　委托开发合同的研究开发人应当按照约定制定和实施研究开发计划，合理使用研究开发经费，按期完成研究开发工作，交付研究开发成果，提供有关的技术资料和必要的技术指导，帮助委托人掌握研究开发成果。

第八百五十四条　委托开发合同的当事人违反约定造成研究开发工作停滞、延误或者失败的，应当承担违约责任。

第八百五十五条　合作开发合同的当事人应当按照约定进行投资，包括以技术进行投资，分工参与研究开发工作，协作配合研究开发工作。

第八百五十六条　合作开发合同的当事人违反约定造成研究开发工作停滞、延误或者失败的，应当承担违约责任。

第八百五十七条　作为技术开发合同标的的技术已经由他人公开，致使技术开发合同的履行没有意义的，当事人可以解除合同。

第八百五十八条　技术开发合同履行过程中，因出现无法克服的技术困难，致使研究开发失败或者部分失败，该风险由当事人约定；没有约定或者约定不明确，依据本法第五百一十条的规定仍不能确定的，风险由当事人合理分担。

当事人一方发现前款规定的可能致使研究开发失败或者部分失败的情形时，应当及时通知另一方并采取适当措施减少损失；没有及时通知并采取适当措施，致使损失扩大的，应当就扩大的损失承担责任。

第八百五十九条 委托开发完成的发明创造，除法律另有规定或者当事人另有约定外，申请专利的权利属于研究开发人。研究开发人取得专利权的，委托人可以依法实施该专利。

研究开发人转让专利申请权的，委托人享有以同等条件优先受让的权利。

第八百六十条 合作开发完成的发明创造，申请专利的权利属于合作开发的当事人共有；当事人一方转让其共有的专利申请权的，其他各方享有以同等条件优先受让的权利。但是，当事人另有约定的除外。

合作开发的当事人一方声明放弃其共有的专利申请权的，除当事人另有约定外，可以由另一方单独申请或者由其他各方共同申请。申请人取得专利权的，放弃专利申请权的一方可以免费实施该专利。

合作开发的当事人一方不同意申请专利的，另一方或者其他各方不得申请专利。

第八百六十一条 委托开发或者合作开发完成的技术秘密成果的使用权、转让权以及收益的分配办法，由当事人约定；没有约定或者约定不明确，依据本法第五百一十条的规定仍不能确定的，在没有相同技术方案被授予专利权前，当事人均有使用和转让的权利。但是，委托开发的研究开发人不得在向委托人交付研究开发成果之前，将研究开发成果转让给第三人。

第三节 技术转让合同和技术许可合同

第八百六十二条 技术转让合同是合法拥有技术的权利人，将现有特定的专利、专利申请、技术秘密的相关权利让与他人所订立的合同。

技术许可合同是合法拥有技术的权利人，将现有特定的专利、技术秘密的相关权利许可他人实施、使用所订立的合同。

技术转让合同和技术许可合同中关于提供实施技术的专用设备、原材料或者提供有关的技术咨询、技术服务的约定，属于合同的组成部分。

第八百六十三条 技术转让合同包括专利权转让、专利申请权转让、技术秘密转让等合同。

技术许可合同包括专利实施许可、技术秘密使用许可等合同。

技术转让合同和技术许可合同应当采用书面形式。

第八百六十四条 技术转让合同和技术许可合同可以约定实施专利或者使用技术秘密的范围，但是不得限制技术竞争和技术发展。

第八百六十五条 专利实施许可合同仅在该专利权的存续期限内有效。专利权有效期限届满或者专利权被宣告无效的，专利权人不得就该专利与他人订立专利实施许可合同。

第八百六十六条 专利实施许可合同的许可人应当按照约定许可被许可人实施专利，交付实施专利有关的技术资料，提供必要的技术指导。

第八百六十七条 专利实施许可合同的被许可人应当按照约定实施专利，不得许可约定以外的第三人实施该专利，并按照约定支付使用费。

第八百六十八条 技术秘密转让合同的让与人和技术秘密使用许可合同的许可人应当按照约定提供技术资料，进行技术指导，保证技术的实用性、可靠性，承担保密义务。

前款规定的保密义务，不限制许可人申请专利，但是当事人另有约定的除外。

第八百六十九条 技术秘密转让合同的受让人和技术秘密使用许可合同的被许可人应当按照约定使用技术，支付转让费、使用费，承担保密义务。

第八百七十条 技术转让合同的让与人和技术许可合同的许可人应当保证自己是所提供的技术的合法拥有者，并保证所提供的技术完整、无误、有效，能够达到约定的目标。

第八百七十一条 技术转让合同的受让人和技术许可合同的被许可人应当按照约定的范围和期限，对让与人、许可人提供的技术中尚未公开的秘密部分，承担保密义务。

第八百七十二条 许可人未按照约定许可技术的，应当返还部分或者全部使用费，并应当承担违约责任；实施专利或者使用技术秘密超越约定的范围的，违反约定擅自许可第三人实施该项专利或者使用该项技术秘密的，应当停止违约行为，承担违约责任；违反约定的保密义务的，应当承担违约责任。

让与人承担违约责任，参照适用前款规定。

第八百七十三条 被许可人未按照约定支付使用费的，应当补交使用费并按照约定支付违约金；不补交使用费或者支付违约金的，应当停止实施专利或者使用技术秘密，交还技术资料，承担违约责任；实施专利或者使用技术秘密超越约定的范围的，未经许可人同意擅自许可第三人实施该专利或者使用该技术秘密的，应当停止违约行为，承担违约责任；违反约定的保密义务的，应当承担违约责任。

受让人承担违约责任，参照适用前款规定。

第八百七十四条 受让人或者被许可人按照约定实施专利、使用技术秘密侵害他人合法权益的，由让与人或者许可人承担责任，但是当事人另有约定的除外。

第八百七十五条 当事人可以按照互利的原则，在合同中约定实施专利、使用技术秘密后续改进的技术成果的分享办法；没有约定或者约定不明确，依据本法第五百一十条的规定仍不能确定的，一方后续改进的技术成果，其他各方无权分享。

第八百七十六条 集成电路布图设计专有权、植物新品种权、计算机软件著作权等其他知识产权的转让和许可，参照适用本节的有关规定。

第八百七十七条 法律、行政法规对技术进出口合同或者专利、专利申请合同另有规定的，依照其规定。

第四节 技术咨询合同和技术服务合同

第八百七十八条 技术咨询合同是当事人一方以技术知识为对方就特定技术项目提供可行性论证、技术预测、专题技术调查、分析评价报告等所订立的合同。

技术服务合同是当事人一方以技术知识为对方解决特定技术问题所订立的合同，不包括承揽合同和建设工程合同。

第八百七十九条 技术咨询合同的委托人应当按照约定阐明咨询的问题，提供技术背景材料及有关技术资料，接受受托人的工作成果，支付报酬。

第八百八十条 技术咨询合同的受托人应当按照约定的期限完成咨询报告或者解答问题，提出的咨询报告应当达到约定的要求。

第八百八十一条 技术咨询合同的委托人未按照约定提供必要的资料，影响工作进度和质量，不接受或者逾期接受工作成果的，支付的报酬不得追回，未支付的报酬应当支付。

技术咨询合同的受托人未按期提出咨询报告或者提出的咨询报告不符合约定的，应当承担减收或者免收报酬等违约责任。

技术咨询合同的委托人按照受托人符合约定要求的咨询报告和意见作出决策所造成的损失，由委托人承担，但是当事人另有约定的除外。

第八百八十二条 技术服务合同的委托人应当按照约定提供工作条件，完成配合事项，接受工作成果并支付报酬。

第八百八十三条 技术服务合同的受托人应当按照约定完成服务项目，解决技术问题，保证工作质量，并传授解决技术问题的知识。

第八百八十四条 技术服务合同的委托人不履行合同义务或者履行合同义务不符合约定，影响工作进度和质量，不接受或者逾期接受工作成果的，支付的报酬不得追回，未支付的报酬应当支付。

技术服务合同的受托人未按照约定完成服务工作的，应当承担免收报酬等违约责任。

第八百八十五条 技术咨询合同、技术服务合同履行过程中，受托人利用委托人提供的技术资料和工作条件完成的新的技术成果，属于受托人。委托人利用受托人的工作成果完成的新的技术成果，属于委托人。当事人另有约定的，按照其约定。

第八百八十六条 技术咨询合同和技术服务合同对受托人正常开展工作所需费用的负担没有约定或者约定不明确的，由受托人负担。

第八百八十七条 法律、行政法规对技术中介合同、技术培训合同另有规定的，依照其规定。

第二十一章 保 管 合 同

第八百八十八条 保管合同是保管人保管寄存人交付的保管物，并返还该物的合同。

寄存人到保管人处从事购物、就餐、住宿等活动，将物品存放在指定场所的，视为保管，但是当事人另有约定或者另有交易习惯的除外。

第八百八十九条 寄存人应当按照约定向保管人支付保管费。

当事人对保管费没有约定或者约定不明确，依据本法第五百一十条的规定仍不能确定的，视为无偿保管。

第八百九十条 保管合同自保管物交付时成立，但是当事人另有约定的除外。

第八百九十一条 寄存人向保管人交付保管物的，保管人应当出具保管凭证，但是另有交易习惯的除外。

第八百九十二条 保管人应当妥善保管保管物。

当事人可以约定保管场所或者方法。除紧急情况或者为维护寄存人利益外，不得擅自改变保管场所或者方法。

第八百九十三条 寄存人交付的保管物有瑕疵或者根据保管物的性质需要采取特殊保管措施的，寄存人应当将有关情况告知保管人。寄存人未告知，致使保管物受损失的，保管人不承担赔偿责任；保管人因此受损失的，除保管人知道或者应当知道且未采取补救措施外，寄存人应当承担赔偿责任。

第八百九十四条 保管人不得将保管物转交第三人保管，但是当事人另有约定的除外。

保管人违反前款规定，将保管物转交第三人保管，造成保管物损失的，应当承担赔偿责任。

第八百九十五条 保管人不得使用或者许可第三人使用保管物，但是当事人另有约定的除外。

第八百九十六条 第三人对保管物主张权利的，除依法对保管物采取保全或者执行措施外，保管人应当履行向寄存人返还保管物的义务。

第三人对保管人提起诉讼或者对保管物申请扣押的，保管人应当及时通知寄存人。

第八百九十七条 保管期内，因保管人保管不善造成保管物毁损、灭失的，保管人应当承担赔偿责任。但是，无偿保管人证明自己没有故意或者重大过失的，不承担赔偿责任。

第八百九十八条 寄存人寄存货币、有价证券或者其他贵重物品的，应当向保管人声明，由保管人验收或者封存；寄存人未声明的，该物品毁损、灭失后，保管人可以按照一般物品予以赔偿。

第八百九十九条　寄存人可以随时领取保管物。

当事人对保管期限没有约定或者约定不明确的，保管人可以随时请求寄存人领取保管物；约定保管期限的，保管人无特别事由，不得请求寄存人提前领取保管物。

第九百条　保管期限届满或者寄存人提前领取保管物的，保管人应当将原物及其孳息归还寄存人。

第九百零一条　保管人保管货币的，可以返还相同种类、数量的货币；保管其他可替代物的，可以按照约定返还相同种类、品质、数量的物品。

第九百零二条　有偿的保管合同，寄存人应当按照约定的期限向保管人支付保管费。

当事人对支付期限没有约定或者约定不明确，依据本法第五百一十条的规定仍不能确定的，应当在领取保管物的同时支付。

第九百零三条　寄存人未按照约定支付保管费或者其他费用的，保管人对保管物享有留置权，但是当事人另有约定的除外。

第二十二章　仓　储　合　同

第九百零四条　仓储合同是保管人储存存货人交付的仓储物，存货人支付仓储费的合同。

第九百零五条　仓储合同自保管人和存货人意思表示一致时成立。

第九百零六条　储存易燃、易爆、有毒、有腐蚀性、有放射性等危险物品或者易变质物品的，存货人应当说明该物品的性质，提供有关资料。

存货人违反前款规定的，保管人可以拒收仓储物，也可以采取相应措施以避免损失的发生，因此产生的费用由存货人负担。

保管人储存易燃、易爆、有毒、有腐蚀性、有放射性等危险物品的，应当具备相应的保管条件。

第九百零七条　保管人应当按照约定对入库仓储物进行验收。保管人验收时发现入库仓储物与约定不符合的，应当及时通知存货人。保管人验收后，发生仓储物的品种、数量、质量不符合约定的，保管人应当承担赔偿责任。

第九百零八条　存货人交付仓储物的，保管人应当出具仓单、入库单等凭证。

第九百零九条　保管人应当在仓单上签名或者盖章。仓单包括下列事项：

（一）存货人的姓名或者名称和住所；

（二）仓储物的品种、数量、质量、包装及其件数和标记；

（三）仓储物的损耗标准；

（四）储存场所；

（五）储存期限；

（六）仓储费；

（七）仓储物已经办理保险的，其保险金额、期间以及保险人的名称；

（八）填发人、填发地和填发日期。

第九百一十条　仓单是提取仓储物的凭证。存货人或者仓单持有人在仓单上背书并经保管人签名或者盖章的，可以转让提取仓储物的权利。

第九百一十一条　保管人根据存货人或者仓单持有人的要求，应当同意其检查仓储物或者提取样品。

第九百一十二条　保管人发现入库仓储物有变质或者其他损坏的，应当及时通知存货人或者仓单持有人。

第九百一十三条 保管人发现入库仓储物有变质或者其他损坏，危及其他仓储物的安全和正常保管的，应当催告存货人或者仓单持有人作出必要的处置。因情况紧急，保管人可以作出必要的处置；但是，事后应当将该情况及时通知存货人或者仓单持有人。

第九百一十四条 当事人对储存期限没有约定或者约定不明确的，存货人或者仓单持有人可以随时提取仓储物，保管人也可以随时请求存货人或者仓单持有人提取仓储物，但是应当给予必要的准备时间。

第九百一十五条 储存期限届满，存货人或者仓单持有人应当凭仓单、入库单等提取仓储物。存货人或者仓单持有人逾期提取的，应当加收仓储费；提前提取的，不减收仓储费。

第九百一十六条 储存期限届满，存货人或者仓单持有人不提取仓储物的，保管人可以催告其在合理期限内提取；逾期不提取的，保管人可以提存仓储物。

第九百一十七条 储存期内，因保管不善造成仓储物毁损、灭失的，保管人应当承担赔偿责任。因仓储物本身的自然性质、包装不符合约定或者超过有效储存期造成仓储物变质、损坏的，保管人不承担赔偿责任。

第九百一十八条 本章没有规定的，适用保管合同的有关规定。

第二十三章 委 托 合 同

第九百一十九条 委托合同是委托人和受托人约定，由受托人处理委托人事务的合同。

第九百二十条 委托人可以特别委托受托人处理一项或者数项事务，也可以概括委托受托人处理一切事务。

第九百二十一条 委托人应当预付处理委托事务的费用。受托人为处理委托事务垫付的必要费用，委托人应当偿还该费用并支付利息。

第九百二十二条 受托人应当按照委托人的指示处理委托事务。需要变更委托人指示的，应当经委托人同意；因情况紧急，难以和委托人取得联系的，受托人应当妥善处理委托事务，但是事后应当将该情况及时报告委托人。

第九百二十三条 受托人应当亲自处理委托事务。经委托人同意，受托人可以转委托。转委托经同意或者追认的，委托人可以就委托事务直接指示转委托的第三人，受托人仅就第三人的选任及其对第三人的指示承担责任。转委托未经同意或者追认的，受托人应当对转委托的第三人的行为承担责任；但是，在紧急情况下受托人为了维护委托人的利益需要转委托第三人的除外。

第九百二十四条 受托人应当按照委托人的要求，报告委托事务的处理情况。委托合同终止时，受托人应当报告委托事务的结果。

第九百二十五条 受托人以自己的名义，在委托人的授权范围内与第三人订立的合同，第三人在订立合同时知道受托人与委托人之间的代理关系的，该合同直接约束委托人和第三人；但是，有确切证据证明该合同只约束受托人和第三人的除外。

第九百二十六条 受托人以自己的名义与第三人订立合同时，第三人不知道受托人与委托人之间的代理关系的，受托人因第三人的原因对委托人不履行义务，受托人应当向委托人披露第三人，委托人因此可以行使受托人对第三人的权利。但是，第三人与受托人订立合同时如果知道该委托人就不会订立合同的除外。

受托人因委托人的原因对第三人不履行义务，受托人应当向第三人披露委托人，第三人因此可以选择受托人或者委托人作为相对人主张其权利，但是第三人不得变更选定的相对人。

委托人行使受托人对第三人的权利的，第三人可以向委托人主张其对受托人的抗辩。第三人选定委托人作为其相对人的，委托人可以向第三人主张其对受托人的抗辩以及受托人对第三人的抗辩。

第九百二十七条　受托人处理委托事务取得的财产，应当转交给委托人。

第九百二十八条　受托人完成委托事务的，委托人应当按照约定向其支付报酬。

因不可归责于受托人的事由，委托合同解除或者委托事务不能完成的，委托人应当向受托人支付相应的报酬。当事人另有约定的，按照其约定。

第九百二十九条　有偿的委托合同，因受托人的过错造成委托人损失的，委托人可以请求赔偿损失。无偿的委托合同，因受托人的故意或者重大过失造成委托人损失的，委托人可以请求赔偿损失。

受托人超越权限造成委托人损失的，应当赔偿损失。

第九百三十条　受托人处理委托事务时，因不可归责于自己的事由受到损失的，可以向委托人请求赔偿损失。

第九百三十一条　委托人经受托人同意，可以在受托人之外委托第三人处理委托事务。因此造成受托人损失的，受托人可以向委托人请求赔偿损失。

第九百三十二条　两个以上的受托人共同处理委托事务的，对委托人承担连带责任。

第九百三十三条　委托人或者受托人可以随时解除委托合同。因解除合同造成对方损失的，除不可归责于该当事人的事由外，无偿委托合同的解除方应当赔偿因解除时间不当造成的直接损失，有偿委托合同的解除方应当赔偿对方的直接损失和合同履行后可以获得的利益。

第九百三十四条　委托人死亡、终止或者受托人死亡、丧失民事行为能力、终止的，委托合同终止；但是，当事人另有约定或者根据委托事务的性质不宜终止的除外。

第九百三十五条　因委托人死亡或者被宣告破产、解散，致使委托合同终止将损害委托人利益的，在委托人的继承人、遗产管理人或者清算人承受委托事务之前，受托人应当继续处理委托事务。

第九百三十六条　因受托人死亡、丧失民事行为能力或者被宣告破产、解散，致使委托合同终止的，受托人的继承人、遗产管理人、法定代理人或者清算人应当及时通知委托人。因委托合同终止将损害委托人利益的，在委托人作出善后处理之前，受托人的继承人、遗产管理人、法定代理人或者清算人应当采取必要措施。

第二十四章　物业服务合同

第九百三十七条　物业服务合同是物业服务人在物业服务区域内，为业主提供建筑物及其附属设施的维修养护、环境卫生和相关秩序的管理维护等物业服务，业主支付物业费的合同。

物业服务人包括物业服务企业和其他管理人。

第九百三十八条　物业服务合同的内容一般包括服务事项、服务质量、服务费用的标准和收取办法、维修资金的使用、服务用房的管理和使用、服务期限、服务交接等条款。

物业服务人公开作出的有利于业主的服务承诺，为物业服务合同的组成部分。

物业服务合同应当采用书面形式。

第九百三十九条　建设单位依法与物业服务人订立的前期物业服务合同，以及业主委员会与业主大会依法选聘的物业服务人订立的物业服务合同，对业主具有法律约束力。

第九百四十条　建设单位依法与物业服务人订立的前期物业服务合同约定的服务期限届满前，业主委员会或者业主与新物业服务人订立的物业服务合同生效的，前期物业服务合同终止。

第九百四十一条　物业服务人将物业服务区域内的部分专项服务事项委托给专业性服务组

织或者其他第三人的，应当就该部分专项服务事项向业主负责。

物业服务人不得将其应当提供的全部物业服务转委托给第三人，或者将全部物业服务支解后分别转委托给第三人。

第九百四十二条 物业服务人应当按照约定和物业的使用性质，妥善维修、养护、清洁、绿化和经营管理物业服务区域内的业主共有部分，维护物业服务区域内的基本秩序，采取合理措施保护业主的人身、财产安全。

对物业服务区域内违反有关治安、环保、消防等法律法规的行为，物业服务人应当及时采取合理措施制止、向有关行政主管部门报告并协助处理。

第九百四十三条 物业服务人应当定期将服务的事项、负责人员、质量要求、收费项目、收费标准、履行情况，以及维修资金使用情况、业主共有部分的经营与收益情况等以合理方式向业主公开并向业主大会、业主委员会报告。

第九百四十四条 业主应当按照约定向物业服务人支付物业费。物业服务人已经按照约定和有关规定提供服务的，业主不得以未接受或者无需接受相关物业服务为由拒绝支付物业费。

业主违反约定逾期不支付物业费的，物业服务人可以催告其在合理期限内支付；合理期限届满仍不支付的，物业服务人可以提起诉讼或者申请仲裁。

物业服务人不得采取停止供电、供水、供热、供燃气等方式催交物业费。

第九百四十五条 业主装饰装修房屋的，应当事先告知物业服务人，遵守物业服务人提示的合理注意事项，并配合其进行必要的现场检查。

业主转让、出租物业专有部分、设立居住权或者依法改变共有部分用途的，应当及时将相关情况告知物业服务人。

第九百四十六条 业主依照法定程序共同决定解聘物业服务人的，可以解除物业服务合同。决定解聘的，应当提前六十日书面通知物业服务人，但是合同对通知期限另有约定的除外。

依据前款规定解除合同造成物业服务人损失的，除不可归责于业主的事由外，业主应当赔偿损失。

第九百四十七条 物业服务期限届满前，业主依法共同决定续聘的，应当与原物业服务人在合同期限届满前续订物业服务合同。

物业服务期限届满前，物业服务人不同意续聘的，应当在合同期限届满前九十日书面通知业主或者业主委员会，但是合同对通知期限另有约定的除外。

第九百四十八条 物业服务期限届满后，业主没有依法作出续聘或者另聘物业服务人的决定，物业服务人继续提供物业服务的，原物业服务合同继续有效，但是服务期限为不定期。

当事人可以随时解除不定期物业服务合同，但是应当提前六十日书面通知对方。

第九百四十九条 物业服务合同终止的，原物业服务人应当在约定期限或者合理期限内退出物业服务区域，将物业服务用房、相关设施、物业服务所必需的相关资料等交还给业主委员会、决定自行管理的业主或者其指定的人，配合新物业服务人做好交接工作，并如实告知物业的使用和管理状况。

原物业服务人违反前款规定的，不得请求业主支付物业服务合同终止后的物业费；造成业主损失的，应当赔偿损失。

第九百五十条 物业服务合同终止后，在业主或者业主大会选聘的新物业服务人或者决定自行管理的业主接管之前，原物业服务人应当继续处理物业服务事项，并可以请求业主支付该期间的物业费。

第二十五章　行　纪　合　同

第九百五十一条　行纪合同是行纪人以自己的名义为委托人从事贸易活动，委托人支付报酬的合同。

第九百五十二条　行纪人处理委托事务支出的费用，由行纪人负担，但是当事人另有约定的除外。

第九百五十三条　行纪人占有委托物的，应当妥善保管委托物。

第九百五十四条　委托物交付给行纪人时有瑕疵或者容易腐烂、变质的，经委托人同意，行纪人可以处分该物；不能与委托人及时取得联系的，行纪人可以合理处分。

第九百五十五条　行纪人低于委托人指定的价格卖出或者高于委托人指定的价格买入的，应当经委托人同意；未经委托人同意，行纪人补偿其差额的，该买卖对委托人发生效力。

行纪人高于委托人指定的价格卖出或者低于委托人指定的价格买入的，可以按照约定增加报酬；没有约定或者约定不明确，依据本法第五百一十条的规定仍不能确定的，该利益属于委托人。

委托人对价格有特别指示的，行纪人不得违背该指示卖出或者买入。

第九百五十六条　行纪人卖出或者买入具有市场定价的商品，除委托人有相反的意思表示外，行纪人自己可以作为买受人或者出卖人。

行纪人有前款规定情形的，仍然可以请求委托人支付报酬。

第九百五十七条　行纪人按照约定买入委托物，委托人应当及时受领。经行纪人催告，委托人无正当理由拒绝受领的，行纪人依法可以提存委托物。

委托物不能卖出或者委托人撤回出卖，经行纪人催告，委托人不取回或者不处分该物的，行纪人依法可以提存委托物。

第九百五十八条　行纪人与第三人订立合同的，行纪人对该合同直接享有权利、承担义务。

第三人不履行义务致使委托人受到损害的，行纪人应当承担赔偿责任，但是行纪人与委托人另有约定的除外。

第九百五十九条　行纪人完成或者部分完成委托事务的，委托人应当向其支付相应的报酬。委托人逾期不支付报酬的，行纪人对委托物享有留置权，但是当事人另有约定的除外。

第九百六十条　本章没有规定的，参照适用委托合同的有关规定。

第二十六章　中　介　合　同

第九百六十一条　中介合同是中介人向委托人报告订立合同的机会或者提供订立合同的媒介服务，委托人支付报酬的合同。

第九百六十二条　中介人应当就有关订立合同的事项向委托人如实报告。

中介人故意隐瞒与订立合同有关的重要事实或者提供虚假情况，损害委托人利益的，不得请求支付报酬并应当承担赔偿责任。

第九百六十三条　中介人促成合同成立的，委托人应当按照约定支付报酬。对中介人的报酬没有约定或者约定不明确，依据本法第五百一十条的规定仍不能确定的，根据中介人的劳务合理确定。因中介人提供订立合同的媒介服务而促成合同成立的，由该合同的当事人平均负担中介人的报酬。

中介人促成合同成立的，中介活动的费用，由中介人负担。

第九百六十四条　中介人未促成合同成立的，不得请求支付报酬；但是，可以按照约定请求委托人支付从事中介活动支出的必要费用。

　　第九百六十五条　委托人在接受中介人的服务后，利用中介人提供的交易机会或者媒介服务，绕开中介人直接订立合同的，应当向中介人支付报酬。

　　第九百六十六条　本章没有规定的，参照适用委托合同的有关规定。

第二十七章　合　伙　合　同

　　第九百六十七条　合伙合同是两个以上合伙人为了共同的事业目的，订立的共享利益、共担风险的协议。

　　第九百六十八条　合伙人应当按照约定的出资方式、数额和缴付期限，履行出资义务。

　　第九百六十九条　合伙人的出资、因合伙事务依法取得的收益和其他财产，属于合伙财产。

　　合伙合同终止前，合伙人不得请求分割合伙财产。

　　第九百七十条　合伙人就合伙事务作出决定的，除合伙合同另有约定外，应当经全体合伙人一致同意。

　　合伙事务由全体合伙人共同执行。按照合伙合同的约定或者全体合伙人的决定，可以委托一个或者数个合伙人执行合伙事务；其他合伙人不再执行合伙事务，但是有权监督执行情况。

　　合伙人分别执行合伙事务的，执行事务合伙人可以对其他合伙人执行的事务提出异议；提出异议后，其他合伙人应当暂停该项事务的执行。

　　第九百七十一条　合伙人不得因执行合伙事务而请求支付报酬，但是合伙合同另有约定的除外。

　　第九百七十二条　合伙的利润分配和亏损分担，按照合伙合同的约定办理；合伙合同没有约定或者约定不明确的，由合伙人协商决定；协商不成的，由合伙人按照实缴出资比例分配、分担；无法确定出资比例的，由合伙人平均分配、分担。

　　第九百七十三条　合伙人对合伙债务承担连带责任。清偿合伙债务超过自己应当承担份额的合伙人，有权向其他合伙人追偿。

　　第九百七十四条　除合伙合同另有约定外，合伙人向合伙人以外的人转让其全部或者部分财产份额的，须经其他合伙人一致同意。

　　第九百七十五条　合伙人的债权人不得代位行使合伙人依照本章规定和合伙合同享有的权利，但是合伙人享有的利益分配请求权除外。

　　第九百七十六条　合伙人对合伙期限没有约定或者约定不明确，依据本法第五百一十条的规定仍不能确定的，视为不定期合伙。

　　合伙期限届满，合伙人继续执行合伙事务，其他合伙人没有提出异议的，原合伙合同继续有效，但是合伙期限为不定期。

　　合伙人可以随时解除不定期合伙合同，但是应当在合理期限之前通知其他合伙人。

　　第九百七十七条　合伙人死亡、丧失民事行为能力或者终止的，合伙合同终止；但是，合伙合同另有约定或者根据合伙事务的性质不宜终止的除外。

　　第九百七十八条　合伙合同终止后，合伙财产在支付因终止而产生的费用以及清偿合伙债务后有剩余的，依据本法第九百七十二条的规定进行分配。

第三分编　准　合　同
第二十八章　无　因　管　理

　　第九百七十九条　管理人没有法定的或者约定的义务，为避免他人利益受损失而管理他人事务的，可以请求受益人偿还因管理事务而支出的必要费用；管理人因管理事务受到损失的，可以请求受益人给予适当补偿。

管理事务不符合受益人真实意思的，管理人不享有前款规定的权利；但是，受益人的真实意思违反法律或者违背公序良俗的除外。

第九百八十条　管理人管理事务不属于前条规定的情形，但是受益人享有管理利益的，受益人应当在其获得的利益范围内向管理人承担前条第一款规定的义务。

第九百八十一条　管理人管理他人事务，应当采取有利于受益人的方法。中断管理对受益人不利的，无正当理由不得中断。

第九百八十二条　管理人管理他人事务，能够通知受益人的，应当及时通知受益人。管理的事务不需要紧急处理的，应当等待受益人的指示。

第九百八十三条　管理结束后，管理人应当向受益人报告管理事务的情况。管理人管理事务取得的财产，应当及时转交给受益人。

第九百八十四条　管理人管理事务经受益人事后追认的，从管理事务开始时起，适用委托合同的有关规定，但是管理人另有意思表示的除外。

第二十九章　不　当　得　利

第九百八十五条　得利人没有法律根据取得不当利益的，受损失的人可以请求得利人返还取得的利益，但是有下列情形之一的除外：

（一）为履行道德义务进行的给付；

（二）债务到期之前的清偿；

（三）明知无给付义务而进行的债务清偿。

第九百八十六条　得利人不知道且不应当知道取得的利益没有法律根据，取得的利益已经不存在的，不承担返还该利益的义务。

第九百八十七条　得利人知道或者应当知道取得的利益没有法律根据的，受损失的人可以请求得利人返还其取得的利益并依法赔偿损失。

第九百八十八条　得利人已经将取得的利益无偿转让给第三人的，受损失的人可以请求第三人在相应范围内承担返还义务。

附录 B 相关行政法规

B.1 中华人民共和国招标投标法实施条例

【发文机关】：国务院

【发布日期】：2019.03.02

【生效日期】：2019.03.02

【文　　号】：国务院令第六百一十三号

（2011 年 12 月 20 日中华人民共和国国务院令第 613 号公布　根据 2017 年 3 月 1 日《国务院关于修改和废止部分行政法规的决定》第一次修订　根据 2018 年 3 月 19 日《国务院关于修改和废止部分行政法规的决定》第二次修订　根据 2019 年 3 月 2 日《国务院关于修改部分行政法规的决定》第三次修订）

第一章　总　　则

第一条　为了规范招标投标活动，根据《中华人民共和国招标投标法》（以下简称招标投标法），制定本条例。

第二条　招标投标法第三条所称工程建设项目，是指工程以及与工程建设有关的货物、服务。

前款所称工程，是指建设工程，包括建筑物和构筑物的新建、改建、扩建及其相关的装修、拆除、修缮等；所称与工程建设有关的货物，是指构成工程不可分割的组成部分，且为实现工程基本功能所必需的设备、材料等；所称与工程建设有关的服务，是指为完成工程所需的勘察、设计、监理等服务。

第三条　依法必须进行招标的工程建设项目的具体范围和规模标准，由国务院发展改革部门会同国务院有关部门制订，报国务院批准后公布施行。

第四条　国务院发展改革部门指导和协调全国招标投标工作，对国家重大建设项目的工程招标投标活动实施监督检查。国务院工业和信息化、住房城乡建设、交通运输、铁道、水利、商务等部门，按照规定的职责分工对有关招标投标活动实施监督。

县级以上地方人民政府发展改革部门指导和协调本行政区域的招标投标工作。县级以上地方人民政府有关部门按照规定的职责分工，对招标投标活动实施监督，依法查处招标投标活动中的违法行为。县级以上地方人民政府对其所属部门有关招标投标活动的监督职责分工另有规定的，从其规定。

财政部门依法对实行招标投标的政府采购工程建设项目的政府采购政策执行情况实施监督。

监察机关依法对与招标投标活动有关的监察对象实施监察。

第五条　设区的市级以上地方人民政府可以根据实际需要，建立统一规范的招标投标交易场所，为招标投标活动提供服务。招标投标交易场所不得与行政监督部门存在隶属关系，不得以营利为目的。

国家鼓励利用信息网络进行电子招标投标。

第六条　禁止国家工作人员以任何方式非法干涉招标投标活动。

第二章　招　　标

第七条　按照国家有关规定需要履行项目审批、核准手续的依法必须进行招标的项目，其招标范围、招标方式、招标组织形式应当报项目审批、核准部门审批、核准。项目审批、核准部门应当及时将审批、核准确定的招标范围、招标方式、招标组织形式通报有关行政监督部门。

第八条　国有资金占控股或者主导地位的依法必须进行招标的项目，应当公开招标；但有下列情形之一的，可以邀请招标：

（一）技术复杂、有特殊要求或者受自然环境限制，只有少量潜在投标人可供选择；

（二）采用公开招标方式的费用占项目合同金额的比例过大。

有前款第二项所列情形，属于本条例第七条规定的项目，由项目审批、核准部门在审批、核准项目时作出认定；其他项目由招标人申请有关行政监督部门作出认定。

第九条　除招标投标法第六十六条规定的可以不进行招标的特殊情况外，有下列情形之一的，可以不进行招标：

（一）需要采用不可替代的专利或者专有技术；

（二）采购人依法能够自行建设、生产或者提供；

（三）已通过招标方式选定的特许经营项目投资人依法能够自行建设、生产或者提供；

（四）需要向原中标人采购工程、货物或者服务，否则将影响施工或者功能配套要求；

（五）国家规定的其他特殊情形。

招标人为适用前款规定弄虚作假的，属于招标投标法第四条规定的规避招标。

第十条　招标投标法第十二条第二款规定的招标人具有编制招标文件和组织评标能力，是指招标人具有与招标项目规模和复杂程度相适应的技术、经济等方面的专业人员。

第十一条　国务院住房城乡建设、商务、发展改革、工业和信息化等部门，按照规定的职责分工对招标代理机构依法实施监督管理。

第十二条　招标代理机构应当拥有一定数量的具备编制招标文件、组织评标等相应能力的专业人员。

第十三条　招标代理机构在招标人委托的范围内开展招标代理业务，任何单位和个人不得非法干涉。

招标代理机构代理招标业务，应当遵守招标投标法和本条例关于招标人的规定。招标代理机构不得在所代理的招标项目中投标或者代理投标，也不得为所代理的招标项目的投标人提供咨询。

第十四条　招标人应当与被委托的招标代理机构签订书面委托合同，合同约定的收费标准应当符合国家有关规定。

第十五条　公开招标的项目，应当依照招标投标法和本条例的规定发布招标公告、编制招标文件。

招标人采用资格预审办法对潜在投标人进行资格审查的，应当发布资格预审公告、编制资格预审文件。

依法必须进行招标的项目的资格预审公告和招标公告，应当在国务院发展改革部门依法指定的媒介发布。在不同媒介发布的同一招标项目的资格预审公告或者招标公告的内容应当一致。指定媒介发布依法必须进行招标的项目的境内资格预审公告、招标公告，不得收取费用。

编制依法必须进行招标的项目的资格预审文件和招标文件，应当使用国务院发展改革部门会同有关行政监督部门制定的标准文本。

第十六条　招标人应当按照资格预审公告、招标公告或者投标邀请书规定的时间、地点发售资格预审文件或者招标文件。资格预审文件或者招标文件的发售期不得少于 5 日。

招标人发售资格预审文件、招标文件收取的费用应当限于补偿印刷、邮寄的成本支出，不得以营利为目的。

第十七条　招标人应当合理确定提交资格预审申请文件的时间。依法必须进行招标的项目提交资格预审申请文件的时间，自资格预审文件停止发售之日起不得少于 5 日。

第十八条　资格预审应当按照资格预审文件载明的标准和方法进行。

国有资金占控股或者主导地位的依法必须进行招标的项目，招标人应当组建资格审查委员会审查资格预审申请文件。资格审查委员会及其成员应当遵守招标投标法和本条例有关评标委员会及其成员的规定。

第十九条　资格预审结束后，招标人应当及时向资格预审申请人发出资格预审结果通知书。未通过资格预审的申请人不具有投标资格。

通过资格预审的申请人少于 3 个的，应当重新招标。

第二十条　招标人采用资格后审办法对投标人进行资格审查的，应当在开标后由评标委员会按照招标文件规定的标准和方法对投标人的资格进行审查。

第二十一条　招标人可以对已发出的资格预审文件或者招标文件进行必要的澄清或者修改。澄清或者修改的内容可能影响资格预审申请文件或者投标文件编制的，招标人应当在提交资格预审申请文件截止时间至少 3 日前，或者投标截止时间至少 15 日前，以书面形式通知所有获取资格预审文件或者招标文件的潜在投标人；不足 3 日或者 15 日的，招标人应当顺延提交资格预审申请文件或者投标文件的截止时间。

第二十二条　潜在投标人或者其他利害关系人对资格预审文件有异议的，应当在提交资格预审申请文件截止时间 2 日前提出；对招标文件有异议的，应当在投标截止时间 10 日前提出。招标人应当自收到异议之日起 3 日内作出答复；作出答复前，应当暂停招标投标活动。

第二十三条　招标人编制的资格预审文件、招标文件的内容违反法律、行政法规的强制性规定，违反公开、公平、公正和诚实信用原则，影响资格预审结果或者潜在投标人投标的，依法必须进行招标的项目的招标人应当在修改资格预审文件或者招标文件后重新招标。

第二十四条　招标人对招标项目划分标段的，应当遵守招标投标法的有关规定，不得利用划分标段限制或者排斥潜在投标人。依法必须进行招标的项目的招标人不得利用划分标段规避招标。

第二十五条　招标人应当在招标文件中载明投标有效期。投标有效期从提交投标文件的截止之日起算。

第二十六条　招标人在招标文件中要求投标人提交投标保证金的，投标保证金不得超过招标项目估算价的 2%。投标保证金有效期应当与投标有效期一致。

依法必须进行招标的项目的境内投标单位，以现金或者支票形式提交的投标保证金应当从其基本账户转出。

招标人不得挪用投标保证金。

第二十七条　招标人可以自行决定是否编制标底。一个招标项目只能有一个标底。标底必须保密。

接受委托编制标底的中介机构不得参加受托编制标底项目的投标，也不得为该项目的投标人编制投标文件或者提供咨询。

招标人设有最高投标限价的，应当在招标文件中明确最高投标限价或者最高投标限价的计算方法。招标人不得规定最低投标限价。

第二十八条　招标人不得组织单个或者部分潜在投标人踏勘项目现场。

第二十九条　招标人可以依法对工程以及与工程建设有关的货物、服务全部或者部分实行总承包招标。以暂估价形式包括在总承包范围内的工程、货物、服务属于依法必须进行招标的项目范围且达到国家规定规模标准的，应当依法进行招标。

前款所称暂估价，是指总承包招标时不能确定价格而由招标人在招标文件中暂时估定的工程、货物、服务的金额。

第三十条　对技术复杂或者无法精确拟定技术规格的项目，招标人可以分两阶段进行招标。

第一阶段，投标人按照招标公告或者投标邀请书的要求提交不带报价的技术建议，招标人根据投标人提交的技术建议确定技术标准和要求，编制招标文件。

第二阶段，招标人向在第一阶段提交技术建议的投标人提供招标文件，投标人按照招标文件的要求提交包括最终技术方案和投标报价的投标文件。

招标人要求投标人提交投标保证金的，应当在第二阶段提出。

第三十一条　招标人终止招标的，应当及时发布公告，或者以书面形式通知被邀请的或者已经获取资格预审文件、招标文件的潜在投标人。已经发售资格预审文件、招标文件或者已经收取投标保证金的，招标人应当及时退还所收取的资格预审文件、招标文件的费用，以及所收取的投标保证金及银行同期存款利息。

第三十二条　招标人不得以不合理的条件限制、排斥潜在投标人或者投标人。

招标人有下列行为之一的，属于以不合理条件限制、排斥潜在投标人或者投标人：

（一）就同一招标项目向潜在投标人或者投标人提供有差别的项目信息；

（二）设定的资格、技术、商务条件与招标项目的具体特点和实际需要不相适应或者与合同履行无关；

（三）依法必须进行招标的项目以特定行政区域或者特定行业的业绩、奖项作为加分条件或者中标条件；

（四）对潜在投标人或者投标人采取不同的资格审查或者评标标准；

（五）限定或者指定特定的专利、商标、品牌、原产地或者供应商；

（六）依法必须进行招标的项目非法限定潜在投标人或者投标人的所有制形式或者组织形式；

（七）以其他不合理条件限制、排斥潜在投标人或者投标人。

第三章　投　　标

第三十三条　投标人参加依法必须进行招标的项目的投标，不受地区或者部门的限制，任何单位和个人不得非法干涉。

第三十四条　与招标人存在利害关系可能影响招标公正性的法人、其他组织或者个人，不得参加投标。

单位负责人为同一人或者存在控股、管理关系的不同单位，不得参加同一标段投标或者未划分标段的同一招标项目投标。

违反前两款规定的，相关投标均无效。

第三十五条　投标人撤回已提交的投标文件，应当在投标截止时间前书面通知招标人。招标人已收取投标保证金的，应当自收到投标人书面撤回通知之日起5日内退还。

投标截止后投标人撤销投标文件的，招标人可以不退还投标保证金。

第三十六条 未通过资格预审的申请人提交的投标文件，以及逾期送达或者不按照招标文件要求密封的投标文件，招标人应当拒收。

招标人应当如实记载投标文件的送达时间和密封情况，并存档备查。

第三十七条 招标人应当在资格预审公告、招标公告或者投标邀请书中载明是否接受联合体投标。

招标人接受联合体投标并进行资格预审的，联合体应当在提交资格预审申请文件前组成。资格预审后联合体增减、更换成员的，其投标无效。

联合体各方在同一招标项目中以自己名义单独投标或者参加其他联合体投标的，相关投标均无效。

第三十八条 投标人发生合并、分立、破产等重大变化的，应当及时书面告知招标人。投标人不再具备资格预审文件、招标文件规定的资格条件或者其投标影响招标公正性的，其投标无效。

第三十九条 禁止投标人相互串通投标。

有下列情形之一的，属于投标人相互串通投标：

（一）投标人之间协商投标报价等投标文件的实质性内容；

（二）投标人之间约定中标人；

（三）投标人之间约定部分投标人放弃投标或者中标；

（四）属于同一集团、协会、商会等组织成员的投标人按照该组织要求协同投标；

（五）投标人之间为谋取中标或者排斥特定投标人而采取的其他联合行动。

第四十条 有下列情形之一的，视为投标人相互串通投标：

（一）不同投标人的投标文件由同一单位或者个人编制；

（二）不同投标人委托同一单位或者个人办理投标事宜；

（三）不同投标人的投标文件载明的项目管理成员为同一人；

（四）不同投标人的投标文件异常一致或者投标报价呈规律性差异；

（五）不同投标人的投标文件相互混装；

（六）不同投标人的投标保证金从同一单位或者个人的账户转出。

第四十一条 禁止招标人与投标人串通投标。

有下列情形之一的，属于招标人与投标人串通投标：

（一）招标人在开标前开启投标文件并将有关信息泄露给其他投标人；

（二）招标人直接或者间接向投标人泄露标底、评标委员会成员等信息；

（三）招标人明示或者暗示投标人压低或者抬高投标报价；

（四）招标人授意投标人撤换、修改投标文件；

（五）招标人明示或者暗示投标人为特定投标人中标提供方便；

（六）招标人与投标人为谋求特定投标人中标而采取的其他串通行为。

第四十二条 使用通过受让或者租借等方式获取的资格、资质证书投标的，属于招标投标法第三十三条规定的以他人名义投标。

投标人有下列情形之一的，属于招标投标法第三十三条规定的以其他方式弄虚作假的行为：

（一）使用伪造、变造的许可证件；

（二）提供虚假的财务状况或者业绩；

（三）提供虚假的项目负责人或者主要技术人员简历、劳动关系证明；

（四）提供虚假的信用状况；

（五）其他弄虚作假的行为。

第四十三条 提交资格预审申请文件的申请人应当遵守招标投标法和本条例有关投标人的规定。

第四章 开标、评标和中标

第四十四条 招标人应当按照招标文件规定的时间、地点开标。

投标人少于3个的，不得开标；招标人应当重新招标。

投标人对开标有异议的，应当在开标现场提出，招标人应当当场作出答复，并制作记录。

第四十五条 国家实行统一的评标专家专业分类标准和管理办法。具体标准和办法由国务院发展改革部门会同国务院有关部门制定。

省级人民政府和国务院有关部门应当组建综合评标专家库。

第四十六条 除招标投标法第三十七条第三款规定的特殊招标项目外，依法必须进行招标的项目，其评标委员会的专家成员应当从评标专家库内相关专业的专家名单中以随机抽取方式确定。任何单位和个人不得以明示、暗示等任何方式指定或者变相指定参加评标委员会的专家成员。

依法必须进行招标的项目的招标人非因招标投标法和本条例规定的事由，不得更换依法确定的评标委员会成员。更换评标委员会的专家成员应当依照前款规定进行。

评标委员会成员与投标人有利害关系的，应当主动回避。

有关行政监督部门应当按照规定的职责分工，对评标委员会成员的确定方式、评标专家的抽取和评标活动进行监督。行政监督部门的工作人员不得担任本部门负责监督项目的评标委员会成员。

第四十七条 招标投标法第三十七条第三款所称特殊招标项目，是指技术复杂、专业性强或者国家有特殊要求，采取随机抽取方式确定的专家难以保证胜任评标工作的项目。

第四十八条 招标人应当向评标委员会提供评标所必需的信息，但不得明示或者暗示其倾向或者排斥特定投标人。

招标人应当根据项目规模和技术复杂程度等因素合理确定评标时间。超过三分之一的评标委员会成员认为评标时间不够的，招标人应当适当延长。

评标过程中，评标委员会成员有回避事由、擅离职守或者因健康等原因不能继续评标的，应当及时更换。被更换的评标委员会成员作出的评审结论无效，由更换后的评标委员会成员重新进行评审。

第四十九条 评标委员会成员应当依照招标投标法和本条例的规定，按照招标文件规定的评标标准和方法，客观、公正地对投标文件提出评审意见。招标文件没有规定的评标标准和方法不得作为评标的依据。

评标委员会成员不得私下接触投标人，不得收受投标人给予的财物或者其他好处，不得向招标人征询确定中标人的意向，不得接受任何单位或者个人明示或者暗示提出的倾向或者排斥特定投标人的要求，不得有其他不客观、不公正履行职务的行为。

第五十条 招标项目设有标底的，招标人应当在开标时公布。标底只能作为评标的参考，不得以投标报价是否接近标底作为中标条件，也不得以投标报价超过标底上下浮动范围作为否决投标的条件。

第五十一条 有下列情形之一的，评标委员会应当否决其投标：

（一）投标文件未经投标单位盖章和单位负责人签字；

（二）投标联合体没有提交共同投标协议；

（三）投标人不符合国家或者招标文件规定的资格条件；

（四）同一投标人提交两个以上不同的投标文件或者投标报价，但招标文件要求提交备选投标的除外；

（五）投标报价低于成本或者高于招标文件设定的最高投标限价；

（六）投标文件没有对招标文件的实质性要求和条件作出响应；

（七）投标人有串通投标、弄虚作假、行贿等违法行为。

第五十二条 投标文件中有含义不明确的内容、明显文字或者计算错误，评标委员会认为需要投标人作出必要澄清、说明的，应当书面通知该投标人。投标人的澄清、说明应当采用书面形式，并不得超出投标文件的范围或者改变投标文件的实质性内容。

评标委员会不得暗示或者诱导投标人作出澄清、说明，不得接受投标人主动提出的澄清、说明。

第五十三条 评标完成后，评标委员会应当向招标人提交书面评标报告和中标候选人名单。中标候选人应当不超过 3 个，并标明排序。

评标报告应当由评标委员会全体成员签字。对评标结果有不同意见的评标委员会成员应当以书面形式说明其不同意见和理由，评标报告应当注明该不同意见。评标委员会成员拒绝在评标报告上签字又不书面说明其不同意见和理由的，视为同意评标结果。

第五十四条 依法必须进行招标的项目，招标人应当自收到评标报告之日起 3 日内公示中标候选人，公示期不得少于 3 日。

投标人或者其他利害关系人对依法必须进行招标的项目的评标结果有异议的，应当在中标候选人公示期间提出。招标人应当自收到异议之日起 3 日内作出答复；作出答复前，应当暂停招标投标活动。

第五十五条 国有资金占控股或者主导地位的依法必须进行招标的项目，招标人应当确定排名第一的中标候选人为中标人。排名第一的中标候选人放弃中标、因不可抗力不能履行合同、不按照招标文件要求提交履约保证金，或者被查实存在影响中标结果的违法行为等情形，不符合中标条件的，招标人可以按照评标委员会提出的中标候选人名单排序依次确定其他中标候选人为中标人，也可以重新招标。

第五十六条 中标候选人的经营、财务状况发生较大变化或者存在违法行为，招标人认为可能影响其履约能力的，应当在发出中标通知书前由原评标委员会按照招标文件规定的标准和方法审查确认。

第五十七条 招标人和中标人应当依照招标投标法和本条例的规定签订书面合同，合同的标的、价款、质量、履行期限等主要条款应当与招标文件和中标人的投标文件的内容一致。招标人和中标人不得再行订立背离合同实质性内容的其他协议。

招标人最迟应当在书面合同签订后 5 日内向中标人和未中标的投标人退还投标保证金及银行同期存款利息。

第五十八条 招标文件要求中标人提交履约保证金的，中标人应当按照招标文件的要求提交。履约保证金不得超过中标合同金额的 10%。

第五十九条 中标人应当按照合同约定履行义务，完成中标项目。中标人不得向他人转让中标项目，也不得将中标项目肢解后分别向他人转让。

中标人按照合同约定或者经招标人同意，可以将中标项目的部分非主体、非关键性工作分包给他人完成。接受分包的人应当具备相应的资格条件，并不得再次分包。

中标人应当就分包项目向招标人负责，接受分包的人就分包项目承担连带责任。

第五章 投 诉 与 处 理

第六十条 投标人或者其他利害关系人认为招标投标活动不符合法律、行政法规规定的，可以自知道或者应当知道之日起 10 日内向有关行政监督部门投诉。投诉应当有明确的请求和必要的证明材料。

就本条例第二十二条、第四十四条、第五十四条规定事项投诉的，应当先向招标人提出异议，异议答复期间不计算在前款规定的期限内。

第六十一条 投诉人就同一事项向两个以上有权受理的行政监督部门投诉的，由最先收到投诉的行政监督部门负责处理。

行政监督部门应当自收到投诉之日起 3 个工作日内决定是否受理投诉，并自受理投诉之日起 30 个工作日内作出书面处理决定；需要检验、检测、鉴定、专家评审的，所需时间不计算在内。

投诉人捏造事实、伪造材料或者以非法手段取得证明材料进行投诉的，行政监督部门应当予以驳回。

第六十二条 行政监督部门处理投诉，有权查阅、复制有关文件、资料，调查有关情况，相关单位和人员应当予以配合。必要时，行政监督部门可以责令暂停招标投标活动。

行政监督部门的工作人员对监督检查过程中知悉的国家秘密、商业秘密，应当依法予以保密。

第六章 法 律 责 任

第六十三条 招标人有下列限制或者排斥潜在投标人行为之一的，由有关行政监督部门依照招标投标法第五十一条的规定处罚：

（一）依法应当公开招标的项目不按照规定在指定媒介发布资格预审公告或者招标公告；

（二）在不同媒介发布的同一招标项目的资格预审公告或者招标公告的内容不一致，影响潜在投标人申请资格预审或者投标。

依法必须进行招标的项目的招标人不按照规定发布资格预审公告或者招标公告，构成规避招标的，依照招标投标法第四十九条的规定处罚。

第六十四条 招标人有下列情形之一的，由有关行政监督部门责令改正，可以处 10 万元以下的罚款：

（一）依法应当公开招标而采用邀请招标；

（二）招标文件、资格预审文件的发售、澄清、修改的时限，或者确定的提交资格预审申请文件、投标文件的时限不符合招标投标法和本条例规定；

（三）接受未通过资格预审的单位或者个人参加投标；

（四）接受应当拒收的投标文件。

招标人有前款第一项、第三项、第四项所列行为之一的，对单位直接负责的主管人员和其他直接责任人员依法给予处分。

第六十五条 招标代理机构在所代理的招标项目中投标、代理投标或者向该项目投标人提供咨询的，接受委托编制标底的中介机构参加受托编制标底项目的投标或者为该项目的投标人编制投标文件、提供咨询的，依照招标投标法第五十条的规定追究法律责任。

第六十六条 招标人超过本条例规定的比例收取投标保证金、履约保证金或者不按照规定退还投标保证金及银行同期存款利息的，由有关行政监督部门责令改正，可以处 5 万元以下的罚款；给他人造成损失的，依法承担赔偿责任。

第六十七条　投标人相互串通投标或者与招标人串通投标的，投标人向招标人或者评标委员会成员行贿谋取中标的，中标无效；构成犯罪的，依法追究刑事责任；尚不构成犯罪的，依照招标投标法第五十三条的规定处罚。投标人未中标的，对单位的罚款金额按照招标项目合同金额依照招标投标法规定的比例计算。

投标人有下列行为之一的，属于招标投标法第五十三条规定的情节严重行为，由有关行政监督部门取消其 1 年至 2 年内参加依法必须进行招标的项目的投标资格：

（一）以行贿谋取中标；

（二）3 年内 2 次以上串通投标；

（三）串通投标行为损害招标人、其他投标人或者国家、集体、公民的合法利益，造成直接经济损失 30 万元以上；

（四）其他串通投标情节严重的行为。

投标人自本条第二款规定的处罚执行期限届满之日起 3 年内又有该款所列违法行为之一的，或者串通投标、以行贿谋取中标情节特别严重的，由工商行政管理机关吊销营业执照。

法律、行政法规对串通投标报价行为的处罚另有规定的，从其规定。

第六十八条　投标人以他人名义投标或者以其他方式弄虚作假骗取中标的，中标无效；构成犯罪的，依法追究刑事责任；尚不构成犯罪的，依照招标投标法第五十四条的规定处罚。依法必须进行招标的项目的投标人未中标的，对单位的罚款金额按照招标项目合同金额依照招标投标法规定的比例计算。

投标人有下列行为之一的，属于招标投标法第五十四条规定的情节严重行为，由有关行政监督部门取消其 1 年至 3 年内参加依法必须进行招标的项目的投标资格：

（一）伪造、变造资格、资质证书或者其他许可证件骗取中标；

（二）3 年内 2 次以上使用他人名义投标；

（三）弄虚作假骗取中标给招标人造成直接经济损失 30 万元以上；

（四）其他弄虚作假骗取中标情节严重的行为。

投标人自本条第二款规定的处罚执行期限届满之日起 3 年内又有该款所列违法行为之一的，或者弄虚作假骗取中标情节特别严重的，由工商行政管理机关吊销营业执照。

第六十九条　出让或者出租资格、资质证书供他人投标的，依照法律、行政法规的规定给予行政处罚；构成犯罪的，依法追究刑事责任。

第七十条　依法必须进行招标的项目的招标人不按照规定组建评标委员会，或者确定、更换评标委员会成员违反招标投标法和本条例规定的，由有关行政监督部门责令改正，可以处 10 万元以下的罚款，对单位直接负责的主管人员和其他直接责任人员依法给予处分；违法确定或者更换的评标委员会成员作出的评审结论无效，依法重新进行评审。

国家工作人员以任何方式非法干涉选取评标委员会成员的，依照本条例第八十条的规定追究法律责任。

第七十一条　评标委员会成员有下列行为之一的，由有关行政监督部门责令改正；情节严重的，禁止其在一定期限内参加依法必须进行招标的项目的评标；情节特别严重的，取消其担任评标委员会成员的资格：

（一）应当回避而不回避；

（二）擅离职守；

（三）不按照招标文件规定的评标标准和方法评标；

（四）私下接触投标人；

（五）向招标人征询确定中标人的意向或者接受任何单位或者个人明示或者暗示提出的倾向或者排斥特定投标人的要求；

（六）对依法应当否决的投标不提出否决意见；

（七）暗示或者诱导投标人作出澄清、说明或者接受投标人主动提出的澄清、说明；

（八）其他不客观、不公正履行职务的行为。

第七十二条　评标委员会成员收受投标人的财物或者其他好处的，没收收受的财物，处3000元以上5万元以下的罚款，取消担任评标委员会成员的资格，不得再参加依法必须进行招标的项目的评标；构成犯罪的，依法追究刑事责任。

第七十三条　依法必须进行招标的项目的招标人有下列情形之一的，由有关行政监督部门责令改正，可以处中标项目金额10‰以下的罚款；给他人造成损失的，依法承担赔偿责任；对单位直接负责的主管人员和其他直接责任人员依法给予处分：

（一）无正当理由不发出中标通知书；

（二）不按照规定确定中标人；

（三）中标通知书发出后无正当理由改变中标结果；

（四）无正当理由不与中标人订立合同；

（五）在订立合同时向中标人提出附加条件。

第七十四条　中标人无正当理由不与招标人订立合同，在签订合同时向招标人提出附加条件，或者不按照招标文件要求提交履约保证金的，取消其中标资格，投标保证金不予退还。对依法必须进行招标的项目的中标人，由有关行政监督部门责令改正，可以处中标项目金额10‰以下的罚款。

第七十五条　招标人和中标人不按照招标文件和中标人的投标文件订立合同，合同的主要条款与招标文件、中标人的投标文件的内容不一致，或者招标人、中标人订立背离合同实质性内容的协议的，由有关行政监督部门责令改正，可以处中标项目金额5‰以上10‰以下的罚款。

第七十六条　中标人将中标项目转让给他人的，将中标项目肢解后分别转让给他人的，违反招标投标法和本条例规定将中标项目的部分主体、关键性工作分包给他人的，或者分包人再次分包的，转让、分包无效，处转让、分包项目金额5‰以上10‰以下的罚款；有违法所得的，并处没收违法所得；可以责令停业整顿；情节严重的，由工商行政管理机关吊销营业执照。

第七十七条　投标人或者其他利害关系人捏造事实、伪造材料或者以非法手段取得证明材料进行投诉，给他人造成损失的，依法承担赔偿责任。

招标人不按照规定对异议作出答复，继续进行招标投标活动的，由有关行政监督部门责令改正，拒不改正或者不能改正并影响中标结果的，依照本条例第八十一条的规定处理。

第七十八条　国家建立招标投标信用制度。有关行政监督部门应当依法公告对招标人、招标代理机构、投标人、评标委员会成员等当事人违法行为的行政处理决定。

第七十九条　项目审批、核准部门不依法审批、核准项目招标范围、招标方式、招标组织形式的，对单位直接负责的主管人员和其他直接责任人员依法给予处分。

有关行政监督部门不依法履行职责，对违反招标投标法和本条例规定的行为不依法查处，或者不按照规定处理投诉、不依法公告对招标投标当事人违法行为的行政处理决定的，对直接负责的主管人员和其他直接责任人员依法给予处分。

项目审批、核准部门和有关行政监督部门的工作人员徇私舞弊、滥用职权、玩忽职守，构成犯罪的，依法追究刑事责任。

第八十条 国家工作人员利用职务便利，以直接或者间接、明示或者暗示等任何方式非法干涉招标投标活动，有下列情形之一的，依法给予记过或者记大过处分；情节严重的，依法给予降级或者撤职处分；情节特别严重的，依法给予开除处分；构成犯罪的，依法追究刑事责任：

（一）要求对依法必须进行招标的项目不招标，或者要求对依法应当公开招标的项目不公开招标；

（二）要求评标委员会成员或者招标人以其指定的投标人作为中标候选人或者中标人，或者以其他方式非法干涉评标活动，影响中标结果；

（三）以其他方式非法干涉招标投标活动。

第八十一条 依法必须进行招标的项目的招标投标活动违反招标投标法和本条例的规定，对中标结果造成实质性影响，且不能采取补救措施予以纠正的，招标、投标、中标无效，应当依法重新招标或者评标。

第七章 附 则

第八十二条 招标投标协会按照依法制定的章程开展活动，加强行业自律和服务。

第八十三条 政府采购的法律、行政法规对政府采购货物、服务的招标投标另有规定的，从其规定。

第八十四条 本条例自 2012 年 2 月 1 日起施行。

B.2　中华人民共和国政府采购法实施条例

【发文机关】：国务院

【发布日期】：2015.01.30

【生效日期】：2015.03.01

【文　　号】：国务院令第六百五十八号

国务院令第六百五十八号

《中华人民共和国政府采购法实施条例》已经 2014 年 12 月 31 日国务院第 75 次常务会议通过，现予公布，自 2015 年 3 月 1 日起施行。

总　理　李克强

2015 年 1 月 30 日

第一章　总　则

第一条　根据《中华人民共和国政府采购法》（以下简称政府采购法），制定本条例。

第二条　政府采购法第二条所称财政性资金是指纳入预算管理的资金。

以财政性资金作为还款来源的借贷资金，视同财政性资金。

国家机关、事业单位和团体组织的采购项目既使用财政性资金又使用非财政性资金的，使用财政性资金采购的部分，适用政府采购法及本条例；财政性资金与非财政性资金无法分割采购的，统一适用政府采购法及本条例。

政府采购法第二条所称服务，包括政府自身需要的服务和政府向社会公众提供的公共服务。

第三条　集中采购目录包括集中采购机构采购项目和部门集中采购项目。

技术、服务等标准统一，采购人普遍使用的项目，列为集中采购机构采购项目；采购人本部门、本系统基于业务需要有特殊要求，可以统一采购的项目，列为部门集中采购项目。

第四条　政府采购法所称集中采购，是指采购人将列入集中采购目录的项目委托集中采购机构代理采购或者进行部门集中采购的行为；所称分散采购，是指采购人将采购限额标准以上的未列入集中采购目录的项目自行采购或者委托采购代理机构代理采购的行为。

第五条　省、自治区、直辖市人民政府或者其授权的机构根据实际情况，可以确定分别适用于本行政区域省级、设区的市级、县级的集中采购目录和采购限额标准。

第六条　国务院财政部门应当根据国家的经济和社会发展政策，会同国务院有关部门制定政府采购政策，通过制定采购需求标准、预留采购份额、价格评审优惠、优先采购等措施，实现节约能源、保护环境、扶持不发达地区和少数民族地区、促进中小企业发展等目标。

第七条　政府采购工程以及与工程建设有关的货物、服务，采用招标方式采购的，适用《中华人民共和国招标投标法》及其实施条例；采用其他方式采购的，适用政府采购法及本条例。

前款所称工程，是指建设工程，包括建筑物和构筑物的新建、改建、扩建及其相关的装修、拆除、修缮等；所称与工程建设有关的货物，是指构成工程不可分割的组成部分，且为实现工程基本功能所必需的设备、材料等；所称与工程建设有关的服务，是指为完成工程所需的勘察、设计、监理等服务。

政府采购工程以及与工程建设有关的货物、服务，应当执行政府采购政策。

第八条 政府采购项目信息应当在省级以上人民政府财政部门指定的媒体上发布。采购项目预算金额达到国务院财政部门规定标准的，政府采购项目信息应当在国务院财政部门指定的媒体上发布。

第九条 在政府采购活动中，采购人员及相关人员与供应商有下列利害关系之一的，应当回避：

（一）参加采购活动前 3 年内与供应商存在劳动关系；

（二）参加采购活动前 3 年内担任供应商的董事、监事；

（三）参加采购活动前 3 年内是供应商的控股股东或者实际控制人；

（四）与供应商的法定代表人或者负责人有夫妻、直系血亲、三代以内旁系血亲或者近姻亲关系；

（五）与供应商有其他可能影响政府采购活动公平、公正进行的关系。

供应商认为采购人员及相关人员与其他供应商有利害关系的，可以向采购人或者采购代理机构书面提出回避申请，并说明理由。采购人或者采购代理机构应当及时询问被申请回避人员，有利害关系的被申请回避人员应当回避。

第十条 国家实行统一的政府采购电子交易平台建设标准，推动利用信息网络进行电子化政府采购活动。

第二章　政府采购当事人

第十一条 采购人在政府采购活动中应当维护国家利益和社会公共利益，公正廉洁，诚实守信，执行政府采购政策，建立政府采购内部管理制度，厉行节约，科学合理确定采购需求。

采购人不得向供应商索要或者接受其给予的赠品、回扣或者与采购无关的其他商品、服务。

第十二条 政府采购法所称采购代理机构，是指集中采购机构和集中采购机构以外的采购代理机构。

集中采购机构是设区的市级以上人民政府依法设立的非营利事业法人，是代理集中采购项目的执行机构。集中采购机构应当根据采购人委托制定集中采购项目的实施方案，明确采购规程，组织政府采购活动，不得将集中采购项目转委托。集中采购机构以外的采购代理机构，是从事采购代理业务的社会中介机构。

第十三条 采购代理机构应当建立完善的政府采购内部监督管理制度，具备开展政府采购业务所需的评审条件和设施。

采购代理机构应当提高确定采购需求、编制招标文件、谈判文件、询价通知书，拟订合同文本和优化采购程序的专业化服务水平，根据采购人委托在规定的时间内及时组织采购人与中标或者成交供应商签订政府采购合同，及时协助采购人对采购项目进行验收。

第十四条 采购代理机构不得以不正当手段获取政府采购代理业务，不得与采购人、供应商恶意串通操纵政府采购活动。

采购代理机构工作人员不得接受采购人或者供应商组织的宴请、旅游、娱乐，不得收受礼品、现金、有价证券等，不得向采购人或者供应商报销应当由个人承担的费用。

第十五条 采购人、采购代理机构应当根据政府采购政策、采购预算、采购需求编制采购文件。

采购需求应当符合法律法规以及政府采购政策规定的技术、服务、安全等要求。政府向社会公众提供的公共服务项目，应当就确定采购需求征求社会公众的意见。除因技术复杂或者性质特殊，不能确定详细规格或者具体要求外，采购需求应当完整、明确。必要时，应当就确定采购需求征求相关供应商、专家的意见。

第十六条　政府采购法第二十条规定的委托代理协议，应当明确代理采购的范围、权限和期限等具体事项。

采购人和采购代理机构应当按照委托代理协议履行各自义务，采购代理机构不得超越代理权限。

第十七条　参加政府采购活动的供应商应当具备政府采购法第二十二条第一款规定的条件，提供下列材料：

（一）法人或者其他组织的营业执照等证明文件，自然人的身份证明；

（二）财务状况报告，依法缴纳税收和社会保障资金的相关材料；

（三）具备履行合同所必需的设备和专业技术能力的证明材料；

（四）参加政府采购活动前 3 年内在经营活动中没有重大违法记录的书面声明；

（五）具备法律、行政法规规定的其他条件的证明材料。

采购项目有特殊要求的，供应商还应当提供其符合特殊要求的证明材料或者情况说明。

第十八条　单位负责人为同一人或者存在直接控股、管理关系的不同供应商，不得参加同一合同项下的政府采购活动。

除单一来源采购项目外，为采购项目提供整体设计、规范编制或者项目管理、监理、检测等服务的供应商，不得再参加该采购项目的其他采购活动。

第十九条　政府采购法第二十二条第一款第五项所称重大违法记录，是指供应商因违法经营受到刑事处罚或者责令停产停业、吊销许可证或者执照、较大数额罚款等行政处罚。

供应商在参加政府采购活动前 3 年内因违法经营被禁止在一定期限内参加政府采购活动，期限届满的，可以参加政府采购活动。

第二十条　采购人或者采购代理机构有下列情形之一的，属于以不合理的条件对供应商实行差别待遇或者歧视待遇：

（一）就同一采购项目向供应商提供有差别的项目信息；

（二）设定的资格、技术、商务条件与采购项目的具体特点和实际需要不相适应或者与合同履行无关；

（三）采购需求中的技术、服务等要求指向特定供应商、特定产品；

（四）以特定行政区域或者特定行业的业绩、奖项作为加分条件或者中标、成交条件；

（五）对供应商采取不同的资格审查或者评审标准；

（六）限定或者指定特定的专利、商标、品牌或者供应商；

（七）非法限定供应商的所有制形式、组织形式或者所在地；

（八）以其他不合理条件限制或者排斥潜在供应商。

第二十一条　采购人或者采购代理机构对供应商进行资格预审的，资格预审公告应当在省级以上人民政府财政部门指定的媒体上发布。已进行资格预审的，评审阶段可以不再对供应商资格进行审查。资格预审合格的供应商在评审阶段资格发生变化的，应当通知采购人和采购代理机构。

资格预审公告应当包括采购人和采购项目名称、采购需求、对供应商的资格要求以及供应商提交资格预审申请文件的时间和地点。提交资格预审申请文件的时间自公告发布之日起不得少于 5 个工作日。

第二十二条　联合体中有同类资质的供应商按照联合体分工承担相同工作的，应当按照资质等级较低的供应商确定资质等级。

以联合体形式参加政府采购活动的，联合体各方不得再单独参加或者与其他供应商另外组成联合体参加同一合同项下的政府采购活动。

第三章 政府采购方式

第二十三条 采购人采购公开招标数额标准以上的货物或者服务，符合政府采购法第二十九条、第三十条、第三十一条、第三十二条规定情形或者有需要执行政府采购政策等特殊情况的，经设区的市级以上人民政府财政部门批准，可以依法采用公开招标以外的采购方式。

第二十四条 列入集中采购目录的项目，适合实行批量集中采购的，应当实行批量集中采购，但紧急的小额零星货物项目和有特殊要求的服务、工程项目除外。

第二十五条 政府采购工程依法不进行招标的，应当依照政府采购法和本条例规定的竞争性谈判或者单一来源采购方式采购。

第二十六条 政府采购法第三十条第三项规定的情形，应当是采购人不可预见的或者非因采购人拖延导致的；第四项规定的情形，是指因采购艺术品或者因专利、专有技术或者因服务的时间、数量事先不能确定等导致不能事先计算出价格总额。

第二十七条 政府采购法第三十一条第一项规定的情形，是指因货物或者服务使用不可替代的专利、专有技术，或者公共服务项目具有特殊要求，导致只能从某一特定供应商处采购。

第二十八条 在一个财政年度内，采购人将一个预算项目下的同一品目或者类别的货物、服务采用公开招标以外的方式多次采购，累计资金数额超过公开招标数额标准的，属于以化整为零方式规避公开招标，但项目预算调整或者经批准采用公开招标以外方式采购除外。

第四章 政府采购程序

第二十九条 采购人应当根据集中采购目录、采购限额标准和已批复的部门预算编制政府采购实施计划，报本级人民政府财政部门备案。

第三十条 采购人或者采购代理机构应当在招标文件、谈判文件、询价通知书中公开采购项目预算金额。

第三十一条 招标文件的提供期限自招标文件开始发出之日起不得少于 5 个工作日。

采购人或者采购代理机构可以对已发出的招标文件进行必要的澄清或者修改。澄清或者修改的内容可能影响投标文件编制的，采购人或者采购代理机构应当在投标截止时间至少 15 日前，以书面形式通知所有获取招标文件的潜在投标人；不足 15 日的，采购人或者采购代理机构应当顺延提交投标文件的截止时间。

第三十二条 采购人或者采购代理机构应当按照国务院财政部门制定的招标文件标准文本编制招标文件。

招标文件应当包括采购项目的商务条件、采购需求、投标人的资格条件、投标报价要求、评标方法、评标标准以及拟签订的合同文本等。

第三十三条 招标文件要求投标人提交投标保证金的，投标保证金不得超过采购项目预算金额的 2%。投标保证金应当以支票、汇票、本票或者金融机构、担保机构出具的保函等非现金形式提交。投标人未按照招标文件要求提交投标保证金的，投标无效。

采购人或者采购代理机构应当自中标通知书发出之日起 5 个工作日内退还未中标供应商的投标保证金，自政府采购合同签订之日起 5 个工作日内退还中标供应商的投标保证金。

竞争性谈判或者询价采购中要求参加谈判或者询价的供应商提交保证金的，参照前两款的规定执行。

第三十四条 政府采购招标评标方法分为最低评标价法和综合评分法。

最低评标价法，是指投标文件满足招标文件全部实质性要求且投标报价最低的供应商为中标候选人的评标方法。综合评分法，是指投标文件满足招标文件全部实质性要求且按照评审因素的量化指标评审得分最高的供应商为中标候选人的评标方法。

技术、服务等标准统一的货物和服务项目，应当采用最低评标价法。

采用综合评分法的，评审标准中的分值设置应当与评审因素的量化指标相对应。

招标文件中没有规定的评标标准不得作为评审的依据。

第三十五条　谈判文件不能完整、明确列明采购需求，需要由供应商提供最终设计方案或者解决方案的，在谈判结束后，谈判小组应当按照少数服从多数的原则投票推荐 3 家以上供应商的设计方案或者解决方案，并要求其在规定时间内提交最后报价。

第三十六条　询价通知书应当根据采购需求确定政府采购合同条款。在询价过程中，询价小组不得改变询价通知书所确定的政府采购合同条款。

第三十七条　政府采购法第三十八条第五项、第四十条第四项所称质量和服务相等，是指供应商提供的产品质量和服务均能满足采购文件规定的实质性要求。

第三十八条　达到公开招标数额标准，符合政府采购法第三十一条第一项规定情形，只能从唯一供应商处采购的，采购人应当将采购项目信息和唯一供应商名称在省级以上人民政府财政部门指定的媒体上公示，公示期不得少于 5 个工作日。

第三十九条　除国务院财政部门规定的情形外，采购人或者采购代理机构应当从政府采购评审专家库中随机抽取评审专家。

第四十条　政府采购评审专家应当遵守评审工作纪律，不得泄露评审文件、评审情况和评审中获悉的商业秘密。

评标委员会、竞争性谈判小组或者询价小组在评审过程中发现供应商有行贿、提供虚假材料或者串通等违法行为的，应当及时向财政部门报告。

政府采购评审专家在评审过程中受到非法干预的，应当及时向财政、监察等部门举报。

第四十一条　评标委员会、竞争性谈判小组或者询价小组成员应当按照客观、公正、审慎的原则，根据采购文件规定的评审程序、评审方法和评审标准进行独立评审。采购文件内容违反国家有关强制性规定的，评标委员会、竞争性谈判小组或者询价小组应当停止评审并向采购人或者采购代理机构说明情况。

评标委员会、竞争性谈判小组或者询价小组成员应当在评审报告上签字，对自己的评审意见承担法律责任。对评审报告有异议的，应当在评审报告上签署不同意见，并说明理由，否则视为同意评审报告。

第四十二条　采购人、采购代理机构不得向评标委员会、竞争性谈判小组或者询价小组的评审专家作倾向性、误导性的解释或者说明。

第四十三条　采购代理机构应当自评审结束之日起 2 个工作日内将评审报告送交采购人。采购人应当自收到评审报告之日起 5 个工作日内在评审报告推荐的中标或者成交候选人中按顺序确定中标或者成交供应商。

采购人或者采购代理机构应当自中标、成交供应商确定之日起 2 个工作日内，发出中标、成交通知书，并在省级以上人民政府财政部门指定的媒体上公告中标、成交结果，招标文件、竞争性谈判文件、询价通知书随中标、成交结果同时公告。

中标、成交结果公告内容应当包括采购人和采购代理机构的名称、地址、联系方式，项目名称和项目编号，中标或者成交供应商名称、地址和中标或者成交金额，主要中标或者成交标的的名称、规格型号、数量、单价、服务要求以及评审专家名单。

第四十四条　除国务院财政部门规定的情形外，采购人、采购代理机构不得以任何理由组织重新评审。采购人、采购代理机构按照国务院财政部门的规定组织重新评审的，应当书面报告本级人民政府财政部门。

采购人或者采购代理机构不得通过对样品进行检测、对供应商进行考察等方式改变评审结果。

第四十五条　采购人或者采购代理机构应当按照政府采购合同规定的技术、服务、安全标准组织对供应商履约情况进行验收，并出具验收书。验收书应当包括每一项技术、服务、安全标准的履约情况。

政府向社会公众提供的公共服务项目，验收时应当邀请服务对象参与并出具意见，验收结果应当向社会公告。

第四十六条　政府采购法第四十二条规定的采购文件，可以用电子档案方式保存。

第五章　政 府 采 购 合 同

第四十七条　国务院财政部门应当会同国务院有关部门制定政府采购合同标准文本。

第四十八条　采购文件要求中标或者成交供应商提交履约保证金的，供应商应当以支票、汇票、本票或者金融机构、担保机构出具的保函等非现金形式提交。履约保证金的数额不得超过政府采购合同金额的 10%。

第四十九条　中标或者成交供应商拒绝与采购人签订合同的，采购人可以按照评审报告推荐的中标或者成交候选人名单排序，确定下一候选人为中标或者成交供应商，也可以重新开展政府采购活动。

第五十条　采购人应当自政府采购合同签订之日起 2 个工作日内，将政府采购合同在省级以上人民政府财政部门指定的媒体上公告，但政府采购合同中涉及国家秘密、商业秘密的内容除外。

第五十一条　采购人应当按照政府采购合同规定，及时向中标或者成交供应商支付采购资金。

政府采购项目资金支付程序，按照国家有关财政资金支付管理的规定执行。

第六章　质 疑 与 投 诉

第五十二条　采购人或者采购代理机构应当在 3 个工作日内对供应商依法提出的询问作出答复。

供应商提出的询问或者质疑超出采购人对采购代理机构委托授权范围的，采购代理机构应当告知供应商向采购人提出。

政府采购评审专家应当配合采购人或者采购代理机构答复供应商的询问和质疑。

第五十三条　政府采购法第五十二条规定的供应商应知其权益受到损害之日，是指：

（一）对可以质疑的采购文件提出质疑的，为收到采购文件之日或者采购文件公告期限届满之日；

（二）对采购过程提出质疑的，为各采购程序环节结束之日；

（三）对中标或者成交结果提出质疑的，为中标或者成交结果公告期限届满之日。

第五十四条　询问或者质疑事项可能影响中标、成交结果的，采购人应当暂停签订合同，已经签订合同的，应当中止履行合同。

第五十五条　供应商质疑、投诉应当有明确的请求和必要的证明材料。供应商投诉的事项不得超出已质疑事项的范围。

第五十六条　财政部门处理投诉事项采用书面审查的方式，必要时可以进行调查取证或者组织质证。

对财政部门依法进行的调查取证，投诉人和与投诉事项有关的当事人应当如实反映情况，并提供相关材料。

第五十七条　投诉人捏造事实、提供虚假材料或者以非法手段取得证明材料进行投诉的，财政部门应当予以驳回。

财政部门受理投诉后，投诉人书面申请撤回投诉的，财政部门应当终止投诉处理程序。

第五十八条　财政部门处理投诉事项，需要检验、检测、鉴定、专家评审以及需要投诉人补正材料的，所需时间不计算在投诉处理期限内。

财政部门对投诉事项作出的处理决定，应当在省级以上人民政府财政部门指定的媒体上公告。

第七章　监　督　检　查

第五十九条　政府采购法第六十三条所称政府采购项目的采购标准，是指项目采购所依据的经费预算标准、资产配置标准和技术、服务标准等。

第六十条　除政府采购法第六十六条规定的考核事项外，财政部门对集中采购机构的考核事项还包括：

（一）政府采购政策的执行情况；

（二）采购文件编制水平；

（三）采购方式和采购程序的执行情况；

（四）询问、质疑答复情况；

（五）内部监督管理制度建设及执行情况；

（六）省级以上人民政府财政部门规定的其他事项。

财政部门应当制定考核计划，定期对集中采购机构进行考核，考核结果有重要情况的，应当向本级人民政府报告。

第六十一条　采购人发现采购代理机构有违法行为的，应当要求其改正。采购代理机构拒不改正的，采购人应当向本级人民政府财政部门报告，财政部门应当依法处理。

采购代理机构发现采购人的采购需求存在以不合理条件对供应商实行差别待遇、歧视待遇或者其他不符合法律、法规和政府采购政策规定内容，或者发现采购人有其他违法行为的，应当建议其改正。采购人拒不改正的，采购代理机构应当向采购人的本级人民政府财政部门报告，财政部门应当依法处理。

第六十二条　省级以上人民政府财政部门应当对政府采购评审专家库实行动态管理，具体管理办法由国务院财政部门制定。

采购人或者采购代理机构应当对评审专家在政府采购活动中的职责履行情况予以记录，并及时向财政部门报告。

第六十三条　各级人民政府财政部门和其他有关部门应当加强对参加政府采购活动的供应商、采购代理机构、评审专家的监督管理，对其不良行为予以记录，并纳入统一的信用信息平台。

第六十四条　各级人民政府财政部门对政府采购活动进行监督检查，有权查阅、复制有关文件、资料，相关单位和人员应当予以配合。

第六十五条　审计机关、监察机关以及其他有关部门依法对政府采购活动实施监督，发现采购当事人有违法行为的，应当及时通报财政部门。

第八章 法 律 责 任

第六十六条 政府采购法第七十一条规定的罚款，数额为 10 万元以下。

政府采购法第七十二条规定的罚款，数额为 5 万元以上 25 万元以下。

第六十七条 采购人有下列情形之一的，由财政部门责令限期改正，给予警告，对直接负责的主管人员和其他直接责任人员依法给予处分，并予以通报：

（一）未按照规定编制政府采购实施计划或者未按照规定将政府采购实施计划报本级人民政府财政部门备案；

（二）将应当进行公开招标的项目化整为零或者以其他任何方式规避公开招标；

（三）未按照规定在评标委员会、竞争性谈判小组或者询价小组推荐的中标或者成交候选人中确定中标或者成交供应商；

（四）未按照采购文件确定的事项签订政府采购合同；

（五）政府采购合同履行中追加与合同标的相同的货物、工程或者服务的采购金额超过原合同采购金额 10%；

（六）擅自变更、中止或者终止政府采购合同；

（七）未按照规定公告政府采购合同；

（八）未按照规定时间将政府采购合同副本报本级人民政府财政部门和有关部门备案。

第六十八条 采购人、采购代理机构有下列情形之一的，依照政府采购法第七十一条、第七十八条的规定追究法律责任：

（一）未依照政府采购法和本条例规定的方式实施采购；

（二）未依法在指定的媒体上发布政府采购项目信息；

（三）未按照规定执行政府采购政策；

（四）违反本条例第十五条的规定导致无法组织对供应商履约情况进行验收或者国家财产遭受损失；

（五）未依法从政府采购评审专家库中抽取评审专家；

（六）非法干预采购评审活动；

（七）采用综合评分法时评审标准中的分值设置未与评审因素的量化指标相对应；

（八）对供应商的询问、质疑逾期未作处理；

（九）通过对样品进行检测、对供应商进行考察等方式改变评审结果；

（十）未按照规定组织对供应商履约情况进行验收。

第六十九条 集中采购机构有下列情形之一的，由财政部门责令限期改正，给予警告，有违法所得的，并处没收违法所得，对直接负责的主管人员和其他直接责任人员依法给予处分，并予以通报：

（一）内部监督管理制度不健全，对依法应当分设、分离的岗位、人员未分设、分离；

（二）将集中采购项目委托其他采购代理机构采购；

（三）从事营利活动。

第七十条 采购人员与供应商有利害关系而不依法回避的，由财政部门给予警告，并处 2000 元以上 2 万元以下的罚款。

第七十一条 有政府采购法第七十一条、第七十二条规定的违法行为之一，影响或者可能影响中标、成交结果的，依照下列规定处理：

（一）未确定中标或者成交供应商的，终止本次政府采购活动，重新开展政府采购活动。

（二）已确定中标或者成交供应商但尚未签订政府采购合同的，中标或者成交结果无效，从合格的中标或者成交候选人中另行确定中标或者成交供应商；没有合格的中标或者成交候选人的，重新开展政府采购活动。

（三）政府采购合同已签订但尚未履行的，撤销合同，从合格的中标或者成交候选人中另行确定中标或者成交供应商；没有合格的中标或者成交候选人的，重新开展政府采购活动。

（四）政府采购合同已经履行，给采购人、供应商造成损失的，由责任人承担赔偿责任。

政府采购当事人有其他违反政府采购法或者本条例规定的行为，经改正后仍然影响或者可能影响中标、成交结果或者依法被认定为中标、成交无效的，依照前款规定处理。

第七十二条 供应商有下列情形之一的，依照政府采购法第七十七条第一款的规定追究法律责任：

（一）向评标委员会、竞争性谈判小组或者询价小组成员行贿或者提供其他不正当利益；

（二）中标或者成交后无正当理由拒不与采购人签订政府采购合同；

（三）未按照采购文件确定的事项签订政府采购合同；

（四）将政府采购合同转包；

（五）提供假冒伪劣产品；

（六）擅自变更、中止或者终止政府采购合同。

供应商有前款第一项规定情形的，中标、成交无效。评审阶段资格发生变化，供应商未依照本条例第二十一条的规定通知采购人和采购代理机构的，处以采购金额5‰的罚款，列入不良行为记录名单，中标、成交无效。

第七十三条 供应商捏造事实、提供虚假材料或者以非法手段取得证明材料进行投诉的，由财政部门列入不良行为记录名单，禁止其1至3年内参加政府采购活动。

第七十四条 有下列情形之一的，属于恶意串通，对供应商依照政府采购法第七十七条第一款的规定追究法律责任，对采购人、采购代理机构及其工作人员依照政府采购法第七十二条的规定追究法律责任：

（一）供应商直接或者间接从采购人或者采购代理机构处获得其他供应商的相关情况并修改其投标文件或者响应文件；

（二）供应商按照采购人或者采购代理机构的授意撤换、修改投标文件或者响应文件；

（三）供应商之间协商报价、技术方案等投标文件或者响应文件的实质性内容；

（四）属于同一集团、协会、商会等组织成员的供应商按照该组织要求协同参加政府采购活动；

（五）供应商之间事先约定由某一特定供应商中标、成交；

（六）供应商之间商定部分供应商放弃参加政府采购活动或者放弃中标、成交；

（七）供应商与采购人或者采购代理机构之间、供应商相互之间，为谋求特定供应商中标、成交或者排斥其他供应商的其他串通行为。

第七十五条 政府采购评审专家未按照采购文件规定的评审程序、评审方法和评审标准进行独立评审或者泄露评审文件、评审情况的，由财政部门给予警告，并处2000元以上2万元以下的罚款；影响中标、成交结果的，处2万元以上5万元以下的罚款，禁止其参加政府采购评审活动。

政府采购评审专家与供应商存在利害关系未回避的，处2万元以上5万元以下的罚款，禁止其参加政府采购评审活动。

政府采购评审专家收受采购人、采购代理机构、供应商贿赂或者获取其他不正当利益，构成犯罪的，依法追究刑事责任；尚不构成犯罪的，处2万元以上5万元以下的罚款，禁止其参加政府采购评审活动。

政府采购评审专家有上述违法行为的，其评审意见无效，不得获取评审费；有违法所得的，没收违法所得；给他人造成损失的，依法承担民事责任。

第七十六条 政府采购当事人违反政府采购法和本条例规定，给他人造成损失的，依法承担民事责任。

第七十七条 财政部门在履行政府采购监督管理职责中违反政府采购法和本条例规定，滥用职权、玩忽职守、徇私舞弊的，对直接负责的主管人员和其他直接责任人员依法给予处分；直接负责的主管人员和其他直接责任人员构成犯罪的，依法追究刑事责任。

第九章 附　则

第七十八条 财政管理实行省直接管理的县级人民政府可以根据需要并报经省级人民政府批准，行使政府采购法和本条例规定的设区的市级人民政府批准变更采购方式的职权。

第七十九条 本条例自 2015 年 3 月 1 日起施行。

B.3　保障农民工工资支付条例

【发文机关】：国务院

【发布日期】：2019.12.30

【生效日期】：2020.05.01

【文　　　号】：国务院令第七百二十四号

《保障农民工工资支付条例》已经 2019 年 12 月 4 日国务院第 73 次常务会议通过，现予公布，自 2020 年 5 月 1 日起施行。

总　理　李克强

2019 年 12 月 30 日

第一章　总　　则

第一条　为了规范农民工工资支付行为，保障农民工按时足额获得工资，根据《中华人民共和国劳动法》及有关法律规定，制定本条例。

第二条　保障农民工工资支付，适用本条例。

本条例所称农民工，是指为用人单位提供劳动的农村居民。

本条例所称工资，是指农民工为用人单位提供劳动后应当获得的劳动报酬。

第三条　农民工有按时足额获得工资的权利。任何单位和个人不得拖欠农民工工资。

农民工应当遵守劳动纪律和职业道德，执行劳动安全卫生规程，完成劳动任务。

第四条　县级以上地方人民政府对本行政区域内保障农民工工资支付工作负责，建立保障农民工工资支付工作协调机制，加强监管能力建设，健全保障农民工工资支付工作目标责任制，并纳入对本级人民政府有关部门和下级人民政府进行考核和监督的内容。

乡镇人民政府、街道办事处应当加强对拖欠农民工工资矛盾的排查和调处工作，防范和化解矛盾，及时调解纠纷。

第五条　保障农民工工资支付，应当坚持市场主体负责、政府依法监管、社会协同监督，按照源头治理、预防为主、防治结合、标本兼治的要求，依法根治拖欠农民工工资问题。

第六条　用人单位实行农民工劳动用工实名制管理，与招用的农民工书面约定或者通过依法制定的规章制度规定工资支付标准、支付时间、支付方式等内容。

第七条　人力资源社会保障行政部门负责保障农民工工资支付工作的组织协调、管理指导和农民工工资支付情况的监督检查，查处有关拖欠农民工工资案件。

住房城乡建设、交通运输、水利等相关行业工程建设主管部门按照职责履行行业监管责任，督办因违法发包、转包、违法分包、挂靠、拖欠工程款等导致的拖欠农民工工资案件。

发展改革等部门按照职责负责政府投资项目的审批管理，依法审查政府投资项目的资金来源和筹措方式，按规定及时安排政府投资，加强社会信用体系建设，组织对拖欠农民工工资失信联合惩戒对象依法依规予以限制和惩戒。

财政部门负责政府投资资金的预算管理，根据经批准的预算按规定及时足额拨付政府投资资金。

公安机关负责及时受理、侦办涉嫌拒不支付劳动报酬刑事案件，依法处置因农民工工资拖欠引发的社会治安案件。

司法行政、自然资源、人民银行、审计、国有资产管理、税务、市场监管、金融监管等部门，按照职责做好与保障农民工工资支付相关的工作。

第八条　工会、共产主义青年团、妇女联合会、残疾人联合会等组织按照职责依法维护农民工获得工资的权利。

第九条　新闻媒体应当开展保障农民工工资支付法律法规政策的公益宣传和先进典型的报道，依法加强对拖欠农民工工资违法行为的舆论监督，引导用人单位增强依法用工、按时足额支付工资的法律意识，引导农民工依法维权。

第十条　被拖欠工资的农民工有权依法投诉，或者申请劳动争议调解仲裁和提起诉讼。

任何单位和个人对拖欠农民工工资的行为，有权向人力资源社会保障行政部门或者其他有关部门举报。

人力资源社会保障行政部门和其他有关部门应当公开举报投诉电话、网站等渠道，依法接受对拖欠农民工工资行为的举报、投诉。对于举报、投诉的处理实行首问负责制，属于本部门受理的，应当依法及时处理；不属于本部门受理的，应当及时转送相关部门，相关部门应当依法及时处理，并将处理结果告知举报、投诉人。

第二章　工资支付形式与周期

第十一条　农民工工资应当以货币形式，通过银行转账或者现金支付给农民工本人，不得以实物或者有价证券等其他形式替代。

第十二条　用人单位应当按照与农民工书面约定或者依法制定的规章制度规定的工资支付周期和具体支付日期足额支付工资。

第十三条　实行月、周、日、小时工资制的，按照月、周、日、小时为周期支付工资；实行计件工资制的，工资支付周期由双方依法约定。

第十四条　用人单位与农民工书面约定或者依法制定的规章制度规定的具体支付日期，可以在农民工提供劳动的当期或者次期。具体支付日期遇法定节假日或者休息日的，应当在法定节假日或者休息日前支付。

用人单位因不可抗力未能在支付日期支付工资的，应当在不可抗力消除后及时支付。

第十五条　用人单位应当按照工资支付周期编制书面工资支付台账，并至少保存 3 年。

书面工资支付台账应当包括用人单位名称，支付周期，支付日期，支付对象姓名、身份证号码、联系方式，工作时间，应发工资项目及数额，代扣、代缴、扣除项目和数额，实发工资数额，银行代发工资凭证或者农民工签字等内容。

用人单位向农民工支付工资时，应当提供农民工本人的工资清单。

第三章　工　资　清　偿

第十六条　用人单位拖欠农民工工资的，应当依法予以清偿。

第十七条　不具备合法经营资格的单位招用农民工，农民工已经付出劳动而未获得工资的，依照有关法律规定执行。

第十八条　用工单位使用个人、不具备合法经营资格的单位或者未依法取得劳务派遣许可证的单位派遣的农民工，拖欠农民工工资的，由用工单位清偿，并可以依法进行追偿。

第十九条　用人单位将工作任务发包给个人或者不具备合法经营资格的单位，导致拖欠所招用农民工工资的，依照有关法律规定执行。

用人单位允许个人、不具备合法经营资格或者未取得相应资质的单位以用人单位的名义对外经营，导致拖欠所招用农民工工资的，由用人单位清偿，并可以依法进行追偿。

第二十条　合伙企业、个人独资企业、个体经济组织等用人单位拖欠农民工工资的，应当依法予以清偿；不清偿的，由出资人依法清偿。

第二十一条　用人单位合并或者分立时，应当在实施合并或者分立前依法清偿拖欠的农民工工资；经与农民工书面协商一致的，可以由合并或者分立后承继其权利和义务的用人单位清偿。

第二十二条 用人单位被依法吊销营业执照或者登记证书、被责令关闭、被撤销或者依法解散的，应当在申请注销登记前依法清偿拖欠的农民工工资。

未依据前款规定清偿农民工工资的用人单位主要出资人，应当在注册新用人单位前清偿拖欠的农民工工资。

第四章 工程建设领域特别规定

第二十三条 建设单位应当有满足施工所需要的资金安排。没有满足施工所需要的资金安排的，工程建设项目不得开工建设；依法需要办理施工许可证的，相关行业工程建设主管部门不予颁发施工许可证。

政府投资项目所需资金，应当按照国家有关规定落实到位，不得由施工单位垫资建设。

第二十四条 建设单位应当向施工单位提供工程款支付担保。

建设单位与施工总承包单位依法订立书面工程施工合同，应当约定工程款计量周期、工程款进度结算办法以及人工费用拨付周期，并按照保障农民工工资按时足额支付的要求约定人工费用。人工费用拨付周期不得超过 1 个月。

建设单位与施工总承包单位应当将工程施工合同保存备查。

第二十五条 施工总承包单位与分包单位依法订立书面分包合同，应当约定工程款计量周期、工程款进度结算办法。

第二十六条 施工总承包单位应当按照有关规定开设农民工工资专用账户，专项用于支付该工程建设项目农民工工资。

开设、使用农民工工资专用账户有关资料应当由施工总承包单位妥善保存备查。

第二十七条 金融机构应当优化农民工工资专用账户开设服务流程，做好农民工工资专用账户的日常管理工作；发现资金未按约定拨付等情况的，及时通知施工总承包单位，由施工总承包单位报告人力资源社会保障行政部门和相关行业工程建设主管部门，并纳入欠薪预警系统。

工程完工且未拖欠农民工工资的，施工总承包单位公示 30 日后，可以申请注销农民工工资专用账户，账户内余额归施工总承包单位所有。

第二十八条 施工总承包单位或者分包单位应当依法与所招用的农民工订立劳动合同并进行用工实名登记，具备条件的行业应当通过相应的管理服务信息平台进行用工实名登记、管理。未与施工总承包单位或者分包单位订立劳动合同并进行用工实名登记的人员，不得进入项目现场施工。

施工总承包单位应当在工程项目部配备劳资专管员，对分包单位劳动用工实施监督管理，掌握施工现场用工、考勤、工资支付等情况，审核分包单位编制的农民工工资支付表，分包单位应当予以配合。

施工总承包单位、分包单位应当建立用工管理台账，并保存至工程完工且工资全部结清后至少 3 年。

第二十九条 建设单位应当按照合同约定及时拨付工程款，并将人工费用及时足额拨付至农民工工资专用账户，加强对施工总承包单位按时足额支付农民工工资的监督。

因建设单位未按照合同约定及时拨付工程款导致农民工工资拖欠的，建设单位应当以未结清的工程款为限先行垫付被拖欠的农民工工资。

建设单位应当以项目为单位建立保障农民工工资支付协调机制和工资拖欠预防机制，督促施工总承包单位加强劳动用工管理，妥善处理与农民工工资支付相关的矛盾纠纷。发生农民工集体讨薪事件的，建设单位应当会同施工总承包单位及时处理，并向项目所在地人力资源社会保障行政部门和相关行业工程建设主管部门报告有关情况。

第三十条　分包单位对所招用农民工的实名制管理和工资支付负直接责任。

施工总承包单位对分包单位劳动用工和工资发放等情况进行监督。

分包单位拖欠农民工工资的，由施工总承包单位先行清偿，再依法进行追偿。

工程建设项目转包，拖欠农民工工资的，由施工总承包单位先行清偿，再依法进行追偿。

第三十一条　工程建设领域推行分包单位农民工工资委托施工总承包单位代发制度。

分包单位应当按月考核农民工工作量并编制工资支付表，经农民工本人签字确认后，与当月工程进度等情况一并交施工总承包单位。

施工总承包单位根据分包单位编制的工资支付表，通过农民工工资专用账户直接将工资支付到农民工本人的银行账户，并向分包单位提供代发工资凭证。

用于支付农民工工资的银行账户所绑定的农民工本人社会保障卡或者银行卡，用人单位或者其他人员不得以任何理由扣押或者变相扣押。

第三十二条　施工总承包单位应当按照有关规定存储工资保证金，专项用于支付为所承包工程提供劳动的农民工被拖欠的工资。

工资保证金实行差异化存储办法，对一定时期内未发生工资拖欠的单位实行减免措施，对发生工资拖欠的单位适当提高存储比例。工资保证金可以用金融机构保函替代。

工资保证金的存储比例、存储形式、减免措施等具体办法，由国务院人力资源社会保障行政部门会同有关部门制定。

第三十三条　除法律另有规定外，农民工工资专用账户资金和工资保证金不得因支付为本项目提供劳动的农民工工资之外的原因被查封、冻结或者划拨。

第三十四条　施工总承包单位应当在施工现场醒目位置设立维权信息告示牌，明示下列事项：

（一）建设单位、施工总承包单位及所在项目部、分包单位、相关行业工程建设主管部门、劳资专管员等基本信息；

（二）当地最低工资标准、工资支付日期等基本信息；

（三）相关行业工程建设主管部门和劳动保障监察投诉举报电话、劳动争议调解仲裁申请渠道、法律援助申请渠道、公共法律服务热线等信息。

第三十五条　建设单位与施工总承包单位或者承包单位与分包单位因工程数量、质量、造价等产生争议的，建设单位不得因争议不按照本条例第二十四条的规定拨付工程款中的人工费用，施工总承包单位也不得因争议不按照规定代发工资。

第三十六条　建设单位或者施工总承包单位将建设工程发包或者分包给个人或者不具备合法经营资格的单位，导致拖欠农民工工资的，由建设单位或者施工总承包单位清偿。

施工单位允许其他单位和个人以施工单位的名义对外承揽建设工程，导致拖欠农民工工资的，由施工单位清偿。

第三十七条　工程建设项目违反国土空间规划、工程建设等法律法规，导致拖欠农民工工资的，由建设单位清偿。

第五章　监　督　检　查

第三十八条　县级以上地方人民政府应当建立农民工工资支付监控预警平台，实现人力资源社会保障、发展改革、司法行政、财政、住房城乡建设、交通运输、水利等部门的工程项目审批、资金落实、施工许可、劳动用工、工资支付等信息及时共享。

人力资源社会保障行政部门根据水电燃气供应、物业管理、信贷、税收等反映企业生产经营相关指标的变化情况，及时监控和预警工资支付隐患并做好防范工作，市场监管、金融监管、税务等部门应当予以配合。

第三十九条　人力资源社会保障行政部门、相关行业工程建设主管部门和其他有关部门应当按照职责，加强对用人单位与农民工签订劳动合同、工资支付以及工程建设项目实行农民工实名制管理、农民工工资专用账户管理、施工总承包单位代发工资、工资保证金存储、维权信息公示等情况的监督检查，预防和减少拖欠农民工工资行为的发生。

第四十条　人力资源社会保障行政部门在查处拖欠农民工工资案件时，需要依法查询相关单位金融账户和相关当事人拥有房产、车辆等情况的，应当经设区的市级以上地方人民政府人力资源社会保障行政部门负责人批准，有关金融机构和登记部门应当予以配合。

第四十一条　人力资源社会保障行政部门在查处拖欠农民工工资案件时，发生用人单位拒不配合调查、清偿责任主体及相关当事人无法联系等情形的，可以请求公安机关和其他有关部门协助处理。

人力资源社会保障行政部门发现拖欠农民工工资的违法行为涉嫌构成拒不支付劳动报酬罪的，应当按照有关规定及时移送公安机关审查并作出决定。

第四十二条　人力资源社会保障行政部门作出责令支付被拖欠的农民工工资的决定，相关单位不支付的，可以依法申请人民法院强制执行。

第四十三条　相关行业工程建设主管部门应当依法规范本领域建设市场秩序，对违法发包、转包、违法分包、挂靠等行为进行查处，并对导致拖欠农民工工资的违法行为及时予以制止、纠正。

第四十四条　财政部门、审计机关和相关行业工程建设主管部门按照职责，依法对政府投资项目建设单位按照工程施工合同约定向农民工工资专用账户拨付资金情况进行监督。

第四十五条　司法行政部门和法律援助机构应当将农民工列为法律援助的重点对象，并依法为请求支付工资的农民工提供便捷的法律援助。

公共法律服务相关机构应当积极参与相关诉讼、咨询、调解等活动，帮助解决拖欠农民工工资问题。

第四十六条　人力资源社会保障行政部门、相关行业工程建设主管部门和其他有关部门应当按照"谁执法谁普法"普法责任制的要求，通过以案释法等多种形式，加大对保障农民工工资支付相关法律法规的普及宣传。

第四十七条　人力资源社会保障行政部门应当建立用人单位及相关责任人劳动保障守法诚信档案，对用人单位开展守法诚信等级评价。

用人单位有严重拖欠农民工工资违法行为的，由人力资源社会保障行政部门向社会公布，必要时可以通过召开新闻发布会等形式向媒体公开曝光。

第四十八条　用人单位拖欠农民工工资，情节严重或者造成严重不良社会影响的，有关部门应当将该用人单位及其法定代表人或者主要负责人、直接负责的主管人员和其他直接责任人员列入拖欠农民工工资失信联合惩戒对象名单，在政府资金支持、政府采购、招投标、融资贷款、市场准入、税收优惠、评优评先、交通出行等方面依法依规予以限制。

拖欠农民工工资需要列入失信联合惩戒名单的具体情形，由国务院人力资源社会保障行政部门规定。

第四十九条　建设单位未依法提供工程款支付担保或者政府投资项目拖欠工程款，导致拖欠农民工工资的，县级以上地方人民政府应当限制其新建项目，并记入信用记录，纳入国家信用信息系统进行公示。

第五十条 农民工与用人单位就拖欠工资存在争议，用人单位应当提供依法由其保存的劳动合同、职工名册、工资支付台账和清单等材料；不提供的，依法承担不利后果。

第五十一条 工会依法维护农民工工资权益，对用人单位工资支付情况进行监督；发现拖欠农民工工资的，可以要求用人单位改正，拒不改正的，可以请求人力资源社会保障行政部门和其他有关部门依法处理。

第五十二条 单位或者个人编造虚假事实或者采取非法手段讨要农民工工资，或者以拖欠农民工工资为名讨要工程款的，依法予以处理。

第六章　法　律　责　任

第五十三条 违反本条例规定拖欠农民工工资的，依照有关法律规定执行。

第五十四条 有下列情形之一的，由人力资源社会保障行政部门责令限期改正；逾期不改正的，对单位处 2 万元以上 5 万元以下的罚款，对法定代表人或者主要负责人、直接负责的主管人员和其他直接责任人员处 1 万元以上 3 万元以下的罚款：

（一）以实物、有价证券等形式代替货币支付农民工工资；

（二）未编制工资支付台账并依法保存，或者未向农民工提供工资清单；

（三）扣押或者变相扣押用于支付农民工工资的银行账户所绑定的农民工本人社会保障卡或者银行卡。

第五十五条 有下列情形之一的，由人力资源社会保障行政部门、相关行业工程建设主管部门按照职责责令限期改正；逾期不改正的，责令项目停工，并处 5 万元以上 10 万元以下的罚款；情节严重的，给予施工单位限制承接新工程、降低资质等级、吊销资质证书等处罚：

（一）施工总承包单位未按规定开设或者使用农民工工资专用账户；

（二）施工总承包单位未按规定存储工资保证金或者未提供金融机构保函；

（三）施工总承包单位、分包单位未实行劳动用工实名制管理。

第五十六条 有下列情形之一的，由人力资源社会保障行政部门、相关行业工程建设主管部门按照职责责令限期改正；逾期不改正的，处 5 万元以上 10 万元以下的罚款：

（一）分包单位未按月考核农民工工作量、编制工资支付表并经农民工本人签字确认；

（二）施工总承包单位未对分包单位劳动用工实施监督管理；

（三）分包单位未配合施工总承包单位对其劳动用工进行监督管理；

（四）施工总承包单位未实行施工现场维权信息公示制度。

第五十七条 有下列情形之一的，由人力资源社会保障行政部门、相关行业工程建设主管部门按照职责责令限期改正；逾期不改正的，责令项目停工，并处 5 万元以上 10 万元以下的罚款：

（一）建设单位未依法提供工程款支付担保；

（二）建设单位未按约定及时足额向农民工工资专用账户拨付工程款中的人工费用；

（三）建设单位或者施工总承包单位拒不提供或者无法提供工程施工合同、农民工工资专用账户有关资料。

第五十八条 不依法配合人力资源社会保障行政部门查询相关单位金融账户的，由金融监管部门责令改正；拒不改正的，处 2 万元以上 5 万元以下的罚款。

第五十九条 政府投资项目政府投资资金不到位拖欠农民工工资的，由人力资源社会保障行政部门报本级人民政府批准，责令限期足额拨付所拖欠的资金；逾期不拨付的，由上一级人民政府人力资源社会保障行政部门约谈直接责任部门和相关监管部门负责人，必要时进行通报，约谈地方人民政府负责人。情节严重的，对地方人民政府及其有关部门负责人、直接负责的主管人员和其他直接责任人员依法依规给予处分。

第六十条　政府投资项目建设单位未经批准立项建设、擅自扩大建设规模、擅自增加投资概算、未及时拨付工程款等导致拖欠农民工工资的，除依法承担责任外，由人力资源社会保障行政部门、其他有关部门按照职责约谈建设单位负责人，并作为其业绩考核、薪酬分配、评优评先、职务晋升等的重要依据。

第六十一条　对于建设资金不到位、违法违规开工建设的社会投资工程建设项目拖欠农民工工资的，由人力资源社会保障行政部门、其他有关部门按照职责依法对建设单位进行处罚；对建设单位负责人依法依规给予处分。相关部门工作人员未依法履行职责的，由有关机关依法依规给予处分。

第六十二条　县级以上地方人民政府人力资源社会保障、发展改革、财政、公安等部门和相关行业工程建设主管部门工作人员，在履行农民工工资支付监督管理职责过程中滥用职权、玩忽职守、徇私舞弊的，依法依规给予处分；构成犯罪的，依法追究刑事责任。

第七章　附　则

第六十三条　用人单位一时难以支付拖欠的农民工工资或者拖欠农民工工资逃匿的，县级以上地方人民政府可以动用应急周转金，先行垫付用人单位拖欠的农民工部分工资或者基本生活费。对已经垫付的应急周转金，应当依法向拖欠农民工工资的用人单位进行追偿。

第六十四条　本条例自 2020 年 5 月 1 日起施行。

B.4 保障中小企业款项支付条例

【发文机关】：国务院

【发布日期】：2020.07.05

【生效日期】：2020.09.01

【文　　号】：国务院令第五百三十号

《保障中小企业款项支付条例》已经 2020 年 7 月 1 日国务院第 99 次常务会议通过，现予公布，自 2020 年 9 月 1 日起施行。

总　理　李克强

2020 年 7 月 5 日

第一条　为了促进机关、事业单位和大型企业及时支付中小企业款项，维护中小企业合法权益，优化营商环境，根据《中华人民共和国中小企业促进法》等法律，制定本条例。

第二条　机关、事业单位和大型企业采购货物、工程、服务支付中小企业款项，应当遵守本条例。

第三条　本条例所称中小企业，是指在中华人民共和国境内依法设立，依据国务院批准的中小企业划分标准确定的中型企业、小型企业和微型企业；所称大型企业，是指中小企业以外的企业。

中小企业、大型企业依合同订立时的企业规模类型确定。中小企业与机关、事业单位、大型企业订立合同时，应当主动告知其属于中小企业。

第四条　国务院负责中小企业促进工作综合管理的部门对机关、事业单位和大型企业及时支付中小企业款项工作进行宏观指导、综合协调、监督检查；国务院有关部门在各自职责范围内，负责相关管理工作。

县级以上地方人民政府负责本行政区域内机关、事业单位和大型企业及时支付中小企业款项的管理工作。

第五条　有关行业协会商会应当按照法律法规和组织章程，完善行业自律，禁止本行业大型企业利用优势地位拒绝或者迟延支付中小企业款项，规范引导其履行及时支付中小企业款项义务，保护中小企业合法权益。

第六条　机关、事业单位和大型企业不得要求中小企业接受不合理的付款期限、方式、条件和违约责任等交易条件，不得违约拖欠中小企业的货物、工程、服务款项。

中小企业应当依法经营，诚实守信，按照合同约定提供合格的货物、工程和服务。

第七条　机关、事业单位使用财政资金从中小企业采购货物、工程、服务，应当严格按照批准的预算执行，不得无预算、超预算开展采购。

政府投资项目所需资金应当按照国家有关规定确保落实到位，不得由施工单位垫资建设。

第八条　机关、事业单位从中小企业采购货物、工程、服务，应当自货物、工程、服务交付之日起 30 日内支付款项；合同另有约定的，付款期限最长不得超过 60 日。

大型企业从中小企业采购货物、工程、服务，应当按照行业规范、交易习惯合理约定付款期限并及时支付款项。

合同约定采取履行进度结算、定期结算等结算方式的，付款期限应当自双方确认结算金额之日起算。

第九条　机关、事业单位和大型企业与中小企业约定以货物、工程、服务交付后经检验或者验收合格作为支付中小企业款项条件的，付款期限应当自检验或者验收合格之日起算。

合同双方应当在合同中约定明确、合理的检验或者验收期限，并在该期限内完成检验或者验收。机关、事业单位和大型企业拖延检验或者验收的，付款期限自约定的检验或者验收期限届满之日起算。

第十条　机关、事业单位和大型企业使用商业汇票等非现金支付方式支付中小企业款项的，应当在合同中作出明确、合理约定，不得强制中小企业接受商业汇票等非现金支付方式，不得利用商业汇票等非现金支付方式变相延长付款期限。

第十一条　机关、事业单位和国有大型企业不得强制要求以审计机关的审计结果作为结算依据，但合同另有约定或者法律、行政法规另有规定的除外。

第十二条　除依法设立的投标保证金、履约保证金、工程质量保证金、农民工工资保证金外，工程建设中不得收取其他保证金。保证金的收取比例应当符合国家有关规定。

机关、事业单位和大型企业不得将保证金限定为现金。中小企业以金融机构保函提供保证的，机关、事业单位和大型企业应当接受。

机关、事业单位和大型企业应当按照合同约定，在保证期限届满后及时与中小企业对收取的保证金进行核实和结算。

第十三条　机关、事业单位和大型企业不得以法定代表人或者主要负责人变更，履行内部付款流程，或者在合同未作约定的情况下以等待竣工验收批复、决算审计等为由，拒绝或者迟延支付中小企业款项。

第十四条　中小企业以应收账款担保融资的，机关、事业单位和大型企业应当自中小企业提出确权请求之日起 30 日内确认债权债务关系，支持中小企业融资。

第十五条　机关、事业单位和大型企业迟延支付中小企业款项的，应当支付逾期利息。双方对逾期利息的利率有约定的，约定利率不得低于合同订立时 1 年期贷款市场报价利率；未作约定的，按照每日利率万分之五支付逾期利息。

第十六条　机关、事业单位应当于每年 3 月 31 日前将上一年度逾期尚未支付中小企业款项的合同数量、金额等信息通过网站、报刊等便于公众知晓的方式公开。

大型企业应当将逾期尚未支付中小企业款项的合同数量、金额等信息纳入企业年度报告，通过企业信用信息公示系统向社会公示。

第十七条　省级以上人民政府负责中小企业促进工作综合管理的部门应当建立便利畅通的渠道，受理对机关、事业单位和大型企业拒绝或者迟延支付中小企业款项的投诉。

受理投诉部门应当按照"属地管理、分级负责，谁主管谁负责"的原则，及时将投诉转交有关部门、地方人民政府处理，有关部门、地方人民政府应当依法及时处理，并将处理结果告知投诉人，同时反馈受理投诉部门。

机关、事业单位和大型企业不履行及时支付中小企业款项义务，情节严重的，受理投诉部门可以依法依规将其失信信息纳入全国信用信息共享平台，并将相关涉企信息通过企业信用信息公示系统向社会公示，依法实施失信惩戒。

第十八条　被投诉的机关、事业单位和大型企业及其工作人员不得以任何形式对投诉人进行恐吓、打击报复。

第十九条　对拒绝或者迟延支付中小企业款项的机关、事业单位，应当在公务消费、办公用房、经费安排等方面采取必要的限制措施。

第二十条　审计机关依法对机关、事业单位和国有大型企业支付中小企业款项情况实施审计监督。

第二十一条 省级以上人民政府建立督查制度，对及时支付中小企业款项工作进行监督检查。

第二十二条 国家依法开展中小企业发展环境评估和营商环境评价时，应当将及时支付中小企业款项工作情况纳入评估和评价内容。

第二十三条 国务院负责中小企业促进工作综合管理的部门依据国务院批准的中小企业划分标准，建立企业规模类型测试平台，提供中小企业规模类型自测服务。

对中小企业规模类型有争议的，可以向主张为中小企业一方所在地的县级以上地方人民政府负责中小企业促进工作综合管理的部门申请认定。

第二十四条 国家鼓励法律服务机构为与机关、事业单位和大型企业存在支付纠纷的中小企业提供法律服务。

新闻媒体应当开展对及时支付中小企业款项相关法律法规政策的公益宣传，依法加强对机关、事业单位和大型企业拒绝或者迟延支付中小企业款项行为的舆论监督。

第二十五条 机关、事业单位违反本条例，有下列情形之一的，由其上级机关、主管部门责令改正；拒不改正的，对直接负责的主管人员和其他直接责任人员依法给予处分：

（一）未在规定的期限内支付中小企业货物、工程、服务款项；

（二）拖延检验、验收；

（三）强制中小企业接受商业汇票等非现金支付方式，或者利用商业汇票等非现金支付方式变相延长付款期限；

（四）没有法律、行政法规依据或者合同约定，要求以审计机关的审计结果作为结算依据；

（五）违法收取保证金，拒绝接受中小企业提供的金融机构保函，或者不及时与中小企业对保证金进行核实、结算；

（六）以法定代表人或者主要负责人变更，履行内部付款流程，或者在合同未作约定的情况下以等待竣工验收批复、决算审计等为由，拒绝或者迟延支付中小企业款项；

（七）未按照规定公开逾期尚未支付中小企业款项信息；

（八）对投诉人进行恐吓、打击报复。

第二十六条 机关、事业单位有下列情形之一的，依照法律、行政法规和国家有关规定追究责任：

（一）使用财政资金从中小企业采购货物、工程、服务，未按照批准的预算执行；

（二）要求施工单位对政府投资项目垫资建设。

第二十七条 大型企业违反本条例，未按照规定在企业年度报告中公示逾期尚未支付中小企业款项信息或者隐瞒真实情况、弄虚作假的，由市场监督管理部门依法处理。

国有大型企业没有合同约定或者法律、行政法规依据，要求以审计机关的审计结果作为结算依据的，由其主管部门责令改正；拒不改正的，对直接负责的主管人员和其他直接责任人员依法给予处分。

第二十八条 部分或者全部使用财政资金的团体组织采购货物、工程、服务支付中小企业款项，参照本条例对机关、事业单位的有关规定执行。

军队采购货物、工程、服务支付中小企业款项，按照军队的有关规定执行。

第二十九条 本条例自 2020 年 9 月 1 日起施行。

附录 C 相关部门规章

C.1 必须招标的工程项目规定

【发文机关】：国家发展和改革委员会

【发布日期】：2018.03.27

【生效日期】：2018.06.01

【文 号】：国家发展和改革委员会令第 16 号

《必须招标的工程项目规定》已经国务院批准，现予公布，自 2018 年 6 月 1 日起施行。

主任：何立峰

2018 年 3 月 27 日

第一条 为了确定必须招标的工程项目，规范招标投标活动，提高工作效率、降低企业成本、预防腐败，根据《中华人民共和国招标投标法》第三条的规定，制定本规定。

第二条 全部或者部分使用国有资金投资或者国家融资的项目包括：

（一）使用预算资金 200 万元人民币以上，并且该资金占投资额 10％以上的项目；

（二）使用国有企业事业单位资金，并且该资金占控股或者主导地位的项目。

第三条 使用国际组织或者外国政府贷款、援助资金的项目包括：

（一）使用世界银行、亚洲开发银行等国际组织贷款、援助资金的项目；

（二）使用外国政府及其机构贷款、援助资金的项目。

第四条 不属于本规定第二条、第三条规定情形的大型基础设施、公用事业等关系社会公共利益、公众安全的项目，必须招标的具体范围由国务院发展改革部门会同国务院有关部门按照确有必要、严格限定的原则制订，报国务院批准。

第五条 本规定第二条至第四条规定范围内的项目，其勘察、设计、施工、监理以及与工程建设有关的重要设备、材料等的采购达到下列标准之一的，必须招标：

（一）施工单项合同估算价在 400 万元人民币以上；

（二）重要设备、材料等货物的采购，单项合同估算价在 200 万元人民币以上；

（三）勘察、设计、监理等服务的采购，单项合同估算价在 100 万元人民币以上。

同一项目中可以合并进行的勘察、设计、施工、监理以及与工程建设有关的重要设备、材料等的采购，合同估算价合计达到前款规定标准的，必须招标。

第六条 本规定自 2018 年 6 月 1 日起施行。

C.2 评标委员会和评标方法暂行规定

【发文机关】：国家发展和改革委员会，水利部，工业和信息化部，财政部，住房和城乡建设部，交通运输部，国家广播电视总局，中国民用航空局，铁道部（已撤销）

【发布日期】：2013.03.11

【生效日期】：2013.05.01

【文 号】：国家发展计划委员会、国家经济贸易委员会、建设部、铁道部、交通部、信息产业部、水利部令第 12 号

（2001 年 7 月 5 日国家计委、国家经贸委、建设部、铁道部、交通部、信息产业部、水利部令第 12 号发布 根据 2013 年 3 月 11 日国家发展改革委、工业和信息化部、财政部、住房城乡建设部、交通运输部、铁道部、水利部、广电总局、民航局《关于废止和修改部分招标投标规章和规范性文件的决定》修正）

第一章 总 则

第一条 为了规范评标活动，保证评标的公平、公正，维护招标投标活动当事人的合法权益，依照《中华人民共和国招标投标法》《中华人民共和国招标投标法实施条例》，制定本规定。

第二条 本规定适用于依法必须招标项目的评标活动。

第三条 评标活动遵循公平、公正、科学、择优的原则。

第四条 评标活动依法进行，任何单位和个人不得非法干预或者影响评标过程和结果。

第五条 招标人应当采取必要措施，保证评标活动在严格保密的情况下进行。

第六条 评标活动及其当事人应当接受依法实施的监督。

有关行政监督部门依照国务院或者地方政府的职责分工，对评标活动实施监督，依法查处评标活动中的违法行为。

第二章 评标委员会

第七条 评标委员会依法组建，负责评标活动，向招标人推荐中标候选人或者根据招标人的授权直接确定中标人。

第八条 评标委员会由招标人负责组建。

评标委员会成员名单一般应于开标前确定。评标委员会成员名单在中标结果确定前应当保密。

第九条 评标委员会由招标人或其委托的招标代理机构熟悉相关业务的代表，以及有关技术、经济等方面的专家组成，成员人数为五人以上单数，其中技术、经济等方面的专家不得少于成员总数的三分之二。

评标委员会设负责人的，评标委员会负责人由评标委员会成员推举产生或者由招标人确定。评标委员会负责人与评标委员会的其他成员有同等的表决权。

第十条 评标委员会的专家成员应当从依法组建的专家库内的相关专家名单中确定。

按前款规定确定评标专家，可以采取随机抽取或者直接确定的方式。一般项目，可以采取随机抽取的方式；技术复杂、专业性强或者国家有特殊要求的招标项目，采取随机抽取方式确定的专家难以保证胜任的，可以由招标人直接确定。

第十一条 评标专家应符合下列条件：

（一）从事相关专业领域工作满八年并具有高级职称或者同等专业水平；

（二）熟悉有关招标投标的法律法规，并具有与招标项目相关的实践经验；

（三）能够认真、公正、诚实、廉洁地履行职责。

第十二条 有下列情形之一的，不得担任评标委员会成员：

（一）投标人或者投标人主要负责人的近亲属；

（二）项目主管部门或者行政监督部门的人员；

（三）与投标人有经济利益关系，可能影响对投标公正评审的；

（四）曾因在招标、评标以及其他与招标投标有关活动中从事违法行为而受过行政处罚或刑事处罚的。

评标委员会成员有前款规定情形之一的，应当主动提出回避。

第十三条 评标委员会成员应当客观、公正地履行职责，遵守职业道德，对所提出的评审意见承担个人责任。

评标委员会成员不得与任何投标人或者与招标结果有利害关系的人进行私下接触，不得收受投标人、中介人、其他利害关系人的财物或者其他好处，不得向招标人征询其确定中标人的意向，不得接受任何单位或者个人明示或者暗示提出的倾向或者排斥特定投标人的要求，不得有其他不客观、不公正履行职务的行为。

第十四条 评标委员会成员和与评标活动有关的工作人员不得透露对投标文件的评审和比较、中标候选人的推荐情况以及与评标有关的其他情况。

前款所称与评标活动有关的工作人员，是指评标委员会成员以外的因参与评标监督工作或者事务性工作而知悉有关评标情况的所有人员。

第三章 评标的准备与初步评审

第十五条 评标委员会成员应当编制供评标使用的相应表格，认真研究招标文件，至少应了解和熟悉以下内容：

（一）招标的目标；

（二）招标项目的范围和性质；

（三）招标文件中规定的主要技术要求、标准和商务条款；

（四）招标文件规定的评标标准、评标方法和在评标过程中考虑的相关因素。

第十六条 招标人或者其委托的招标代理机构应当向评标委员会提供评标所需的重要信息和数据，但不得带有明示或者暗示倾向或者排斥特定投标人的信息。

招标人设有标底的，标底在开标前应当保密，并在评标时作为参考。

第十七条 评标委员会应当根据招标文件规定的评标标准和方法，对投标文件进行系统地评审和比较。招标文件中没有规定的标准和方法不得作为评标的依据。

招标文件中规定的评标标准和评标方法应当合理，不得含有倾向或者排斥潜在投标人的内容，不得妨碍或者限制投标人之间的竞争。

第十八条 评标委员会应当按照投标报价的高低或者招标文件规定的其他方法对投标文件排序。以多种货币报价的，应当按照中国银行在开标日公布的汇率中间价换算成人民币。

招标文件应当对汇率标准和汇率风险作出规定。未作规定的，汇率风险由投标人承担。

第十九条 评标委员会可以书面方式要求投标人对投标文件中含义不明确、对同类问题表述不一致或者有明显文字和计算错误的内容作必要的澄清、说明或者补正。澄清、说明或者补正应以书面方式进行并不得超出投标文件的范围或者改变投标文件的实质性内容。

投标文件中的大写金额和小写金额不一致的，以大写金额为准；总价金额与单价金额不一致的，以单价金额为准，但单价金额小数点有明显错误的除外；对不同文字文本投标文件的解释发生异议的，以中文文本为准。

第二十条 在评标过程中，评标委员会发现投标人以他人的名义投标、串通投标、以行贿手段谋取中标或者以其他弄虚作假方式投标的，应当否决该投标人的投标。

第二十一条 在评标过程中，评标委员会发现投标人的报价明显低于其他投标报价或者在设有标底时明显低于标底，使得其投标报价可能低于其个别成本的，应当要求该投标人作出书面说明并提供相关证明材料。投标人不能合理说明或者不能提供相关证明材料的，由评标委员会认定该投标人以低于成本报价竞标，应当否决其投标。

第二十二条 投标人资格条件不符合国家有关规定和招标文件要求的，或者拒不按照要求对投标文件进行澄清、说明或者补正的，评标委员会可以否决其投标。

第二十三条 评标委员会应当审查每一投标文件是否对招标文件提出的所有实质性要求和条件作出响应。未能在实质上响应的投标，应当予以否决。

第二十四条 评标委员会应当根据招标文件，审查并逐项列出投标文件的全部投标偏差。

投标偏差分为重大偏差和细微偏差。

第二十五条 下列情况属于重大偏差：

（一）没有按照招标文件要求提供投标担保或者所提供的投标担保有瑕疵；

（二）投标文件没有投标人授权代表签字和加盖公章；

（三）投标文件载明的招标项目完成期限超过招标文件规定的期限；

（四）明显不符合技术规格、技术标准的要求；

（五）投标文件载明的货物包装方式、检验标准和方法等不符合招标文件的要求；

（六）投标文件附有招标人不能接受的条件；

（七）不符合招标文件中规定的其他实质性要求。

投标文件有上述情形之一的，为未能对招标文件作出实质性响应，并按本规定第二十三条规定作否决投标处理。招标文件对重大偏差另有规定的，从其规定。

第二十六条 细微偏差是指投标文件在实质上响应招标文件要求，但在个别地方存在漏项或者提供了不完整的技术信息和数据等情况，并且补正这些遗漏或者不完整不会对其他投标人造成不公平的结果。细微偏差不影响投标文件的有效性。

评标委员会应当书面要求存在细微偏差的投标人在评标结束前予以补正。拒不补正的，在详细评审时可以对细微偏差作不利于该投标人的量化，量化标准应当在招标文件中规定。

第二十七条 评标委员会根据本规定第二十条、第二十一条、第二十二条、第二十三条、第二十五条的规定否决不合格投标后，因有效投标不足三个使得投标明显缺乏竞争的，评标委员会可以否决全部投标。

投标人少于三个或者所有投标被否决的，招标人在分析招标失败的原因并采取相应措施后，应当依法重新招标。

第四章 详 细 评 审

第二十八条 经初步评审合格的投标文件，评标委员会应当根据招标文件确定的评标标准和方法，对其技术部分和商务部分作进一步评审、比较。

第二十九条 评标方法包括经评审的最低投标价法、综合评估法或者法律、行政法规允许的其他评标方法。

第三十条 经评审的最低投标价法一般适用于具有通用技术、性能标准或者招标人对其技术、性能没有特殊要求的招标项目。

第三十一条 根据经评审的最低投标价法，能够满足招标文件的实质性要求，并且经评审的最低投标价的投标，应当推荐为中标候选人。

第三十二条 采用经评审的最低投标价法的，评标委员会应当根据招标文件中规定的评标价格调整方法，以所有投标人的投标报价以及投标文件的商务部分作必要的价格调整。采用经评审的最低投标价法的，中标人的投标应当符合招标文件规定的技术要求和标准，但评标委员会无需对投标文件的技术部分进行价格折算。

第三十三条 根据经评审的最低投标价法完成详细评审后，评标委员会应当拟定一份"标价比较表"，连同书面评标报告提交招标人。"标价比较表"应当载明投标人的投标报价、对商务偏差的价格调整和说明以及经评审的最终投标价。

第三十四条 不宜采用经评审的最低投标价法的招标项目，一般应当采取综合评估法进行评审。

第三十五条 根据综合评估法，最大限度地满足招标文件中规定的各项综合评价标准的投标，应当推荐为中标候选人。

衡量投标文件是否最大限度地满足招标文件中规定的各项评价标准，可以采取折算为货币的方法、打分的方法或者其他方法。需量化的因素及其权重应当在招标文件中明确规定。

第三十六条 评标委员会对各个评审因素进行量化时，应当将量化指标建立在同一基础或者同一标准上，使各投标文件具有可比性。

对技术部分和商务部分进行量化后，评标委员会应当对这两部分的量化结果进行加权，计算出每一投标的综合评估价或者综合评估分。

第三十七条 根据综合评估法完成评标后，评标委员会应当拟定一份"综合评估比较表"，连同书面评标报告提交招标人。"综合评估比较表"应当载明投标人的投标报价、所作的任何修正、对商务偏差的调整、对技术偏差的调整、对各评审因素的评估以及对每一投标的最终评审结果。

第三十八条 根据招标文件的规定，允许投标人投备选标的，评标委员会可以对中标人所投的备选标进行评审，以决定是否采纳备选标。不符合中标条件的投标人的备选标不予考虑。

第三十九条 对于划分有多个单项合同的招标项目，招标文件允许投标人为获得整个项目合同而提出优惠的，评标委员会可以对投标人提出的优惠进行审查，以决定是否将招标项目作为一个整体合同授予中标人。将招标项目作为一个整体合同授予的，整体合同中标人的投标应当最有利于招标人。

第四十条 评标和定标应当在投标有效期内完成。不能在投标有效期结束日 30 个工作日前完成评标和定标的，招标人应当通知所有投标人延长投标有效期。拒绝延长投标有效期的投标人有权收回投标保证金。同意延长投标有效期的投标人应当相应延长其投标担保的有效期，但不得修改投标文件的实质性内容。因延长投标有效期造成投标人损失的，招标人应当给予补偿，但因不可抗力需延长投标有效期的除外。

招标文件应当载明投标有效期。投标有效期从提交投标文件截止日起计算。

第五章 推荐中标候选人与定标

第四十一条 评标委员会在评标过程中发现的问题，应当及时作出处理或者向招标人提出处理建议，并作书面记录。

第四十二条 评标委员会完成评标后，应当向招标人提出书面评标报告，并抄送有关行政监督部门。评标报告应当如实记载以下内容：

（一）基本情况和数据表；

（二）评标委员会成员名单；

（三）开标记录；

（四）符合要求的投标一览表；

（五）否决投标的情况说明；

（六）评标标准、评标方法或者评标因素一览表；

（七）经评审的价格或者评分比较一览表；

（八）经评审的投标人排序；

（九）推荐的中标候选人名单与签订合同前要处理的事宜；

（十）澄清、说明、补正事项纪要。

第四十三条　评标报告由评标委员会全体成员签字。对评标结论持有异议的评标委员会成员可以书面方式阐述其不同意见和理由。评标委员会成员拒绝在评标报告上签字且不陈述其不同意见和理由的，视为同意评标结论。评标委员会应当对此作出书面说明并记录在案。

第四十四条　向招标人提交书面评标报告后，评标委员会应将评标过程中使用的文件、表格以及其他资料应当即时归还招标人。

第四十五条　评标委员会推荐的中标候选人应当限定在一至三人，并标明排列顺序。

第四十六条　中标人的投标应当符合下列条件之一：

（一）能够最大限度满足招标文件中规定的各项综合评价标准；

（二）能够满足招标文件的实质性要求，并且经评审的投标价格最低；但是投标价格低于成本的除外。

第四十七条　招标人不得与投标人就投标价格、投标方案等实质性内容进行谈判。

第四十八条　国有资金占控股或者主导地位的项目，招标人应当确定排名第一的中标候选人为中标人。排名第一的中标候选人放弃中标、因不可抗力提出不能履行合同，或者招标文件规定应当提交履约保证金而在规定的期限内未能提交，或者被查实存在影响中标结果的违法行为等情形，不符合中标条件的，招标人可以按照评标委员会提出的中标候选人名单排序依次确定其他中标候选人为中标人。依次确定其他中标候选人与招标人预期差距较大，或者对招标人明显不利的，招标人可以重新招标。

招标人可以授权评标委员会直接确定中标人。

国务院对中标人的确定另有规定的，从其规定。

第四十九条　中标人确定后，招标人应当向中标人发出中标通知书，同时通知未中标人，并与中标人在投标有效期内以及中标通知书发出之日起 30 日之内签订合同。

第五十条　中标通知书对招标人和中标人具有法律约束力。中标通知书发出后，招标人改变中标结果或者中标人放弃中标的，应当承担法律责任。

第五十一条　招标人应当与中标人按照招标文件和中标人的投标文件订立书面合同。招标人与中标人不得再行订立背离合同实质性内容的其他协议。

第五十二条　招标人与中标人签订合同后 5 日内，应当向中标人和未中标的投标人退还投标保证金。

第六章　罚　　则

第五十三条　评标委员会成员有下列行为之一的，由有关行政监督部门责令改正；情节严重的，禁止其在一定期限内参加依法必须进行招标的项目的评标；情节特别严重的，取消其担任评标委员会成员的资格：

（一）应当回避而不回避；

（二）擅离职守；

（三）不按照招标文件规定的评标标准和方法评标；

（四）私下接触投标人；

（五）向招标人征询确定中标人的意向或者接受任何单位或者个人明示或者暗示提出的倾向或者排斥特定投标人的要求；

（六）对依法应当否决的投标不提出否决意见；

（七）暗示或者诱导投标人作出澄清、说明或者接受投标人主动提出的澄清、说明；

（八）其他不客观、不公正履行职务的行为。

第五十四条　评标委员会成员收受投标人的财物或者其他好处的，评标委员会成员或者与评标活动有关的工作人员向他人透露对投标文件的评审和比较、中标候选人的推荐以及与评标有关的其他情况的，给予警告，没收收受的财物，可以并处三千元以上五万元以下的罚款；对有所列违法行为的评标委员会成员取消担任评标委员会成员的资格，不得再参加任何依法必须进行招标项目的评标；构成犯罪的，依法追究刑事责任。

第五十五条　招标人有下列情形之一的，责令改正，可以处中标项目金额千分之十以下的罚款；给他人造成损失的，依法承担赔偿责任；对单位直接负责的主管人员和其他直接责任人员依法给予处分：

（一）无正当理由不发出中标通知书；

（二）不按照规定确定中标人；

（三）中标通知书发出后无正当理由改变中标结果；

（四）无正当理由不与中标人订立合同；

（五）在订立合同时向中标人提出附加条件。

第五十六条　招标人与中标人不按照招标文件和中标人的投标文件订立合同的，合同的主要条款与招标文件、中标人的投标文件的内容不一致，或者招标人、中标人订立背离合同实质性内容的协议的，由有关行政监督部门责令改正，可以处中标项目金额千分之五以上千分之十以下的罚款。

第五十七条　中标人无正当理由不与招标人订立合同，在签订合同时向招标人提出附加条件，或者不按照招标文件要求提交履约保证金的，取消其中标资格，投标保证金不予退还。对依法必须进行招标的项目的中标人，由有关行政监督部门责令改正，可以处中标项目金额 10‰ 以下的罚款。

第七章　附　　则

第五十八条　依法必须招标项目以外的评标活动，参照本规定执行。

第五十九条　使用国际组织或者外国政府贷款、援助资金的招标项目的评标活动，贷款方、资金提供方对评标委员会与评标方法另有规定的，适用其规定，但违背中华人民共和国的社会公共利益的除外。

第六十条　本规定颁布前有关评标机构和评标方法的规定与本规定不一致的，以本规定为准。法律或者行政法规另有规定的，从其规定。

第六十一条　本规定由国家发展改革委会同有关部门负责解释。

第六十二条　本规定自发布之日起施行。

C.3 工程建设项目招标投标活动投诉处理办法

【发文机关】：国家发展和改革委员会

【发布日期】：2013.03.11

【生效日期】：2013.05.01

【文 号】：国家发展和改革委员会、建设部、铁道部、交通部、信息产业部、水利部、中国民用航空总局令第 11 号

第一条 为保护国家利益、社会公共利益和招标投标当事人的合法权益，建立公平、高效的工程建设项目招标投标活动投诉处理机制，根据《中华人民共和国招标投标法》《中华人民共和国招标投标法实施条例》，制定本办法。

第二条 本办法适用于工程建设项目招标投标活动的投诉及其处理活动。

前款所称招标投标活动，包括招标、投标、开标、评标、中标以及签订合同等各阶段。

第三条 投标人或者其他利害关系人认为招标投标活动不符合法律、法规和规章规定的，有权依法向有关行政监督部门投诉。

前款所称其他利害关系人是指投标人以外的，与招标项目或者招标活动有直接和间接利益关系的法人、其他组织和自然人。

第四条 各级发展改革、工业和信息化、住房城乡建设、水利、交通运输、铁道、商务、民航等招标投标活动行政监督部门，依照《国务院办公厅印发国务院有关部门实施招标投标活动行政监督的职责分工的意见的通知》（国办发［2000］34 号）和地方各级人民政府规定的职责分工，受理投诉并依法做出处理决定。

对国家重大建设项目（含工业项目）招标投标活动的投诉，由国家发展改革委受理并依法做出处理决定。对国家重大建设项目招标投标活动的投诉，有关行业行政监督部门已经收到的，应当通报国家发展改革委，国家发展改革委不再受理。

第五条 行政监督部门处理投诉时，应当坚持公平、公正、高效原则，维持国家利益、社会公共利益和招标投标当事人的合法权益。

第六条 行政监督部门应当确定本部门内部负责受理投诉的机构及其电话、传真、电子信箱和通信地址，并向社会公布。

第七条 投诉人投诉时，应当提交投诉书。投诉书应当包括下列内容：

（一）投诉人的名称、地址及有效联系方式；

（二）被投诉人的名称、地址及有效联系方式；

（三）投诉事项的基本事实；

（四）相关请求及主张；

（五）有效线索和相关证明材料。

对招标投标法实施条例规定应先提出异议的事项进行投诉的，应当附提出异议的证明文件。已向有关行政监督部门投诉的，应当一并说明。

投诉人是法人的，投诉书必须由其法定代表人或者授权代表签字并盖章；其他组织或者自然人投诉的，投诉书必须由其主要负责人或者投诉人本人签字，并附有效身份证明复印件。

投诉书有关材料是外文的，投诉人应当同时提供其中文译本。

第八条 投诉人不得以投诉为名排挤竞争对手，不得进行虚假、恶意投诉，阻碍招标投标活动的正常进行。

第九条 投诉人认为招标投标活动不符合法律行政法规规定的，可以在知道或者应当知道

之日起十日内提出书面投诉。依照有关行政法规提出异议的，异议答复期间不计算在内。

第十条 投诉人可以自己直接投诉，也可以委托代理人办理投诉事务。代理人办理投诉事务时，应将授权委托书连同投诉书一并提交给行政监督部门。授权委托书应当明确有关委托代理权限和事项。

第十一条 行政监督部门收到投诉书后，应当在三个工作日内进行审查，视情况分别做出以下处理决定：

（一）不符合投诉处理条件的，决定不予受理，并将不予受理的理由书面告知投诉人；

（二）对符合投诉处理条件，但不属于本部门受理的投诉，书面告知投诉人向其他行政监督部门提出投诉；

对于符合投诉处理条件并决定受理的，收到投诉书之日即为正式受理。

第十二条 有下列情形之一的投诉，不予受理：

（一）投诉人不是所投诉招标投标活动的参与者，或者与投诉项目无任何利害关系；

（二）投诉事项不具体，且未提供有效线索，难以查证的；

（三）投诉书未署具投诉人真实姓名、签字和有效联系方式的；以法人名义投诉的，投诉书未经法定代表人签字并加盖公章的；

（四）超过投诉时效的；

（五）已经作出处理决定，并且投诉人没有提出新的证据；

（六）投诉事项应先提出异议没有提出异议、已进入行政复议或行政诉讼程序的。

第十三条 行政监督部门负责投诉处理的工作人员，有下列情形之一的，应当主动回避：

（一）近亲属是被投诉人、投诉人，或者是被投诉人、投诉人的主要负责人；

（二）在近三年内本人曾经在被投诉人单位担任高级管理职务；

（三）与被投诉人、投诉人有其他利害关系，可能影响对投诉事项公正处理的。

第十四条 行政监督部门受理投诉后，应当调取、查阅有关文件，调查、核实有关情况。

对情况复杂、涉及面广的重大投诉事项，有权受理投诉的行政监督部门可以会同其他有关的行政监督部门进行联合调查，共同研究后由受理部门做出处理决定。

第十五条 行政监督部门调查取证时，应当由两名以上行政执法人员进行，并做笔录，交被调查人签字确认。

第十六条 在投诉处理过程中，行政监督部门应当听取被投诉人的陈述和申辩，必要时可通知投诉人和被投诉人进行质证。

第十七条 行政监督部门负责处理投诉的人员应当严格遵守保密规定，对于在投诉处理过程中所接触到的国家秘密、商业秘密应当予以保密，也不得将投诉事项透露给与投诉无关的其他单位和个人。

第十八条 行政监督部门处理投诉，有权查阅、复制有关文件、资料，调查有关情况，相关单位和人员应当予以配合。必要时，行政监督部门可以责令暂停招标投标活动。

对行政监督部门依法进行的调查，投诉人、被投诉人以及评标委员会成员等与投诉事项有关的当事人应当予以配合，如实提供有关资料及情况，不得拒绝、隐匿或者伪报。

第十九条 投诉处理决定做出前，投诉人要求撤回投诉的，应当以书面形式提出并说明理由，由行政监督部门视以下情况，决定是否准予撤回：

（一）已经查实有明显违法行为的，应当不准撤回，并继续调查直至做出处理决定；

（二）撤回投诉不损害国家利益、社会公共利益或者其他当事人合法权益的，应当准予撤回，投诉处理过程终止。投诉人不得以同一事实和理由再提出投诉。

第二十条　行政监督部门应当根据调查和取证情况，对投诉事项进行审查，按照下列规定做出处理决定：

（一）投诉缺乏事实根据或者法律依据的，或者投诉人捏造事实、伪造材料或者以非法手段取得证明材料进行投诉的，驳回投诉；

（二）投诉情况属实，招标投标活动确实存在违法行为的，依据《中华人民共和国招标投标法》《中华人民共和国招标投标法实施条例》及其他有关法规、规章做出处罚。

第二十一条　负责受理投诉的行政监督部门应当自受理投诉之日起三十个工作日内，对投诉事项做出处理决定，并以书面形式通知投诉人、被投诉人和其他与投诉处理结果有关的当事人。需要检验、检测、鉴定、专家评审的，所需时间不计算在内。

第二十二条　投诉处理决定应当包括下列主要内容：

（一）投诉人和被投诉人的名称、住址；

（二）投诉人的投诉事项及主张；

（三）被投诉人的答辩及请求；

（四）调查认定的基本事实；

（五）行政监督部门的处理意见及依据。

第二十三条　行政监督部门应当建立投诉处理档案，并做好保存和管理工作，接受有关方面的监督检查。

第二十四条　行政监督部门在处理投诉过程中，发现被投诉人单位直接负责的主管人员和其他直接责任人员有违法、违规或者违纪行为的，应当建议其行政主管机关、纪检监察部门给予处分；情节严重构成犯罪的，移送司法机关处理。

对招标代理机构有违法行为，且情节严重的，依法暂停直至取消招标代理资格。

第二十五条　当事人对行政监督部门的投诉处理决定不服或者行政监督部门逾期未做处理的，可以依法申请行政复议或者向人民法院提起行政诉讼。

第二十六条　投诉人故意捏造事实、伪造证明材料或者以非法手段取得证明材料进行投诉，给他人造成损失的，依法承担赔偿责任。

第二十七条　行政监督部门工作人员在处理投诉过程中徇私舞弊、滥用职权或者玩忽职守，对投诉人打击报复的，依法给予行政处分；构成犯罪的，依法追究刑事责任。

第二十八条　行政监督部门在处理投诉过程中，不得向投诉人和被投诉人收取任何费用。

第二十九条　对于性质恶劣、情节严重的投诉事项，行政监督部门可以将投诉处理结果在有关媒体上公布，接受舆论和公众监督。

第三十条　本办法由国家发展改革委会同国务院有关部门解释。

第三十一条　本办法自 2004 年 8 月 1 日起施行。

附录 D　相关规范性文件

D.1　建设工程质量保证金管理办法

【发文机关】：住房和城乡建设部，财政部
【发布日期】：2017.06.20
【生效日期】：2017.07.01
【文　　　号】：建质〔2017〕138 号

党中央有关部门，国务院各部委、各直属机构，高法院，高检院，有关人民团体，各中央管理企业，各省、自治区、直辖市、计划单列市住房城乡建设厅（建委、建设局）、财政厅（局），新疆生产建设兵团建设局、财务局：

为贯彻落实国务院关于进一步清理规范涉企收费、切实减轻建筑业企业负担的精神，规范建设工程质量保证金管理，住房城乡建设部、财政部对《建设工程质量保证金管理办法》（建质〔2016〕295 号）进行了修订。现印发给你们，请结合本地区、本部门实际认真贯彻执行。

中华人民共和国住房和城乡建设部 中华人民共和国财政部

2017 年 6 月 20 日

第一条　为规范建设工程质量保证金管理，落实工程在缺陷责任期内的维修责任，根据《中华人民共和国建筑法》《建设工程质量管理条例》《国务院办公厅关于清理规范工程建设领域保证金的通知》和《基本建设财务管理规则》等相关规定，制定本办法。

第二条　本办法所称建设工程质量保证金（以下简称保证金）是指发包人与承包人在建设工程承包合同中约定，从应付的工程款中预留，用以保证承包人在缺陷责任期内对建设工程出现的缺陷进行维修的资金。

缺陷是指建设工程质量不符合工程建设强制性标准、设计文件，以及承包合同的约定。

缺陷责任期一般为 1 年，最长不超过 2 年，由发、承双方在合同中约定。

第三条　发包人应当在招标文件中明确保证金预留、返还等内容，并与承包人在合同条款中对涉及保证金的下列事项进行约定：

（一）保证金预留、返还方式；

（二）保证金预留比例、期限；

（三）保证金是否计付利息，如计付利息，利息的计算方式；

（四）缺陷责任期的期限及计算方式；

（五）保证金预留、返还及工程维修质量、费用等争议的处理程序；

（六）缺陷责任期内出现缺陷的索赔方式；

（七）逾期返还保证金的违约金支付办法及违约责任。

第四条　缺陷责任期内，实行国库集中支付的政府投资项目，保证金的管理应按国库集中支付的有关规定执行。其他政府投资项目，保证金可以预留在财政部门或发包方。缺陷责任期内，如发包方被撤销，保证金随交付使用资产一并移交使用单位管理，由使用单位代行发包人职责。

社会投资项目采用预留保证金方式的，发、承包双方可以约定将保证金交由第三方金融机构托管。

第五条 推行银行保函制度，承包人可以银行保函替代预留保证金。

第六条 在工程项目竣工前，已经缴纳履约保证金的，发包人不得同时预留工程质量保证金。

采用工程质量保证担保、工程质量保险等其他保证方式的，发包人不得再预留保证金。

第七条 发包人应按照合同约定方式预留保证金，保证金总预留比例不得高于工程价款结算总额的 3%。合同约定由承包人以银行保函替代预留保证金的，保函金额不得高于工程价款结算总额的 3%。

第八条 缺陷责任期从工程通过竣工验收之日起计。由于承包人原因导致工程无法按规定期限进行竣工验收的，缺陷责任期从实际通过竣工验收之日起计。由于发包人原因导致工程无法按规定期限进行竣工验收的，在承包人提交竣工验收报告 90 天后，工程自动进入缺陷责任期。

第九条 缺陷责任期内，由承包人原因造成的缺陷，承包人应负责维修，并承担鉴定及维修费用。如承包人不维修也不承担费用，发包人可按合同约定从保证金或银行保函中扣除，费用超出保证金额的，发包人可按合同约定向承包人进行索赔。承包人维修并承担相应费用后，不免除对工程的损失赔偿责任。

由他人原因造成的缺陷，发包人负责组织维修，承包人不承担费用，且发包人不得从保证金中扣除费用。

第十条 缺陷责任期内，承包人认真履行合同约定的责任，到期后，承包人向发包人申请返还保证金。

第十一条 发包人在接到承包人返还保证金申请后，应于 14 天内会同承包人按照合同约定的内容进行核实。如无异议，发包人应当按照约定将保证金返还给承包人。对返还期限没有约定或者约定不明确的，发包人应当在核实后 14 天内将保证金返还承包人，逾期未返还的，依法承担违约责任。发包人在接到承包人返还保证金申请后 14 天内不予答复，经催告后 14 天内仍不予答复，视同认可承包人的返还保证金申请。

第十二条 发包人和承包人对保证金预留、返还以及工程维修质量、费用有争议的，按承包合同约定的争议和纠纷解决程序处理。

第十三条 建设工程实行工程总承包的，总承包单位与分包单位有关保证金的权利与义务的约定，参照本办法关于发包人与承包人相应权利与义务的约定执行。

第十四条 本办法由住房城乡建设部、财政部负责解释。

第十五条 本办法自 2017 年 7 月 1 日起施行，原《建设工程质量保证金管理办法》（建质〔2016〕295 号）同时废止。

D. 2　建筑安装工程费用项目组成

【发文机关】：住房和城乡建设部，财政部

【发布日期】：2013.03.21

【生效日期】：2013.07.01

【文　　　号】：建标〔2013〕44 号

住房城乡建设部、财政部关于印发《建筑安装工程费用项目组成》的通知

各省、自治区住房城乡建设厅、财政厅，直辖市建委（建交委）、财政局，国务院有关部门：

为适应深化工程计价改革的需要，根据国家有关法律、法规及相关政策，在总结原建设部、财政部《关于印发〈建筑安装工程费用项目组成〉的通知》（建标［2003］206 号）（以下简称《通知》）执行情况的基础上，我们修订完成了《建筑安装工程费用项目组成》（以下简称《费用组成》），现印发给你们。为便于各地区、各部门做好发布后的贯彻实施工作，现将主要调整内容和贯彻实施有关事项通知如下：

一、《费用组成》调整的主要内容：

（一）建筑安装工程费用项目按费用构成要素组成划分为人工费、材料费、施工机具使用费、企业管理费、利润、规费和税金（见附件1）。

（二）为指导工程造价专业人员计算建筑安装工程造价，将建筑安装工程费用按工程造价形成顺序划分为分部分项工程费、措施项目费、其他项目费、规费和税金（见附件2）。

（三）按照国家统计局《关于工资总额组成的规定》，合理调整了人工费构成及内容。

（四）依据国家发展改革委、财政部等9部委发布的《标准施工招标文件》的有关规定，将工程设备费列入材料费；原材料费中的检验试验费列入企业管理费。

（五）将仪器仪表使用费列入施工机具使用费；大型机械进出场及安拆费列入措施项目费。

（六）按照《社会保险法》的规定，将原企业管理费中劳动保险费中的职工死亡丧葬补助费、抚恤费列入规费中的养老保险费；在企业管理费中的财务费和其他中增加担保费用、投标费、保险费。

（七）按照《社会保险法》《建筑法》的规定，取消原规费中危险作业意外伤害保险费，增加工伤保险费、生育保险费。

（八）按照财政部的有关规定，在税金中增加地方教育附加。

二、为指导各部门、各地区按照本通知开展费用标准测算等工作，我们对原《通知》中建筑安装工程费用参考计算方法、公式和计价程序等进行了相应的修改完善，统一制订了《建筑安装工程费用参考计算方法》和《建筑安装工程计价程序》（见附件3、附件4）。

三、《费用组成》自 2013 年 7 月 1 日起施行，原建设部、财政部《关于印发〈建筑安装工程费用项目组成〉的通知》（建标〔2003〕206 号）同时废止。

中华人民共和国住房和城乡建设部 中华人民共和国财政部

2013 年 3 月 21 日

附件：

1. 建筑安装工程费用项目组成（按费用构成要素划分）

2. 建筑安装工程费用项目组成（按造价形成划分）

3. 建筑安装工程费用参考计算方法

4. 建筑安装工程计价程序

附件1：

建筑安装工程费用项目组成
（按费用构成要素划分）

建筑安装工程费按照费用构成要素划分：由人工费、材料（包含工程设备，下同）费、施工机具使用费、企业管理费、利润、规费和税金组成。其中人工费、材料费、施工机具使用费、企业管理费和利润包含在分部分项工程费、措施项目费、其他项目费中（见附表）。

（一）人工费：是指按工资总额构成规定，支付给从事建筑安装工程施工的生产工人和附属生产单位工人的各项费用。内容包括：

1. 计时工资或计件工资：是指按计时工资标准和工作时间或对已做工作按计件单价支付给个人的劳动报酬。

2. 奖金：是指对超额劳动和增收节支支付给个人的劳动报酬。如节约奖、劳动竞赛奖等。

3. 津贴补贴：是指为了补偿职工特殊或额外的劳动消耗和因其他特殊原因支付给个人的津贴，以及为了保证职工工资水平不受物价影响支付给个人的物价补贴。如流动施工津贴、特殊地区施工津贴、高温（寒）作业临时津贴、高空津贴等。

4. 加班加点工资：是指按规定支付的在法定节假日工作的加班工资和在法定日工作时间外延时工作的加点工资。

5. 特殊情况下支付的工资：是指根据国家法律、法规和政策规定，因病、工伤、产假、计划生育假、婚丧假、事假、探亲假、定期休假、停工学习、执行国家或社会义务等原因按计时工资标准或计时工资标准的一定比例支付的工资。

（二）材料费：是指施工过程中耗费的原材料、辅助材料、构配件、零件、半成品或成品、工程设备的费用。内容包括：

1. 材料原价：是指材料、工程设备的出厂价格或商家供应价格。

2. 运杂费：是指材料、工程设备自来源地运至工地仓库或指定堆放地点所发生的全部费用。

3. 运输损耗费：是指材料在运输装卸过程中不可避免的损耗。

4. 采购及保管费：是指为组织采购、供应和保管材料、工程设备的过程中所需要的各项费用。包括采购费、仓储费、工地保管费、仓储损耗。

工程设备是指构成或计划构成永久工程一部分的机电设备、金属结构设备、仪器装置及其他类似的设备和装置。

（三）施工机具使用费：是指施工作业所发生的施工机械、仪器仪表使用费或其租赁费。

1. 施工机械使用费：以施工机械台班耗用量乘以施工机械台班单价表示，施工机械台班单价应由下列七项费用组成：

（1）折旧费：指施工机械在规定的使用年限内，陆续收回其原值的费用。

（2）大修理费：指施工机械按规定的大修理间隔台班进行必要的大修理，以恢复其正常功能所需的费用。

（3）经常修理费：指施工机械除大修理以外的各级保养和临时故障排除所需的费用。包括为保障机械正常运转所需替换设备与随机配备工具附具的摊销和维护费用，机械运转中日常保养所需润滑与擦拭的材料费用及机械停滞期间的维护和保养费用等。

（4）安拆费及场外运费：安拆费指施工机械（大型机械除外）在现场进行安装与拆卸所需的人工、材料、机械和试运转费用以及机械辅助设施的折旧、搭设、拆除等费用；场外运费指施工机械整体或分体自停放地点运至施工现场或由一施工地点运至另一施工地点的运输、装卸、辅助材料及架线等费用。

（5）人工费：指机上司机（司炉）和其他操作人员的人工费。

（6）燃料动力费：指施工机械在运转作业中所消耗的各种燃料及水、电等。

（7）税费：指施工机械按照国家规定应缴纳的车船使用税、保险费及年检费等。

2. 仪器仪表使用费：是指工程施工所需使用的仪器仪表的摊销及维修费用。

（四）企业管理费：是指建筑安装企业组织施工生产和经营管理所需的费用。内容包括：

1. 管理人员工资：是指按规定支付给管理人员的计时工资、奖金、津贴补贴、加班加点工资及特殊情况下支付的工资等。

2. 办公费：是指企业管理办公用的文具、纸张、账表、印刷、邮电、书报、办公软件、现场监控、会议、水电、烧水和集体取暖降温（包括现场临时宿舍取暖降温）等费用。

3. 差旅交通费：是指职工因公出差、调动工作的差旅费、住勤补助费，市内交通费和误餐补助费，职工探亲路费，劳动力招募费，职工退休、退职一次性路费，工伤人员就医路费，工地转移费以及管理部门使用的交通工具的油料、燃料等费用。

4. 固定资产使用费：是指管理和试验部门及附属生产单位使用的属于固定资产的房屋、设备、仪器等的折旧、大修、维修或租赁费。

5. 工具用具使用费：是指企业施工生产和管理使用的不属于固定资产的工具、器具、家具、交通工具和检验、试验、测绘、消防用具等的购置、维修和摊销费。

6. 劳动保险和职工福利费：是指由企业支付的职工退职金、按规定支付给离休干部的经费、集体福利费、夏季防暑降温、冬季取暖补贴、上下班交通补贴等。

7. 劳动保护费：是企业按规定发放的劳动保护用品的支出。如工作服、手套、防暑降温饮料以及在有碍身体健康的环境中施工的保健费用等。

8. 检验试验费：是指施工企业按照有关标准规定，对建筑以及材料、构件和建筑安装物进行一般鉴定、检查所发生的费用，包括自设试验室进行试验所耗用的材料等费用。不包括新结构、新材料的试验费，对构件做破坏性试验及其他特殊要求检验试验的费用和建设单位委托检测机构进行检测的费用，对此类检测发生的费用，由建设单位在工程建设其他费用中列支。但对施工企业提供的具有合格证明的材料进行检测不合格的，该检测费用由施工企业支付。

9. 工会经费：是指企业按《工会法》规定的全部职工工资总额比例计提的工会经费。

10. 职工教育经费：是指按职工工资总额的规定比例计提，企业为职工进行专业技术和职业技能培训，专业技术人员继续教育、职工职业技能鉴定、职业资格认定以及根据需要对职工进行各类文化教育所发生的费用。

11. 财产保险费：是指施工管理用财产、车辆等的保险费用。

12. 财务费：是指企业为施工生产筹集资金或提供预付款担保、履约担保、职工工资支付担保等所发生的各种费用。

13. 税金：是指企业按规定缴纳的房产税、车船使用税、土地使用税、印花税等。

14. 其他：包括技术转让费、技术开发费、投标费、业务招待费、绿化费、广告费、公证费、法律顾问费、审计费、咨询费、保险费等。

（五）利润：是指施工企业完成所承包工程获得的盈利。

（六）规费：是指按国家法律、法规规定，由省级政府和省级有关权力部门规定必须缴纳或计取的费用。包括：

1. 社会保险费

（1）养老保险费：是指企业按照规定标准为职工缴纳的基本养老保险费。

（2）失业保险费：是指企业按照规定标准为职工缴纳的失业保险费。

（3）医疗保险费：是指企业按照规定标准为职工缴纳的基本医疗保险费。

（4）生育保险费：是指企业按照规定标准为职工缴纳的生育保险费。

（5）工伤保险费：是指企业按照规定标准为职工缴纳的工伤保险费。

2. 住房公积金：是指企业按规定标准为职工缴纳的住房公积金。

3. 工程排污费：是指按规定缴纳的施工现场工程排污费。

其他应列而未列入的规费，按实际发生计取。

（七）税金：是指国家税法规定的应计入建筑安装工程造价内的营业税、城市维护建设税、教育费附加以及地方教育附加。

附表

建筑安装工程费用项目组成表
（按费用构成要素划分）

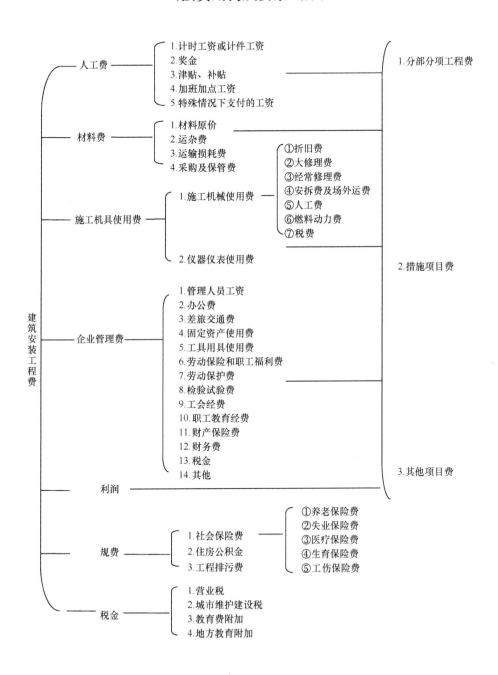

附件 2：

建筑安装工程费用项目组成
（按造价形成划分）

建筑安装工程费按照工程造价形成由分部分项工程费、措施项目费、其他项目费、规费、税金组成，分部分项工程费、措施项目费、其他项目费包含人工费、材料费、施工机具使用费、企业管理费和利润（见附表）。

（一）分部分项工程费：是指各专业工程的分部分项工程应予列支的各项费用。

1. 专业工程：是指按现行国家计量规范划分的房屋建筑与装饰工程、仿古建筑工程、通用安装工程、市政工程、园林绿化工程、矿山工程、构筑物工程、城市轨道交通工程、爆破工程等各类工程。

2. 分部分项工程：指按现行国家计量规范对各专业工程划分的项目。如房屋建筑与装饰工程划分的土石方工程、地基处理与桩基工程、砌筑工程、钢筋及钢筋混凝土工程等。

各类专业工程的分部分项工程划分见现行国家或行业计量规范。

（二）措施项目费：是指为完成建设工程施工，发生于该工程施工前和施工过程中的技术、生活、安全、环境保护等方面的费用。内容包括：

1. 安全文明施工费

①环境保护费：是指施工现场为达到环保部门要求所需要的各项费用。

②文明施工费：是指施工现场文明施工所需要的各项费用。

③安全施工费：是指施工现场安全施工所需要的各项费用。

④临时设施费：是指施工企业为进行建设工程施工所必须搭设的生活和生产用的临时建筑物、构筑物和其他临时设施费用。包括临时设施的搭设、维修、拆除、清理费或摊销费等。

2. 夜间施工增加费：是指因夜间施工所发生的夜班补助费、夜间施工降效、夜间施工照明设备摊销及照明用电等费用。

3. 二次搬运费：是指因施工场地条件限制而发生的材料、构配件、半成品等一次运输不能到达堆放地点，必须进行二次或多次搬运所发生的费用。

4. 冬雨季施工增加费：是指在冬季或雨季施工需增加的临时设施、防滑、排除雨雪，人工及施工机械效率降低等费用。

5. 已完工程及设备保护费：是指竣工验收前，对已完工程及设备采取的必要保护措施所发生的费用。

6. 工程定位复测费：是指工程施工过程中进行全部施工测量放线和复测工作的费用。

7. 特殊地区施工增加费：是指工程在沙漠或其边缘地区、高海拔、高寒、原始森林等特殊地区施工增加的费用。

8. 大型机械设备进出场及安拆费：是指机械整体或分体自停放场地运至施工现场或由一个施工地点运至另一个施工地点，所发生的机械进出场运输及转移费用及机械在施工现场进行安装、拆卸所需的人工费、材料费、机械费、试运转费和安装所需的辅助设施的费用。

9. 脚手架工程费：是指施工需要的各种脚手架搭、拆、运输费用以及脚手架购置费的摊销（或租赁）费用。

措施项目及其包含的内容详见各类专业工程的现行国家或行业计量规范。

（三）其他项目费

1. 暂列金额：是指建设单位在工程量清单中暂定并包括在工程合同价款中的一笔款项。用于施工合同签订时尚未确定或者不可预见的所需材料、工程设备、服务的采购，施工中可能发生的工程变更、合同约定调整因素出现时的工程价款调整以及发生的索赔、现场签证确认等的费用。

2. 计日工：是指在施工过程中，施工企业完成建设单位提出的施工图纸以外的零星项目或工作所需的费用。

3. 总承包服务费：是指总承包人为配合、协调建设单位进行的专业工程发包，对建设单位自行采购的材料、工程设备等进行保管以及施工现场管理、竣工资料汇总整理等服务所需的费用。

（四）规费：定义同附件 1。

（五）税金：定义同附件 1。

附表

建筑安装工程费用项目组成表
（按造价形成划分）

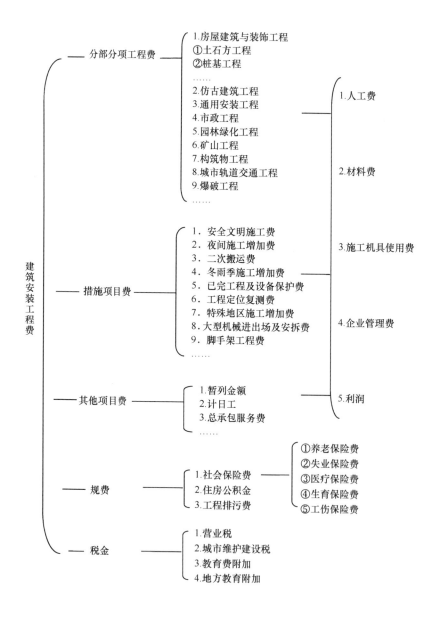

附件 3：

建筑安装工程费用参考计算方法

一、各费用构成要素参考计算方法如下：

（一）人工费

公式 1：

人工费＝∑（工日消耗量×日工资单价）

$$日工资单价 = \frac{生产工人平均月工资（计时、计件）＋平均月（奖金＋津贴补贴＋特殊情况下支付的工资）}{年平均每月法定工作日}$$

注：公式 1 主要适用于施工企业投标报价时自主确定人工费，也是工程造价管理机构编制计价定额确定定额人工单价或发布人工成本信息的参考依据。

公式 2：

人工费＝∑（工程工日消耗量×日工资单价）

日工资单价是指施工企业平均技术熟练程度的生产工人在每工作日（国家法定工作时间内）按规定从事施工作业应得的日工资总额。

工程造价管理机构确定日工资单价应通过市场调查、根据工程项目的技术要求，参考实物工程量人工单价综合分析确定，最低日工资单价不得低于工程所在地人力资源和社会保障部门所发布的最低工资标准的：普工 1.3 倍、一般技工 2 倍、高级技工 3 倍。

工程计价定额不可只列一个综合工日单价，应根据工程项目技术要求和工种差别适当划分多种日人工单价，确保各分部工程人工费的合理构成。

注：公式 2 适用于工程造价管理机构编制计价定额时确定定额人工费，是施工企业投标报价的参考依据。

（二）材料费

1. 材料费

材料费＝∑（材料消耗量×材料单价）

材料单价＝［（材料原价＋运杂费）×〔1＋运输损耗率（％）〕］×［1＋采购保管费率（％）］

2. 工程设备费

工程设备费＝∑（工程设备量×工程设备单价）

工程设备单价＝（设备原价＋运杂费）×［1＋采购保管费率（％）］

（三）施工机具使用费

1. 施工机械使用费

施工机械使用费＝∑（施工机械台班消耗量×机械台班单价）

机械台班单价＝台班折旧费＋台班大修费＋台班经常修理费＋台班安拆费及场外运费＋台班人工费＋台班燃料动力费＋台班车船税费

注：工程造价管理机构在确定计价定额中的施工机械使用费时，应根据《建筑施工机械台班费用计算规则》结合市场调查编制施工机械台班单价。施工企业可以参考工程造价管理机构发布的台班单价，自主确定施工机械使用费的报价，如租赁施工机械，公式为：施工机械使用费＝∑（施工机械台班消耗量×机械台班租赁单价）

2. 仪器仪表使用费

仪器仪表使用费＝工程使用的仪器仪表摊销费＋维修费

（四）企业管理费费率

（1）以分部分项工程费为计算基础

$$企业管理费费率(\%) = \frac{生产工人年平均管理费}{年有效施工天数 \times 人工单价} \times 人工费占分部分项工程费比例(\%)$$

（2）以人工费和机械费合计为计算基础

$$企业管理费费率(\%) = \frac{生产工人年平均管理费}{年有效施工天数 \times (人工单价 + 每一工日机械使用费)} \times 100\%$$

（3）以人工费为计算基础

$$企业管理费费率(\%) = \frac{生产工人年平均管理费}{年有效施工天数 \times 人工单价} \times 100\%$$

注：上述公式适用于施工企业投标报价时自主确定管理费，是工程造价管理机构编制计价定额确定企业管理费的参考依据。

工程造价管理机构在确定计价定额中企业管理费时，应以定额人工费或（定额人工费＋定额机械费）作为计算基数，其费率根据历年工程造价积累的资料，辅以调查数据确定，列入分部分项工程和措施项目中。

（五）利润

1. 施工企业根据企业自身需求并结合建筑市场实际自主确定，列入报价中。

2. 工程造价管理机构在确定计价定额中利润时，应以定额人工费或（定额人工费＋定额机械费）作为计算基数，其费率根据历年工程造价积累的资料，并结合建筑市场实际确定，以单位（单项）工程测算，利润在税前建筑安装工程费的比重可按不低于5％且不高于7％的费率计算。利润应列入分部分项工程和措施项目中。

（六）规费

1. 社会保险费和住房公积金

社会保险费和住房公积金应以定额人工费为计算基础，根据工程所在地省、自治区、直辖市或行业建设主管部门规定费率计算。

社会保险费和住房公积金＝Σ（工程定额人工费×社会保险费和住房公积金费率）

式中：社会保险费和住房公积金费率可以每万元发承包价的生产工人人工费和管理人员工资含量与工程所在地规定的缴纳标准综合分析取定。

2. 工程排污费

工程排污费等其他应列而未列入的规费应按工程所在地环境保护等部门规定的标准缴纳，按实计取列入。

（七）税金

税金计算公式：

税金＝税前造价×综合税率（％）

综合税率：

（一）纳税地点在市区的企业

$$综合税率(\%) = \frac{1}{1 - 3\% - (3\% \times 7\%) - (3\% \times 3\%) - (3\% \times 2\%)} - 1$$

（二）纳税地点在县城、镇的企业

$$综合税率(\%) = \frac{1}{1 - 3\% - (3\% \times 5\%) - (3\% \times 3\%) - (3\% \times 2\%)} - 1$$

（三）纳税地点不在市区、县城、镇的企业

$$综合税率(\%)=\frac{1}{1-3\%-(3\%\times1\%)-(3\%\times3\%)-(3\%\times2\%)}-1$$

（四）实行营业税改增值税的，按纳税地点现行税率计算。

二、建筑安装工程计价参考公式如下

（一）分部分项工程费

分部分项工程费＝Σ（分部分项工程量×综合单价）

式中：综合单价包括人工费、材料费、施工机具使用费、企业管理费和利润以及一定范围的风险费用（下同）。

（二）措施项目费

1. 国家计量规范规定应予计量的措施项目，其计算公式为：

措施项目费＝Σ（措施项目工程量×综合单价）

2. 国家计量规范规定不宜计量的措施项目计算方法如下

（1）安全文明施工费

安全文明施工费＝计算基数×安全文明施工费费率(%)

计算基数应为定额基价(定额分部分项工程费＋定额中可以计量的措施项目费)、定额人工费或(定额人工费＋定额机械费)，其费率由工程造价管理机构根据各专业工程的特点综合确定。

（2）夜间施工增加费

夜间施工增加费＝计算基数×夜间施工增加费费率(%)

（3）二次搬运费

二次搬运费＝计算基数×二次搬运费费率(%)

（4）冬雨季施工增加费

冬雨季施工增加费＝计算基数×冬雨季施工增加费费率(%)

（5）已完工程及设备保护费

已完工程及设备保护费＝计算基数×已完工程及设备保护费费率(%)

上述(2)～(5)项措施项目的计费基数应为定额人工费或(定额人工费＋定额机械费)，其费率由工程造价管理机构根据各专业工程特点和调查资料综合分析后确定。

（三）其他项目费

1. 暂列金额由建设单位根据工程特点，按有关计价规定估算，施工过程中由建设单位掌握使用、扣除合同价款调整后如有余额，归建设单位。

2. 计日工由建设单位和施工企业按施工过程中的签证计价。

3. 总承包服务费由建设单位在招标控制价中根据总包服务范围和有关计价规定编制，施工企业投标时自主报价，施工过程中按签约合同价执行。

（四）规费和税金

建设单位和施工企业均应按照省、自治区、直辖市或行业建设主管部门发布标准计算规费和税金，不得作为竞争性费用。

三、相关问题的说明

1. 各专业工程计价定额的编制及其计价程序，均按本通知实施。

2. 各专业工程计价定额的使用周期原则上为 5 年。

3. 工程造价管理机构在定额使用周期内，应及时发布人工、材料、机械台班价格信息，实行工程造价动态管理，如遇国家法律、法规、规章或相关政策变化以及建筑市场物价波动较大时，应适时调整定额人工费、定额机械费以及定额基价或规费费率，使建筑安装工程费能反映建筑市场实际。

4. 建设单位在编制招标控制价时，应按照各专业工程的计量规范和计价定额以及工程造价信息编制。

5. 施工企业在使用计价定额时除不可竞争费用外，其余仅作参考，由施工企业投标时自主报价。

附件4：

建筑安装工程计价程序

建设单位工程招标控制价计价程序

工程名称：　　　　　　　　　　　　　标段：

序号	内容	计算方法	金额（元）
1	分部分项工程费	按计价规定计算	
1.1			
1.2			
1.3			
1.4			
1.5			
2	措施项目费	按计价规定计算	
2.1	其中：安全文明施工费	按规定标准计算	
3	其他项目费		
3.1	其中：暂列金额	按计价规定估算	
3.2	其中：专业工程暂估价	按计价规定估算	
3.3	其中：计日工	按计价规定估算	
3.4	其中：总承包服务费	按计价规定估算	
4	规费	按规定标准计算	
5	税金（扣除不列入计税范围的工程设备金额）	（1＋2＋3＋4）×规定税率	
招标控制价合计＝1＋2＋3＋4＋5			

施工企业工程投标报价计价程序

工程名称：   标段：

序号	内容	计算方法	金额（元）
1	分部分项工程费	自主报价	
1.1			
1.2			
1.3			
1.4			
1.5			
2	措施项目费	自主报价	
2.1	其中：安全文明施工费	按规定标准计算	
3	其他项目费		
3.1	其中：暂列金额	按招标文件提供金额计列	
3.2	其中：专业工程暂估价	按招标文件提供金额计列	
3.3	其中：计日工	自主报价	
3.4	其中：总承包服务费	自主报价	
4	规费	按规定标准计算	
5	税金（扣除不列入计税范围的工程设备金额）	（1＋2＋3＋4）×规定税率	
投标报价合计＝1＋2＋3＋4＋5			

竣工结算计价程序

工程名称： 标段：

序号	汇总内容	计算方法	金额（元）
1	分部分项工程费	按合同约定计算	
1.1			
1.2			
1.3			
1.4			
1.5			
2	措施项目	按合同约定计算	
2.1	其中：安全文明施工费	按规定标准计算	
3	其他项目		
3.1	其中：专业工程结算价	按合同约定计算	
3.2	其中：计日工	按计日工签证计算	
3.3	其中：总承包服务费	按合同约定计算	
3.4	索赔与现场签证	按发承包双方确认数额计算	
4	规费	按规定标准计算	
5	税金（扣除不列入计税范围的工程设备金额）	(1+2+3+4)×规定税率	
竣工结算总价合计＝1+2+3+4+5			

D.3 建筑工程安全防护、文明施工措施费用及使用管理规定

【发文机关】：建设部（已撤销）

【发布日期】：2005.06.07

【生效日期】：2005.09.01

【文 号】：建办［2005］89号

建设部关于印发《建筑工程安全防护、文明施工措施费用及使用管理规定》的通知

各省、自治区建设厅，直辖市建委，江苏省、山东省建管局，新疆生产建设兵团建设局：

现将《建筑工程安全防护、文明施工措施费用及使用管理规定》印发给你们，请结合本地区实际，认真贯彻执行。贯彻执行中的有关问题和情况及时反馈建设部。

中华人民共和国建设部

二〇〇五年六月七日

建筑工程安全防护、文明施工措施费用及使用管理规定

第一条 为加强建筑工程安全生产、文明施工管理，保障施工从业人员的作业条件和生活环境，防止施工安全事故发生，根据《中华人民共和国安全生产法》《中华人民共和国建筑法》《建设工程安全生产管理条例》《安全生产许可证条例》等法律法规，制定本规定。

第二条 本规定适用于各类新建、扩建、改建的房屋建筑工程（包括与其配套的线路管道和设备安装工程、装饰工程）、市政基础设施工程和拆除工程。

第三条 本规定所称安全防护、文明施工措施费用，是指按照国家现行的建筑施工安全、施工现场环境与卫生标准和有关规定，购置和更新施工安全防护用具及设施、改善安全生产条件和作业环境所需要的费用。安全防护、文明施工措施项目清单详见附表。

建设单位对建筑工程安全防护、文明施工措施有其他要求的，所发生费用一并计入安全防护、文明施工措施费。

第四条 建筑工程安全防护、文明施工措施费用是由《建筑安装工程费用项目组成》（建标［2003］206号）中措施费所含的文明施工费，环境保护费，临时设施费，安全施工费组成。

其中安全施工费由临边、洞口、交叉、高处作业安全防护费，危险性较大工程安全措施费及其他费用组成。危险性较大工程安全措施费及其他费用项目组成由各地建设行政主管部门结合本地区实际自行确定。

第五条 建设单位、设计单位在编制工程概（预）算时，应当依据工程所在地工程造价管理机构测定的相应费率，合理确定工程安全防护、文明施工措施费。

第六条 依法进行工程招投标的项目，招标方或具有资质的中介机构编制招标文件时，应当按照有关规定并结合工程实际单独列出安全防护、文明施工措施项目清单。

投标方应当根据现行标准规范，结合工程特点、工期进度和作业环境要求，在施工组织设计文件中制定相应的安全防护、文明施工措施，并按照招标文件要求结合自身的施工技术水平、管理水平对工程安全防护、文明施工措施项目单独报价。投标方安全防护、文明施工措施的报价，不得低于依据工程所在地工程造价管理机构测定费率计算所需费用总额的90％。

第七条 建设单位与施工单位应当在施工合同中明确安全防护、文明施工措施项目总费用，以及费用预付、支付计划，使用要求、调整方式等条款。

建设单位与施工单位在施工合同中对安全防护、文明施工措施费用预付、支付计划未作约

定或约定不明的，合同工期在一年以内的，建设单位预付安全防护、文明施工措施项目费用不得低于该费用总额的 50％；合同工期在一年以上的（含一年），预付安全防护、文明施工措施费用不得低于该费用总额的 30％，其余费用应当按照施工进度支付。

实行工程总承包的，总承包单位依法将建筑工程分包给其他单位的，总承包单位与分包单位应当在分包合同中明确安全防护、文明施工措施费用由总承包单位统一管理。安全防护、文明施工措施由分包单位实施的，由分包单位提出专项安全防护措施及施工方案，经总承包单位批准后及时支付所需费用。

第八条　建设单位申请领取建筑工程施工许可证时，应当将施工合同中约定的安全防护、文明施工措施费用支付计划作为保证工程安全的具体措施提交建设行政主管部门。未提交的，建设行政主管部门不予核发施工许可证。

第九条　建设单位应当按照本规定及合同约定及时向施工单位支付安全防护、文明施工措施费，并督促施工企业落实安全防护、文明施工措施。

第十条　工程监理单位应当对施工单位落实安全防护、文明施工措施情况进行现场监理。对施工单位已经落实的安全防护、文明施工措施，总监理工程师或者造价工程师应当及时审查并签认所发生的费用。监理单位发现施工单位未落实施工组织设计及专项施工方案中安全防护和文明施工措施的，有权责令其立即整改；对施工单位拒不整改或未按期限要求完成整改的，工程监理单位应当及时向建设单位和建设行政主管部门报告，必要时责令其暂停施工。

第十一条　施工单位应当确保安全防护、文明施工措施费专款专用，在财务管理中单独列出安全防护、文明施工措施项目费用清单备查。施工单位安全生产管理机构和专职安全生产管理人员负责对建筑工程安全防护、文明施工措施的组织实施进行现场监督检查，并有权向建设主管部门反映情况。

工程总承包单位对建筑工程安全防护、文明施工措施费用的使用负总责。总承包单位应当按照本规定及合同约定及时向分包单位支付安全防护、文明施工措施费用。总承包单位不按本规定和合同约定支付费用，造成分包单位不能及时落实安全防护措施导致发生事故的，由总承包单位负主要责任。

第十二条　建设行政主管部门应当按照现行标准规范对施工现场安全防护、文明施工措施落实情况进行监督检查，并对建设单位支付及施工单位使用安全防护、文明施工措施费用情况进行监督。

第十三条　建设单位未按本规定支付安全防护、文明施工措施费用的，由县级以上建设行政主管部门依据《建设工程安全生产管理条例》第五十四条规定，责令限期整改；逾期未改正的，责令该建设工程停止施工。

第十四条　施工单位挪用安全防护、文明施工措施费用的，由县级以上建设主管部门依据《建设工程安全生产管理条例》第六十三条规定，责令限期整改，处挪用费用 20％以上 50％以下的罚款；造成损失的，依法承担赔偿责任。

第十五条　建设行政主管部门的工作人员有下列行为之一的，由其所在单位或者上级主管机关给予行政处分；构成犯罪的，依照刑法有关规定追究刑事责任：

（一）对没有提交安全防护、文明施工措施费用支付计划的工程颁发施工许可证的；

（二）发现违法行为不予查处的；

（三）不依法履行监督管理职责的其他行为。

第十六条　建筑工程以外的工程项目安全防护、文明施工措施费用及使用管理可以参照本规定执行。

第十七条 各地可依照本规定，结合本地区实际制定实施细则。

第十八条 本规定由国务院建设行政主管部门负责解释。

第十九条 本规定自 2005 年 9 月 1 日起施行。

附件：

建设工程安全防护、文明施工措施项目清单

类别		项目名称		具体要求
文明施工与环境保护		安全警示标志牌		在易发伤亡事故（或危险）处设置明显的、符合国家标准要求的安全警示标志牌
		现场围挡		（1）现场采用封闭围挡，高度不小于 1.8m； （2）围挡材料可采用彩色、定型钢板、砖、混凝土砌块等墙体
		五板一图		在进门处悬挂工程概况、管理人员名单及监督电话、安全生产、文明施工、消防保卫五板；施工现场总平面图
		企业标志		现场出入的大门应设有本企业标识或企业标识
		场容场貌		（1）道路畅通； （2）排水沟、排水设施通畅； （3）工地地面硬化处理； （4）绿化
		材料堆放		（1）材料、构件、料具等堆放时，悬挂有名称、品种、规格等标牌； （2）水泥和其他易飞扬细颗粒建筑材料应密闭存放或采取覆盖等措施； （3）易燃、易爆和有毒有害物品分类存放
		现场防火		消防器材配置合理，符合消防要求
		垃圾清运		施工现场应设置密闭式垃圾站，施工垃圾、生活垃圾应分类存放。施工垃圾必须采用相应容器或管道运输
临时设施		现场办公 生活设施		（1）施工现场办公、生活区与作业区分开设置，保持安全距离。 （2）工地办公室、现场宿舍、食堂、厕所、饮水、休息场所符合卫生和安全要求
	施工现场临时用电	配电线路		（1）按照 TN-S 系统要求配备五芯电缆、四芯电缆和三芯电缆； （2）按要求架设临时用电线路的电杆、横担、瓷夹、瓷瓶等，或电缆埋地的地沟。 （3）对靠近施工现场的外电线路，设置木质、塑料等绝缘体的防护设施
		配电箱 开关箱		（1）按三级配电要求，配备总配电箱、分配电箱、开关箱三类标准电箱。开关箱应符合一机、一箱、一闸、一漏。三类电箱中的各类电器应是合格品； （2）按两级保护的要求，选取符合容量要求和质量合格的总配电箱和开关箱中的漏电保护器
		接地保护装置		施工现场保护零钱的重复接地应不少于三处

类别		项目名称	具体要求
安全施工	临边洞口交叉高处作业防护	楼板、屋面、阳台等临边防护	用密目式安全立网全封闭，作业层另加两边防护栏杆和18cm高的踢脚板
		通道口防护	设防护棚，防护棚应为不小于5cm厚的木板或两道相距50cm的竹笆。两侧应沿栏杆架用密目式安全网封闭
		预留洞口防护	用木板全封闭；短边超过1.5m长的洞口，除封闭外四周还应设有防护栏杆
		电梯井口防护	设置定型化、工具化、标准化的防护门；在电梯井内每隔两层（不大于10m）设置一道安全平网
		楼梯边防护	设1.2m高的定型化、工具化、标准化的防护栏杆，18cm高的踢脚板
		垂直方向交叉作业防护	设置防护隔离棚或其他设施
		高空作业防护	有悬挂安全带的悬索或其他设施；有操作平台；有上下的梯子或其他形式的通道
其他（由各地自定）			

注：本表所列建筑工程安全防护、文明施工措施项目，是依据现行法律法规及标准规范确定。如修订法律法规和标准规范，本表所列项目应按照修订后的法律法规和标准规范进行调整。

D. 4 必须招标的基础设施和公用事业项目范围规定

【发文机关】：国家发展和改革委员会
【发布日期】：2018.06.06
【生效日期】：2018.06.06
【文　　号】：发改法规规〔2018〕843 号
各省、自治区、直辖市人民政府，国务院各部委、各直属机构：
《必须招标的基础设施和公用事业项目范围规定》已经国务院批准，现印发你们，请按照执行。

国家发展改革委
2018 年 6 月 6 日

附件：

必须招标的基础设施和公用事业项目范围规定

第一条　为明确必须招标的大型基础设施和公用事业项目范围，根据《中华人民共和国招标投标法》和《必须招标的工程项目规定》，制定本规定。

第二条　不属于《必须招标的工程项目规定》第二条、第三条规定情形的大型基础设施、公用事业等关系社会公共利益、公众安全的项目，必须招标的具体范围包括：

（一）煤炭、石油、天然气、电力、新能源等能源基础设施项目；

（二）铁路、公路、管道、水运，以及公共航空和 A1 级通用机场等交通运输基础设施项目；

（三）电信枢纽、通信信息网络等通信基础设施项目；

（四）防洪、灌溉、排涝、引（供）水等水利基础设施项目；

（五）城市轨道交通等城建项目。

第三条　本规定自 2018 年 6 月 6 日起施行。

D.5　建筑工程施工发包与承包违法行为认定查处管理办法

【发文机关】：住房和城乡建设部

【发布日期】：2019.01.03

【生效日期】：2019.01.01

【文　　号】：建市规〔2019〕1 号

各省、自治区住房和城乡建设厅，直辖市住房和城乡建设（管）委，新疆生产建设兵团住房和城乡建设局：

为规范建筑工程施工发包与承包活动，保证工程质量和施工安全，有效遏制违法发包、转包、违法分包及挂靠等违法行为，维护建筑市场秩序和建设工程主要参与方的合法权益，我部制定了《建筑工程施工发包与承包违法行为认定查处管理办法》，现印发给你们，请遵照执行。在执行中遇到的问题，请及时函告我部建筑市场监管司。

中华人民共和国住房和城乡建设部

2019 年 1 月 3 日

建筑工程施工发包与承包违法行为认定查处管理办法

第一条　为规范建筑工程施工发包与承包活动中违法行为的认定、查处和管理，保证工程质量和施工安全，有效遏制发包与承包活动中的违法行为，维护建筑市场秩序和建筑工程主要参与方的合法权益，根据《中华人民共和国建筑法》《中华人民共和国招标投标法》《中华人民共和国合同法》《建设工程质量管理条例》《建设工程安全生产管理条例》《中华人民共和国招标投标法实施条例》等法律法规，以及《全国人大法工委关于对建筑施工企业母公司承接工程后交由子公司实施是否属于转包以及行政处罚两年追溯期认定法律适用问题的意见》（法工办发〔2017〕223 号），结合建筑活动实践，制定本办法。

第二条　本办法所称建筑工程，是指房屋建筑和市政基础设施工程及其附属设施和与其配套的线路、管道、设备安装工程。

第三条　住房和城乡建设部对全国建筑工程施工发包与承包违法行为的认定查处工作实施统一监督管理。

县级以上地方人民政府住房和城乡建设主管部门在其职责范围内具体负责本行政区域内建筑工程施工发包与承包违法行为的认定查处工作。

本办法所称的发包与承包违法行为具体是指违法发包、转包、违法分包及挂靠等违法行为。

第四条　建设单位与承包单位应严格依法签订合同，明确双方权利、义务、责任，严禁违法发包、转包、违法分包和挂靠，确保工程质量和施工安全。

第五条　本办法所称违法发包，是指建设单位将工程发包给个人或不具有相应资质的单位、肢解发包、违反法定程序发包及其他违反法律法规规定发包的行为。

第六条　存在下列情形之一的，属于违法发包：

（一）建设单位将工程发包给个人的；

（二）建设单位将工程发包给不具有相应资质的单位的；

（三）依法应当招标未招标或未按照法定招标程序发包的；

（四）建设单位设置不合理的招标投标条件，限制、排斥潜在投标人或者投标人的；

（五）建设单位将一个单位工程的施工分解成若干部分发包给不同的施工总承包或专业承

包单位的。

第七条　本办法所称转包，是指承包单位承包工程后，不履行合同约定的责任和义务，将其承包的全部工程或者将其承包的全部工程肢解后以分包的名义分别转给其他单位或个人施工的行为。

第八条　存在下列情形之一的，应当认定为转包，但有证据证明属于挂靠或者其他违法行为的除外：

（一）承包单位将其承包的全部工程转给其他单位（包括母公司承接建筑工程后将所承接工程交由具有独立法人资格的子公司施工的情形）或个人施工的；

（二）承包单位将其承包的全部工程肢解以后，以分包的名义分别转给其他单位或个人施工的；

（三）施工总承包单位或专业承包单位未派驻项目负责人、技术负责人、质量管理负责人、安全管理负责人等主要管理人员，或派驻的项目负责人、技术负责人、质量管理负责人、安全管理负责人中一人及以上与施工单位没有订立劳动合同且没有建立劳动工资和社会养老保险关系，或派驻的项目负责人未对该工程的施工活动进行组织管理，又不能进行合理解释并提供相应证明的；

（四）合同约定由承包单位负责采购的主要建筑材料、构配件及工程设备或租赁的施工机械设备，由其他单位或个人采购、租赁，或施工单位不能提供有关采购、租赁合同及发票等证明，又不能进行合理解释并提供相应证明的；

（五）专业作业承包人承包的范围是承包单位承包的全部工程，专业作业承包人计取的是除上缴给承包单位"管理费"之外的全部工程价款的；

（六）承包单位通过采取合作、联营、个人承包等形式或名义，直接或变相将其承包的全部工程转给其他单位或个人施工的；

（七）专业工程的发包单位不是该工程的施工总承包或专业承包单位的，但建设单位依约作为发包单位的除外；

（八）专业作业的发包单位不是该工程承包单位的；

（九）施工合同主体之间没有工程款收付关系，或者承包单位收到款项后又将款项转拨给其他单位和个人，又不能进行合理解释并提供材料证明的。

两个以上的单位组成联合体承包工程，在联合体分工协议中约定或者在项目实际实施过程中，联合体一方不进行施工也未对施工活动进行组织管理的，并且向联合体其他方收取管理费或者其他类似费用的，视为联合体一方将承包的工程转包给联合体其他方。

第九条　本办法所称挂靠，是指单位或个人以其他有资质的施工单位的名义承揽工程的行为。

前款所称承揽工程，包括参与投标、订立合同、办理有关施工手续、从事施工等活动。

第十条　存在下列情形之一的，属于挂靠：

（一）没有资质的单位或个人借用其他施工单位的资质承揽工程的；

（二）有资质的施工单位相互借用资质承揽工程的，包括资质等级低的借用资质等级高的，资质等级高的借用资质等级低的，相同资质等级相互借用的；

（三）本办法第八条第一款第（三）至（九）项规定的情形，有证据证明属于挂靠的。

第十一条　本办法所称违法分包，是指承包单位承包工程后违反法律法规规定，把单位工程或分部分项工程分包给其他单位或个人施工的行为。

第十二条　存在下列情形之一的，属于违法分包：

（一）承包单位将其承包的工程分包给个人的；

（二）施工总承包单位或专业承包单位将工程分包给不具备相应资质单位的；

（三）施工总承包单位将施工总承包合同范围内工程主体结构的施工分包给其他单位的，钢结构工程除外；

（四）专业分包单位将其承包的专业工程中非劳务作业部分再分包的；

（五）专业作业承包人将其承包的劳务再分包的；

（六）专业作业承包人除计取劳务作业费用外，还计取主要建筑材料款和大中型施工机械设备、主要周转材料费用的。

第十三条　任何单位和个人发现违法发包、转包、违法分包及挂靠等违法行为的，均可向工程所在地县级以上人民政府住房和城乡建设主管部门进行举报。

接到举报的住房和城乡建设主管部门应当依法受理、调查、认定和处理，除无法告知举报人的情况外，应当及时将查处结果告知举报人。

第十四条　县级以上地方人民政府住房和城乡建设主管部门如接到人民法院、检察机关、仲裁机构、审计机关、纪检监察等部门转交或移送的涉及本行政区域内建筑工程发包与承包违法行为的建议或相关案件的线索或证据，应当依法受理、调查、认定和处理，并把处理结果及时反馈给转交或移送机构。

第十五条　县级以上人民政府住房和城乡建设主管部门对本行政区域内发现的违法发包、转包、违法分包及挂靠等违法行为，应当依法进行调查，按照本办法进行认定，并依法予以行政处罚。

（一）对建设单位存在本办法第五条规定的违法发包情形的处罚：

1. 依据本办法第六条（一）、（二）项规定认定的，依据《中华人民共和国建筑法》第六十五条、《建设工程质量管理条例》第五十四条规定进行处罚；

2. 依据本办法第六条（三）项规定认定的，依据《中华人民共和国招标投标法》第四十九条、《中华人民共和国招标投标法实施条例》第六十四条规定进行处罚；

3. 依据本办法第六条（四）项规定认定的，依据《中华人民共和国招标投标法》第五十一条、《中华人民共和国招标投标法实施条例》第六十三条规定进行处罚。

4. 依据本办法第六条（五）项规定认定的，依据《中华人民共和国建筑法》第六十五条、《建设工程质量管理条例》第五十五条规定进行处罚。

5. 建设单位违法发包，拒不整改或者整改后仍达不到要求的，视为没有依法确定施工企业，将其违法行为记入诚信档案，实行联合惩戒。对全部或部分使用国有资金的项目，同时将建设单位违法发包的行为告知其上级主管部门及纪检监察部门，并建议对建设单位直接负责的主管人员和其他直接责任人员给予相应的行政处分。

（二）对认定有转包、违法分包违法行为的施工单位，依据《中华人民共和国建筑法》第六十七条、《建设工程质量管理条例》第六十二条规定进行处罚。

（三）对认定有挂靠行为的施工单位或个人，依据《中华人民共和国招标投标法》第五十四条、《中华人民共和国建筑法》第六十五条和《建设工程质量管理条例》第六十条规定进行处罚。

（四）对认定有转让、出借资质证书或者以其他方式允许他人以本单位的名义承揽工程的施工单位，依据《中华人民共和国建筑法》第六十六条、《建设工程质量管理条例》第六十一条规定进行处罚。

（五）对建设单位、施工单位给予单位罚款处罚的，依据《建设工程质量管理条例》第七十三条、《中华人民共和国招标投标法》第四十九条、《中华人民共和国招标投标法实施条例》第六十四条规定，对单位直接负责的主管人员和其他直接责任人员进行处罚。

（六）对认定有转包、违法分包、挂靠、转让出借资质证书或者以其他方式允许他人以本单位的名义承揽工程等违法行为的施工单位，可依法限制其参加工程投标活动、承揽新的工程项目，并对其企业资质是否满足资质标准条件进行核查，对达不到资质标准要求的限期整改，整改后仍达不到要求的，资质审批机关撤回其资质证书。

对 2 年内发生 2 次及以上转包、违法分包、挂靠、转让出借资质证书或者以其他方式允许他人以本单位的名义承揽工程的施工单位，应当依法按照情节严重情形给予处罚。

（七）因违法发包、转包、违法分包、挂靠等违法行为导致发生质量安全事故的，应当依法按照情节严重情形给予处罚。

第十六条 对于违法发包、转包、违法分包、挂靠等违法行为的行政处罚追溯期限，应当按照法工办发〔2017〕223 号文件的规定，从存在违法发包、转包、违法分包、挂靠的建筑工程竣工验收之日起计算；合同工程量未全部完成而解除或终止履行合同的，自合同解除或终止之日起计算。

第十七条 县级以上人民政府住房和城乡建设主管部门应将查处的违法发包、转包、违法分包、挂靠等违法行为和处罚结果记入相关单位或个人信用档案，同时向社会公示，并逐级上报至住房和城乡建设部，在全国建筑市场监管公共服务平台公示。

第十八条 房屋建筑和市政基础设施工程以外的专业工程可参照本办法执行。省级人民政府住房和城乡建设主管部门可结合本地实际，依据本办法制定相应实施细则。

第十九条 本办法中施工总承包单位、专业承包单位均指直接承接建设单位发包的工程的单位；专业分包单位是指承接施工总承包或专业承包企业分包专业工程的单位；承包单位包括施工总承包单位、专业承包单位和专业分包单位。

第二十条 本办法由住房和城乡建设部负责解释。

第二十一条 本办法自 2019 年 1 月 1 日起施行。2014 年 10 月 1 日起施行的《建筑工程施工转包违法分包等违法行为认定查处管理办法（试行）》（建市〔2014〕118 号）同时废止。

附录 E

最高人民法院关于审理建设工程施工合同纠纷案件适用法律问题的解释（一）

【发文机关】：最高人民法院
【发布日期】：2020.12.29
【生效日期】：2021.01.01
【文　　号】：法释〔2020〕25 号

《最高人民法院关于审理建设工程施工合同纠纷案件适用法律问题的解释（一）》已于 2020 年 12 月 25 日由最高人民法院审判委员会第 1825 次会议通过，现予公布，自 2021 年 1 月 1 日起施行。

最高人民法院
2020 年 12 月 29 日

（2020 年 12 月 25 日最高人民法院审判委员会第 1825 次会议通过，自 2021 年 1 月 1 日起施行）

为正确审理建设工程施工合同纠纷案件，依法保护当事人合法权益，维护建筑市场秩序，促进建筑市场健康发展，根据《中华人民共和国民法典》《中华人民共和国建筑法》《中华人民共和国招标投标法》《中华人民共和国民事诉讼法》等相关法律规定，结合审判实践，制定本解释。

第一条　建设工程施工合同具有下列情形之一的，应当依据民法典第一百五十三条第一款的规定，认定无效：

（一）承包人未取得建筑业企业资质或者超越资质等级的；

（二）没有资质的实际施工人借用有资质的建筑施工企业名义的；

（三）建设工程必须进行招标而未招标或者中标无效的。

承包人因转包、违法分包建设工程与他人签订的建设工程施工合同，应当依据民法典第一百五十三条第一款及第七百九十一条第二款、第三款的规定，认定无效。

第二条　招标人和中标人另行签订的建设工程施工合同约定的工程范围、建设工期、工程质量、工程价款等实质性内容，与中标合同不一致，一方当事人请求按照中标合同确定权利义务的，人民法院应予支持。

招标人和中标人在中标合同之外就明显高于市场价格购买承建房产、无偿建设住房配套设施、让利、向建设单位捐赠财物等另行签订合同，变相降低工程价款，一方当事人以该合同背离中标合同实质性内容为由请求确认无效的，人民法院应予支持。

第三条　当事人以发包人未取得建设工程规划许可证等规划审批手续为由，请求确认建设工程施工合同无效的，人民法院应予支持，但发包人在起诉前取得建设工程规划许可证等规划审批手续的除外。

发包人能够办理审批手续而未办理，并以未办理审批手续为由请求确认建设工程施工合同无效的，人民法院不予支持。

第四条 承包人超越资质等级许可的业务范围签订建设工程施工合同，在建设工程竣工前取得相应资质等级，当事人请求按照无效合同处理的，人民法院不予支持。

第五条 具有劳务作业法定资质的承包人与总承包人、分包人签订的劳务分包合同，当事人请求确认无效的，人民法院依法不予支持。

第六条 建设工程施工合同无效，一方当事人请求对方赔偿损失的，应当就对方过错、损失大小、过错与损失之间的因果关系承担举证责任。

损失大小无法确定，一方当事人请求参照合同约定的质量标准、建设工期、工程价款支付时间等内容确定损失大小的，人民法院可以结合双方过错程度、过错与损失之间的因果关系等因素作出裁判。

第七条 缺乏资质的单位或者个人借用有资质的建筑施工企业名义签订建设工程施工合同，发包人请求出借方与借用方对建设工程质量不合格等因出借资质造成的损失承担连带赔偿责任的，人民法院应予支持。

第八条 当事人对建设工程开工日期有争议的，人民法院应当分别按照以下情形予以认定：

（一）开工日期为发包人或者监理人发出的开工通知载明的开工日期；开工通知发出后，尚不具备开工条件的，以开工条件具备的时间为开工日期；因承包人原因导致开工时间推迟的，以开工通知载明的时间为开工日期。

（二）承包人经发包人同意已经实际进场施工的，以实际进场施工时间为开工日期。

（三）发包人或者监理人未发出开工通知，亦无相关证据证明实际开工日期的，应当综合考虑开工报告、合同、施工许可证、竣工验收报告或者竣工验收备案表等载明的时间，并结合是否具备开工条件的事实，认定开工日期。

第九条 当事人对建设工程实际竣工日期有争议的，人民法院应当分别按照以下情形予以认定：

（一）建设工程经竣工验收合格的，以竣工验收合格之日为竣工日期；

（二）承包人已经提交竣工验收报告，发包人拖延验收的，以承包人提交验收报告之日为竣工日期；

（三）建设工程未经竣工验收，发包人擅自使用的，以转移占有建设工程之日为竣工日期。

第十条 当事人约定顺延工期应当经发包人或者监理人签证等方式确认，承包人虽未取得工期顺延的确认，但能够证明在合同约定的期限内向发包人或者监理人申请过工期顺延且顺延事由符合合同约定，承包人以此为由主张工期顺延的，人民法院应予支持。

当事人约定承包人未在约定期限内提出工期顺延申请视为工期不顺延的，按照约定处理，但发包人在约定期限后同意工期顺延或者承包人提出合理抗辩的除外。

第十一条 建设工程竣工前，当事人对工程质量发生争议，工程质量经鉴定合格的，鉴定期间为顺延工期期间。

第十二条 因承包人的原因造成建设工程质量不符合约定，承包人拒绝修理、返工或者改建，发包人请求减少支付工程价款的，人民法院应予支持。

第十三条 发包人具有下列情形之一，造成建设工程质量缺陷，应当承担过错责任：

（一）提供的设计有缺陷；

（二）提供或者指定购买的建筑材料、建筑构配件、设备不符合强制性标准；

（三）直接指定分包人分包专业工程。

承包人有过错的，也应当承担相应的过错责任。

第十四条 建设工程未经竣工验收，发包人擅自使用后，又以使用部分质量不符合约定为由主张权利的，人民法院不予支持；但是承包人应当在建设工程的合理使用寿命内对地基基础工程和主体结构质量承担民事责任。

第十五条 因建设工程质量发生争议的，发包人可以以总承包人、分包人和实际施工人为共同被告提起诉讼。

第十六条 发包人在承包人提起的建设工程施工合同纠纷案件中，以建设工程质量不符合合同约定或者法律规定为由，就承包人支付违约金或者赔偿修理、返工、改建的合理费用等损失提出反诉的，人民法院可以合并审理。

第十七条 有下列情形之一，承包人请求发包人返还工程质量保证金的，人民法院应予支持：

（一）当事人约定的工程质量保证金返还期限届满；

（二）当事人未约定工程质量保证金返还期限的，自建设工程通过竣工验收之日起满二年；

（三）因发包人原因建设工程未按约定期限进行竣工验收的，自承包人提交工程竣工验收报告九十日后当事人约定的工程质量保证金返还期限届满；当事人未约定工程质量保证金返还期限的，自承包人提交工程竣工验收报告九十日后起满二年。

发包人返还工程质量保证金后，不影响承包人根据合同约定或者法律规定履行工程保修义务。

第十八条 因保修人未及时履行保修义务，导致建筑物毁损或者造成人身损害、财产损失的，保修人应当承担赔偿责任。

保修人与建筑物所有人或者发包人对建筑物毁损均有过错的，各自承担相应的责任。

第十九条 当事人对建设工程的计价标准或者计价方法有约定的，按照约定结算工程价款。

因设计变更导致建设工程的工程量或者质量标准发生变化，当事人对该部分工程价款不能协商一致的，可以参照签订建设工程施工合同时当地建设行政主管部门发布的计价方法或者计价标准结算工程价款。

建设工程施工合同有效，但建设工程经竣工验收不合格的，依照民法典第五百七十七条规定处理。

第二十条 当事人对工程量有争议的，按照施工过程中形成的签证等书面文件确认。承包人能够证明发包人同意其施工，但未能提供签证文件证明工程量发生的，可以按照当事人提供的其他证据确认实际发生的工程量。

第二十一条 当事人约定，发包人收到竣工结算文件后，在约定期限内不予答复，视为认可竣工结算文件的，按照约定处理。承包人请求按照竣工结算文件结算工程价款的，人民法院应予支持。

第二十二条 当事人签订的建设工程施工合同与招标文件、投标文件、中标通知书载明的工程范围、建设工期、工程质量、工程价款不一致，一方当事人请求将招标文件、投标文件、中标通知书作为结算工程价款的依据的，人民法院应予支持。

第二十三条 发包人将依法不属于必须招标的建设工程进行招标后，与承包人另行订立的建设工程施工合同背离中标合同的实质性内容，当事人请求以中标合同作为结算建设工程价款依据的，人民法院应予支持，但发包人与承包人因客观情况发生了在招标投标时难以预见的变化而另行订立建设工程施工合同的除外。

第二十四条 当事人就同一建设工程订立的数份建设工程施工合同均无效，但建设工程质量合格，一方当事人请求参照实际履行的合同关于工程价款的约定折价补偿承包人的，人民法院应予支持。

实际履行的合同难以确定，当事人请求参照最后签订的合同关于工程价款的约定折价补偿承包人的，人民法院应予支持。

第二十五条 当事人对垫资和垫资利息有约定，承包人请求按照约定返还垫资及其利息的，人民法院应予支持，但是约定的利息计算标准高于垫资时的同类贷款利率或者同期贷款市场报价利率的部分除外。

当事人对垫资没有约定的，按照工程欠款处理。

当事人对垫资利息没有约定，承包人请求支付利息的，人民法院不予支持。

第二十六条 当事人对欠付工程价款利息计付标准有约定的，按照约定处理。没有约定的，按照同期同类贷款利率或者同期贷款市场报价利率计息。

第二十七条 利息从应付工程价款之日开始计付。当事人对付款时间没有约定或者约定不明的，下列时间视为应付款时间：

（一）建设工程已实际交付的，为交付之日；

（二）建设工程没有交付的，为提交竣工结算文件之日；

（三）建设工程未交付，工程价款也未结算的，为当事人起诉之日。

第二十八条 当事人约定按照固定价结算工程价款，一方当事人请求对建设工程造价进行鉴定的，人民法院不予支持。

第二十九条 当事人在诉讼前已经对建设工程价款结算达成协议，诉讼中一方当事人申请对工程造价进行鉴定的，人民法院不予准许。

第三十条 当事人在诉讼前共同委托有关机构、人员对建设工程造价出具咨询意见，诉讼中一方当事人不认可该咨询意见申请鉴定的，人民法院应予准许，但双方当事人明确表示受该咨询意见约束的除外。

第三十一条 当事人对部分案件事实有争议的，仅对有争议的事实进行鉴定，但争议事实范围不能确定，或者双方当事人请求对全部事实鉴定的除外。

第三十二条 当事人对工程造价、质量、修复费用等专门性问题有争议，人民法院认为需要鉴定的，应当向负有举证责任的当事人释明。当事人经释明未申请鉴定，虽申请鉴定但未支付鉴定费用或者拒不提供相关材料的，应当承担举证不能的法律后果。

一审诉讼中负有举证责任的当事人未申请鉴定，虽申请鉴定但未支付鉴定费用或者拒不提供相关材料，二审诉讼中申请鉴定，人民法院认为确有必要的，应当依照民事诉讼法第一百七十条第一款第三项的规定处理。

第三十三条 人民法院准许当事人的鉴定申请后，应当根据当事人申请及查明案件事实的需要，确定委托鉴定的事项、范围、鉴定期限等，并组织当事人对争议的鉴定材料进行质证。

第三十四条 人民法院应当组织当事人对鉴定意见进行质证。鉴定人将当事人有争议且未经质证的材料作为鉴定依据的，人民法院应当组织当事人就该部分材料进行质证。经质证认为不能作为鉴定依据的，根据该材料作出的鉴定意见不得作为认定案件事实的依据。

第三十五条 与发包人订立建设工程施工合同的承包人，依据民法典第八百零七条的规定请求其承建工程的价款就工程折价或者拍卖的价款优先受偿的，人民法院应予支持。

第三十六条 承包人根据民法典第八百零七条规定享有的建设工程价款优先受偿权优于抵

押权和其他债权。

第三十七条　装饰装修工程具备折价或者拍卖条件，装饰装修工程的承包人请求工程价款就该装饰装修工程折价或者拍卖的价款优先受偿的，人民法院应予支持。

第三十八条　建设工程质量合格，承包人请求其承建工程的价款就工程折价或者拍卖的价款优先受偿的，人民法院应予支持。

第三十九条　未竣工的建设工程质量合格，承包人请求其承建工程的价款就其承建工程部分折价或者拍卖的价款优先受偿的，人民法院应予支持。

第四十条　承包人建设工程价款优先受偿的范围依照国务院有关行政主管部门关于建设工程价款范围的规定确定。

承包人就逾期支付建设工程价款的利息、违约金、损害赔偿金等主张优先受偿的，人民法院不予支持。

第四十一条　承包人应当在合理期限内行使建设工程价款优先受偿权，但最长不得超过十八个月，自发包人应当给付建设工程价款之日起算。

第四十二条　发包人与承包人约定放弃或者限制建设工程价款优先受偿权，损害建筑工人利益，发包人根据该约定主张承包人不享有建设工程价款优先受偿权的，人民法院不予支持。

第四十三条　实际施工人以转包人、违法分包人为被告起诉的，人民法院应当依法受理。

实际施工人以发包人为被告主张权利的，人民法院应当追加转包人或者违法分包人为本案第三人，在查明发包人欠付转包人或者违法分包人建设工程价款的数额后，判决发包人在欠付建设工程价款范围内对实际施工人承担责任。

第四十四条　实际施工人依据民法典第五百三十五条规定，以转包人或者违法分包人怠于向发包人行使到期债权或者与该债权有关的从权利，影响其到期债权实现，提起代位权诉讼的，人民法院应予支持。

第四十五条　本解释自 2021 年 1 月 1 日起施行。

跋

尽管身处图书出版业欣欣向荣的时代，敝人读书却是越来越少了。除了不思进取的懒惰之外，一个重要的原因是：许多书，看看目录，再随便翻几页正文，大体猜出其中的含水量和含金量之后，就放下了。

市面上关于建设工程法律的书籍同样多如牛毛，乱人耳目。眼前的这本书之所以吸引我，不是因为作者是我熟悉的同行，也不是因为他的那些工作职务、社会头衔和工作业绩，而是因为，在我这样一个惜时、惜眼、挑剔的读者看来，它有这么一些与众不同：

第一，问题新颖、具体，紧扣实务。浏览一下书的目录就可以看出，首先，作者选择的365个问题不是作者"设计"出来的，而是建设工程实务的土地上自然"生长"出来的；其次，这些问题中的相当一部分在现有的书籍里恐怕不容易找到，鲜有老生常谈，或者换了个马甲的老生常谈；最后，有些问题因为相对小众，容易被忽视，但实务中又很重要，比如：中小企业款项支付、农民工工资专用账户。

第二，结构简明，篇幅紧凑。作者针对每一个问题的回答都极为简练，多数问题在解答之后，又附随解答的法律依据、裁判案例和裁判观点。值得称道的是，裁判案例仅给出案号，裁判观点也经过作者的脱水保真，既方便读者追溯案源，又节纸省墨。

宁连的这本书，写成365讲，大概是希望读者每天读一讲，一年读完吧。我倒是有些担心，读者未必有每日一读的耐心。至少，我是一口气读完了几十页。谁愿意被一本好读又实用的书"抻"一年呢？

宁连要我为这本书写序。写序，敝人自认是不够格的。作为先睹为快的读者，上面写的就算是读后感吧。

北京天同（上海）律师事务所

高级顾问　曹文衔